饶子健将军

《饶子健将军》编写组★编

上海人民出版社

饶子健（1909.9.28—2000.9.25），湖南浏阳人。1927年参加工农自卫军并加入中国共产主义青年团，1929年加入中国共产党，1930年参加中国工农红军。土地革命战争时期，历任红军总部学兵队战士，红四军二十九团机枪连上士、班长，红十五军二十九团机枪连排长、红五军第十三师连长、营长、团参谋长、团长、师长兼团长，红三十军第八十八师参谋长，红军西路军左支队一支队参谋长。参加了中央苏区第一至第五次反"围剿"、二万五千里长征和红军西路军西征。1937年4月到达新疆星星峡，任"新兵营"总支队参谋长、总支队长。抗日战争时期，历任新四军第六支队三团团长，八路军第四纵队六旅代旅长，淮北军区副司令员，新四军第四师十二旅旅长。参加了创建、巩固和发展淮北抗日根据地的斗争。解放战争时期，历任华中野战军第九纵队副司令员，淮北挺进支队司令员兼政委、地委书记，淮北军区司令员，江淮军区副司令员，第三野战军第三十四军第一副军长，南京警备司令部参谋长。参加了重建淮北根据地的斗争和苏北战役、淮海战役、渡江战役。新中国成立后，历任第三十军军长，华东军区海军第六舰队司令员兼政委，苏北军区司令员，江苏军区第一副司令员，第六十军军长，上海警备区司令员，南京军区副司令员。"文化大革命"期间，先后负责江苏、浙江、安徽和上海市的工农业生产、交通运输、国防工业和三线建设。是第五届全国政协委员。1955年被授予中将军衔，获一级八一勋章、一级独立自由勋章、一级解放勋章。1988年被授予一级红星功勋荣誉章。

1955年授衔时饶子健将军照

20世纪50年代获一级八一勋章、一级独立自由勋章、一级解放勋章

1988年被授予一级红星功勋荣誉章

1937年西路军进疆时经过的路（2007年摄）

1937年西路军绝处逢生时到达的星星峡山口（2007年摄）

1940年2月西路军从新疆回延安的照片　左起：宋承志、曾玉良、饶子健

1940年2月饶子健在延安

1945年1月，淮北军区第一分区召开第一次建军会议，张爱萍与一分区及地委领导合影。左起：饶子健、张震球、谢邦志、张爱萍、刘作孚、孙靖宇

解放战争时期的饶子健

1949年12月任三十军军长时的饶子健

饶子健和王树芝（1949年冬天摄于南京）

1949年饶子健夫妇（左）、张秀龙夫妇（中）、张力雄夫妇（右)合影

1950年中共华东海军领导成员合影

1950年4月，饶子健在海军第六舰队成立大会上讲话

1957年11月六十军领导成员合影

1958年10月，时任六十军军长的饶子健下连当兵。图为休息时给战士们讲战争年代故事，前左二为饶子健

下连当兵时与战士一起进餐，左二为饶子健

下连当兵时全体集合照，右二为饶子健

1963年5月，在“南京路上好八连”命名大会上，左一为饶子健

1964年，饶子健在虹桥机场休息室给少先队员讲故事

1955年授衔时饶子健将军和夫人王树芝合影

1957年全家在南京合影。前排左起：小儿子饶小宁，小女儿饶江萍；后排左起：大儿子饶康宁，夫人王树芝，大女儿饶江宁，饶子健将军，二女儿饶灵宁

1964年在上海淮海路家中饶子健和王树芝合影

1972年饶子健在南京富贵山家院留影

1984年10月，饶子健（左二）和王树芝等在韶山

1987年春，在南京家院饶子健与孙辈合影

1988年，在南京家中饶子健和王树芝合影

1990年，饶子健在北京与小孙子在一起

1992年，饶子健在家院留影

饶子健夫妇和四个孙辈

1998年，饶子健住院期间和夫人王树芝聊天

1999年饶子健90岁生日照

1992年国庆节饶子健全家合影

2000年夏，饶子健与夫人和孩子们在医院病房合影

1986年11月，饶子健与国家主席李先念在南京东郊宾馆合影

1986年7月，饶子健在北京京西宾馆新四军四师党史座谈会上与张爱萍、张震等老战友合影

1999年5月，中央军委副主席张震到医院探望饶子健

1997年，全国人大常委会副委员长廖汉生到家中探望饶子健

1999年，中央军委副主席张万年到医院探望饶子健

1998年，中央军委副主席迟浩田到医院探望饶子健

1998年，南京军区司令员陈炳德（右一）陪同迟浩田到病房探望饶子健

1990年，饶子健与张灿明在南京家中合影

1965年，饶子健在南京与西路军新疆新兵营老战友们合影，前排中为饶子健

1972年，饶子健在南京富贵山家院与李任之合影

1986年，饶子健在家院和当年淮北挺进支队七十七团的老战友合影

1990年，饶子健（左三）与老战友合影

1990年8月，谢良、陈兰、林颖、陈锐庭到301医院看望饶子健

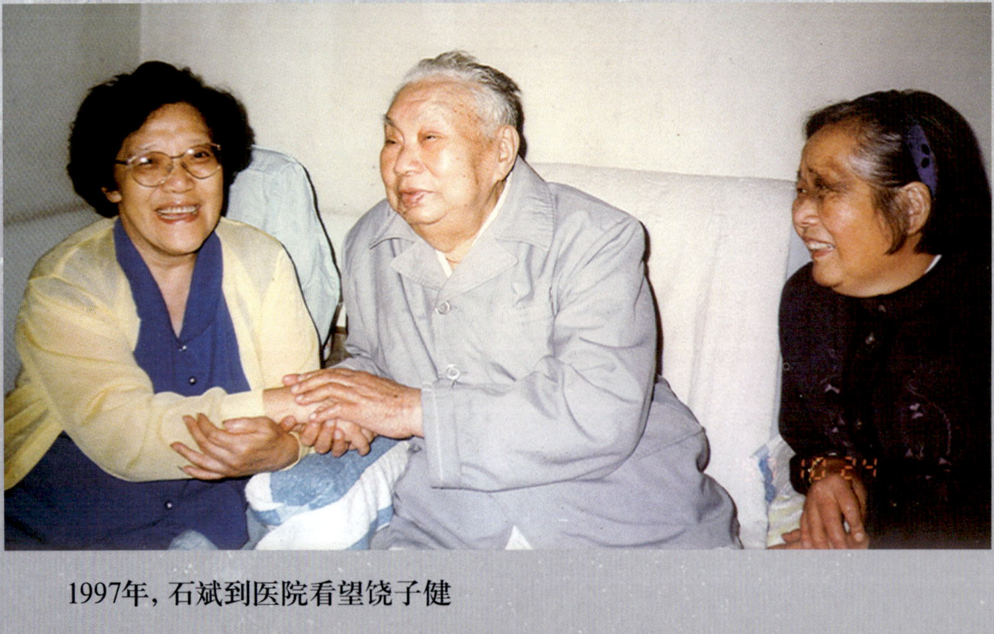

1997年，石斌到医院看望饶子健

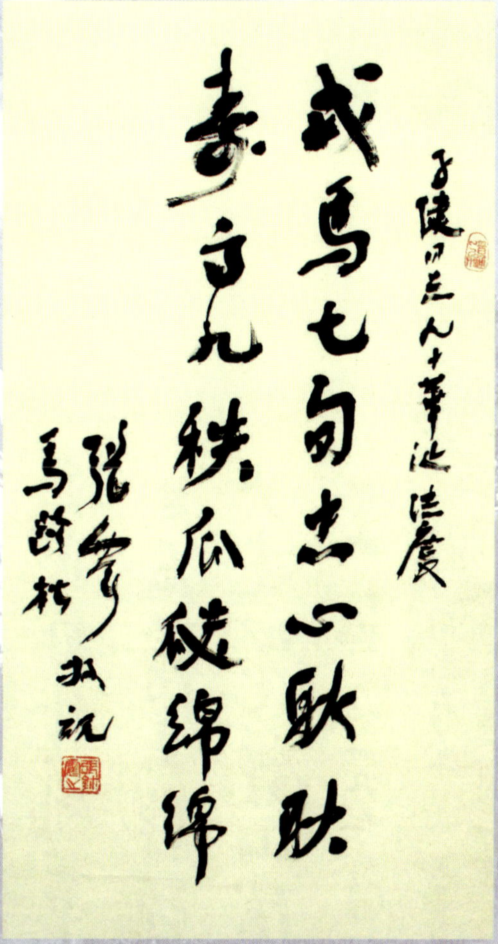

张震、马龄松题字

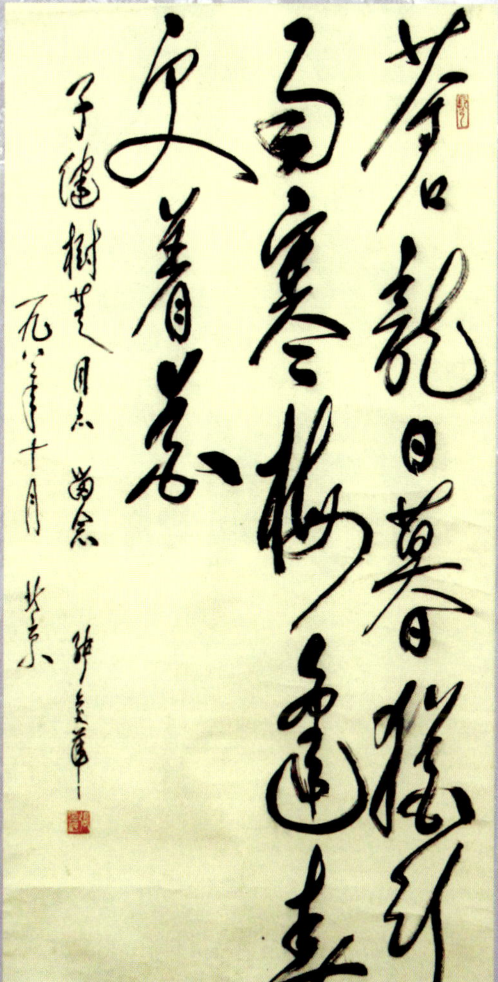

张爱萍题字

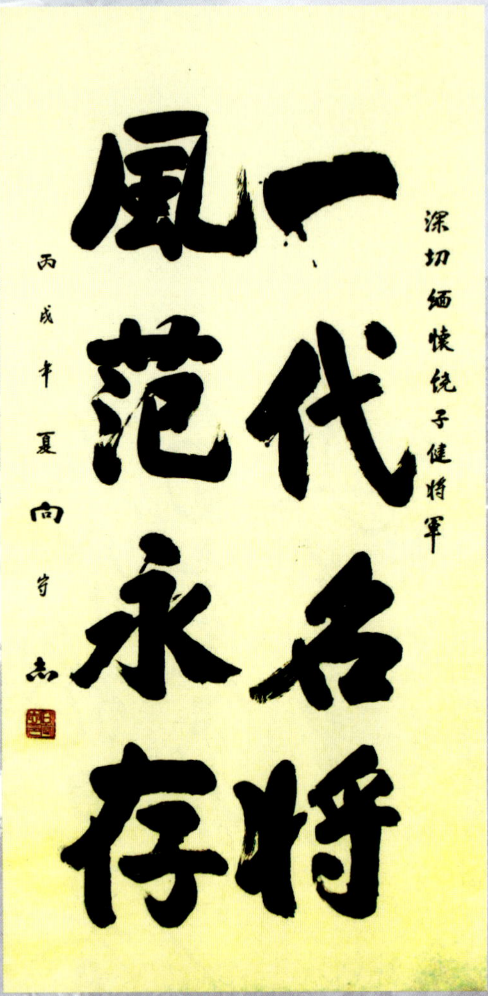
深切缅怀饶子健将军
一代名将
风范永存
丙戌年夏 向守志
向守志题字

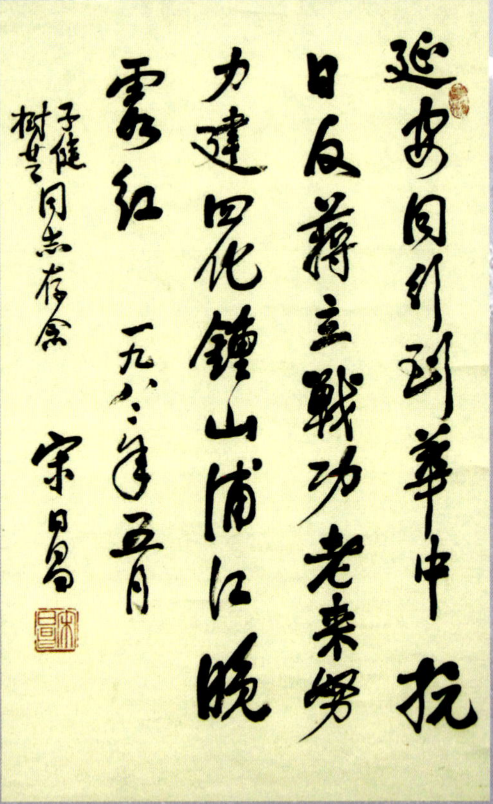
延安同行到华中 抗
日反蒋立战功 老来勇
力建四化 钟山浦江晚
霞红
一九八六年五月
子健
同志存念
宋日昌
宋日昌题字

怀念饶子健同志（代序）

张　震

9月25日上午，突然得到饶子健同志逝世的消息，难以名状的悲痛，顿时涌上心头。多年并肩战斗的情景，一幕幕浮现在眼前……

我与子健相识于六十年前的抗日战场。1940年春，我新四军第六支队在豫皖苏敌后发动群众，打击日伪，根据地正处于大发展时期。由于支队的主要成分是根据地的青年群众，没有红军的部队作基础，骨干缺乏。因此，急需大批有经验的军政领导干部。

一天，支队司令员兼政委彭雪枫同志对我讲："党中央、毛主席从延安给我们派来了一批干部，明天就到新兴集。你负责接待一下。"新兴集在安徽省涡阳县，是支队司令部所在地。次日晨，我去镇口迎接他们。子健同志是带队的，同来的还有姚运良、周纯麟、吴先党等同志。他们的到来，使支队增添了新的骨干力量。我与子健一见如故。经过交谈，得知他们都是红军干部，经过长征的考验。子健等同志还随西路军西征，历尽艰辛，在李先念同志率领下，突围到新疆。后又转赴延安的。特别是听到饶子健同志带着先头部队，杀出一条血路，在新疆境内，与前来迎接的我党同志取得了联系。我真为我们支队增添了这员勇将而高兴。

那时，六支队下辖三个团、四个总队和三个独立团。开始，组织上安排子健同志担任第三团团长。不久，八路军第二纵队南下，到达豫皖苏边区，我支队奉命与之会合，组成了八路军第四纵队。子健所在的团队改番号为四纵队六旅十六团，他仍任团长。其时，六旅旅长谭友林赴延安准备参加党的第七次全国代表大会。纵队党政军委员会认为，子健同志政治可靠，军事上也很强，作风正派，遂决定由他代理旅长职务。

皖南事变后，八路军第四纵队又改编为新四军第四师，子健同志领导的六旅也改编为四师十二旅。面对日伪军的反复“扫荡”，国民党顽固派掀起的“第二次反共高潮”，在敌、伪、顽的夹击下，我们豫皖苏边区进行了三个月艰苦卓绝的自卫作战。尔后，从津浦路西转移到津浦路东的洪泽湖地区坚持斗争，度过了抗日战争中最困难的岁月。1941 年 10 月，为适应对敌斗争的需要，十二旅进行了整训和缩编，一部补充了其他部队，一部组建了苏皖边区的淮北军区。子健同志任军区副司令员，积极发展地方武装，为恢复与坚持淮北敌后抗日民主根据地作出了重要贡献。

全国解放战争中，我同饶子健同志更成为亲密战友。1945 年冬，华中分局和华中军区决定，由新四军第四师十一旅、十二旅的主力编成华中野战军第九纵队，由我任司令员兼政委，子健同志任副司令员。1946 年初，我与子健同志会合，在安徽灵璧县高楼宣布九纵队正式成立。从此，我与子健同志朝夕相处，一起领导着这支由淮北地区抗战子弟兵组成的野战兵团。

1946年7月以后，面对国民党军向我华中解放区的大举进攻，我纵队在山东野战军陈毅司令员的统一指挥下，先后参加了朝阳集、泗县、两淮和宿北等重要战役。子健同志作战指挥坚定沉着，英勇顽强。在战斗最激烈的时候，他总是主动要求到主要方向上去，到最困难的地方去。在为保卫华中解放区首府淮阴的运动防御战中，我纵首当其冲，与国民党军“五大主力”之一的整编第七十四师反复拼杀。在华中野战军谭震林政委统一指挥下，子健同志几次亲率部队，向蜂拥而至的敌军实施反冲击，与五旅和十三旅等部共同战斗，有力地顿挫了敌人的进攻气焰。

在作战中，子健同志注意观察战场情况的变化，及时作出处置，并能提出很好的建议。在宿北战役中，我九纵担负宽大正面的防御任务，阻击敌整编十一与六十九师向沭阳、新安镇方向进攻，以待山东和华中野战军主力到来，共同歼敌。一日，子健同志在阵前观察到敌人频频调整部署，判断其可能要撤退，我军宜立即行动，便报告了粟裕司令员。粟司令员立即定下决心，发起进攻，打乱了敌人，加速了战役的胜利进程。

宿北战役后，中央军委曾计划九纵与从淮北地区撤出的华中第七军分区部队合编，重新打回被敌人占据的淮北根据地，并决定由我兼任淮北地委书记。受领这一任务后，我与子健同志都信心百倍。因为这是我们在抗战中长期坚持与发展起来的，根据地的人民群众在极端艰难困苦的条件下，养育与支持了我们这支人民军队，彼此有着深厚的感情。就是再困难，我们也一定要站住脚，坚持发展敌后游击战争。

后来，战争规模越打越大，华中分局建议，既要派出开辟敌后战场的部队，也要保持正面战场上拥有迎击敌军的强大力量。最后决定，将华中野战军第九纵队一分为二。由我率领三个团恢复第十一旅番号，留在正面战场，与山东野战军二纵第四、九两个旅合编为华东野战军第二纵队。由子健同志率领九纵另外两个团及骑兵团一部，组成淮北挺进支队，子健任司令员兼政委，重返淮北，执行坚持敌后的任务。我们都深知，留在敌后，要根据当时情况独立地定决心，责任更重，任务也更艰巨。这次分手，不知何时才能再见面。1947年1月，淮北支队向敌后挺进时，我将子健送到运河边。我们紧紧握手，互致祝愿。难舍难分的情景，我至今历历在目。

这次分手后，我与子健同志一南一北，相距较远，但始终通过电台保持着联系。莱芜、孟良崮等战役期间，我经常听到淮北支队的胜利消息，对我们在正面战场作战，也是有力的鼓舞。我常把他发来的电报转给华中分局书记邓子恢同志，同时也把正面战场的情况及时告诉子健同志，使他们在坚持敌后的斗争中更全面地掌握形势，以决定自己的行动。

随着我军战略进攻的实施，我与子健同志又逐渐靠近。豫东战役时，我任华野副参谋长，部队在开封、睢杞地区歼敌九万余人后，又重返淮北津浦路西地区。这时，子健同志在津浦路东，也度过了最困难的阶段。他率领淮北支队拔除了青阳、马公店、上塘集等重要据点，恢复、重建了淮北军区，并任军区司令员。后来，淮北军区奉命与淮南军区合并组成了江淮军区，他任军区副司令员，由淮北支队编成的淮北军区独立旅改为江淮军区独立旅。经粟裕同志批准，我发电请他们到路西来，领取我们在豫东战役中缴获的武器弹药。这样，我同江淮军区独立旅旅长叶道友等同志又见了面。他们给我讲了许多子健同志率领他们战胜艰难险阻、不断发展的情况。我很佩服子健同志深入敌后的非凡勇气和出色的领导能力。

淮海决战开始后，我在野战军司令机关，子健在第一线部队，共同为推翻蒋家王朝而战。他先率领江淮军区部队北上，阻击沿陇海铁路西逃的黄百韬兵团，为华野主力围歼黄百韬兵团创造了条件。接着，又率部包围了徐州机场，切断了敌军的空运路线。为配合中野、华野主力歼灭黄维兵团和杜聿明集团，他率部配合十三纵，攻克灵璧，破击津浦铁路，为开辟南线战场作出了贡献。

渡江战役前，华东野战军改编为第三野战军，江淮军区部队与淮海战役中起义的原国民党第三绥靖区何基沣部编成第三十四军，子健同志任三十四军第一副军长。他与军长何基沣同志密切配合，把人民解放军的优良传统与作风带到这支新组建的部队中。渡江战役发起后，第三十四军从南京东面渡江，占领了镇江等地，后移驻南京，子健同志任南京警备司令部参谋长。

新中国成立之后，子健同志戎装未解，长期战斗在华东地区，先后担任过军长、华东海军第六舰队司令员兼政委、上海警备区司令员、南京军区副司令员等职。战区的内陆与海防，都留下了他的足迹，训练场上也洒有他辛勤的汗水。可以说，子健同志为南京军区部队的革命化、现代化、正规化建设，竭尽了自己的全部力量，为华东地区的国防建设作出了积极贡献。

子健同志作为一名老共产党员，对党的事业忠心耿耿。无论情况多么复杂，斗争多么艰苦，像长征路上、雪山草地，以及西路军浴血奋战河西走廊等万分险恶的环境下，他都昂首阔步地走过来了。他对党交给的各项任务从不讲价钱，不计名利，埋头苦干，勇挑重担。

子健同志作为一名优秀的军事指挥员，身经百战，智勇双全，军政兼优。他既能全面地思考战场上各种复杂的因素，作出正确的分析判断，坚决果断地定下决心。又能在作战中亲冒矢石，身先士卒，冲锋陷阵，屡建战功。在他领导过的部队中享有很高的威信。

子健同志作为党和军队的一名高级干部，始终保持了普通一兵的本色。他生活俭朴，联系群众，为人正直。无论是战争年代搞武装斗争、根据地建设，还是和平时期进行国防与军队建设，他都能深入调查研究，作风民主，团结同志，平易近人，不断地从斗争实践中汲取丰富的营养，因而所分管的工作，均能取得很好的成绩。

子健同志在战争年代多次负伤，建设时期又积劳成疾，60 年代患上了心脏病，很早就安了起搏器，后又为糖尿病所困扰，以至双目失明。但他始终能保持乐观的情绪，与病魔进行了长期的斗争。

子健同志离休后，仍然十分关注国际国内形势的发展，关注国家与军队的前途。1999 年 5 月，我在南京短暂停留，曾两次去军区总医院看他。子健同志非常高兴，紧紧地拉着我的手。他没有讲病情，也没有谈往事，只谈当前的形势，特别关心祖国的统一问题，希望进一步加强军事斗争准备。在场的同志，无不为之感动。作为一名老战士，真可谓“一息尚存，努力不懈”啊！

后来，子健同志还让王树芝同志给我送来了一包材料，是近年他在病中坚持整理撰写的回忆文章，要我提意见。读着老战友的文章，子健同志当年雄姿英发、杀敌立功的矫健身影，重现在我眼前。他写的回忆录，严于律己，善于总结经验教训。不仅是写自己，而且对挺进敌后、重返淮北许多已故的战友，像赵汇川、王学武、李任之等同志，都作了详细的记述，缅怀了与他们共同战斗的深厚友情。

世纪之交，子健同志离开了我们，悲痛心情难以平静。应王树芝同志之约，写此短文，以表达我对子健同志的深切缅怀之情。

2000 年 11 月

目　录

Contents

怀念饶子健同志(代序)　张　震　1

上编　**饶子健回忆录**　1

红军时期　3

一、当红军扛枪打天下　3

二、反"围剿"热血染征衣　7

三、历艰辛长征作后卫　21

四、红五军丧师西征路　40

五、遭惨败风雪祁连山　53

六、到新疆绝处重逢生　60

抗日战争中　74

七、离延安慷慨赴前线　74

八、战路西浴血斗敌顽　79

九、转敌后路东燃烽火　93

十、抑悲愤痛悼彭师长　99

十一、大反攻横扫日伪军　108

解放战争的岁月里　114

十二、建九纵迎击蒋家军　114

十三、拯危局再次返淮北　123

十四、排万难站稳立足点 130
十五、大发展狂潮卷地来 137
十六、克强敌万众一条心 144
十七、率前指辗转战淮海 155
社会主义建设中 164
十八、组建海军第六舰队 164
十九、六十军军长苦练兵 168
二十、警备司令首抓备战 181
二十一、“文革”乱世　忠心耿耿 185
二十二、离休回忆　缅怀先烈 192
二十三、英名永留西征路 194
二十四、牢记我军宗旨　继承和发扬红军官兵一致的优良传统 203
后记(一) 207
后记(二) 209

下编　对饶子健将军的深情缅怀 211

一、永远的回忆　饶江宁 213
二、追寻父亲的足迹　饶小宁 219
三、与战士同呼吸共命运　尚安平 223
四、重建淮北根据地功勋卓著　刘　星 226
五、“不断学习,学习再学习”　李剑锋 236
六、果断勇敢,用兵如神　朱太刚 238
七、非凡的胆略　超人的智慧　程同漠 249
八、难忘的一次重要会议　柏瑞秀　张焕营 257
九、英勇善战,料事如神　徐成宝 260
十、严于律己　廉洁奉公　姚晓程 263
十一、正规化训练的卓越组织者　彭　勃等 267
十二、“大事讲原则,小事讲风格”　吴　浩 274

十三、好军长　好将军　武占魁　庞克昌　280
十四、为警备区部队的建设打下坚实的基础
贾德发等　282
十五、谦虚学习　一心为人　贾继平　319
十六、处处做模范　事事带好头　贾德发　323
十七、饶司令员关心咱们连队建设
刘仁福　王经文　王传友　328
十八、抓好“好八连”　推进部队建设　卫伯钧　335
十九、仪仗队体现了国威和军威　姚　潮　338
二十、服从分配就是胜利的保证　罗玉棋　340
二十一、深入部队，真抓实干　孙志伟　342
二十二、临危受命　砥柱中流　满必鸿　344
二十三、鞠躬尽瘁　为党为民　胡仁路　348
二十四、不顾个人安危　全为民众谋利
余广彤　352
二十五、患难见真情　石　斌　357
二十六、“兵贵神速，救急就得快”　徐敏勇　360
二十七、忍辱负重，呕心沥血　陈　辉　363
二十八、始终坚持在第一线抓生产　胡建民　368
二十九、“国事民事大如天”　谭定隆　386
三十、“一心为民”的好将军　高宗智　391
三十一、一切为了国防建设　张治成　394
三十二、在首长身边工作的日子里　刘世国　397
三十三、不忘艰苦卓绝的战斗友情　左　政　401
三十四、痛悼饶子健同志　张灿明　404
三十五、永远怀念和学习饶司令员　王显斐　405
三十六、缅怀子健　王树芝　411

附录　有关史料、书信往来　427

后记　435

上编 饶子健回忆录

红军时期

一、当红军扛枪打天下

1909 年 9 月 28 日,我出生在湖南省浏阳县三口乡小官冲。湖南方言称“冲”为山区的小平地,小官冲就是一个偏僻的小山村。我家里有六口人,除父母外,有兄弟四个:老大叫国淮,是我的哥哥:我是老二,原名叫国汉;老三叫国洲,是我的大弟;老四叫国池,是我的二弟。

我家祖祖辈辈都很穷。从我记事起,家里就没过一天好日子,别说菜里没油、没盐,就是放在缸里的米,也只够煮几顿稀饭吃的。

由于苦难生活的折磨,父母都体弱多病,他俩三十岁刚出头,就得拉着我们兄弟四个熬日子。我家没有一垄地,父亲只好给一个石灰窑挑煤,傍晚领回一天挑煤换来的两升米;母亲每天上山拾柴,一半自己烧,一半是换米。

由于家境贫寒,生活穷困,我们兄弟四个都没有上完一年学,为了谋生,只得给地主、富农放牛。干一年,只能得到二三斗米。后来,我父母除叫我年幼的二弟干零活外,就让我们年龄稍大一点的兄弟三个分别去学手艺。到我十七岁那年,已经是学了三年的裁缝徒工。在这三年学徒期间,我自己除了学到一点手艺外,连一文钱都没有挣到。我哥哥国淮当兵回来后,又学做纸工,也未挣到钱。我大弟国洲学做鞭炮,赚的钱都被师傅拿去了。在那黑暗的社会里,学徒三年分文没有,这是约定俗成的规矩。

让我最难忘记的是，有一年腊月，不知妈妈从谁家借来四斗稻谷，全家高兴得不得了：这回过年可吃一顿饱饭了。可是，没想到姓萧的地主上门逼债。他一眼看见桌底下有一箩稻谷，便瞪着眼睛恶狠狠地说："没有谷还债，倒有谷过年，过得怪不错么！"说着，他非要把这四斗稻谷扛走不可。我那瘦骨伶仃的妈妈一头扑在稻谷上，哭着说："你抬抬胳膊让我们过去吧，你不看在我的面上，也得看看这些可怜的孩子……"看到这情景，我心里就像有一把刀在绞，恨不得上去和他拼命。还是哥哥懂事些，赶紧扶起妈妈，一家人都伤心地哭起来。

1926 年，在中国共产党的秘密领导下，家乡刮起了革命的风暴，穷苦人翻身闹革命，纷纷建立农会。国淮哥第二次当兵，参加了北伐军。我参加了工会和农会的工作，当上了积极分子，并于 1927 年春天加入了中国共产主义青年团，参加了工农自卫军。当时，当地群众都发动起来了，举行游行示威，高呼"打倒土豪劣绅"和要求减租减息的口号，到处都是一派革命景象，农会成了农村的权力机构，农民成了农村真正的主人。

反动力量惧怕工农革命运动的发展，千方百计地加以破坏。1927 年，蒋介石叛变革命，在上海发动了四一二反革命政变，收缴工人纠察队的武器，捕杀工人和共产党员。5 月 21 日，在蒋介石、汪精卫唆使下，湖南的国民党反动军官许克祥在长沙发动反革命政变，成立了"中国国民党湖南省救党委员会"，袭击湖南省总工会、省农民协会及其他革命组织，捕杀共产党员，土豪劣绅随之反攻倒算。因 21 日的电报是"马"字，故称这次事变为"马日事变"。这一事变是武汉汪精卫集团开始叛变革命，并准备与南京蒋介石集团合流的信号。

但是，当时湖南等地的农民运动仍在继续发展，斗争进入了新阶段。我家乡的民众在中国共产党的领导下，组织了一支一百多人的工农义勇军，集中训练，吃的是地主家拿来的粮食，穿的是强迫土豪劣绅捐钱做的新军装，大家士气高昂。原来的工会、农会也组织群众游行示威，声讨蒋介石。

革命的火焰越烧越旺，斗争也越来越尖锐，国民党开始实行"清乡"。当年 10 月，哥哥国淮从北伐军回乡不久，就被国民党反动派抓到附近的古港镇杀害了。第二天，父亲叫我和钟喜到古港镇去收尸。我们在一片空旷的稻田里找到了哥哥的尸体。一起殉难的烈士还有六人，一个个血肉模糊，惨不忍睹。我看到这种情景，又悲痛，又愤怒，心想:血债一定要用血来还，国民党反动统治一定要推翻。我虽然识字不多，但我懂得做人的道理，更懂得什么叫"恩情"？什么叫"仇恨"？哥哥被反动派杀害这一深仇大恨，就像复仇的种子，深深埋在我的心里。

1929 年 4 月，在白色恐怖的严重时刻，上级派共产党员李替来到小官冲，和我们接上了头，领导这一带的斗争。一天傍晚，他把我和廖标、廖农、邱太方、吴清(女)等几个青年叫到山口塘的偏僻山沟里，向我们介绍中国共产党的纲领和主张，问我们是否愿意加入中国共产党。我们异口同声地答应了。他还向我们讲了入党必须注意的事情。一个月后的一天，在一间低暗的小茅草屋里，我们面对写有"CCP"的庄严党旗，举行了庄严的入党宣誓。李替告诉我们说，"CCP"是英文"中国共产党"的缩写，又将誓词一句一句地解释给我们听，问我们能不能做到。我们都坚定地回答:"能!"从这以后，我就在党组织的领导下，更积极地参加革命活动。

不久，我们村的党组织被叛徒告了密。12 月上旬，邱太方被国民党反动派逮捕。我父亲到监狱里探望他，想凑点钱把他赎出来。他摇了摇头说:"大伯，就死掉这片心吧，钱已经赎不出我了，赶快告诉国汉，叛徒已将他的名单递上去了。"我得到这个消息后，赶快通知另外几个同志，大家分头隐藏起来。邱太方不久就被杀害了。残酷严峻的现实，又一次告诉了我:革命就是要流血的。

1930 年 6 月，革命形势开始好转，红军从江西打回浏阳来了。立三路线统治的党中央，在争取一省或几省首先胜利的错误思想指导下，命令由彭德怀总指挥、滕代远政委率领的红三军团攻打长沙。经红三军团指战员的英勇作战，长沙于 7 月 27 日被打下来了，可打下以后，党中央却没作任何新的部署，致使部队茫然不知所措，结果只占领一个星期，就于 8 月 5 日撤出长沙。这次打长沙时，我正赶上生病没能去参加。到 8 月下旬，红军又要攻打长沙，我随赤卫队加入了战斗行列。后因情况变化，红军于 9 月 12 日撤围长沙，我们赤卫队又返回了家乡。

9 月 20 日左右，在我回家的第二天，接到党组织要求我参加工农红军的通知。和我同时接到通知的，绝大多数是共产党员或共青团员。据说这是根据中共红一方面军总前委书记、总政委毛泽东的意见，为增强红军的骨干力量，由当地党组织安排的。

这时，由毛泽东、朱德创建的红军队伍，经过秋收起义烽火的冶炼、三湾改编的组织整顿以及井冈山斗争的考验，纪律严明，深受广大人民群众的爱戴，而自己能去参加这样的红军，心里感到无比高兴。

在我将要动身离家时，母亲与弟弟国洲正发疟疾，又没钱医治。父亲不在家，母亲吃力地从床上爬起来。见母亲的样子，像似想拉着我，不让我走，我正想说服她时，母亲战战兢兢地从柜子里摸出十五个铜板递给我："去吧，孩子，到了队伍里好好干，早些写信回来啊！……"

这时，我止不住的泪水夺眶而出，看看妈妈的样子，我怎么忍心拿走这仅有的十五个铜板呢！我呜咽着说："我不要，留给你和弟弟治病吧！"

妈妈流着眼泪说："带着吧，路上好应个急！再也没有什么给你带的了。"我接过这十五个铜板，告别了母亲、弟弟，踏上了革命的漫漫征途。

这一天，就是1930年9月25日。

我离家后，带着党支部的介绍信，走了一天路，赶到了古港区委。在这里，我见到了廖农等几个一起参军的青年，我们兴致勃勃地畅谈斗争形势的发展，大家的劲头都鼓得足足的。

第二天，区委给我开了介绍信，介绍到浏阳县委。在县委住了一晚，次日吃过早饭，新兵集合了，共有四百多人，大部分是党、团员。个人介绍信各人自带，总的介绍信是由县委负责送兵的人带着。

临行时，县委将行动路线和注意事项等一一交代清楚。我们一行数十人，顺着弯弯山路，穿竹林，越沟涧。渴了，喝口泉水；饿了，就到村庄贫农家里买碗饭吃，晓行夜宿，在9月底赶到江西萍乡，找到了红一方面军总部。我被分配在总部的学兵队。

到部队后，首长拉着我们的手，问寒问暖，我们感到非常亲热，就好像到了家一样；后勤部门给我们每人发了一套灰色的粗布军服和一件白色的粗布衬衣。这是我领到的第一套军装，也是我第一次穿上新衣裳。

当年10月，红一方面军按照朱德总司令、毛泽东总政委的部署，打下了吉安，周围的泰和、安福、吉水等几个县城的靖卫团慑于红军的声威，逃之夭夭，苏区连成了一片。红军总部学兵队迁移到吉安。在学兵队，我学习了近一个月的军事基础知识，然后，随部队北进到达峡江县，便分配到红四军十师二十九团机枪连当上士。

一到团里，彭团长、张政委就将我叫到跟前问话。彭团长是个身材不高、面孔清瘦的年轻人，满口湖南家乡口音，问我："你懂上士工作吗？"

我羞涩地回答："不懂。"

他见我有些为难的样子，便微笑着说："不懂不要紧，可以学，在水里学会游水，在战争中学会打仗，干采买可以学会当上士。"

团长一席话，说得我心里亮堂堂的，感到很有把握当好这个上士。接着，他向我详细交待了上士的主要工作：购买油盐柴米，管好账目，找好房子（保证部队一到达目的地就能宿营），又讲了注意事项，特别强调精打细算、买卖公平、遵守群众纪律。最后问我："你会写字吗？"

我说："一年书还没念完，学到了几个字也忘得差不多了。"

他又问道："萝卜这两字你会不会写？"

我想了想说："会写。"他从口袋里掏出一支铅笔和一个小本让我写，我歪歪扭扭地写了"罗卜"两个字递给他，他看了看称赞道："行！"说着便在"罗"字上添了个草字头。

随后，团部介绍我到机枪连去工作。连长、连政委很热情地接待了我。连长把司务长叫来，对他说："这就是新来的上士，你要好好帮助他。"朱司务长对我非常热情，什么事情都仔细地教，并告诉我平时工作和战时工作的特点与区别，打起仗来无论怎样艰苦，也要把菜饭按时送到火线上，它和运送弹药同等重要。这就是我初当上士时受到的启蒙教育。

二、反"围剿"热血染征衣

1930年10月底，我到部队没几天，就参加了中央苏区第一次反"围剿"。当时，红军总部在查明蒋介石调集十万大军准备对中央苏区发动第一次"围剿"的情况后，命令部队东渡赣江。

在过江的时候，站在我身旁的一个同志悄声埋怨道："好容易打下的地盘，又要让给敌人。部队过了江，恐怕再也回不来啦！"我心里也不是个滋味，但一听到这种消极论调就来气，便火辣辣地顶了他一句："我军当前最要紧的是保存实力。所以，要快撤，要转移！再说不跟共产党打天下，哪里还能保住家乡？"经我这么一说，这位同志觉得理亏，也就不作声了。

可我心里又想，也难怪，眼巴巴地看着刚打下来的游击区又给国民党反动派占去了，怎么能想得通呢？当时，自己也谈不出多少道理，便安慰他说："放心吧，只要跟着'朱毛'走，总有一天，我们会打过来的。"这话既是说给他听，也是安慰自己。我劝他说："要是在家不出来，被国民党反动派抓着也会杀头的，只有参加革命部队，才是唯一的出路。"

我们东渡赣江以后，国民党军拼命地在我们屁股后头追，飞机像发疯似地在我们头顶上狂轰滥炸，前后左右不时腾起一股股烟柱！有一天，我与司务长正在整理伙食挑子准备出发，突然一架敌机急速俯冲过来，一连丢下好几个炸弹，司务长负重伤，倒在血泊里。或许敌人发现了什么目标，一个劲地反复轰炸，地下的炸弹坑一个又一个，我们的宿营地几乎成了马蜂窝。过后清点人数，连队里好几个战友牺牲了。

我军移到赣江东岸后，大踏步地向苏区中心区退去。疯狂的敌人自以为"旗开得胜"，毫无顾忌，长驱直入，殊不知正好落进了我们的圈套。

我军抓住战机，在 1930 年 12 月 30 日至 1931 年 1 月 3 日的五天之内连胜两仗，歼敌一万五千余人，还活捉了敌主力第十八师师长张辉瓒。第一次反"围剿"就这样胜利结束了。

1931 年春，毛泽东同志写了《渔家傲·反第一次大"围剿"》的诗词，讲道：

万木霜天红烂漫，
天兵怒气冲霄汉。
雾满龙冈千嶂暗，
齐声唤，
前头捉了张辉瓒。

毛泽东同志这首词，就是对第一次反“围剿”胜利的热情讴歌。

后来，我们才知道，红军之所以东渡赣江，是战前红一方面军总前委在罗坊召开紧急会议，毛泽东同志提出著名的作战方针：诱敌深入。这样，可以迫使敌军分散、饥饿、疲惫、产生错觉、暴露弱点，造成对我有利的形势，以便我军集中优势兵力，各个歼灭敌人。再则，由游击区域退到红色根据地，还可以充分发挥人民战争的威力。当我又见到那位在江边发牢骚的同志时，我笑着问他：“怎么样，渡过赣江值得吧？”他有点不好意思，憨厚地笑了笑说：“真没想到，我们朱总司令和毛总政委有这一手，真是兵法妙算呵！”

我从参军到第三次反“围剿”，一直在机枪连当上士，深深感到：要做好战时的炊事工作，是件十分不容易的事情，因为“兵马未动，粮草先行”，供给是第一位的；而战时连队的生活保障，又直接影响到全连同志的情绪和战斗力。在那艰难的岁月里，要管好连队伙食，遇到的困难是很多的。

第一大难题是经费困难。当时连队生活费是靠打土豪筹款来的。顺利时，每人每天可以得到八分或一毛钱；一般情况，每人每天平均只有五分钱。一个百十号人的连队，一天只有五块多钱的伙食费，在安排使用时，必须精打细算。“家有三件事，先办主要的”。首先用它买来主食——米和菜，尔后再安排买调料——油、盐、酱、醋，最后剩余的钱用来买柴草。所以，花钱必须仔细盘算，丝毫不能大手大脚。

第二大难题就是购买难。战时不像平时，有集市，有米店。枪炮一响，往往几十里内看不到一个摆摊卖货的，而且很多人家锁门闭户。作为上士必须学会适应战争的规律，不怕麻烦，不怕跑路，挨家逐户找群众购买。有的群众害怕战争打起来没个头，担心以后有钱买不到东西，不太愿意出售家里的油、盐、酱、醋、柴、米，这就需要上士做一番耐心细致的动员工作，把红军打仗的意义以及革命形势向群众作些宣传。常常有这样的情况发生：我们到了一个村庄，几乎所有的群众都跑光了。这时我们就逐户观察，看哪家没锁门。锁了门的，上级规定一律不准撬开，所以只能找没锁门的户进去找到米缸，秤些米，然后写一张纸条，连同银元压在缸上，字条内容大致是：“现买你××斤米，付××块银元，谢谢。”落款是“工农红军”。当时再辛苦，再困难，也得这样做。人民群众就是从这严明的纪律中，认识、信任红军的。

在第二次反“围剿”时，国民党军的封锁，使革命根据地的一切物资供应短缺。总部下令红军主力在东固地区隐蔽集结，一面整训，一面帮助群众生产。三四万大军集结一处，物资供应成了一个十分严重的问题，仅仅靠指战员随身携带的大米毕竟是有限的，部队开展了节约运动，每天只吃两顿饭。当时正值春天，新笋破土，野菜泛绿，部队没有菜，就刨野笋、挖野菜，下田摸螺蛳。这样，坚持了整整二十天。

第三大难题就是送饭难。战斗中，送饭是一个非常艰巨的任务，不论仗打得多么激烈，往前沿阵地送饭不能耽误。敌机常在头顶上盘旋、侦察，本来有直径可走，也得绕行偏僻小道。所以，要把饭菜准确、及时地送到本连阵地上，这是很不容易的。有时候饭刚刚烧好，部队已前进到三四十里远的地方，我们只得挑着饭菜向前赶，拨开荆棘树丛，顺着山路摸。每行至岔路口，必须仔细查找路边用石头压着的纸条，上面指明部队的去向，先找师，后找团，再找到连。找到连队后，赶紧将饭菜挑到阵地的安全地带，让同志们轮流撤下火线吃饭。每当我们将饭菜送到火线时，连长总是老远就打招呼：“上士啊，今天又烧什么好菜？”我就乐呵呵地回答道：“辣椒炒鸡，辣椒炒肉，保你们吃饱吃好打胜仗！”

我们炊事员到了阵地上，遇到战斗激烈时，就换下射手，操起机枪、步枪，朝着疯狂反扑的敌群猛烈射击，从来没有因为战士们吃饭而使火力中断。战时行军多，行起军来最困难的又是炊事班。除了炊事用具、油盐米、个人行装外，打仗缴获的多余枪支，也要由我们来挑，有时一个人要挑上三四支枪，每个伙食挑子足足有四十多斤。一般的行军一口气要走五六十里路，遇到急行军那就更够呛。不知流了多少汗，但见每个人衣服上都结了一圈又一圈汗水结晶。到达宿营地后，一放下伙食挑子，就得赶紧搭起炉灶烧水做饭，我们常说“柴”（燃料）是生活中“七件事”（柴米油盐酱醋茶）里第一位重要的，没有燃料，也就是说，没有灶，即使有基本粮食也没有办法食用。

在正常情况下，部队每次移防，各连都要派上士带一个战士提前两小时出发，到下一个宿营地打前站。到达目的地后，首先发动群众下门板打地铺，然后将该买的东西买足，待部队到来后，一切准备周全，坐下即能吃，躺下即能睡。在特殊情况下，炊事班要始终跟着部队跑，这就更加困难了。

要说走路难，莫过于第三次反“围剿”。1931年6月，由蒋介石亲自出马任“围剿军”总司令，率三十万兵马，并带着英、日、德等国的军事顾问，调集了几十架飞机，兵分三路，朝我革命根据地的中心地带长驱直入。

这时，我军正在黎川和闽西的建宁、宁化、泰宁一带做发动群众扩大根据地的工作，既没休整，也没补充。敌我对比，众寡悬殊。毛泽东同志根据当时的形势，继续运用“诱敌深入”的作战方针，避敌主力，打其虚弱，并决定首先绕至敌背，捣其后路，由兴国经万安突破；然后由西而东横扫过去，甩敌主力于赣南，置其于无用武之地；尔后乘其转回疲劳之时，歼敌于运动之中。

绕到敌人背后，算来全程约一千多华里。当时正是炎热的7月，行军异常艰苦，暑气蒸人，汗流浃背。为了不使国民党军发现我军的行动意图，时常是白天隐蔽，晚上走路，禁止一切光亮。遇到阴黑的夜晚，同志们肩挑伙食担子，相隔三四步远，后面人就瞧不见前面人的影子了。为防止掉队，我们就拿一根绳子让大家扯住，连队战士都是一个扯着一个的衣服。行军大部分走的是绵延起伏的山道和荆棘棱石遍布的狭路，有的战士草鞋磨破了，就用破布将脚包起来，有的干脆赤脚行军，双脚磨出了一串串血泡。每到达宿营地，我们炊事班的第一个任务就是给同志们烧好洗脚水，烫烫脚。当时，我们只有一个想法：尽量减轻战士们的痛苦，让他们消除疲劳，有更充沛的体力投入战斗。

在连续的行军作战中，炊事班的任务十分艰巨，因为怕长时期在野外山地作战弄不到米，我们都加大了伙食担子的重量，有的战士因疾病无力支撑，连长动员他们将随身带的米袋子扔下来，我们就随手拣在担子上。由于连续行军打仗，大家极度困乏，多么想好好睡上一觉。记得一天晚上，部队在高兴圩一带作战后，我们机枪连奉命在一个山坳里宿营。这里枪声刚息，硝烟依在，敌人的尸体到处都是，战士们带着战斗胜利的欣慰，每人裹着一条两层布做成的“夹毯子”进入梦乡。我与另外两个炊事员整好伙食挑子，找到一块平地方倒地就睡。这时，见身旁一个人盖着毯子睡得正熟，我就凑过去悄声商量道："哎，同志，沾点光。"说着就挨紧他，把毯子一拉合盖睡着了。早晨起床哨子响过好久，和我睡在一起的那个人还不起来，我就推了一把，叫道，"喂，同志，天亮啦！"他依旧纹丝不动。我心想，你这人也真能沉住气，就将毯子猛地揭开：原来是敌人的一具尸体！炊事班的同志见到这种情景，一个个捧腹大笑。

行军路上，有几个调皮鬼跟我开起玩笑来："嗬，上士真能，跟敌人睡进一个被窝，还争取过来了，不然怎么直称同志？"大家你一言、我一语，队伍里发出一阵阵开心的笑声。尽管当时的生活很艰苦，但我们充满着革命的乐观主义精神。

1931 年 12 月 14 日，在红军反"围剿"胜利的影响和全国抗日反蒋浪潮的推动下，有中共地下党工作的国民党军第二十六路军一万七千多人，在江西宁都举行起义。

二十六路军，原是西北军冯玉祥的一支部队，中国共产党早在该部建立秘密组织，虽屡遭破坏，但仍有少数共产党员在该部坚持活动。1930 年，蒋、冯、阎军阀混战，冯玉祥战败，西北军孙连仲部被改编为第二十六路军。1931 年春，该部被派往江西参加对中央苏区的"围剿"，由于被视为杂牌军受到歧视，加之又受到红军的打击，引起该部官兵的强烈不满。该部的中共党组织利用矛盾，因势利导，在参谋长赵博生(共产党员)和旅长季振同、董振堂及团长黄中岳等率领下举行了起义。

消息像插了翅膀一样传遍红军。大家兴奋地说："蒋介石偷鸡不成反蚀了两把米！"我军很快接到上级通知，赶去宁都迎接起义的二十六路军官兵。这时候，我已到机枪班当战士。部队日夜兼程，用三天时间赶到了宁都。只见宁都城全城戒严，国民党的青天白日旗早被撕毁，红军的旗帜在城头上高高飘扬。二十六路军的官兵们见到红军将士风尘仆仆专程来接，个个激动不已。

起义过来的国民党军第二十六路军，经过整顿改编为中国工农红军第一方面军第五军团。季振同任总指挥，萧劲光任政治委员，董振堂任副总指挥兼第十三军军长，赵博生任军团参谋长、副总指挥兼第十四军军长，黄中岳任第十五军军长，何长工、黄火青、左权分任第十三、十

四、十五军政治委员。为了加强五军团的基层领导力量，上级决定从红军老部队里选一批党员经过瑞金红军军事政治学校训练后，充实到红五军团做骨干。

1932年4月下旬，在毛主席的直接指挥下，我们红一军团和红五军团协同打下了漳州后，我突然接到上级命令，调我到瑞金红军学校学习。那时，我已经当了三个月的班长。调学的消息，对我来说太意外了：我这个贫苦农民的儿子，要进那样的学校能行吗？我有点不相信，问指导员："真的调我去学习吗？"

指导员拿出介绍信说："这还有假的吗，这是好机会，好好去学习！"

这时，我又犹豫起来了，又问指导员："我连斗大的字也认不了几个，行吗！"

指导员拍着我的肩膀说："怎么不行，党看得起你，进了学校就安下心来学习，学好本领才能带好兵。"于是，我愉快地去学习了。

在风和日丽的5月，我们一行十几个同志，从漳州附近来到了瑞金。这是红军第一所军事政治学校，是1931年创办的。刘伯承同志担任校长兼政委。里面设有一个步兵连、一个政治连、一个机枪连、一个工兵连，我被分配在机枪连。开学那天，刘伯承校长向我们作了动员，讲了培训这批学员的意义，要我们抓紧有限的时间，刻苦学习政治、军事，争取到新的岗位后带好兵、打好仗。

刚开始接触到那一大堆军事术语时，我真有点丈二和尚摸不到头脑。教员联系战斗范例进行讲解，使我们很快地"消化"；到后一阶段，主要学习机枪的分解结合、性能和射击原理，以及如何使用，这就比较容易学了。

经过刻苦学习，每个学员都掌握了一定的军事知识。因为五军团迫切需要红军骨干，我们只学了三个月就结业了。

一听说自己要被分配到红五军团去，心里产生了许多顾虑：一来自己和老连队有了深厚的感情，不愿离开朝夕相处的战友；二来担心五军团内思想复杂，旧军队的习气严重，去后工作不好开展。

这天下午，刘伯承校长给我们即将调往五军团的同志讲话。他以浓重的四川口音说："为什么派你们去呢？因为你们都是共产党员，又是从毛主席创建的井冈山队伍里培养出来的。老红军么，就要对新红军进行传帮带。共产党员要听从党的召唤。五军团这个部队进步很快，起义过来也很能打仗，你们到了那里既担负着帮助他们加强基层政治思想工作的任务，又有一个向人家学习的任务，党相信你们能够发扬红军的光荣传统，通过耐心细致的思想政治工作和表里如一的模范行动，把红五军团建设成为拖不垮、打不烂的钢铁队伍!”刘校长的讲话，给了我们很大的信心和力量，原来思想不通的同志也都愉快地服从了组织决定。

在没有到红五军团以前，我已经听到不少有关红五军团的情况。他们从1931年12月宁都起义后，在党的领导下，进步很快，取得了辉煌的战绩。其中，1932年2月打赣州时，城内敌人大部队出击，担任预备队的第十五军指战员，手持大刀，及时冲上前去，打退了敌人，使红三军团攻城部队转危为安。同年4月，红五军团协同红一军团进军福建，先克龙岩，歼敌两个团，再打漳州，歼敌一个师，俘敌三千余人。同年7月，红五军团参加了水口战役，协同红一军团重创粤军陈济棠部，先后击溃敌军十多个团，将敌人追至南雄城下，使敌闻风丧胆，打出了红五军团的威风。我分配到有这样显赫战果的部队工作，心里感到很荣幸。

1932年8月，我到红五军团后，被分配在第十五军四十五师一三五团机枪连一排当排长。刚到这里，确实感到不习惯，和红一军团相比，就觉得这里别是一番天地了:一些干部常常打骂士兵，夜间无人查铺，更谈不上行军路上互相帮助。士兵刚见到我们，也是唯唯诺诺，生怕得罪“上司”。眼前的情景，更加牵动起我对老连队的深切怀念。想起刘校长的话，看看现状，愈感到肩头这副担子的重量。

我想，要将一排人带好，首先应认真落实毛泽东同志为我军制定的“三大民主”、“三大纪律八项注意”等建军原则和纪律，这是我军建设的法宝，也同样适用于改造旧军队。给我印象最深刻的是连队成立了士兵委员会之后，政治民主很快体现出来，只要有哪个干部打骂士兵、贪污伙食尾子或违犯群众纪律，战士们很快就反映到士兵委员会，由士兵委员会指名道姓地提出批评。每隔一阶段或一仗打下来后，士兵委员会就广泛征集战士的意见、建议，对干部起到了监督作用。记得有位排长在驻防期间与一民女通奸，战士发现后向士兵委员会作了汇报，连队党支部采纳了士兵委员会的建议，宣布了对这个排长的处分决定，并让他在全连军人大会上作了检查。

再就是要用自身的模范行动影响全排同志。每天半夜，我提着马灯查铺查哨，给战士掖被，和哨兵谈心；行军路上，帮助体弱的战士扛枪；一到宿营地，就给脚上打泡的战士端来热水洗脚；战士生了病，我主动请炊事班做病号饭，亲自端到战士面前。有的战士见我端来了病号饭，激动得热泪盈眶。

我的一举一动，战士们都看在眼里、记在心上。渐渐地，他们对我由淡漠到亲近，由亲近到知心。很多士兵到了晚上就主动找我谈心。他们大多是来自陕、甘、宁、青、豫、鲁、冀几省的贫苦农民，每个人都有一本血泪账，因不堪豪绅地主的压迫，为了谋生而被迫当兵。战士们对我说："到底是红军好，官兵平等。这一下我们可解放了。"有好几个战士流着眼泪对我诉说家中遇到的苦难，他们再三保证说："排长，你放心吧，今后打起仗来，只要你带领到哪里我们就打到哪里！"战士们的话，使我深受感动，对今后完成战斗任务也更有信心了。

1932 年 11 月至 1933 年 1 月，红五军团参加了金溪、资溪战役。当我红军占领金溪、资溪以后，国民党军调集三个师进至浒湾，1 月 7 日，以两个师向金溪、一个师向黄狮渡进行反扑。红一方面军总部以一、三军团和二十二军等部队为右纵队，以五军团为左纵队，分别迎击敌人。第二天，红五军团在黄狮渡以西的彭家渡、徐元一线，阻击从浒湾南下的国民党军第十四师。军团参谋长赵博生亲临前线指挥，打退了敌人一次又一次的冲锋。正当战斗异常激烈的时刻，赵参谋长牺牲了。消息传开，全军团将士悲痛万分，大家将悲痛化为巨大力量，勇猛地向敌人冲杀。我们团在抢占一个制高点时，被敌人的炮火压住了。团长命令我说："饶排长，你带领你们机枪排和一个步兵班到前面反击敌人，一定要把敌人打下去！"

我立即下达口令："机枪排和步兵班跟我来！"战士们如猛虎下山，冒着密集的炮火向敌人冲去。

正当我借助一棵茶树向敌人射击时，突然觉得左胳膊麻木起来，我以为是被树枝刮的，没在意，正想继续冲，可感到左半边身子都麻木了。我抬起胳膊一看，鲜血浸透了整个衣袖，我知道自己负伤了。这时有几个战士围上来，我立即命令他们："不要管我，跟着副排长向前冲！"

我咬紧牙关，忍着剧痛，还想向前冲，但实在一步也挪不动了。一会儿，担架队赶来将我抬下火线。

在这关键时刻离开那些正在冲锋陷阵的战友们，我心里如锥刺般的难受。但是，看到在战斗中成长起来的红五军团的战士们这样英勇顽强，心里又感到宽慰。

由于受伤流血过多，我的神志有些恍惚，好像是经过了两三个兵站，才被转到福建建宁野战医院。在医院里治疗一个多月，我很想连队和战友，没等伤口完全愈合，就恳求医生同意出院，经过三天的长途跋涉我赶回部队，被任命为三营八连连长。

1933 年春，国民党军以三十多个师的兵力，对我中央苏区进行第四次"围剿"，蒋介石亲自到南昌组织这次"围剿"。我红五军团同红一、红三军团及红十一、红十二、红二十一、红二十二军等部，在朱德总司令、周恩来总政委指挥下，运用毛泽东同志制定的战略战术，采用大兵团伏击战法，先后歼灭了国民党军第五十二、第五十九、第十一师大部，俘敌一万多名。我们团在江西草台岗山地参加打国民党军第十一师，任务是反阻击。反阻击的任务很重，当时敌军的装备齐全，有伪装服、狙击枪、测距观测镜、手枪、刀子、地图、指北针，基本维生装备不缺少，十一师是国民党军精锐的嫡系部队，其他如无线电等设备都较好，而我团只有指北针、地图。在一块无名高地上，敌人约有一个连的兵力阻击我军前进。团部命令一连、二连作为第一梯队，接连三次冲锋，都被敌人密集的火力打退了。团长急得团团转，他命令我说："你们八连上，把这个山头拿下来！"

我一听命令，立即召集三个排长，用最短的时间，分析了一、二连刚才攻击失利的教训。研究了具体的打法。一致认为，敌人的火力如此猛烈，不能平推直进，应该"避实就虚"，也就是说要避开敌人的主力，找敌人的弱点进攻。攻其无备，出其不意，从敌人背后猛插一刀！我果断地命令："一排长，你们排从正面佯攻，吸引敌人火力；二、三排跟我来，从侧面强攻;冲锋号声一响,分头行动。”

“嘀嘀嘀哒……”在嘹亮的冲锋号声中,一排立即向敌人冲去,他们一会儿跑步前进,一会儿匍匐前进。敌人果真认为一排是强攻的主力,集中火力一齐压来。我带着二排、三排乘机快速从右边绕到敌人后侧,敌人竟然毫无察觉,不到半个小时,我二、三排就全部冲上山头,占领高地,突然出现在敌人的背后,战士们在“缴枪不杀”的口号声中,冲向敌人的阵地,和敌人展开了肉搏战。敌军的机关枪哑巴了,从正面强攻的第一排趁势冲上来,敌军的一个机枪连被我全部消灭。

这时的红五军团,由于加强了基层政治思想工作,指战员的思想觉悟都有很大的提高,但仍有不遵守纪律的现象发生,个别战士搜了俘虏的腰包。我知道后,当着俘虏队伍的面,郑重地向全连宣布:“谁要是再搜这些穷苦弟兄的腰包,我就枪毙谁!”对于俘虏,我们认真执行了毛泽东同志为我军制定的俘虏政策,不打骂不虐待,愿意回家的发给三块银元作路费,愿意当红军的欢迎。并教育他们说:“我们是工农红军,是为全中国人民求解放的,而你们当兵是为谁?是为蒋介石集团卖命!参加红军吧!”在我党政策的感召和政治工作的影响下,许多俘虏兵感动得涕泪纵横,纷纷要求参加红军,有的第二天就投入了战斗。

同年5月,根据中革军委的命令,红一方面军的部队进行了一次大的整编,主要是撤销军的番号,改小师小团为大师大团。在这之前,红五军团也进行过多次整编。1932年6月,第十四军番号撤销,部队缩编为第三十九师,划归第十三军建制。同年12月,第十三军番号撤销,部队编为第三十八、第三十九师,归军团指挥;1933年5月,再次整编时,第三十八、第三十九师合编为第十三师,部队编为第三十八、第三十九团。第十五军,开始辖第四十三、第四十四师;1932年4月,将红四军第十三师调进予以加强,编为第四十五师;同年12月,取消了师的建制,部队编为四个团;1933年5月,第十五军番号撤销,部队缩编为第三十七团,划归第十三师建制。这次整编后,我任三十七团第三营八连连长。

1933年秋,国民党军调集五十万军队,开始对中央苏区进行第五次“围剿”。这时,中共临时中央完全否定了毛泽东同志根据战争实践制定出的行之有效的战略战术，推行了军事冒险主义，提出了“以堡垒对堡垒”、“御敌于国门之外”、“不放弃苏区一寸土”等错误口号，战术上实行所谓“短促突击”，一味打消耗战。在半年的时间里，敌我双方“冲过来、打过去”，红军的战斗力受到很大的消耗。而国民党军却接受了前四次“围剿”失败的教训，采取了“步步为营”的堡垒战术。我们也在拼命地构筑工事，进行消极防御，始终处在被动挨打的地位。

当年9月，我们连开始坚守在江西黎川的一个山头上，在敌机疯狂地轰炸之后，几倍于我的敌人就在前面三百多米的地方向我阵地移动，我立即带领第一梯队（一、二排）出击，前进不多远，就负伤了：子弹从左方飞来，穿透了我的下嘴巴，两颗臼齿随着殷红的鲜血掉落下来。我赶紧从挎包里掏出毛巾将伤口捂住。这时，指导员带着第二梯队冲上来了，他见我满脸是血，赶忙跑过来问：“连长，你负伤啦？”

我回答说：“出了一点血，没什么！”

指导员连忙赶来察看后，说：“怎么只一点血？”

我用手顶着开裂的下嘴巴，忍受着剧烈的疼痛，十分艰难地说：“指导员，部队由你指挥！”

“担架快来！”指导员又大声下达命令，担架队员迅速赶来。

就这样，我被第二次抬进了建宁野战医院。这次住院，心情与上次截然不同。医院躺着的伤病员一天天增加，断腿的、缺胳膊的、头上缠满绷带的，病房里充满了痛苦的呻吟。身体的痛苦加上精神的痛苦，简直使人难以忍受。有的伤员实在憋不住了，就大声对同房的战友说：“这是什么打法？天天挨打，光有消耗，没有补充！打这样的仗，简直是活受罪！”尽管在背后发牢骚，但是谁也不敢公开提出不同意见。因为大家很清楚，那样做就会被扣上一顶“右倾机会主义”的帽子。

当年11月，经过两个月的治疗休养，伤口基本愈合，嘴巴张合能够自如，就是讲话不太利索。可以吃饭了，我便急不可待地回到部队。

在十三师师部，见到了师长陈伯钧和政委宋任穷同志。师首长热情地接待了我，在仔细地看了我的伤口后，陈师长说：“饶子健同志，组织上已任命你为三十八团第二营营长。”

我一听愣了，心里很犯愁，恳求说：“师长，不行啊，我才当了八个月的连长，还没有打几仗，现在又要当营长，五六百人哪能拉得开栓！”

陈师长笑着说：“去吧，没关系，大胆地指挥！敌人又要向泰宁进攻了。”

三十八团团长徐克复是一位年仅二十四五岁的年轻指挥员。见到他，我行了一个军礼，他紧紧握住我的手连声说：“欢迎啊，欢迎！”并让我坐下。他向我详细介绍了二营的情况后，勉励我说：“这个营是很能打仗的，相信以后会打得更好！”他那明亮的眼神里，闪烁着信赖的目光。

我着急地说：“团长啊，恐怕我难以胜任，因为我当连长没多久，能不能把一个营带上去还是个问题！”

徐团长听到这里站起来，拍着我的肩头说：“不要紧，我们帮助你，我原来就是二营营长。”从徐团长身上，我看到红军指战员们身处恶境而不惧，始终具有坚定的勇气和信心。

由于总的战略方针的错误，尽管全军将士拼死苦战，还是难以挽回败局。1934 年 4 月，在福建中村战斗中，徐团长胸部负伤，这时我正好在他跟前，只见他左手捂着胸口，右手的盒子枪一摔，便倒在血泊里。我立即躬下身扶起他，急促地问道：“团长，你怎么了？”他轻微地哼了两声，血从胸口涌出，慢慢闭上了眼睛。多好的团长啊，他指挥部队打过许多的恶仗、胜仗，而今却被错误的战略指导断送了！

这次战斗一共打了两个多小时，敌军冲过来，我们打过去，先后折腾了三个来回。战斗结束后一清点人数，平均每个连队减员三分之一左右，有的连队仅剩四五十人。正像有的人说的那样：“要知死去的有多少，只消点一点站着的还有几个！”指战员们在战斗中所表现出的勇猛顽强的战斗精神是可歌可泣的。返回阵地后，只见一个个战士嘴唇干裂，双眼凹陷，脸色灰黄，污垢斑驳。由于敌军的严密封锁，部队严重缺盐，战士们的身体素质一天比一天下降。部队的情绪和从前大不相同，这次反“围剿”越到后来就越艰难了。

1934 年 5 月，我被调到红军大学学习了三个月的中级指挥员战术。回来后，分配到三十七团第二营任营长。

当时，我营正在高兴圩执行防御任务，敌人以两个师的兵力向我营进攻。我们只好利用高兴圩附近的竹篙山这块有利地形，构筑防御工事。敌军在飞机大炮的掩护下，疯狂地向我阵地发起攻击，英勇的红军战士面对十倍于我的敌军毫不畏惧，响亮地喊出“人在阵地在”的战斗口号，在这块阵地上战斗了七天七夜，打退了敌人的四次冲锋，部队也遭到重大伤亡。加之连续七天七夜作战的疲劳、饥饿，战士们一个个面黄肌瘦，在灰土模糊的脸上，只有两只眼珠还在滚动，闪烁着光芒。

在第七天傍晚，敌人再次集结兵力向我发起攻击，我迅速将全营三个连队编成两个梯队：以第六连作为一梯队，负责坚守阵地；我率领第四、第五连作为二梯队，绕到敌人右后侧，以击敌后背。正当我率领第二梯队接近敌军右侧时，六连连长竟然擅自将队伍撤下阵地，敌军见正面我军撤退，便集中火力打击我第二梯队，在这极端困难的情况下，我们只好撤离阵地。六连连长在关键时刻怕死保命，成为可耻的逃兵，被师部按军法惩处。

当天晚上，部队被迫转移到高兴圩五里外的塘石村一带组织防御，敌军也紧紧尾追不舍。上级命令我营迅速就地反击，战士们就地卧倒阻击敌人。在这个关键时刻，一颗子弹擦着我的头皮飞过，只觉得眼前一黑，当即晕了过去。也不知倒下多长时间，忽然觉得有人在解我的盒子枪和文件包，只听有个人连声喊：

“营长，营长。”

“营长牺牲了，快把他的枪和子弹取下来！”

我神志突然清醒了，睁开眼一看，原来是五连指导员，我大吼一声：“我没牺牲，不要管我，快指挥部队守住阵地！”

这时，不知从哪里来的那股劲，我霍地一下爬了起来，提起盒子枪想继续往前冲，但是一阵眩晕，又倒了下去。战士们反倒“命令”我说：“营长，快到团部去包扎伤口！”来到团部卫生室，他们见我伤口部位危险，便由团卫生员搀扶我到三四里远的师部卫生所检查伤情，当走到一块水稻田埂时，被一架正在头顶上盘旋的敌机发现了，敌机鬼叫着来了一个俯冲，扔下一颗炸弹，我立即喊卫生员：“快卧倒！”可巧田埂下就是一条水沟，我俩迅速卧倒在水沟里，炸弹就在离我们六七米远的地方炸响，尘土飞扬，硝烟弥漫，我与卫生员身上都落满了泥土。

我在师部卫生所养伤期间，比上次在建宁医院还憋气，前线天天传来坏消息，我们的堡垒工事一个个被敌人攻破，根据地在一天天缩小，部队在一次又一次战斗中减员。中央苏区第五次反“围剿”，最后，不得不以红军的大撤退而告终。

三、历艰辛长征作后卫

1934年10月中旬的一天，师长陈伯钧到卫生所来看我，告诉我：“部队马上要离开中央苏区，向湖南进发，你能随部队一起行动吗?”我一听部队要到外线作战，顾不得伤情未愈，立即表示“可以”，我马上回到营部。当时，部队正忙着补充粮食、弹药。

10月20日傍晚，我们红五军团第十三师三十七团在一片嘹亮的军号声中，依依告别了兴国城南洪门村的父老兄弟。乡亲们打着灯笼、火把，簇拥在大路两旁为自己的队伍送别；青年人抢过战士背上的东西，送了一程又一程；老年人紧紧拉着战士们的双手，脸上不停地淌着泪水，反复叮咛道：“打了胜仗，一定要快点回来啊!”

“我们一定会回来的!”战士们响亮地回答。

战士们安慰着乡亲，心里却有说不出的难过，连声音都哽咽了。有的久久握住乡亲们的手；有的借着灯笼火把的光，看了又看这里的土地、庄稼、房屋……望了又望和自己同生死共患难的亲人。队伍离开村子很远了，大家还不时地回头张望。

后来我们才知道，红一方面军(又称中央红军)的二万五千里长征，就在这天晚上从这里开始的。

中央红军主力长征开始时，红五军团由董振堂任军团长，李卓然任军团政委，陈云任军团的中共中央代表，刘伯承任军团参谋长，下辖第十三、第三十四师，共一万二千余人。第十三师，下辖第三十七、第三十八、第三十九团，共五千四百余人，仍是军团的主力，我仍任第三十七团第二营营长。

长征初期，红五军团担任全军的后卫，负责掩护全军，特别是中央和军委纵队转移，任务非常艰巨。当时，中共中央、中革军委率红军第一、第三、第五、第八、第九军团共八万余人，携带着大批笨重物资器材，沿着山路西进，拥挤不堪，行动迟缓，这就更增加了掩护的困难，增大了部队的疲劳和减员，削弱了作战能力。一路上，我们部队为掩护主力，边走边同追击的国民党军作战，连续突破敌人三道封锁线，来到湘江东岸。

这时，蒋介石妄图围歼我中央红军主力于湘江以东地区，任命何键为"追剿军"总司令，指挥十六个师专事"追剿"；同时，命令粤军四个师、桂军五个师到湘粤边、湘桂边进行堵击和截击。中央红军面对国民党军的前堵后追，处于十分被动和困难的地步。

为了抢渡湘江，突破敌人第四道封锁线，我们后卫部队也日夜兼程向西挺进。但是，怎么也摆脱不了尾追的敌军。部队吃不好饭，睡不好觉，一停下来休息，有些战士就睡着了。走时，如果忘记叫醒他们，就要掉队。我们被广东军阀陈济棠部紧紧地咬住，情况非常危急。

11 月下旬的一天，我团在广西文市东南的钩脑坳，击退了追敌湖南军阀李云杰的二十三师后，我营又奉命到道县方向担任警戒。11 月 30 日上午，团首长命令我营立即撤出警戒，于 12 月 1 日拂晓前赶到界首，抢渡湘江。从钩脑坳到界首，相距一百六十华里。按照团首长的命令抢渡湘江，必须在十多个小时内走完这段路程。那时，部队刚从战场上撤下来，没有吃上饭，带的干粮也快吃光了；敌情更为严重，尾追我们的是李云杰的第二十三师，左侧灌阳是桂系军队，右侧全州是周浑元、薛岳的部队，前面是一条宽阔的湘江。团首长要求我营在 30 日中午随团部一起向界首进发。但是，上午营里派出去打土豪的五连还没有回来，我心里很着急，怎么办？我即刻把情况报告了团部，团首长指示我们，等五连回来后立即赶队。等到下午 5 点，五连一回来，全营就急忙向界首开进。部队一个劲地往前跑。赶了好几个小时，还是没有赶上团部。到夜里 12 时左右，我发现走错了方向，立即命令部队原地休息，派通信员去侦察，侦察结果，证实方向确实走错了。当时，我非常着急，这时，我想起在红军学校学习时教官说的一句古话："冷静方能生智。"所以，我克制自己的情绪，千万不能急。冷静之后，心想：如果天亮前赶不到界首，就有被敌人切断去路的危险。为了争取时间，我立即决定折回二十里向西走，组织全营进行长时间的强行军。天将拂晓，部队停止前进，稍稍喘息一下，并赶紧做饭吃。饭刚刚做好，敌军就追上来了，大家只好把饭包在毛巾里，边跑边吃。

12 月 1 日，天亮时，我们终于赶到了界首。这时，团部和其他营已经过江，留下师工兵连在江边看守着两只木船。我们刚渡到湘江西岸，敌军就追到了湘江东岸。过了湘江，又翻了一个山头。我们才赶上团部。王彦秉团长和谢良政委一见我就问："饶营长，为什么现在才赶到？好险啊，差一点被敌人堵住，过不了江啦！"

我向团首长报告了路上发生的情况，就随团部继续前进，走不多远，湘江东岸突然传来了激烈的枪炮声，显然，这是仍在东岸担任掩护任务的我们军团的第三十四师，来不及渡江，同合围的敌人展开了激战。

后来得知，为了阻击追敌，掩护中共中央、中革军委和红军主力西进，第三十四师指战员进行了英勇顽强的战斗，予敌军以重大杀伤，但因寡不敌众，弹尽粮绝，大部分人壮烈牺牲，少数人分散转至湘南坚持游击战争。

湘江一战，中央红军付出了重大代价，由长征开始时的八万余人锐减到三万余人，但是打破了国民党在湘江边消灭红军的企图。

渡过湘江后，部队继续向西挺进。经过四五天跋涉，到达了越城岭。这是一座上山三十里、下山三十里的大高山。在山脚下仰头向上看，只见峰峦重叠，山势险峻，"之"字形的羊肠小道从山脚一直向上延伸，最后消失在山顶的密林深处。12 月 6 日，我团奉命从越城岭下的千家寺出发，去担任越城岭南侧方向的警戒，掩护兄弟部队翻越越城岭。前进途中，突然得知，千家寺已被敌军占领，团里命令我们立即返回，冲过千家寺，翻越老山界。折回时，我营为后卫，同小股追敌接上了火。四连占领山头阻击，其余三个连队原地休息做饭吃。天黑了，我派通信员联络团部，没有联络上。这时千家寺方向枪声很激烈，我判断前进的道路可能被敌军切断。于是，我们便绕道到了越城岭下，隐蔽在树林里。仔细一看，这树林里已有黑压压的一片人群。原来也是五军团的部队。

有两位同志正在低声交谈:“后面打得很紧,三十七团二营可能被敌人切断了。”

我听后,立即说:“我们就是二营,是绕道过来的。”

他们听后高兴地说:“饶营长,真为你们捏了一把汗啊!”

原来,他俩是军团部派来和我们联系的参谋。知道绕道过来,庆幸没被堵截。

部队开始爬山了,我们多么想一口气翻过老山界,甩掉尾追的敌人。可是前面的部队却老是走走停停,大半夜工夫还没爬到半山腰。同志们又饿又累,有的一停下来,就站在那里睡着了。

也有些战士在低声议论:“真糟糕,前面的部队怎么连路也走不动?”

“不要说前面的部队了,我们从江西出来,一路上还不都是这样!成天在山间小路上爬,敌人呢?在大路上追!”这是另一个战士的声音。他越说越生气。

战士的议论,使我不由想起毛泽东领导我们反“围剿”的时候,部队快速集中、快速分散、快速运动,神不知、鬼不觉,整师、整旅地歼灭敌人,和眼前的情况相比,真是天渊之别啊!突然,我的沉思被一个人的声音打断了:“别埋怨兄弟部队啦!不是走不动,而是山路险,坛坛罐罐多,没办法呀!”

听得出,说话的是前面部队掉队的战士。这个战士告诉我们:自从离开根据地,他们“兴国师”、“瑞金师”就抬着印刷厂、被服厂、兵工厂的机器日夜行军。他说:“有的大部件,三四个小伙子都抬不动。在这样的羊肠小道上,一不小心,就会连人带机器滚到山沟里去,怎么能走得快呀!”

“噢,原来是这么回事,根据地都丢了,还要那些坛坛罐罐干什么?叫你们吃那么大的苦。”

“这哪里像打仗的样子?到底是谁出的主意?”

同志们提出了一连串的问题。这位掉队的战士怎么回答得了呢?大家只好沉思不语。直到现在我还清楚地记得,这个因患伤风而掉队的“兴国师”的战士，名叫谢顺山。

经过一天一夜的爬行，我们才翻过老山界。下了山，团里通知宿营。宿营地是一片树林，树上贴着写有“一营”、“二营”字样的纸条。我低头望着战士们疲惫的身躯再仰头看了看老山界巨大的黑影，陷入了痛苦的思索。从中央苏区出来的两个多月中，我们的路跑得不少，付出的代价不小，但是，仗为什么打得这样被动？什么时候才能改变这种局面呢？我检查完各连的宿营情况后，躺在自己的铺位上，看到天空中明亮的北斗星，不由得思绪万千，心中在说；“什么时候能像在中央苏区那样，由毛泽东同志来领导我们打仗啊！”

1934 年 12 月下旬，我们通过苗族地区到达贵州省黎平县。驻下的第二天，王彦秉团长和谢良政委从军团部回来，兴致勃勃地向干部传达了 12 月 18 日中央政治局黎平会议的精神。团首长说：“现在，蒋介石调集了十五个师、四十万人，在靖县、绥宁、城步、武冈一带，布下口袋阵地，等着红军去钻。我们如果不放弃向湘西进军，不改变与二、六军团会合的计划，那就会正中蒋介石的奸计，就有全军覆没的危险。在这关键时刻，毛泽东同志深刻地分析了敌我形势，坚决主张放弃与二、六军团会合的企图，改道向敌人力量薄弱的贵州进军，摆脱被动挨打的局面。毛泽东同志在长征途中，找许多负责同志谈话，做了大量的说服工作。在这次中央政治局黎平会议上，毛泽东同志的主张得到了大多数同志的赞同，中央已经决定红军向贵州进军。”

团首长还向我们传达了中革军委关于领导干部任命和部队整编的决定，包括：撤销红八军团的建制，将其第二十一师余部编入红五军团第十三师各团；刘伯承调回任中革军委参谋长并兼军委纵队司令员，陈云接任政治委员，由陈伯钧接任红五军团参谋长；第十三师师部编入红五军团指挥部，各团归军团直接指挥。团首长还传达了党中央的决定，驻红五军团的中央代表陈云同志调走后由刘少奇同志接任。

团首长的传达一结束，大家七嘴八舌议论开了。有的说：“这两个月来，我们一路苦战，战友牺牲了那么多，为什么老是被动挨打？”有的说：“一、二、三次反‘围剿’，我们的仗为什么打得那样顺利？”对比之下，大家进一步认识到，这是排斥毛泽东同志的正确路线、推行王明错误路线的结果,更加希望毛泽东同志重新领导红军,挽救革命。

根据中革军委的决定,八军团第六十七团编入我们五军团第三十七团。全营干部战士都喜气洋洋,分头去腾铺位,准备慰劳品,炊事班的同志忙着改善伙食,迎接八军团六十七团同志们的到来。

吃过午饭,嘹亮的军号声响过之后,全团整整齐齐地在草坪上集合。部队刚坐定,就拉起歌来,歌声此起彼伏,场上非常活跃。

军团前来主持整编的陈伯钧参谋长见到这种情景,高兴地说:“这才像我们五军团!”东面的大路上出现了一支五六百人的队伍,分成四路纵队,打着红旗,精神抖擞地向我们这边走来,陈伯钧同志和我们团的领导同志立即迎上前去,和队伍前头的领导同志一一握手。这时,我们在草坪上热烈鼓掌,高呼“欢迎八军团同志”的口号。八军团的同志也鼓掌和高呼“互相学习”的口号。随后,就按照预定计划,将六十七团的同志编入我们团的各个连队。我们二营编进了一名副营长、一名连长,以及其他干部战士。这时,大家互相介绍,二营的老同志抢着为新来的战友背背包,扛武器,草坪上洋溢着一片热烈气氛。晚上,各个连队都开了欢迎会,有的同志表演自己的拿手节目,有的讲战斗故事,情绪十分活跃。

这次黎平整编,军团的师一级机关被撤销了,干部下放连队,加强了连队的战斗力。各部队根据中革军委的指示,还把从根据地带出来的一些笨重的机器之类的东西留给地方。许多战士高兴地说:“这一下,我们又可以像一、二、三次反‘围剿’时那样,打运动战啰!”

1935年1月,我红军主力强渡乌江,智取遵义城。我部刚渡过乌江,拆掉江上的浮桥,上级就命令我们在江边担任警戒。同时,听团首长说,党中央要在遵义开一个重要会议。

十多天后的一个上午,团部通知排以上干部集中开会。会场设在江边村子一座宽敞的院落里。会议由董振堂军团长主持,他宣布会议开始,党中央代表刘少奇同志慢慢地站起来,用洪亮的声音说:“同志们,报告大家一个好消息:党中央一月十五日至十七日在遵义召开了政治局扩大会议,这次会议集中全力纠正了‘左’倾路线的领导者在军事上的错误,毛主席又回来领导咱们打仗了!”

这是多么鼓舞人心的好消息啊！顿时，会场上爆发出长时间的热烈掌声和欢呼声。好一阵工夫，掌声和欢呼声才停了下来。刘少奇同志接着说："'左'倾路线给中国革命带来的损失是极其严重的。特别是在第五次反'围剿'斗争中，'左'倾路线的领导者完全抛弃了毛泽东同志正确的战略战术，实行错误的作战方针，使红军遭到重大损失。长征开始后，又实行了逃跑主义，使部队一路被动挨打，得不到休息和补充，遭到了不应有的损失。"

这时，我不禁想起了我们离开中央苏区后一路突围、浴血奋战的情景。在从湖南到广西的路上，我们与广东军阀的一次激战中，我营五连连长左手被打断，六连连长头部受伤，由于丢掉了根据地，药物奇缺，无法医治伤员，五连连长的残臂肿得碗口那样粗，六连连长半边脸腐烂，头肿得像斗一般大，最后他们都牺牲了。

刘少奇同志说："遵义这次会议是在中国革命最危急的关头召开的。它挽救了党中央，挽救了红军。现在，红军有了毛泽东同志的正确领导，任何困难都是可以战胜的，任何敌人都是奈何不了我们的。我们一定要在党中央的正确领导下，加强团结，努力作战，奋勇前进。"

遵义会议精神，如同三月的春风，吹散了笼罩在战士心头的迷雾，犹如天上的北斗星，给红军指引了前进的方向。干部会议一结束，我们就把遵义会议的精神向部队作了传达，连队一片欢腾，像过年似地欢庆这一伟大的历史转折。

1935 年 1 月，当中央红军长征到达贵州遵义地区时，蒋介石调集薛岳兵团和黔军全部、滇军主力及四川、湖南、广西的军队各一部，向遵义地区进逼，企图阻止中央红军北进四川同红四方面军会合或东入湖南同红二、六军团会合，围歼中央红军于乌江西北的川黔边境地区。

中共中央和中革军委根据当时的敌情，决定中央红军由遵义地区北上，在泸州上游北渡长江，进至四川西北部建立新的苏区。1 月 19 日，根据中革军委的命令，我们离开了乌江，经遵义、桐梓，向土城方向进发。一路上我团三个营轮流打后卫。受到遵义会议精神鼓舞的部队指战员斗志昂扬，歌声嘹亮，休息时自觉练射击、练刺杀、练投弹，行军的疲劳即刻烟消云散。

1 月 24 日,主力攻占贵州省习水县土城。我营在执行阻击任务中,指战员英勇杀敌,缴获了各种枪支数十件、子弹数千发。

此时,毛主席和中革军委鉴于蒋介石在长江两岸集结重兵,加强了长江沿岸的防御,决定暂缓执行北渡长江的计划,改取以川滇黔边境为发展地区。

在连续的行军作战过程中,部队伤亡减员比较多,红五军团于当年 2 月又进行了一次整编,撤销了第三十八团的建制。这样,红五军团实际上只有第三十七、第三十九两个团的战斗部队了。

为了掩护主力红军的行动,我们团奉命南下至官渡河以南四五十里处待命。

一天傍晚,团部集中排以上干部开会,会议先由红五军团政治部宣传部长张际春同志作战斗动员。张部长说:“为了配合主力红军重占桐梓,回师遵义,军委命令三十七团就地利用有利地势,运用运动防御的手段,阻击川军刘湘的教导师,把敌军引向东北方向的良村、温水一带。只要牢牢地拖住敌军五天,主力部队就能赢得时间和胜利……”张部长还告诉大家,他带来一部电台,直接与军委联系,三十七团在这次阻击战中,归军委直接指挥。

会议结束后,部队连夜进入阵地,构筑工事。团首长把我们营长、教导员们留下来研究作战部署,直到深夜,但是,大家却一点倦意也没有,战斗情绪很高,都决心打好这一仗。

第二天拂晓,团侦察排在前面,同敌人的一个营打响了,他们边打边走,敌紧随而来。我高兴地对旁边的同志说:“敌人上钩了。”

不多久,敌军到了我营阵地前沿。这时,新调来的李屏仁团长在电话里对我喊了一声“打!”

我按事先的部署,命令全营开火。顿时,枪弹像雨点般地射向敌人,一颗颗手榴弹在敌群中开花。没用多大工夫,就歼敌一大批,剩下的敌军急忙掉头逃跑。我看这时正是出击的好时机,立即组织部队来一个反冲击。在一片震天动地的喊杀声中,又一批敌人毙命或当了俘虏。

中午,刘湘教导师主力赶到,连续向我营阵地反扑,但都被我们打退。在白天，敌人除了丢下一批尸体之外，什么油水也没捞到，而我们却从敌尸上获得不少枪支和弹药，自己伤亡很少，部队战斗情绪非常高涨。天黑不久，敌军兵分两路，点起火把，企图从两翼向我阵地迂回包围。正当我们准备发挥夜战特长杀敌立功的时候，接到李团长的命令，要我们向二线转移，我当即指挥部队利用夜黑悄悄地撤出阵地，向二十里外的二线转移。

敌军折腾了一夜，天亮后发起围攻，以为这一下可以把我们一口吃掉了，没想到扑了一个空，只得急忙寻踪追赶。这时，我们却已吃饱睡足，在新的阵地上构筑了工事，等着他们再一次来上钩。

就这样，我们运用毛主席的战略战术，利用山地的有利地形，边打边走，牵着刘湘教导师的九个团，往官渡河东北方向走。到第五天上午，终于按照军委意图，把敌军牵到了温水。这时，刘湘才发现五天来同他们作战的不是主力红军，仅仅是红军的一个团。当即狗急跳墙，接连不断地向我阵地发起猛烈攻击。我全体指战员顽强战斗，敌屡遭失败，无可奈何，只得偷偷地撤出战斗，从原路退回，去追赶早已远走高飞的红军主力。

正当我们与刘湘教导师巧妙周旋的时候，毛主席指挥一、三军团南下桐梓，在娄山关和遵义歼灭吴奇伟纵队的第九十三师和五十九师大部，这是中央红军长征以来的第一个重大胜利。战士们听到这一胜利消息，风趣地说："我们后卫部队在北面'牵牛'，主力部队在南面'杀猪'，这一次南下没有白跑呀！"

完成牵制刘湘教导师的任务后，我们奉军委命令归建红五军团。为了尽快赶上军团主力，我们日夜兼程，饿着肚子，冒雨行军一百四十里，赶到了石牛栏。然后绕道到娄山关以南的板桥，与军团主力会合了。董振堂军团长兴致勃勃地来到我团休息的大草坪上，高声地对大家说："祝贺同志们完成牵制任务！希望大家继续勇敢战斗，多打胜仗，继续前进！"在向遵义进发的路上，谢良政委向部队传达了军委发来的表扬电。大家听后，脸上露出了喜悦快慰的笑容。

1935年3月底，中央红军四渡赤水后，突破国民党军的封锁线，南渡乌江，前锋逼近贵阳，虚张声势，迷惑敌人。蒋介石忙于调兵到贵阳堵截。毛主席和中革军委趁滇军东调增援贵阳之机，率领红军主力乘虚进入云南，开动铁脚板，大踏步地向金沙江挺进，把敌军远远地甩在了后头。

这一路上，我们后卫部队夜行晓宿，非常顺利，几乎没有被敌军尾随，一天总要走上百把里。行军时部队有说有笑，十分活跃。我看到指战员们情绪高涨，便问一个战士道："遵义会议后，为什么敌人处处被动挨打，我们却能主动歼敌？"那个战士回答道："毛主席用兵如神呗！"

5 月 1 日那天，我们走到团街附近，看到路旁的鼓动棚里，军团部的几个宣传员拿着喇叭筒大声喊着："同志们，今天是五一国际劳动节，加油走啊，快赶上主力部队渡过金沙江！"指战员们听说要渡金沙江，脚下像安了轮子似的，行军的速度更快了。

5 月 3 日这一天，我们营走到石板河时，团里传下命令：在石板河沿岸构筑工事，阻击尾追之敌，掩护中央纵队渡江。石板河背靠一座大山，山后不远就是波涛滚滚的金沙江。在这里打阻击，地形非常有利。我们刚布好哨，敌军就向我们发起了持续不断的进攻。虽然每次都被我们打退，但是，阻敌任务却越来越重。开始，上级要我们在那里坚守三天三夜；后来，团里传来了军团首长新的命令，要我们坚守六天六夜；到了第五天，任务又加重了，要坚守九天九夜。当时，我们虽不了解任务加重的具体原因，但都知道这是为了掩护党中央和红军主力渡江，所以，坚决地完成了阻敌任务。

5 月 8 日，在我们正面，敌军进攻的兵力又增加了，形势比以前更严重，我们反复思考着如何完成这一艰巨的阻敌任务。就在这时，李团长、谢政委从军团部开会回来，告诉我们说：党中央、毛主席特地派红军总政治部代主任李富春同志到石板河看望我们团来了。

消息一传开，一个个欢腾雀跃，指战员浑身增加了无穷的力量。接着，团首长向部队传达了李富春同志的指示："原来，全军计划从三个渡口过金沙江。可是，三军团从驿江渡过了一个团，但因水流太急，浮桥被冲垮，不能再渡；一军团在龙街渡佯作渡江准备，吸引了不少敌人，加上江面太宽，易受敌机袭击，也不能渡江；唯一能渡江的是皎平渡。红军几万人马，只靠七条小船，日夜在皎平渡抢渡，现在已经渡过去三分之二。只要后卫部队再坚持三天三夜,全军就能渡江完毕。那时,蒋介石数十万军队围追堵截的阴谋就要宣告破产了。”

这么一说,我们知道了阻击任务不断加码的具体原因,更清楚地看到,石板河阻击任务完成得好坏,直接关系到全军的安危。我们营、连都向团里写了保证书,表示要发扬红军战士以一当十、以十当百的顽强战斗精神,“人在阵地在”,用鲜血和生命掩护党中央和全军胜利渡江。

5 月 9 日上午,敌军向我营阵地进行密集的炮火袭击。我指挥全营隐蔽在战壕的猫儿洞里。敌炮火一停,步兵就向我阵地发起冲击。当敌军接近距我工事几十米时,我命令全营同时开火,打得敌人鬼哭狼嚎,死的伤的躺倒了一大片,活着的掉头就跑。我组织部队乘势反冲击,来不及逃跑的敌人举手求饶。不一会儿,我营的三个战士押着两个俘虏回到了阵地,每人身上背着好几支步枪,高兴的样子真是无法形容。一个战士见俘虏哆哆嗦嗦地站着,便往一块石头上一坐,指着俘虏,调皮地学着首长的口气审问道:

“你们是哪个部队的啊?”

“长官,我们是十三师的!”一个俘虏点头哈腰地回答道。

“胡说! 你是十三师的? 你敢冒充!”审问的战士吼叫起来。

俘虏吓得站都站不住了。他不明白为什么这位长官对他说是十三师的如此恼火,连忙说:“我……不敢冒充,我讲的是实话,我确实是十三师的,师长叫万耀煌。”

站在旁边的两个战士“扑哧”一笑说:“哈哈! 白军的十三师碰上了红军的十三师,真是冤家路窄呀!”原来,黎平整编前,我们就是红五军团第十三师。

那个战士强忍住笑,继续教训俘虏道:“管你是哪个师的,反正是我们红军手下的败将,你们给蒋介石卖命,有什么好下场?”

两个俘虏结结巴巴地连声称“是”,赌咒发誓,不再给蒋介石卖命,引得围在边上看热闹的战士捧腹大笑。

第八天上午,军团部率三十九团已撤出石板河阵地,向金沙江边阵地转移。我们三十七团留守阵地。这一天,正面山前的敌人增至两个旅(六个团),形势更加严峻。但全体指战员都沉着地坚守阵地。下午,我们团奉命撤出阵地,军团侦察连来接防。我们通过石板河,顺着高低不平的驿道,整整走了一夜,赶到金沙江边。李团长带领营长、连长们到渡口兄弟部队取经,教导员、指导员们组织部队学习渡江司令部颁布的渡江守则,进行渡江动员。轮到我营渡江时,全营按照预定的计划,有条不紊地上了船。金沙江的波涛怒吼着,小船一会儿在浪尖,一会儿在浪谷。经过顽强搏斗,全营跟随在团直属队后面,安全地渡过了金沙江。第二天,敌人也来到了金沙江边。但是,曾经渡过红军千军万马的小船已被我们沉掉,敌人望着水势汹涌的金沙江无可奈何。

渡过金沙江后,我们在会理附近休息数日,便随大部队继续北上。一路上,红军在中革军委和毛主席的指挥下,顺利地通过彝族地区,强渡了大渡河。蒋介石妄图把红军消灭在大渡河南岸的阴谋彻底破产。当时我们工农红军来到了石达开失败的地方,蒋介石和四川军阀抱着很大的幻想,以为摆在我们面前的注定是石达开的命运,因此,他们妄想把红军也消灭在安顺场。但红军不是石达开！石达开没有走通的路,我们红军一定能走通!

1935 年 6 月初,中央红军先后占领泸定城和天全,红四方面军先头部队正向懋功急进,接应中央红军。中革军委为了迅速同红四方面军会合,开辟新局面,决定迅速突破国民党军在芦山、宝兴一线的防御,继续前进。这时,根据上级部署,我们开赴川西宝兴以北五十里外的盐井坪阻敌,掩护中央红军主力翻越大雪山——夹金山。

盐井坪坐落在深谷里,是个小小的山村,村两边都是高山,山上长满茂密的森林。我们住下后,一面利用有利地形构筑工事,一面向村里群众宣传共产党和红军的政策,帮助乡亲们扫院、劈柴、挑水等。这一来,群众很快消除了害怕的心理,把红军当作自己的队伍。有的群众听说我们要过雪山,都摇头说:“雪山是神山,过不得。”“大雪山,大雪山,只见人上山,不见人下山。”我们说:“为了革命,为了北上抗日,我们红军什么都不怕,不要说雪山,就是刀山,我们也要过啊!”

我们到达盐井坪的第三天清早,四川军阀邓锡侯的混成第一旅就跟踪追来了。邓部刚靠近盐井坪,就遇到我们的坚决阻击,只好龟缩在离我们阵地一里多远的地方,构筑工事与我们对峙。随后,又有一股敌人向宝兴县城进攻,以策应盐井坪方向。我们便回戈县城,先把正在途中的敌人打垮了。接着,我团一营只用不到两个小时的战斗,就收复了县城;我们二营拿下了县城西面敌军占据的一个一千多米高的山头,全歼守敌。

阻击战打到第五天,中央红军主力和军团部已经翻过了雪山。我们胜利完成了掩护任务,就悄悄地撤出阵地,急行军赶到夹金山脚下宿营,准备过雪山。根据向导的建议和兄弟部队过雪山的经验,各个连都买了些辣椒、大蒜、大葱,以抵御雪山寒气。这里虽然地瘠人穷,但群众还是千方百计帮助我们搞到这些东西。

第二天上午8时半到9时的光景,我们开始上山。山上的气温与山下差距很大,越往上爬,气温越低,寒气袭来,冷风刺骨。大家把毯子等能裹在身上的东西几乎全披上了,仍然冻得直打哆嗦。脚上的草鞋已变成了冰鞋,很多同志的脚被冰划破,鲜血直流,却一点儿也不疼,脚已完全冻麻木了。爬到半山腰,感到呼吸困难,胸口闷得慌,越往上爬,越厉害,几乎是一步一喘,难以前进。大家互相鼓励,互相扶助,毫不气馁。快到山顶时,山势更加险峻,寒风夹着雪花,打在脸上就像刀割似的。一些体弱和负伤的同志坚持不住了,有的一失脚从雪坡上滚下去,有的原地倒下去挣扎着,但怎么也起不来,微弱的心脏终于停止跳动,便长眠在雪山上了。我们含着眼泪,挖了雪坑,掩埋了战友。然后,你扶我,我搀你,艰难地一步一步爬向山顶。

下山的道路曲折陡峭,雪上又结了冰,滑得站不住,再加上过度疲劳,腿酸脚软,稍不留神,就滚下山去。李团长在路旁着急地说:“这样走不行,天一黑下不了山,困难就更大了。”我刚要和团长说话,突然脚下一滑,“吱溜”一声,滑下去十几丈远。团长和其他同志连忙呼喊起来。正当大家为我担心时,我却慢慢地爬起来,定了定神,一切都好!便高声喊道:“坐下来滑吧!比走快多啦!”这意外的发现提醒了大家。同志们抱着武器,屁股下垫着毯子、斗笠,采取多种姿势,一齐向山下滑去,有的同志互相撞在一起,有的翻滚在雪地里,爬起来再向下滑;不能滑的地方,就起来走。这样连走带滑,只用了两个多小时,我们就到了山脚下。

就这样，我们以坚韧不拔的革命精神，翻越了终年积雪、空气稀薄的夹金山，实现了中央红军与红四方面军会师的计划。

当晚，我们在达维宿营，军团部给我们送来了很多酥油、炒面，红四方面军给我们送来一些慰劳品。当我们吃到这些东西时，感到比什么都香甜。

翻越夹金山同红四方面军会合后，我们稍事停留，即于 7 月下旬，经懋功到马尔康一带休整。

这时，党中央在两河口、毛儿盖等地举行政治局会议，分析了红一、四方面军会师后的形势，讨论了行动方针，决定共同北上，创建川陕甘苏区根据地；同时，决定张国焘任中国工农红军总政治委员，朱德仍任工农红军总司令员。接着，中革军委为迅速北上，决定：由红四方面军总指挥部兼红军前敌总指挥部，徐向前兼任总指挥，陈昌浩兼任政委；中央红军第一、第三、第五、第九军团的番号依次改为第一、第三、第五、第三十二军；红四方面军第四、第九、第三十、第三十一、第三十三军的番号不变。红五军团改为第五军后，由董振堂任军长，曾日三任代政委，曹里怀任参谋长，部队仍为第三十七、第三十九团。

当年 8 月，为进军甘肃南部，由朱德、张国焘和刘伯承总参谋长率领第五、第九、第三十一、第三十二、第三十三军组成左路军，从卓克基地区出发，向阿坝地区前进；由前敌指挥部率领第一、第三、第四、第三十军组成右路军，从毛儿盖地区出发，向班佑、巴西前进。毛主席、周副主席和党中央其他领导人随右路军行动。

这时，我们红五军团虽改为第五军，但人们还是习惯于称红五军团，我们军团的指战员更是自豪而又深情地称“红五军团”。

8 月 15 日，我们红五军团作为左路军的前卫，向北前进。指战员们历尽艰辛，于 20 日到达阿坝地区。

8 月底，我们在阿坝地区休整了四五天，补充了一点粮食，就开始向渺无人烟的大草地进发了。

一踏进草地，我们才知道草地是一个不易征服的怪物。举目一望，无边无际，茂密的草丛犹如一片绿色的海洋，草下水沟、泥潭交错。烂草、淤泥在烈日的曝晒下，散发出臭气，直冲入鼻。

开始，我们没有摸清草地的脾气，一不小心就陷进了泥潭，越挣扎越往下陷，怎么也拔不出脚来，甚至连去帮忙的人也会一起陷进去。这大大影响了我们行进的速度。后来，我们逐渐知道了草地的秘密，选择草根较密的地方走，一人跟着一人，深一脚，浅一脚，艰难地前进着。

最叫人伤脑筋的是瞬息万变的草地天气。白天烈日晒得人喉咙直冒烟，夜间严寒冻得人直打哆嗦。有时，刚刚还是烈日当头，转眼间却大风骤起，大雪纷飞。一天晚上，我们刚刚露营，老天爷就同我们作对。一眨眼工夫，雷电交加，暴雨瓢泼。雨还没停，又下起鸡蛋般大的冰雹。战士们有的顶着斗笠，有的撑着雨伞，怀中紧紧抱着弹药和为数不多的干粮，生怕被雨淋湿。突然一个很大的冰雹打在我的雨伞上，把雨伞都打破了。没有雨具的同志，只好在风雨中站立着，双手撑着毛巾挡在头上。

恶劣的天气折磨着我们，严重的饥饿煎熬着我们，大家的体质明显地下降。走到草地中心时，腿都抬不动了，每前进一步，都要使出全身气力。一些平时作战非常勇敢的小伙子，这时也两腿无力，迈不出步子。但大家一想到自己跟随党中央、毛主席北上建立川陕甘革命根据地，便顽强地坚持行军。身体较强的同志扶着身体弱的，一步一步地向前走。一些同志实在无法坚持而倒在草地上，为革命献出了年轻的生命。我记得最清楚的，是四连四班长，他是一个从江西参军的小伙子，打仗非常勇敢，过草地时正患病，被这无情的草地夺去了生命。

一天下午，我们行进到嘎曲河边，由于刚下过大雨，河水水位很高，水流急，不能涉渡。我们便在河边宿营，等待河水退下去再渡河。

第二天下午，河水退下去了，我们准备开始渡河。突然，传来命令，要我们担任后卫，立即重过草地，返回阿坝待命。

大家一听，都觉得奇怪，纷纷议论起来："过了嘎曲河，再走三四天，就可以到达班佑，与毛主席率领的右路军会合了，为什么又折回草地向南走？"

当时，我们思想上虽然想不通，但军队还得服从命令听指挥，只得按照命令南下。从此，红五军团与中央红军分离了。

在返回草地的路上，部队的体质比以前更差了，一个个情绪低落，没精打采，沿途看到无数战友的遗体被青草覆盖着。我们营经过第二次折磨，又有许多战友献出了生命。

到达阿坝后的第二天，接到营以上干部到阿坝的喇嘛寺开会的通知。我想，这下准是朱总司令、刘伯承总参谋长给我们作指示。可到了会场，才知道是张国焘作“报告”。他拉开嗓门，哼哼哈哈地胡说一通，说什么红军长征失败了，毛泽东主张北上是“右倾逃跑”，毛、朱、张(闻天)是什么“机会主义”。张国焘还污蔑我们干部头上戴的小帽子是“机会主义的帽子”，红一方面军的干部是“机会主义分子”。他鼓吹要继续南下，到川康建立根据地，说什么这是“正确路线”，谁反对就要进行纪律制裁！

张国焘的无耻滥言和辱骂中伤，使我们的心更贴近党中央和毛主席。坐在我身边的罗教导员低声对我说：“原来我们返回草地是他的主张呀！”会议结束，我们憋着一肚子气。回来后谁也不传达。

张国焘违抗中央指示，于 9 月中旬，擅自强令左路军以及原属右路军的第四军、第三十军再经草地、雪山南下，由毛儿盖、懋功、宝兴，向川康边境前进。

部队南下到了卓木碉时，张国焘奸心毕露。10 月 5 日，他非法宣布成立伪中央和中央革命军事委员会，并自封为主席。

我们听到这个消息后火冒三丈，怒不可遏，部队对张国焘反党行为的不满和对抗情绪越来越强烈。有的干部和战士主张，我们红五军团离开张国焘，单独北上；有的说：“如果张国焘不允许，就跟他拼了。”也有人抱怨党中央，北上时不应把我们留下。

正当部队思想很混乱的时候，一天下午，朱总司令到了我们军团，召集营以上干部开会。在一阵热烈的掌声后，朱总司令亲切地向大家问候，接着总司令说：“现在党中央、毛主席已经北上，到达陕北与陕北的红军会师，取得了很大的胜利，这是一条正确的路线。有的主张南下，这是条绝路。现在许多事实已经证明了这一点，但是有人还在坚持错误，对于这个原则问题，我们必须坚持斗争，对有些同志要多做工作，不能太性急。……”

朱总司令特别指出：“要相信绝大多数的同志是拥护党中央、拥护毛主席的，坚持错误路线的只是极少数。”他要求我们红五军团指战员，在这个困难时刻，不要扩大矛盾，更不能蛮干，要顾全大局，讲究策略，团结大多数，争取胜利。朱总司令的一席话，说得我们心里亮堂了，脸上露出了欣慰的笑容。大家决心按总司令的指示去做，战胜眼前的困难。

张国焘自立伪中央后，毛主席和党中央其他领导同志对他采取了正确的党内斗争方针。但是，张国焘一再拒绝党的批评、帮助和挽救，坚持错误，继续率领红四方面军主力南下到天全、芦山一带，去开辟“川康根据地”。部队连续打了败仗，只好退到川康西部地区。那里气候恶劣，人口稀少，非常贫苦，部队无法得到给养，人员一天天减少。

遭到惨败的张国焘贼心不死，继续推行其分裂主义路线。他为了控制红五军团，经过精心策划，对红五军团进行了“组织调整”：派亲信黄超替换军团代政委曾日三的职务；把三十九团与红四方面军的一个团对调；又命令我三十七团远离丹巴，进驻牦牛街，去扼守一座离牦牛街七十里外荒凉的雪山——大炮山。在那里，我们团度过了三四个月吃糌粑、卧冰雪的生活。

这时，李屏仁团长已调任军参谋长，吴克华任第三十七团团长。为了减少部队消耗和疲劳，吴团长布置团里三个营轮流去担任大炮山的警戒，团里领导也作了分工，吴克华团长负责我们二营。一天，我营正在警戒，六连阵地突然遭到敌李抱冰部一个团兵力的袭击。我立即带领第四、第五连前去增援。在增援途中，一股敌军又从我营背后袭来。在前后受敌的情况下，我当即指挥五连回头反击，死死地压住敌人，四连继续增援六连阵地。经过一番激战，打退了敌人的进攻。

在那段时间里，没有饭吃是最困难的一件事。有几个月时间，我们吃不到粮食，只好靠挖野菜、采野果、剥树皮来充饥，还把老百姓未成熟的梨子买来吃。病号一天天多起来，部队一天天减员。就在这时，我患了重病，整天发高烧，住在医院里。说是住院治疗，但既无药，又无粮，只有靠红军指战员的坚强意志与疾病作斗争。有一天，护士给我送来一碗稀饭，这使我感到非常意外。医院断粮好多天了，哪里来的稀饭呢？我推辞再三不肯吃，最后还是被护士说服了。我吃了以后，顿时觉得手脚有了劲，高烧也往下退，没过几天，我就出院回部队了。说来真叫人难以相信，那碗稀饭竟有那么大的作用！

1936年1月，红四方面军第三十三军并入第五军。经过整编，原第五军的部队编为第十三师，原三十三军的部队编为第十五师，各辖两个团，只配师长、政委，但均未建师部，直接归军指挥。

这时，原在滇黔境内围堵红军的国民党军第二纵队周浑元部入川，与四川军阀刘湘配合，疯狂地向我军压过来。张国焘无计可施，命令部队在芦山、百丈一带硬拼了一阵之后，便毫无目的地撤退。南下的部队多次遭受损失，付出了很大的代价。在血的事实面前，红四方面军的广大指战员越来越清楚地看到，张国焘的南下路线是没有希望的，只有北上，到党中央、毛主席身边，才是唯一正确的道路。大家纷纷要求北上与中央红军会合，共同抗日。

1936年6月底，由任弼时、贺龙、关向应等同志率领的红二、六军团到达今川西北甘孜地区，与红四方面军会合。7月初组成红二方面军，从而大大加强了同张国焘斗争的力量。由于朱总司令、刘伯承、任弼时、贺龙、关向应等领导同志以及广大红军指战员的坚决斗争，张国焘分裂党、分裂红军的阴谋终于失败，被迫取消伪中央。至此，红四方面军及其他南下部队又开始北上。

7月10日，红五军团从绥靖、崇化地区出发，向毛儿盖、包座前进，这是我们第三次过草地了。就在这时，军首长命令我任第三十九团参谋长。

草地仍是那样残酷无情，饥饿更是加倍地煎熬着。但是，我们北上心切。又有了两次过草地的经验，同志们互相团结，互相帮助，部队的情绪完全不同于南下过草地的时候了。

一天，快要宿营的时候，我在路旁草丛里发现前面部队掉的一只米袋拾起来一看，里面还有五六斤米。这真是救命粮啊！我高兴得几乎跳起来。一到宿营地。就交给炊事班去熬米汤。安排好团机关宿营后，我找来一根针，用火烤红做成一枚鱼钩，打了几只苍蝇，捉了几条小虫，就到沟里去钓鱼。这草地里人烟稀少，更没人钓鱼，沟里的鱼很快就吃钩。不一会儿工夫，就钓上两条一斤来重的鱼，警卫员一见我钓到了鱼，那高兴的劲儿简直无法形容。我对他说："快送给炊事班，再熬一锅鱼汤，晚上大家美餐一顿吧！"鱼汤熬好了，团部同志们围在两口锅旁，大口大口地喝了起来，虽然鱼汤没有油盐和其他调料，但大家觉得挺鲜美的。

经过一个多月的艰苦行军，我团走出了草地，度过了长征途中最艰难的一段岁月。这时，红四方面军由于三过草地和在川、康等地辗转苦战，原来的八万精兵，现在只剩下四万多人；红五军团只剩下四千一百多人。这是用草根、野菜、树皮、腰带和喇嘛寺里的牛皮鼓救活的红色种子啊！

同年9月底10月初，我们团到达甘肃南部岷县城郊，接替红九军包围驻守岷县的国民党军新编第十四师鲁大昌部，掩护红一、二、四方面军在静宁、会宁地区会师。

这一天，党中央派聂荣臻同志率领红一方面军的部队西进，专程来迎接红二、四方面军一道北上抗日。10月10日前后，红一方面军在甘肃静宁、会宁地区，同红二、四方面军胜利会师。广大指战员盼望已久的愿望终于胜利实现了！

当我们与红一方面军的战友重逢时，如同绝路逢亲人，异乡遇故知，握手、拥抱，欢呼跳跃，欣喜若狂，尽管大家几乎在同一瞬间都得到了同样的消息，但同志们仍压抑不住内心的激动，像一群天真的孩子，互相传告喜讯："三个方面军胜利会师啦！""我们胜利啦！"一年多来，笼罩在指战员脸上的愁云愁雾，荡然无存，扑面而来的是胜利的欢乐。

对于我们原属红一方面军、后属红四方面军的第五军指战员来说，这次会师更有着特殊的、深刻的感受。从1934年10月20日自江西兴国出发算起，整整走了两年时间，历尽艰辛，三过草地，转战川、康、甘等省，打破优势敌人的围追堵截，终于胜利地到达甘肃会宁地区。

红军三个方面军的会师，胜利地结束了长征，是中国革命历史上的一个重大事件，意义是重大而深远的。

四、红五军丧师西征路

1936年10月,红军三个方面军会师时,形势发生了很大变化。日本帝国主义对中国的侵略更加疯狂,正在绥远东部发动军事进攻,企图完全占领华北。全国人民的抗日救亡运动迅速发展,中国共产党的抗日民族统一战线政策获得了社会各阶层的拥护。但蒋介石仍坚持其“先安内后攘外”的反动政策,继续向西北调兵,全力“剿共”。局势仍然很严峻。

10月16日,蒋介石下达了“进剿”令,组织所谓“通渭会战”,妄图趁进至静宁、会宁地区的红军立足未稳,加以消灭,防止红军西渡黄河。21日,在西北“剿匪”军第一路军总司令朱绍良的指挥下,国民党军第一、第三、第三十七军及第二十五师等部,向我们发动了大规模的进攻。蒋介石于22日飞抵西安坐镇,并逼令东北军、西北军参战。我红五军奉命在定西县华家岭一线组织防御,阻击从陇西方向逼近会宁的国民党军第三十七军毛炳文部九个团的进攻。我们团到达华家岭的第二天上午,敌前卫团向我阵地发起攻击,指战员们英勇顽强,不怕牺牲,与敌展开肉搏,战斗非常激烈。我们团在打退敌人三次冲锋后,机智地转移了阵地。23日,我们团奉命撤出会宁城,转移到城外二十里铺建立了新的阵地。敌军在这次进攻中,经常有三到六架飞机在空中盘旋,轰炸扫射,使我军增大了伤亡,也说明敌军这次进攻是下了本钱的。

在华家岭战斗中,红五军副军长罗南辉同志不幸牺牲。他是四川省成都市人,1908年生,原是红三十三军副军长,在1936年1月红三十三军合并到红五军时,来任副军长的。他作战勇敢,关心干部战士的疾苦,深得指战员的拥护。罗副军长不幸牺牲的消息传来,指战员们非常悲痛。大家默默地下决心:“狠狠地打击敌人,为罗副军长报仇,为牺牲的战友们报仇!”

根据当时敌情的变化,党中央和中央军委决定将原定的《宁夏战役计划》提前执行。这个计划的要旨是:以三个方面军合力,西渡黄河,攻占宁夏,打通与苏联的联系,开展西北的抗日新局面。因为苏联是社会主义国家，与中国西北部为邻，打通了与苏联的联系，就解决了红军的战略靠背问题，能使红军有巩固的战略后方。这个设想，无疑是符合当时革命大局利益的。10 月 11 日，当红军三个方面军刚会师时，党中央和军委在《十月份作战纲领》中明确规定：四方面军以一个军秘密造船；三个方面军主要是休整；进攻宁夏的部队以一、四方面军主力担任，并于 11 月 10 日前完成作战准备。当时，由红四方面军已进至黄河边上靖远的第三十军负责秘密造船，侦察渡河点，并由三十军政委李先念负责组织造船事宜。

按照我们当时的情况，经过三过草地的折腾，指战员们个个面黄肌瘦，人人疲惫不堪，弹药、物资短缺，急需加以休整补充。然而当时敌情不允许我们休整，局势进一步恶化，通渭、静宁、界石铺等地为敌军所占，使红一、二、四方面军与敌周旋的余地越来越小，我们不得不提前西渡黄河。

10 月 24 日夜，按照中央军委的部署，为准备执行宁夏战役计划，红四方面军第三十军在靖远以北虎豹口（今河抱口）强渡黄河，在一条山击溃了马步青的骑兵第五师、马其禄的河防部队，控制了若干渡口；至 28 日，第九军和红四方面军总部亦西渡黄河；我们红五军原来负责监视靖远守敌和看守渡口的，因黄河东岸敌情紧急，也奉红军总部命令，于 30 日全部撤至西岸三角城地区。

至此，西渡黄河的部队，包括第三十军辖第八十八、第八十九两个师共六个团，第九军辖第二十五、第二十七两个师共六个团，第五军辖第十三、第十五两个师共四个团，红四方面军总指挥部机关及直属骑兵师、特务团、教导团、妇女独立团等，共两万一千八百余人。

这时，敌情突变。当红四方面军第四、第三十一军准备西渡黄河时，尾追而来的国民党军第一军胡宗南部赶到了，占领了黄河东岸，把河西、河东两岸的红军割断了。这两个军奉命留在河东作战。想不到他们却因祸得福，避免了大的损失。

渡过黄河的部队指战员，在“打通国际路线”、“配合红一方面军夺取宁夏”的口号鼓舞下，仍不顾疲劳，英勇进击。11 月下旬，红三十军、红九军在一条山、打拉牌、镇虏堡一带，同反扑的敌人骑兵、步兵激战数日，予敌以重大打击，毙、伤、俘敌两千余人。然而，这些军事上的胜利是暂时的、局部性的，在总体上看确是凶多吉少，并且碰到许多想象不到的困难。

11 月 8 日，党中央和军委鉴于敌情的变化和河东红军未能击败胡宗南等部的情况，决定放弃宁夏战役计划，河东红军将组成南路军、北路军东渡黄河入晋作战，要求河西红军组成西路军，在河西创立根据地，独立从新疆方向接通与苏联的联系。11 日，党中央和中央军委命令，四方面军河西部队称西路军，成立西路军军政委员会，任命陈昌浩为主席，徐向前为副主席；四方面军总指挥部改为西路军总指挥部，仍以徐向前为总指挥，陈昌浩为政委，王树声为副总指挥，李特为参谋长，李卓然为政治部主任。

我们西渡黄河之后，正值甘肃北部高原的隆冬季节，天寒地冻，夜晚就更加寒冷。当时没有温度计，谁也搞不清冷到零下多少度，但那个冷劲却是我这个湖南人有生以来头一次遇到。整个头几乎冻成了一个冰疙瘩，谁也不敢用手捂一下耳朵，一不当心，耳朵就会被手碰掉似的。寒风袭来，风沙肆虐，连呼吸都很困难。同志们就从棉裤腿上撕下一块布来，将耳朵至嘴巴包住，不一会儿，嘴中呵出的气体，就在嘴巴下结成一根根冰柱，脸部、四肢全都处于麻木状态，谁也感觉不出嘴巴下新生出的沉甸甸的“白胡子”。

脚下的路就更成问题了。浩瀚无边的大沙漠，被狂风卷起一阵阵沙浪，像大海的波涛似的忽高忽低，忽隐忽现，扑打得双眼难以睁开。松软的细沙，一脚踩下去就陷到脚脖子。好在我们历经了千辛万苦，炼成了坚强的意志，面对严酷的大自然，毫不退缩，顽强搏斗，艰难地行进着……但是，人的忍耐终究是有限度的，有的同志因实在支持不住倒下了，同志们还没有来得及上前搭救，就被卷地而来的沙浪淹没了，一瞬间就永别了战友。后续部队走过来的时候，怎么会知道脚下刚刚掩埋着自己的同志呢！

我们西渡黄河后，就遭到反动军队的疯狂反扑。当时，甘肃、青海、宁夏等地，是回族军阀马步青、马步芳、马鸿逵、马鸿滨等的势力范围，他们反共坚决，“剿共”积极。他们拥有数万骑兵、步兵、炮兵等正规军和十多万民团武装，无论在数量上还是在装备上都占绝对优势，特别是骑兵作战速度快，突击能力强，他们还以狭隘的民族观念和宗教迷信欺骗群众，煽动少数民族群众与汉族严重对立的情绪。

11 月初，马步芳又被蒋介石任命为西北"剿匪"第二防区司令，从青海率大批军队赶到甘肃黄河以西地区，利用他们地熟人熟的有利条件，统一指挥对渡河红军进行拦击、堵击、追击和围攻。

西路军过河不久，就遇到了国民党军马步芳、马步青、胡宗南等部十三个旅的步骑兵和大批反动地主武装的围攻。那时，常常是我们步行紧走一夜，天明后马家军的骑兵不用两小时就赶了上来。于是，我们不得不在白天打仗，晚上突围转移。为了摆脱马家军的追击，我们必须避开大路，在沙漠中行进。

当地是黄土沙漠的高原地带，人口稀少，既找不到粮，又找不到水，不适合大部队的作战行动。由于部队离开根据地，没有后方补给，特别是没有弹药补充。当时，红三十军每支枪平均只有二十五发子弹，红九军每支枪平均只有十五发子弹，而我们红五军每支枪子弹的平均数就更少了。可那时天天要打仗，没有弹药又怎样打呢？真是"巧妇难为无米之炊"啊！

在这样的情况下，西路军孤军作战碰到的困难是无法用语言所能形容的，胜利自然也就是非常渺茫了。

1936 年 11 月中旬，西路军根据情况和任务的变化，改变原定北进宁夏的计划，由一条山地区出动，向甘肃西北部大靖、凉州(今武威)方向前进。红五军担任前卫，红三十军、红九军部队依次跟进，全军行动神速，至下旬，先后攻占永昌、古浪、山丹等地，给马家军以重大打击，但自己伤亡也很大，特别是第九军在古浪作战中损失太大，部队作战能力明显下降。

这时，西路军进入河西走廊，位于祁连山以北，龙首山、合黎山以南，这里地势狭长，堡寨稀少，气候恶劣，部队分散在东起凉州四十里铺、西至山丹约一百五十多公里的狭长地带鏖战，所需弹药物资既没有后方补给，又无法就地筹集，处境相当艰难。

12 月上旬，马家军集中更多的骑兵、步兵和民团，向西路军据守的永昌以西的水磨关、永昌、山丹等地进行疯狂的进攻。敌军每次进攻，总是先用炮火猛轰，然后步兵骑兵一齐上，刀、枪一起用，发起集团冲锋，但他们每人只带三五排子弹，免得被我军缴获。而我西路军指战员冒着风雪严寒，在弹药消耗殆尽的情况下，以视死如归的大无畏精神，用刺刀、大刀、木棍作武器，同敌人进行了殊死的斗争。

12月3日，马家军在向永昌进攻的同时，以步兵、骑兵各一个旅及民团两个团，向我红五军据守的山丹城发起进攻，企图一举夺取山丹。当敌军刚逼近城郊时，董振堂军长趁敌立足未稳进行夜袭，给进入南关之敌马朴旅旅部及所属一个团以严重打击。

12月4日，马家军向我红五军山丹城的外围阵地发动进攻。一次又一次的进攻均被击退。董振堂军长面对敌情，从容不迫。他沉思片刻，决定四十三团、四十五团和随营学校(五军为培训干部而举办的随部队行动的学校)的学员守卫山丹城，三十七团和三十九团在城里待命。这是非常正确的部署。战斗开始，尽管敌军锐气正旺，但由于摸不清我军的实力，尚不敢强攻。兵法之本，在于知彼知己，我军知敌军情，于是，趁时保存实力，寻找战机，出其不意地打击敌人。

古老的山丹城，东门外不远处便是雄伟的万里长城。虽然经过千百年的沧桑巨变、风雨剥蚀，但依然保持着它那巍峨的雄姿，就像我们的西路军虽然伤痕累累，却依旧巍然如山，在残酷的战争中经历着一次又一次的严峻考验！

守城战斗打得正紧，城四周人喊马嘶，与密集的枪声和手榴弹的爆炸声交织在一起。我们的红军战士都有个怪脾气：不管多么疲劳，一听到枪炮声音，就红了眼，坐不住了。

我到各个连队巡视，看看指战员待命的情况，干部战士都纷纷围上来，急不可耐地问我："参谋长，赶快要求军长，让我们上阵吧，兄弟部队在那里打，我们在这里听，这种'清福'我们可享受不了！"

我说："同志哥，不要急！同志们尽管放心，我们三十九团该在什么地方用，军长早有打算，现在我们的任务是抓紧时间休息，抓紧时间准备！"

守城部队依托城墙的垛口，打退了敌人一次又一次的进攻。

战斗一直进行到第二天下午，敌军进攻的锐气被挫败了，而城东北角敌民团的阵地是薄弱环节。于是，军部命令三十七团、三十九团从东门出击。

嘹亮的冲锋号声响彻云霄，城墙上负责掩护我们冲锋的机枪，向敌人猛烈射击。敌人的威势一时间被压了下去。我三十七、三十九团的指战员，两天压抑在胸中的怒气一下子爆发出来。部队像决堤的洪水，从东门一涌而出，一路杀声震天，威震敌胆，围城的敌人猝不及防，四散逃奔。我们乘胜追击，寸步不让。

我团在团长、政委率领下追击到长城后，又越过长城五六百米远，占领了一道沙梁。我们正准备继续追赶消灭敌军时，只见站在沙梁上用望远镜观察敌情的团政委周赐昌同志与身边的警卫员突然同时倒下。我急忙扑上前察看，原来敌人的一颗子弹同时穿透了他俩的大腿，我让卫生员快速给他俩包扎好背下阵地。这话刚交待完毕，只听几个战士同时喊："参谋长，你看！"我抬头一望，只见前面一片尘土飞扬，像一条游龙滚滚而来，敌人的骑兵反扑过来了！"赶快组织火力。集中向敌人射击！"团长大声发布命令。糟糕，我们对敌骑兵作战缺乏经验，出击过远，给了敌人以反扑的机会，眼下我军已处于无处可守的困难处境！

"同志们，敌人又过来了。准备好刺刀、大刀和敌人决一死战！"我大声地向部队发出动员令。

敌骑兵在阵地上挥舞着大刀，左杀右砍，横冲直撞。十三师师长兼第三十七团团长李连祥同志在率部队与敌人拼杀之际，不幸被敌骑兵砍中头部，当即光荣牺牲，该团很快被敌人冲散。眼下阵地上只剩下三十九团，在这烟尘滚滚的沙漠里与敌人厮杀混战，战斗打得十分残酷。站在山丹东门城楼上指挥战斗的董振堂军长发现险情后，当即命令四十五团火速派两个营增援，掩护我团撤退。我很快带领部队撤到城门跟前。

这一仗，给了敌人以重大杀伤，但我们也付出了惨重的代价。如果不是董军长指挥沉着果断，我出击部队很有可能全部覆没。后来，董军长和我们一道总结了经验教训时，一致认为，主要是没有考虑到敌人骑兵的作战速度，出击过远，而后撤时敌人则利用空旷的地势，发挥骑兵的特长，实行快速反击，如果我们当时追击到长城一线转为据守，就不会出现这被动的局面了。

山丹第一次战斗结束的当天晚上，我奉命到第三十七团担任团长。我来到军部报到时，只见董军长正捧着一张甘肃地图眉宇紧锁，久久凝思。我的到来，并没完全打断他的思索，他神色严峻，话语不多，简单交待了几句，就伸出手来与我握别，显然这是说："就这样，你去吧！"看得出，他的心情十分沉重。我从董军长处告辞后，立即赶赴三十七团就职，和团里的其他领导同志一起，连夜整理部队，调整组织，进行动员，准备迎接新的战斗。

时下，敌军已像铁箍似地紧紧包围着山丹城，而红三十军、红九军还在一百多里外的永昌与马家军作战。

我红五军在山丹与敌军展开拉锯式的战斗，整整持续了一个多星期，伤员日益增加，药品紧缺，伤口难以愈合，营养更差，弹药所剩无几，战斗力受到很大削弱。面对眼前的情景，我们多么想念党中央、毛主席。然而传下来的命令只有一个：西进，西进！

1936 年 12 月 12 日，发生了"西安事变"。西路军的行动自然受到当时的局势制约。中央军委先要求西路军就地休整；又要求西路军考虑东返，对河东红军作战略配合；后因西安事变和平解决，又于 12 月 27 日电令："西路军仍执行西进任务占领甘、肃二州，一部占领安西。"这就是说，要西路军继续完成打通"国际路线"的任务。

12 月下旬，山丹战斗结束后，西路军总部命令我担任十三师师长，谢良仍任师政委。那时部队人数很少，没有师机关，我仍兼任三十七团团长。我体会到，在紧急情况下，要我担任师长，就是要我更好地带领部队，打好仗。我和谢良政委一起，抓紧整顿部队，调整组织，加紧赶制刀、矛等武器，准备迎接新的战斗任务。

根据西路军总部的命令，我们红五军在 12 月 28 日夜里，趁敌军骑兵退缩到周围的小寨子里，悄悄地突出山丹东门，绕到北面，又走进了浩瀚的沙漠。这次转移，一副副担架列成了长阵。抬担架的战士也都精疲力竭，无力行走，但是，深厚的战友情激励着大家咬紧牙关，奋力支撑，不使一个伤员落到敌人手里。经过一天一夜的强行军，我们于12月30日占领了临泽。

第二天晚上，董振堂军长又遵照西路军总部命令，亲率三十九团、四十五团和总部特务团四个连、骑兵两个连及军直属队的一部分，共三千余人，经一夜急行军，于1937年元旦的拂晓夺取了高台县城。

1月上旬，蒋介石扣押了张学良，调集重兵逼近西安，内战有一触即发之势。中央军委电令西路军在高台、临泽地区集结，创建根据地，寻机击敌，暂勿分兵西进。此时，西路军分布于临泽、沙河堡、倪家营子一带。

当时，留驻临泽的三十七、四十三团，是由五军政委黄超负责的。黄超原是张国焘的秘书长，这人长得又瘦又黄，开口闭口离不开“张主席”（张国焘自封的“中央主席”），其他党中央领导人都不放在眼里。他把下级视若草芥，对部队疾苦漠不关心。其实，他对政治工作、军事指挥一窍不通，对董振堂军长更是极力刁难、耍尽手腕，如果不是董军长度量如海、以大局为重，始终从团结的愿望出发，那部队指战员的思想一定会更加混乱。

这次董军长率部出发夺取高台，黄超作为政委未能与军长共谋战计，连电台都不许董军长带去。高台战斗打响后，由于失去联络，我们在临泽只能听到隐隐约约的枪炮声，具体战况却一无所知，又怎不心急如焚！而黄超却在临泽隔岸观火，既不派人前去侦察联络，也不派兵前去支援，这真是我军战争史上罕见的“奇观”！

直到第九天，黄超才找到我，他用半死不活的语气说：“饶师长，怎么样？你带一个营去支援一下高台。”

我觉得时间已拖至今日，高台一定十分吃紧，而我只带一个营兵力增援，实属杯水车薪，无济于事。他见我有些犹豫，操着一副知识分子架子的腔调说：“亡羊补牢，未为迟嘛！”

我想仗义执言，要求增加增援部队，但想到黄超一向主观武断、粗暴蛮横，提也不顶用。只好忍气吞声，回去安排。

约摸四更天的时候，我带领三十七团第二营从临泽出发向高台方向进发。高台在临泽西北方，相隔约五六十华里。我们沿公路向西走了大约二三十里的样子,高台方向连稀疏的枪声也听不到了。这种沉闷的寂静压迫着我们每个同志的心,根据经验,我们预感到不祥的事情发生了。

我边走边想,在情况没弄清之前,不能盲目开进,万一高台已被敌军占领,我们这支不足三百人的小队伍,岂不是拿着鸡蛋去碰石头吗!于是,我跟二营张营长商量了一下,决定将部队先带到附近一个土围子里休息,待弄清敌情后再决定下一步的行动。

部队刚接近土围子,从西面过来一个背褡裢骑毛驴的中年人,他见了我们,忙停下毛驴,用诧异的目光直愣愣地端详着。我连忙走上前去问道:“老乡,高台那里还打不打仗?”他愣了一会儿,很快认出我们是红军队伍,忙摇头说:“哎呀,你们千万别往前走了,高台已经被马家军占领了,你们的人死得好惨哪!”

这一消息对我们前去增援的部队来说,犹如五雷轰顶!董军长他们怎么样了?三千多红军干部战士难道都牺牲了?他们会不会突围,转移到哪里去了?这一个个急待回答的问题,一股脑儿在我心中翻腾起来。我又策略地问了几句,详细情况他也谈不出来,只是说:“反正你们的人没有一个从高台跑出来。听说还有一个大官被抓住割了头。”听到这里,我非常悲愤,但表面上还得保持克制和平静,心想不必再问了,情况已万分糟糕,于是我向提供情况的老乡道了一声谢,让他离开,便和张营长商量,决定先把部队带进上围子,迅速派出小分队前去侦察,如果情况属实,尽快返回临泽。

我们驻进土围子不到三小时,侦察员就回来报告了情况,高台确实在昨天被敌人占领,我三千多将士几乎全部阵亡!

这边情况刚刚得到,那边担任警戒的分队就急速报告:敌军已发现了我们,开始向我们包围了!不一会儿,整个土围子四周的村寨已被敌人占领。但是,由于敌军还没搞清我们的实力,不敢轻举妄动,只是让小股敌军与我们接火来试探虚实。

这时,在西北方向一个距我较近的土围子里传来了敌人喊话:“共军弟兄们,你们在高台已经失败了,赶快缴枪投降吧!”

我们也立即让几个嗓门洪亮的战士向敌人喊话:“白军士兵们,你们都是穷苦人，你们的父母在家给地主当牛作马，你们却在这里给地主老财们卖命，你们流血，当官的发财。你们不想一想，打仗到底为了谁啊？”

就这样，我们和敌人对峙了一天。据观察，敌军的兵力还在不断聚集、增加。

傍晚，我和几个营干部研究了一下，认为敌人很可能在明天拂晓向我发起总攻，我们必须在今天晚上突围出去！

为了安全转移，我们做了充分的准备。人吃饱饭，喝足水；把东西捆扎得结结实实的，避免行走时叮当作响；规定不准有一丝光亮；连随行的两匹战马也喂足草料、喝好水，以免途中饥饿嘶叫。

入夜，狂风顿起，飞沙漫天，正是突围的好时机，老天帮了大忙，我们立即安排了三个战士继续向敌人喊话，以迷惑敌人，其余全部突围，突围路线选择在白天侦察好的东北方向约二里远的两个村庄之间。

“白军士兵们，中国人不打中国人……”我们留下的三个战士开始喊话了。

愚蠢的敌人随即也跟着喊话：“共军弟兄们，快投降吧……”

在双方对喊声中，我们开始肃静地行动了，真可谓“马勒口，人衔枚”。风在刮，沙在飞，我们的队伍走过之处，没发出一点异样的动静。每个人的心弦都绷得紧紧的，准备着随时可能爆发的血战！

情况比我们预料的来得还快。在我们突围出去不久，只听得枪炮齐鸣，见那边火光冲天，很显然，敌人已向那座土围子展开猛攻了！

我赶忙问张营长：“留下喊话的那三个战士回来没有？”他说：“已经到了，在队伍后头呢。”

险哪！三百人的生命差一点全部报销。

敌军整整向那座空关土围子轰打了一夜，由于他们四面炮火一齐轰，所以分辨不清围子里到底有没有人还击。待次日天明时分进攻时，敌军才知道中了“空城计”，白费了弹药。这时，我率第二营已经返回了临泽城。

围攻土围子的马家军立即转头向东，气势汹汹地将临泽包围。

战斗整整进行了一天，我三十七团、四十三团、军直属队及西路军总部后勤机关人员，发扬了红五军能攻能守的顽强战斗作风，死死地坚守临泽城，打退了敌人无数次的进攻。

战斗中，我来到二营坚守的城段，只见张营长正站在城墙旁边的一座房顶上探出头瞄准敌人射击，我立即大声喊道："张营长，当心，头不要抬得太高！"话音刚落，敌军的一颗子弹击中了他的头部，他立即倒了下来。我急忙上前抱住他，呼唤着："老张、老张，你醒醒，快醒醒！"但是他一句话也说不出来，嘴角抽搐了两下，头便耷拉下去了。

马家军的枪法很准，有的战士用树枝将帽子顶起来，越出城墙欺骗敌军，一会儿敌军的子弹就把帽子打上好几个窟窿。尽管如此，临泽城还是被我坚强的红五军守住了，这是以惨重的牺牲为代价换来的。在这次战斗中，我们军的蔡参谋长也光荣牺牲了。

第二天，敌人又集中兵力对临泽城发动了强大攻击。驻该城的我红军指战员，不论医务人员、担架员、修理工，也不分男女，全部投入战斗，奋勇抵抗，打退了敌人一次又一次的进攻。

正在这时，接到了西路军总部要我们突围的命令。于是，我们红五军余部及总部后勤机关人员，便连夜突围，赶到了西路军总部驻地倪家营子。

几天后，参加高台战斗的四十五团政委张力雄同志突然回来了。原来，当高台被敌军攻破的那一天，他负了伤，被一位善良的群众藏进夹墙里，躲过了敌人的搜捕。后来，这位热心的群众又拿出自家衣服给他换上，让他化装成当地老百姓的样子，用牛车将他送出城。当走到城门口时，敌人哨兵盘问："赶车的，干什么去？"这位群众回答说："我到城外给你们拉粮草。"敌哨兵看牛车上没有特殊的情况，也没有多在意，就放行了。这样，他才得以安全地回到部队。他悲愤地向我们介绍了红五军在高台惨败的经过：

1937 年元旦拂晓，董振堂军长率红五军部队包围了高台城。高台是马步芳部在河西走廊的一个重要据点，原有一个团驻守。红军西出河西走廊后，马步芳将该团调去截击红军，城内兵力空虚，只有保安队和民团一千四百多人守城，战斗力不强。我军很快攻占了高台城。歼灭了守城的敌人，缴枪七百余支和一部分军用物资，还俘虏了高台县和从永昌、山丹逃来的一批反动官员。

进城后，部队召开干部会议，军首长要求大家严守“三大纪律八项注意”，宣传党的政策，发动群众，组织群众，广大指战员发扬光荣传统，为群众治病、挑水、扫院子。大街小巷都贴满了宣传标语。第二天，又召开群众大会，军政治部主任杨克明讲话，生动地宣传了中国共产党和工农红军的政策，并当场扣押了伪县长马鹤年、国民党县党部书记王兆德和反动老财王庆春、王如九等。随后，又经过酝酿，成立了高台县苏维埃临时政府，许春来、白席斋任正副主席；成立了抗日义勇军司令部，白席斋任总司令。接着，又建立了贫民委员会，在文庙召开了打土豪群众大会，斗争了恶霸地主卢荣、土豪董子清。广大群众兴高采烈，纷纷拥军参战，捐布、捐棉花给红军做棉衣、棉鞋。一派胜利景象。

这时，气急败坏的马步芳立即抽调了五个骑兵旅、两个步兵旅及炮兵团、民团等共两万余人，其中包括马彪、马起禄、马朴等主力旅，以八倍于我的兵力，把高台城团团围住。

1月12日激战开始。敌人首先集中兵力猛攻我西关大碉堡财神楼。守卫在那里的三十九团一个排，一次又一次打退了多于自己十倍、几十倍的敌人的进攻，坚持了五昼夜，最后和碉堡同归于尽。守卫东关碉堡的四十五团一连，是敌人进攻的又一个重点。敌人用人海战术，在炮火掩护下一批批往上拥，冲上来被打下去，打下去又冲上来，碉堡附近敌尸成堆，但终因弹尽粮绝，为保存实力，主动撤离。东西两大堡垒失守，城防完全暴露，眼看敌人就要全力攻城了。如果继续死守高台，就等于自杀，必须组织突围。董军长当机立断，提出了突围措施：命令骑兵团长吕仁礼率一个连在大佛寺背后挖一个可以并行两匹马的地道，用少数兵力在南面吸引敌人，主力部队可利用夜暗从地道里突出城外，然后沿黑河向临泽前进。地道很快挖好了，就在这时，军政委黄超派人化装入城，送来一封信，胡说高台是“打通国际路线”的重要据点，必须死守。董军长接信后，心中极为矛盾，他抑制住怒火，勉强执行了黄超的命令。他命令四十五团守卫东门至南城墙的一半，三十九团守卫西门至南城墙的一半，总部骑兵团和特务团各一部守卫北门。大家抱着“我在城在”的决心，各自为战，奋勇迎敌。

1月19日，敌人开始大规模攻城，遭到我军迎头痛击，留下一堆堆死尸退了回去。20日清晨，在隆隆的炮声中，敌军黑压压的一片，头顶罗锅，架着云梯，爬上城墙。守城红军的机枪、步枪、手榴弹一齐向敌军打去，敌人一片片倒下去，又一片片冲上来。我们的子弹打完了，手榴弹扔完了，就用大刀、枪托、石头、砖块、滚木同敌人拼，杀得城外横尸遍野，每个城墙缺口处都是尸体成堆，激烈、残酷的搏斗持续了八天八夜。在战斗最危急的时刻，新近混入我军的坏人利用其参加城防任务的机会，打开城门，里应外合，致使敌军攻入城内。董振堂军长始终在第一线指挥部队作战。面对孤军奋战的危境，他号召说："坚决守住高台，我们人在阵地在，誓与高台共存亡！"最后亲自把仅存的机关干部和勤杂人员组织起来，固守一个制高点，继续和敌人作战达十个小时之久，直到人员全部牺牲，弹药全部打光，董军长和两个警卫员跳下城墙壮烈牺牲！军政治部主任杨克明以下三千余人大部壮烈牺牲。

董军长牺牲后，惨无人道的马家军还把他的头割下来运往凉州，悬挂在城门旁。

听了这些惨痛的消息，我们心如刀绞，失声痛哭。

往事如昨，董振堂军长的音容笑貌如在眼前。他是宁都起义的主要领导人之一，1895年出生于河北省新河县，对党中央、毛主席无比信赖，把整个身心都倾注在革命事业上。他三次爬雪山、过草地，和战士们一样穿草鞋、啃树皮、嚼草根。他对部下亲密无间，情同手足。他处处顾全大局，忍辱负重。1936年12月7日，中央革命军事委员会改组，包括毛泽东、朱德、周恩来在内，有二十三名委员，董振堂军长就是其中之一，说明党中央、中央军委对他的充分信任和高度评价。他的壮烈牺牲，使指战员们极为震惊和悲痛，是党和人民解放事业的一大损失。

记得在张国焘迫使红五军团南下川康边界那段艰难的日子里，部队对张国焘分裂红军的阴谋极为不满，抵触情绪越来越严重，为了解决部队的思想问题，董军长亲自召集我们营以上干部到自己的那栋藏民小屋里，请朱总司令给大家作指示，当朱总司令教育我们不要扩大矛盾、做出"亲者痛仇者快"的事情时，董军长当即站起来表示说："请总司令放心，我们一定坚持原则，冷静、理智地处理好摆在我们面前的各种矛盾，决不感情用事。我们要虚心学习四方面军的长处，弥补自己的不足！”最后董军长又要求我们将总司令的讲话精神向部队传达，教育每个指战员都要为革命的整体利益和长远利益着想，不利于团结的话不说，不利于团结的事不做，用团结战斗的力量去战胜敌人！他还用征询的目光问大家能不能做到，我们齐声回答：“能！”他满意地点了点头，总司令也满意地笑了。在五军团被张国焘分化、“改造”之后，董军长通晓革命大义，事事委曲求全。他为了筹划战斗，一次次挽救危局，不知熬过了多少个不眠之夜。这一切，都在红五军指战员的心里矗立起丰碑。

当时，由于外面敌情严重，我们红五军活着的指战员，却不能给敬爱的董军长献上一束寄托哀思的小花，也不能开一个追悼会，只能默默地忍受着巨大的悲痛，这在感情上经受着多大的折磨啊！

1937 年 1 月下旬，我们红五军的余部突围到西路军总部所在地倪家营子后，便奉命编入了红三十军，其中三十七团编入八十八师。红五军悲惨地解体了！

宁都起义诞生的红五军团，是一支英雄的部队，在中央苏区的反“围剿”中，在长征中，以及西渡黄河以后的征战中，都是能征善战的。为中国革命战争作出了卓越的贡献。如今，它虽然在西征途中失败了，然而它在河西走廊写下了不朽的英雄史诗和“惊天地、泣鬼神”的大无畏精神，像祁连山巍然屹立、黄河水浩荡长流，与山河永存。

五、遭惨败风雪祁连山

1937 年 1 月下旬，红五军余部第三十七团编入红三十军第八十八师后，总部命令我担任八十八师参谋长。当时师长是熊厚发同志，是三十军副军长兼任的，政委是郑维山同志。

这时，西路军是继续西进或东返，还是就地休整，西路军总部与中央军委之间往来电报频繁。然而，西路军继续西进没有力量，东返困难颇多，现地无法立足，更谈不上休整、补给，想反击歼敌已办不到，想避战保存实力也不可能，结果滞留在倪家营子等地，坐等消耗，越来越陷于绝境。此时马家军急于消灭红军，向蒋介石邀功请赏，调集五个旅和大批民团武装，对倪家营子等地的西路军阵地团团包围，在猛烈炮火掩护下，展开了连续的进攻。于是，从 1 月下旬起，在倪家营子等地，展开了一场激烈的攻防战。我们西路军指战员以寡敌众，与敌进行了为期 40 天的大血战。当时已没有弹药，只靠大刀、枪刺及自制的长矛同敌人拼杀。不少人还赤手空拳地同敌人格斗，不仅轻伤员，连能爬得动的重伤员也同敌人肉搏。武器没有了，就抱住敌人用牙齿咬，用手撕，扼住敌人的喉咙，咬掉敌人的耳朵、鼻子，直至流尽最后一滴血。他们胸中燃着杀敌复仇的怒火，与敌人血战，真可谓“一片土地一片血，一个战士一团火”。这充分表明，西路军指战员那种有我无敌、不畏艰险、不怕牺牲的无产阶级英雄气概和对党对人民解放事业的赤胆忠心，真是可歌可泣！

在这期间，党中央曾从多方面设法援救西路军。如派人与南京政府谈判，要其下令马家军停止进攻；派人去青海与马步芳直接谈判，要其停止攻击；决定组织增援西路军，并于 3 月 5 日从陕西淳化、三原地区出发，3 月中旬进至甘肃镇原、平凉地区，闻西路军已失败，随即停止前进。

但是，这一切对于西路军来说，已经无济于事，远水解不了近渴。

经过一个多月的苦战，无法继续支撑，西路军总部 3 月 11 日决定，向南突围转向祁连山区。12 日，我们刚刚到梨园口，敌军的骑兵就跟踪而来。红九军为掩护红三十军，指战员手持大刀与敌骑兵肉搏，夺占了右侧的山头，随即又丢失；红三十军为掩护总部机关和伤病员转移，前仆后继，顽强地与敌骑拼搏。这次战斗极为激烈，仅我们三十军就损失了两个团，二六四团全部拼光，二六三团也大部损失。他们与敌军血战到底的精神，是永远值得赞颂的。

到这时，西路军开始时的两万一千八百余人所剩无几，连同伤病员在内，已不满三千人。西路军总部决定，利用山麓地形，边打边撤，退往冰封雪盖的祁连山。

3 月 14 日下午，我师和兄弟部队经过连日血战，撤退到祁连山口的石窝。天色渐渐黑了下来，我从石窝顶上向下看去，只见阴霾密布的山沟里，倒着我们英勇战士的遗体。在烈士们的遗体旁，横七竖八地堆着无数敌人的死尸。光秃秃的石窝，怪石嶙峋。石头旁边倚坐着很多伤员,他们发出一阵阵轻微、痛苦的呻吟。满脸烟尘、疲惫不堪,瘦得皮包骨头的战士,三三两两地聚集在一起。这时的部队,已经是班不成班、排不成排。在山脚下,马家军燃起篝火,从四面把我们包围起来。我军的战斗人员已越来越少,机关干部、勤杂人员也都拿起了武器,准备和敌人决一死战。

黄昏时分,西路军总部在石窝山崖里召开了师以上干部会议。我忙于把几个团的剩余人员整编到二六八团,没有出席会议。天色黑定了,师政委郑维山同志开会回来,向我传达了会议的精神:为了缩小目标,徐向前总指挥和陈昌浩政委离开部队,回陕北去向党中央汇报情况;将现有人员编为三个支队,分散深入山区游击。会议还决定把一些重伤员就地留下,派一部分同志护理照料。

从这时起,在河西走廊孤军苦战四个多月的西路军,作为整体已经不再存在。

我们红三十军剩余的一千余人为左支队,由李先念政委、程世才军长带领,到左翼大山里打游击。西路军成立了军政委员会,由李先念负责军事指挥,李卓然负责政治领导。

漆黑寒冷的夜里,干部们在山坡上来回奔走:忙着整编队伍,安置伤员,掩埋烈士遗体;砸坏带不走的武器,烧毁文件材料。我安排好了行军的队伍,又根据郑维山政委的吩咐,从部队抽出十几支盒子枪,从供给处取了一些经费给总部送去。

我从总部返回后,又带领几个战士,用担架去抬师长熊厚发同志。熊师长从倪家营子突围后,在南流沟战斗中左臂负伤。左手的动脉被打断,他仍然坚持战斗。然而由于缺乏药品,他现在伤口化脓,胳膊肿得圆鼓鼓的,动弹不得。他见到我们来抬他走,怎么也不让抬,硬是要坚持自己走。

我劝说:"为了您,也是为了整个部队!"

熊师长执意不让抬,说:"还是去抬其他重伤员吧!"

我说:"您师长的伤势最重。这是组织决定的。"

经我们再三劝说,他才勉强坐上了担架。我迈着沉重的步子跟在担架后面,在石窝山腰上走着。寒风呼呼,黑夜茫茫;高空的星星眨着眼睛，好像是人在打哆嗦；黑黝黝的山峰，仿佛是可怕的巨兽拦住去路。整个山崖被悲哀的气氛笼罩着。同生死共患难的战友就要分手了，我说不出一句互相安慰的话，大家伫立在烈士的墓前久久不走，潸然泪下。也许，泪水就是我们当时唯一的怀念。我们擦干眼泪，化悲痛为力量，决心为烈士报仇雪恨。最后我们还是依依不舍，默默地分手告别了。

3 月 14 日晚，我们这支疲惫不堪的队伍顶着茫茫的夜空，走进了渺无人烟的祁连山深处。

在离开石窝的第三天中午，部队在一个小山头上休息。听说熊厚发师长要求"坚壁"下来，我急忙跑去找军首长，要求他们动员熊师长无论如何跟部队走，我们走到哪里就把他抬到哪里，我们怎么能把这么一个能征善战的好干部丢下呢？首长答应去找熊师长谈谈。过了一会儿，我去看熊师长，他在一个岩坎下，倚着石头坐在那里，两颊削尖，眼窝深陷，面色蜡黄，但那双炯炯有神的眼睛仍然乌黑发亮。

熊师长一看见我就说："军首长已同意我留下来打游击了！"

我着急地说："你这样的身体怎么能打游击呢？还是跟着部队一起走吧！"

"不这样，有什么办法？我不能给部队增加累赘。我一个人死了，没有什么，不能因为我而把部队拖下来，部队要赶快走啊！"熊师长说着说着，泪珠"扑簌簌"地滚落下来。在危急关头，他首先想到的是战斗集体的安危，而不是个人的生死，真不愧为一个坚强的共产党员。

我再也抑制不住自己的感情，流出了辛酸的泪水，无可奈何地说："打游击困难大，还是找个有人烟的地方，做好群众工作，隐蔽几天，治好伤再设法回部队去！"

原来，西路军政治部主任李卓然、三十军政委李先念来看熊厚发同志时，西路军卫生部长苏井观大夫也在场。李先念关切地询问病情，苏大夫说："不行了，抬不出去了。"而熊师长坚决要求留下来。于是给他留下一个班的战士，由红二六六团团长负责作掩护。他对首长说："我熊厚发不死，咱们回到党中央再会面！"当时他还向二位首长交出手头上仅有的两件东西：一块手表，一架望远镜，作为他的党费。李先念政委含泪从笔记本上撕下一张纸，写了党员证明信，李卓然主任郑重地在上面签了字,交给了熊师长。

熊厚发同志1914年出生于河南省罗山县,1930年参加红军,从排长、连长、营长、团长,到三十军副军长兼八十八师师长,是一个年轻威武、英勇善战,在四方面军闻名的好干部。一个多月前,我调来八十八师工作才和他相识。当时,他给我详细地介绍了各个团的干部情况和战斗作风、特点。他见我没有警卫员,就叫我从警卫连或通讯班找一个。我说:“现在部队战斗人员少,我有勤务员帮助做些事就行了!”他怎么也不同意我的意见,再三对我说:“斗争环境这么恶劣,还是选个警卫员跟着你吧,这也是革命的需要啊!”

一个多月的时间虽然短,但我们在战斗中结成的友谊是多么深厚啊!眼下我们要分别了,这样的生离死别使人百感交集!我俩紧紧地搂在一起,两个人都哭了。我将自己身上仅有的四五斤炒面给了他,又给他留下两块银元,并嘱咐留下照顾他的警卫班战士和担架员,要他们无论发生什么意外的情况,都要照护好师长。随后,我们拭泪而别。

想到了,但却又不敢去想,这次分手就是永别!

事后得知,几天后,马家军在一次搜山时,发现了熊师长他们。全班战士为了保护师长,与敌人展开了激烈的战斗,最后全部壮烈牺牲。熊厚发同志由于伤势过重,无法脱身,被敌人捕去,3月22日在青海西宁壮烈牺牲。熊厚发同志“宁为忠死,不为降生”,在生命的最后一刻,还高唱《国际歌》,高呼“中国共产党万岁!”这位英雄的师长,红军的钢铁战士,牺牲时年仅二十三岁。

1937年3月中旬,为了摆脱尾随的敌人,我们忍着饥饿和疲劳,在茫茫没有尽头的祁连山里挺进。多亏漫山的雪花掩盖了我们的足迹,才得以摆脱尾追的敌人。但是,摆在我们面前的还是冰天雪地的山。离开石窝到这时已经好多天了,部队没有得到休息,没有粮食,伤病员没有药品,再加上在风雪中连续行军,部队减员很大。死亡,每时每刻都可能落在每个人的头上。刚进入祁连山时,我就在想:能不能走出祁连山?走出去又到哪里去?我们边走,边想,边担心。

有一天,李先念政委征求我对工作安排的意见。我说:“很好,没有什么不同意见!”

李政委接着说:“若叫你去带一个部队,行吗?”

我当即表示:“服从组织决定,叫我干啥就干啥!”

李政委连说几个“好”字后,随即写了个条子,让我到一支队(二六八团改编)当参谋长,帮助杨秀坤团长带好部队。在战争年代,干部是“能上能下”的。工作需要,有部队,职务空缺,就可能安排得高一些;部队缩编,人少了,职务就会低一些。当时我所考虑的,只要我不离开大部队就行,职务高低那是无所谓的。因而,我愉快地服从组织上的决定。

一支队的队长是杨秀坤同志,政委是曾日三同志。曾日三中等个子,清癯的面孔,身体比较瘦弱。他是一个老党员,长征途中曾经担任红五军代理政委。他作风深入,平易近人,密切联系群众,工作很有魄力,和董振堂军团长合作得很好,在部队中有很高的威望。后来,张国焘为控制红五军,派他的亲信黄超来任政委,把曾日三同志调到总部机关。在这艰难困苦、面临生死考验的时刻,曾日三同志又到支队里当政委,受命于危难之时。

此时的 3 月,如果在我们家乡湖南,已经是春暖花开的时候了,而祁连山却依旧是天寒地冻,一片冰雪。许多同志没有棉衣,就把被子、毯子披在身上。有的同志赤脚穿草鞋,在雪地里行军,脚上冻得裂开一道道口子,鲜血直流。行军时呼出的气,立刻在胡子、眉毛上结成了冰霜。下巴颏上也结了长长的冰柱,要弄掉它只能用手轻轻地抹化,用力太猛连胡子也会拔下来。走了一天又一天,总是看不到人烟,只有狂风卷起的冰雪,从一个山峦刮到另一个山峦,打在前面同志的身上,又弹到后面同志的身上。晚上,部队只能找个避风的山坡宿营。大家除掉积雪,把身子紧紧地挤在一起,互相取暖。一觉醒来,身上又盖上了一层厚厚的雪被。早醒的同志,爬起来抖抖雪,然后把其他同志推醒。也常有这样的情况发生:有的同志再也无法推醒了,他们被饥饿和严寒夺去了生命。没有粮食吃,唯一的办法就是猎取黄羊、野牛等,用火烤着吃,或者用洗脸盆煮一煮,连汤带肉饱餐一顿,这就是最好的大“会餐”了。这支疲惫不堪的部队,就像一只失去了桨和舵的孤舟,在茫茫无际的大海里飘荡。

一天黄昏,部队在一个背风的山坡上停下来休息。曾日三政委叫钟立彬主任把几个连队的支部书记叫来开会,分析干部战士的思想情况。曾政委回顾了前一段行军的情况,满怀信心地告诉大家:“我们西路军虽然遭受了重大损失,但是党中央和主力红军到了陕北,整个革命无疑是向前发展了,我们的困难是暂时的,只要大家团结互助,坚持到底,保存有生力量,我们就有希望! ……”他越说越兴奋,显得信心十足,他要求每一个干部、每一个共产党员,都要在战胜严寒、战胜马家军的艰苦战斗中起模范带头作用,做一个“钢铁战士”。曾政委铿锵有力的话语、乐观的情绪和胜利的信念,像春雨一样滋润着人们久旱的心田。曾政委要求党支部加强政治思想工作,充分发挥政治工作的威力。对如何开展互助、如何搞好宿营、如何防止冻伤等许多实际问题,也一一提出了具体要求。“战地政工会议”结束了,支部书记们迈着大步回到本连的宿营地。曾政委来到两个正在用洗脸盆烧水的小宣传员身边,一边随手拣起几块牛粪添到火里,一边和他们亲切地交谈起来。

由于加强了政治工作,使每个红军战士的意志更加坚强,官兵之间、同志之间的团结更加紧密。我有个马夫,是四川参军的红小鬼,名字叫张宗武。当时人无粮食、马无草料,我的那匹马瘦骨嶙峋,行军时不仅不能驮着人走,还要人在它的屁股后面打着、推着走。为了解决吃的问题,我们几个商量了一下,决定把这匹马杀了。为了这事,小张哭了好几阵鼻子,马肉也不吃。

第二天出发时,小张把马鞍子扛在肩膀上行军,我叫他摔掉,他撅着嘴说:“扛得动。”

我坚持不让他扛,说:“没有马了,还扛着那个有什么用!”

小张倒有道理:“前面路还远着哩,说不定什么时候还能用上它!”

就这样,他硬是扛着十几斤重的马鞍子行军。说来也巧,没过几天,我竟然又搞到了一匹马,这鞍子倒真地用上了。当时,我笑着对小张说:“你这小鬼还真有先见之明啊!”

3 月下旬,一个朝霞绚丽的早晨,部队正要出发,李先念政委快步走来,高兴地对大家说:“好消息! 我们的电台与党中央联系上了,党中央、毛主席指示我们,要保存力量,团结一致,设法进入新疆。党中央还将派陈云同志和滕代远同志到新疆接应我们哩!”这个日夜盼望的喜讯,一下子吹散了心上的愁云,给大家以极大的鼓舞。大家看到了前途,看到了

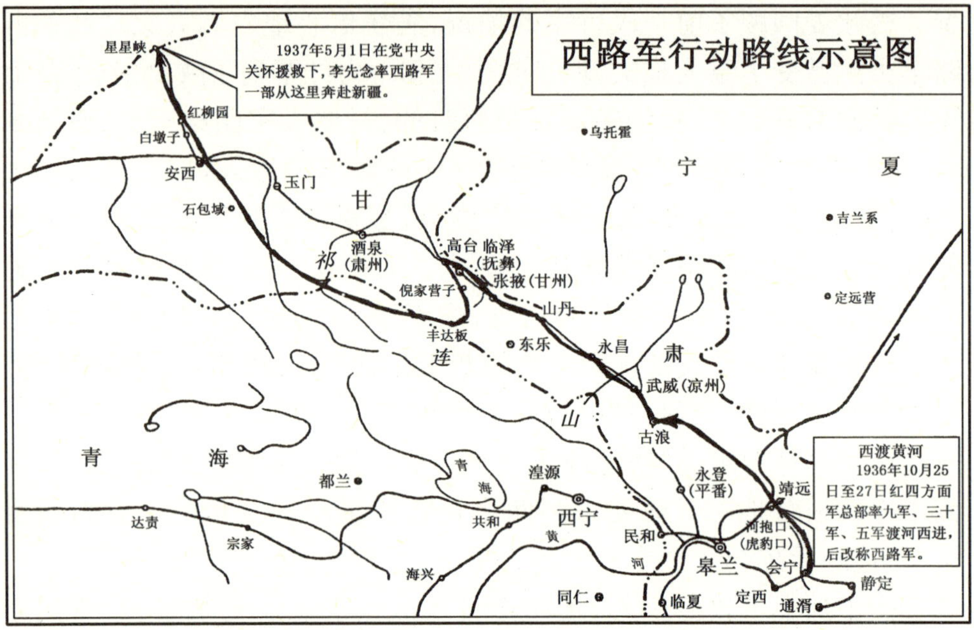

希望，增强了信心和力量。许多同志高兴得跳起好高，什么饥饿、疲劳全都丢到了脑后，抛到了九霄云外。部队里爆发出一阵又一阵的欢呼声，干部战士的精神振奋起来了，长久没有看到的英姿又出现了。

部队在祁连山中饮冰卧雪，风餐露宿，翻山越岭，扶伤带病，奋勇地向着党中央指引的方向前进。到 4 月 24 日，我们终于走出了祁连山，到达甘肃西部的安西附近。

六、到新疆绝处重逢生

1937 年 4 月下旬，走出祁连山的当天，我在一个小山坡上遇到了曾日三政委。当时他已调到二支队工作。

支队政治部主任钟立彬同志问："曾政委，到新疆还有多远？"

曾政委稍加思索后说："不远了，可惜没有一本地图！"说完，他站直身子，目视远方。

随着曾政委的视线，出现了疏疏落落的树林、村庄和田野。这使我们这些在风雪山沟中走了四十多天、过着原始生活的人，顿时心胸开阔、轻松愉快。面前的一切显得多么生机勃勃啊!

钟立彬主任当过青年科长,性情活跃,这时他轻轻哼起了江西山歌。但曾政委却随即收敛了脸上的笑容,忧虑地说:“我们出山了,可是还不知敌情怎样呢? 还要准备战斗啊!”

我和钟主任异口同声地表示:“碰上敌人就打,我们总要冲出去!”

曾政委以坚定的口气说:“对,总要冲出去。我们一定要到新疆去!一定要回到党中央、毛主席的身边去! 一定要到抗日前线去!”

几天后的一个夜晚,西路军领导举行了军事会议,研究下一步如何行动。会上,对打不打安西城发生了分歧。李先念、李卓然等首长主张不打安西,保存力量,迅速挺进新疆,李特参谋长认为打下安西可以使部队补充、休整一下,而且城里敌人只有一个排的兵力,最多一个连,很好对付。争论到最后,还是决定打安西。

4 月 24 日晚,攻打安西城的战斗开始了。我一支队攻城西南角,二支队攻城东北角。一接上火,城里的敌人就以猛烈的火力向我军射击。事后得知,敌人一个团是当天到达安西的。打了一夜,我们登城的部队一次次被敌人打下来。25 日天快亮时,上级命令把部队撤退到王家围子。但城里的敌人在炮火掩护下,疯狂地冲出城来,直扑我军阵地,把我们住的村子包围起来。我们组织火力把敌人阻住,待天黑以后寻找机会突围。我和钟立彬同志隐蔽在一条壕沟里,观察敌情,当看到敌人离我们不远的时候,他仰起头向敌人喊话。突然一颗子弹飞过来,打中了他的头部,他睁大眼睛看着我,嘴唇翕动了几下,似乎有什么话要对我说,但什么也没说来出,慢慢地闭上了眼睛。我急忙上前一把抱住他,连喊几声,又用手试他的脉搏。试了一会儿,怎么也摸不到,说明他的心脏已经停止跳动了。

钟立彬同志是和我一起从红五军团调到红三十军的。在长征路上,在西路军的征战中同生死、共患难,眼看胜利在望的时候他却牺牲了。我不由得一阵心酸。

当天晚上,当敌人在我们反击下退回安西城的时候,我们急忙向北转移,整整跑了一夜,于 26 日天明时分到了白墩子。部队开始生火做饭,水还未烧开,后面沙漠里烟尘滚滚,一片黑压压的马家军骑兵又追上来了。敌人的嚣张气焰,并没有吓倒刚刚冲出绝境的红军战士。我们立即撤到村外的沙岭子上,利用被风吹成的一个个小沙堆,猛烈地向敌人骑兵射击。敌人没法从正面突破,就从两翼包抄过来,我们乘敌向两翼迂回包围的时机,在沙漠里边打边撤,于 26 日下午撤到白墩子西北五十华里的红柳园。

红柳园是一个只有几户人家的"骆驼站",站前有一条从戈壁滩穿过来的公路直通新疆,公路旁边的一根根电线杆由东南向西北延伸而去。

在红柳园周围的沙丘上,部队与敌人打了一个下午。战士手中的子弹快打光了,仅有的手榴弹也扔进了敌群,火力渐渐减弱。马匪骑兵冲破我军防线,把一、二支队分割开了。程世才军长组织了一些还有子弹的战士向敌人反冲击,并命令我带一个连在侧翼沙包上组织排子枪射击。敌人被打回去了。军首长命令部队:赶快顺电线杆子往西北撤。

我仍带领战士用大刀、枪刺以及自制的长矛同时而反扑过来的敌人拼打,掩护军首长和其他同志转移。守到 26 日黄昏,我们且战且退,向戈壁滩深处转移。支队政委刘清南的马也在混战中丢掉了,他看到我在这次战斗中从敌人手里夺来一匹灰马,就和我合骑一匹马。这时,被冲散的战友们相继凑到一块儿,但摸不清方向,找不到向导,更没有指北针,只知道电线是往新疆方向架设的,于是,就按照上级预告的概略方向,沿着电线杆子向西北方向跑。就这样,终于甩掉了追击的敌军。

荒漠的戈壁滩,都是灰色的沙砾,一望无际。这里气候变化剧烈,常常一日之内数易寒暑。夜里,从北方吹来的冷风把我们冻得直打哆嗦;而白天烈日当空时,沙砾热得像火烤一样,灼得人们嘴唇干裂,却又找不到水喝,找不到一处阴凉的地方休息。由于当时敌情严重,大家只好冒着酷热或严寒,拼命地向西北方向奔跑。

当时,我们心中只有一个念头:只要能冲出去一个人,就多一份革命力量。大家一边跑,一边招呼着被冲散的战友。慢慢地集合了十几个人。大家在戈壁滩上跑了一夜又一天,没有一粒米、一滴水下肚,每向前跨出一步,都要付出很大的力量,连马也不能行走了。

4 月 27 日下午 5 点多钟光景,我们终于走出了荒漠的戈壁滩,到达甘肃、新疆两省交界的星星峡附近。

当时，我们远远地看见前方山头上有两个哨兵在游动，但不知是新疆部队还是马家军。我考虑到我的马从敌人手里夺来不久，还能跑路，就对大家说："你们等一下，我先去看看！"说着，我跃身上了马，一只手紧紧握着掖在腰里的盒子枪，两腿一夹，大灰马就向前方奔去。

说实话，我这次去侦察，具有很大的冒险性。我坐在马背上，心中暗自寻思："就是自己牺牲了，也要给这些幸存的首长和战友们开辟通道，好让他们回到党中央身边！"当马跑到星星峡山口前面时，我放慢了步子，守卫山口的两个哨兵高声地喝问：

"哪一部分的？"

"中国工农红军！"我大声地回答。

哨兵听我这样一说，就向后面招了招手，喊道："他们来了！"接着，从后面上来一个腰扎武装带的军官，后来知道是新疆边务处驻星星峡办事处主任王孝典。他热情地握着我的手，连忙说："你们辛苦了！"紧接着又问："徐向前总指挥、陈昌浩政委来了没有？大部队现在在哪里？"我一一回答了他的提问。

说完，我向在后面的一支队队长杨秀昆、政委刘清南和原二六三团的营长曾玉良、教导员周纯麟以及李培基、石昌汉等同志招手，要他们前进。

星星峡位于今新疆维吾尔自治区哈密境内，和甘肃省安西相邻，是通西域的交通要冲，就是我们要到的地方，我们终于胜利到达了！

此时此刻，同志们欢呼啊！跳跃啊！人人长舒了一口气，我们的心情无法用语言来表达，大家笑啊，叫啊，哭啊，互相拥抱啊，像是长久离开爹娘流浪在外的孩子回到了父母身边一样，温暖、激动、幸福的泪水满脸直流。大家互相对视一下，人人的衣服破烂不堪，斑斑血迹，走近一点，看见虱子一团团地蠕动，脚上穿的是自己用牛皮制作的"草鞋"，身上裹着两块羊皮，头发、胡子老长老长，脸上的灰尘污垢不知积有多厚。

新疆友军招呼我们到房屋里休息，给我们端来热茶，送来洗脸水。大家已经很久没有洗脸了，一个人洗过后，盆里的水浑浊得像酱油一样。

星星峡办事处，属于新疆边防公署督办盛世才的边务处所属边卡哨所的一部分。那时，盛世才和苏联友好，得到苏联的支持和援助，我们党中央就通过共产国际，苏联出面进行了联系。王孝典主任亲切地说：“我们在这里已等候好久了，真是天天盼，日日等，现在总算把你们等来了。”

我激动地说：“总算找到了娘家！有了亲如手足的兄弟在一起，事情就好办了！谢谢你们等久了！”

我们到达星星峡时，工委负责人、原西路军政治部主任李卓然，工委负责人、红三十军政委李先念，红三十军军长程世才，红三十军政治部主任李天焕，红三十军参谋长黄鹄现，原西路军政治保卫局局长曾传六，原西路军参谋长李特等还没有到达，直到当晚还没有消息。我们先到的同志对此都很着急，尽管当时大家很疲惫，但依然休息不好。

第二天上午，我看李卓然、李先念等首长还没有到，与杨秀昆、周纯麟等同志商量后，向星星峡办事处提出寻找的建议。王孝典主任立即派出两辆汽车，车上插着红旗，带上饼干、罐头和水果，和我们一起寻找。考虑到首长们多数骑马，不可能走我们从红柳园沿电线杆子到星星峡的那条路，很可能走公路北侧的戈壁滩沙漠迂回，于是，我们到戈壁滩沙漠中去寻找。果然不出所料，他们从红柳园突围后，走到公路北侧的戈壁滩沙漠去了。我们边走边四处张望，终于在离星星峡约三十里的地方找到了他们，把首长们一一接上汽车。这时，我们都有说不出的高兴。

至此，我们这支队伍在李先念、李卓然等同志领导下，转战四十多天，战胜了雪山、戈壁极端艰苦的环境，粉碎了敌人追击、堵截，终于脱离了险境，迎来了光明。

1937 年 4 月底，西路军工委决定先在星星峡住几天，让同志们休整一下，同时等待一些失散的同志。

时间一天天过去了，起先只有二三十人的队伍，慢慢地集合了四百二十多人。这是一批经过千锤百炼的红色种子啊！

但是，左等右盼，却总不见曾日三政委回来。我不断地追问二支队的同志，终于得知：他在红柳园战斗中，带领二支队坚守在阵地的前面。转移中，他的警卫员腿负重伤。曾政委看见了，立即跳下马，把警卫员扶上马，自己与战士们一起边走边打。黄昏突围时，因为没有马，他落在后面，被敌人围住，曾政委宁死不当俘虏，和敌人同归于尽了。

回想起西渡黄河时，我们是一支两万一千八百多人的红军队伍，现在只剩下四百二十多人。我们红八十八师的营以上干部，只剩下周纯麟、姚运良、赵振风、陈德云、赵海峰、喻新华、杨秀坤和我，加上幸存的警卫员、通信员、炊事员，总共不到三十人。

1937 年五一国际劳动节那天，从新疆迪化(今乌鲁木齐)飞来三架飞机，给我们送来了衣服和食品。党中央代表陈云同志(化名史平)和滕代远同志(化名李广)亲自带了四十辆汽车来星星峡接我们。见到党中央的代表，我们像是孩子偎依在久别的母亲的怀抱一样。接着，我们全体同志在星星峡附近的山窝里整队集合，听陈云同志讲话。陈云同志首先代表党中央，向经历千难万险、九死一生到达新疆的同志们表示慰问。他接着说：在革命斗争中，有胜利也有失败，你们虽然只剩下几百人，但你们是革命的种子，将来可以发展到几千、几万、几十万人，去夺取革命的胜利。你们都是经过千难万险锻炼出来的革命的宝贵财富，是多少黄金也买不到的！陈云同志还说，党中央对西路军的斗争始终很关心，想了很多办法来援救陷入困境的同志们。他要求大家把自己制作、使用的武器以及衣服、鞋袜等物品，一件不丢地保存起来，送到莫斯科共产国际去，让全世界的无产阶级看看中国工农红军是在什么样的艰苦条件下进行争取解放斗争的。

陈云同志充满革命激情的话语，在我们心中激起了一层又一层的波涛。我不由地想起了西路军转战南北的悲壮历程，想起了董振堂、熊厚发、曾日三、钟立彬等无数倒下去的首长和战友。漫漫西征路，斑斑烈士血！在那特殊的艰难困苦的环境里，红军战士对共产主义的坚定信念和视死如归的英雄气概，永远深深地铭刻在我们的心坎里。

我们在星星峡休息和等待失散人员已经四天了，还没有见到原二六三团八连连长卢登禹的身影。从走出祁连山的一周来，大家就没有见到他。有的说他牺牲了，有的说他掉队了，也有的说他叛变了。谁知后一种说法，传到了红三十军的保卫部门。过了“五一”的第二天，卢登禹扛着一挺机枪，带着两个携带步枪的战士，跌跌撞撞地来到了星星峡。从他那面容憔悴、衣服破烂的情形,看得出他是经历了许多磨难才找到部队的。可是,卢登禹到星星峡后没多大工夫,保卫部门就将他逮捕起来,还说要判他的死刑,准备枪决,等等。

我听后,拔腿就去找李先念政委和程世才军长,急呼呼地问:“为什么要枪毙卢登禹?他有什么罪过?卢登禹是我们的好连长。千军易得,一将难求!”

李政委一听我说“千军易得,一将难求”,便心平气和地向我解释说:“这是保卫部门根据下面提供的情况作出的决定。你有意见,慢慢说。”

当时,我感到不可理解,急得满头冒汗,嗓门高得像吵架,说:“这是睁着眼睛说瞎话,他们了解卢登禹吗?”

李政委拉过一张凳子,让我坐下,说:“对,你了解情况,你说说。”

我对卢登禹的表现最了解,讲了卢登禹的情况,特别讲道:“在倪家营子战斗时,马家军从墙窟窿里钻进来偷袭我们,他握着一把大刀隐蔽在墙角,敌人爬进一个,他砍一个,一连砍了好几个!说他是叛徒,能有扛着机关枪拼死拼活找部队这样的叛徒么?”

我一口气讲出了心里话,眼巴巴地瞅着李政委和程军长。他们沉默了片刻,李政委看了一下程军长后,说:“好吧,我们让保卫部门再核实一下。子健同志,你放心,我们决不冤枉一个好人!”

有了“决不冤枉一个好人”这句话,我的心平静了好多。经过组织上进行深入细致的调查,搞清了情况,原来这事是有个战士受了卢登禹的几次批评,怀恨在心,在背地里说他的坏话而引起的。于是,卢登禹被释放出来。

通过重新处理卢登禹这件事,我进一步加深了对李先念政委的崇敬心情。我们西路军余部实际上是在他的领导下,历经千辛万险,打出祁连山和戈壁滩,来到党中央指定的新疆。对卢登禹的重新处理,是他在认真听取我们反映的情况后,实事求是地作出重新处理决定的。他那坚定的革命信念、艰苦奋斗的革命精神、密切联系群众的作风,都给我留下了深刻的印象,五十多年来仍然记忆犹新。

我们在星星峡等候收集掉队失散人员期间,做了进迪化的各项准备工作:换发服装,补充弹药,擦拭武器。我们从头到脚,从里到外,都换上了陈云、滕代远同志带来的新衣服、新帽子、新鞋袜。在换装时,大家不愿戴有青天白日帽徽的帽子,经过讲清道理,才勉强戴上,并将原来帽子上的红五星摘下悄悄地保存起来。

5月4日,西路军余部四百二十多名指战员,全副武装,在陈云、滕代远同志的带领下,乘坐四十多辆汽车,离开星星峡,浩浩荡荡地向新疆的首府迪化进发。

在距哈密不远的途中,哈密警备司令尧乐博斯怀有敌意,反对红军进疆,率一小队武装阻拦。坐在前面车上的刘清南同志,先晓之以利害,见对方不听警告,指挥车上人员立即开枪予以痛击,当即击毙二人。尧乐博斯见势不妙,迅速逃跑,这伙反动分子后逃往青海。

在排除反动分子尧乐博斯的阻挠后,我们在保持高度戒备的情况下,继续前进,经哈密、鄯善、吐鲁番、达坂城、柴窝堡等地,于7日到达迪化。

1937年5月7日晚上,我们到达迪化后,分驻在西大桥新疆纺织厂(现在的新疆日报印刷厂),不久迁到东门外营房。此时,西路军余部改编为西路军总支队,我任参谋长。为了保密和统一战线,总支队对外称"新兵营"。我们也穿着国民革命军的服装,表面上和盛世才的部队一模一样,但纪律严明,训练有素,和国民党的部队更是迥然不同。渐渐地人们才知道,这些"新兵"原来是久经考验的红军老战士。

当年年底,李先念、李卓然、程世才、李天焕、郭天民、曾传六等领导同志回延安,李特去苏联后,总支队又进行了一次整编。我担任总支队队长,姚运良同志为政委,喻新华同志为政治处主任兼总支书记。下属四个大队。

我们刚到迪化的时候,党中央代表陈云同志和滕代远同志都住在新兵营,和李先念等同志住在一起。大家经过长期连续作战,一个个身体虚弱,有的伤口还未愈合;西路军惨败的景象还历历在目,不少人思想上存在着埋怨悲观情绪。为了使同志们迅速恢复健康,陈云同志和盛世才的督办公署交涉,把伙食安排得很好,每顿饭都像会餐一样。他们经常利用早晚时间找干部谈话,进行个别教育。在充分掌握情况的基础上,首先在领导干部中开会统一思想认识,开展反张国焘错误的学习,对积极执行错误路线而又拒不认错的李特、黄超等人进行了严肃的批评与斗争。张国焘在四方面军中影响甚大,许多同志对他的野心家、阴谋家的面目看不清。领导同志开会的风透露出来后,部队思想一度发生动荡。陈云同志和李先念同志迅速深入班排,做耐心细致的思想工作,使部队指战员的情绪很快稳定下来。

1937 年冬,陈云、滕代远同志奉命回延安,从莫斯科回来的邓发同志(化名方林)接任中共中央驻新疆代表,并兼八路军驻新疆办事处的负责人。此时,邓发同志住在迪化南的八路军办事处(对外称第三招待所),对新兵营的学习同样抓得很紧。1938 年春天,根据中共中央政治局决议精神,在新兵营开展了反对张国焘严重错误的斗争。邓发同志亲自向排以上干部传达了党中央《关于张国焘同志错误的决定》。虽然我们当时路线觉悟不高,理解不深,但张国焘分裂红军、另立中央、擅自带领四方面军南下川康等使大家吃尽了苦头,所以大多数同志拥护党中央的决定。但是仍有少数同志思想转不过弯子。根据这种情况,邓发同志亲自给排以上干部上政治课,每个星期两次,讲解张国焘严重错误的有关问题,并给全体党员讲党课,提高大家的觉悟。不久,又传达了党中央《关于开除张国焘党籍的决定》。听说张国焘只身逃跑投敌,同志们更加愤恨。原来对张国焘错误的严重性认识不足和受张国焘欺骗蒙蔽较深的同志,这才如梦初醒,恍然大悟,纷纷以亲身经历的事实来控诉、揭发张国焘的罪行。由于陈云、邓发同志做了大量细致的教育工作,最终使大家的思想统一到毛主席的正确路线上来,从而也推动了军事技术和文化学习的开展。

我们到达迪化后不久,七七卢沟桥事变爆发,抗日战争全面展开。原来曾议论送我们去苏联学习的计划取消了。陈云同志看到新疆有苏联援助的飞机、大炮、装甲车、汽车,苏联还派有军事教官,可以利用与盛世才的统战关系,派一部分人学习现代军事技术。经过请示党中央同意,决定我们留在迪化继续学习。

我们到迪化后逐步得知,国民党新疆边防公署督办盛世才是个阴险狡诈的军阀,是 1933 年发动四一二反革命政变夺取了新疆军政大权的。为了巩固其统治,当时他伪装进步,在苏联和共产党人的影响与帮助下，曾于1935年4月制定过“反帝、亲苏、民平(民族平等)、清廉、和平、建设”的六大政策。我们初到新疆时，他曾来“新兵营”视察，肥胖的身材，留着小胡子，后面跟着一队卫士，一进营门就在营房四周散开，威风凛凛，戒备森严，十足的军阀派头。当时由于其内部不稳，不得不依靠我们，甚至我们开“七一”、“八一”纪念会，他也来参加。他召开“四一二”纪念大会，也把我们安排在前面。我们就利用盛世才的特点，来组织学习。

1937年秋季的一天，陈云同志向新兵营全体指战员传达了党中央、毛主席拍来的电报，要求我们严守纪律，安心学习，学好本领，准备回到抗日前线。陈云同志接着又作了学习动员。他说：“要战胜日本帝国主义，固然要发动全民抗战，但也要不断改善武器装备。我们将来也要建立自己的摩托化部队，建立自己的炮兵，建立自己的坦克部队，还要建立自己的空军。因此，学习驾驶汽车、坦克和操作火炮等技术，是抗日前线作战和今后建军的需要。”他要求大家刻苦学习，迅速把先进技术学到手，为奔赴抗日前线做好准备。党中央、毛主席的指示和陈云同志的动员，极大地激发了同志们的学习热情。“学好文化，学好技术，上前线，打日本！”就成为我们当时共同的行动口号。

陈云同志具体安排了我们的学习计划：一、二队学开汽车(以后在汽车队中抽一部分人去学坦克)；四队学炮兵；还有部分同志学习无线电、兽医；一些文化程度很低的同志编在三队，先学习文化。1938年1月底，邓发同志根据党中央批准的陈云同志的意见，又从“新兵营”选派了四十五名同志到盛世才办的航空队学习。不久，还从延安来了一、二十名青年学生，他们也住在新兵营，一面帮助我们学习，一面自学俄语。当时，在我党驻新疆办事处工作的冯铉同志，从莫斯科回来的孔原、吉合同志，都曾给我们当过教员。

根据党中央代表陈云、邓发同志的安排，我们总支队的领导和各大队的党支部，认真地组织学习和训练。我们体会到，党中央所以决定让我们新兵营暂时留在新疆，就是要运用当时新疆有苏联援助和盛世才对我们表示友好的特定条件，组织学习我军急需的军事技术，实际上是把新兵营办成培养军事技术骨干的学校。

为此，我们经常分析思想和训练情况，不间断地进行动员，强调大家要抓紧时间学习，“机不可失，时不再来”，为争取抗日战争的早日胜利而学好军事技术。那时，大家学习热情很高，安排做勤杂工作的也在做好工作的同时，学习一门技术。我们总支队领导干部，一面工作，一面学习。我当时学习驾驶汽车，十多年后进入南京、上海时，还开过汽车上大街呢！由于大多数同志出身农民，文化程度低，因而在开始学习时遇到很多困难，但大家都能以顽强毅力去克服它！

在专业技术学习中，大家都能把理论和实际操作结合起来，进步较快。1938 年 2 月初，学汽车的同志进行一次考试，全部在及格以上，其中八十至九十三分者占半数。邓发同志认为，驾驶员开汽车已不成问题，但修理不行，同志们的通病是操之过急，才学着走就想跑。为使学习深入一步，邓发同志向盛世才借了两辆汽车交新兵营，由一、二大队轮流学开车、修车，轮流上政治课。学习炮兵的同志在 2 月 4 日进行了一次实弹射击，成绩良好。邓发同志提出，光能当一般炮手还不行，还要能教别人射击、战术。随后，部分干部学习了营团战术。在学习中，大家对教员，包括苏联教官、盛世才部队的教官都比较尊重。同时，还常测验考试，对成绩优异者进行奖励，推动了学习运动的开展。

1939 年 5 月间，陈潭秋同志(化名徐杰)由莫斯科回延安时经过迪化，因邓发同志向党中央汇报工作滞留延安，党中央确定陈潭秋同志留在新疆接替邓发同志的工作，担任中共中央代表和八路军办事处主任。陈潭秋同志接任不久，就从办事处搬到新兵营，了解情况，抓学习训练。鉴于新兵营已经过近两年的训练，不仅提高了政治文化水平，而且在军事技术理论方面也打下了相当的基础，亟须到更加接近实战的条件下去检验和提高。他召集我们研究，决定把部队拉出去组织一次较长时间的野营训练。出发之前，做了充分的准备工作，派人去野营驻地察看了地形、水源，随后陈潭秋同志亲自带大队人马出发。在野营训练中，他和大家打成一片，同吃同住，对学习训练抓得很紧。除了一般的训练科目外，还举行过对抗演习、夜间战斗演习。有一次，我们急行军一百多里路，又要攻占一个山头，许多同志脚上打了泡，仍一鼓作气，冲了上去。大家说：“这点小苦，比起长征、转战祁连山，那就差得多了。”

同年9月初，正在野营训练期间，中共中央军委副主席周恩来和邓颖超同志去苏联治病路过迪化，陈潭秋同志陪同他们到野营地来看望大家。周副主席身穿军服，右臂用绷带吊着，但精神极好，亲切地询问我们的学习情况，在用树枝搭成的棚子里，给全体同志作了关于抗战形势的报告。他代表党中央来看望大家，简要介绍了当时全国的抗战形势，介绍了延安军民的学习、工作、生产情况，肯定了红四方面军的广大指战员是好的。他在讲话中，当面严肃批评了随同赴苏的原四方面军政委陈昌浩同志。他还说："党中央知道大家学习得很好，希望大家为争取抗战胜利学好军事技术，相信不要很久，我们就会建立起自己的特种兵部队来。"在大家的热烈欢迎下，邓颖超同志也讲了话，鼓励大家好好学习。陈昌浩同志在简短的讲话中作了自我批评。留守在营房学装甲的一部分同志，周副主席也去看过，和一个个同志亲切握手问好。周副主席的到来，使我们这些远离党中央的革命战士受到极大的鼓舞。历时两个月的野营训练结束后，我们接着又掀起了冬季训练的热潮。

在这期间，还根据需要，从新兵营抽出一批同志从事各项革命工作。原红五军政治部主任黄火青(化名黄民孚)，被派到当时新疆统一战线性质的革命群众组织——反帝总会任秘书长，从事抗日救亡活动。有一批同志在苏联学习后，分配到新疆边务部门工作。例如，刘清南(化名万友林)学习后，任过新疆边务处驻和田办事处副主任、哈密办事处主任；王政坤(化名吴南山)任过哈密办事处副主任、星星峡办事处主任。还接受盛世才的请求，派一批干部帮助他改造和训练部队。其中，周纯麟(化名周玉龙)、曾玉良(化名曾海山)到喀什四十八团，赵海风(化名赵东城)到叶城四十一团，谭庆荣到和田三十八团，都是任少校骑兵连长；胡鉴(化名胡东)担任蒲犁(现名塔什库尔干)边卡大队的中校大队长，执行巩固边防的任务。我们看到这些同志到各地传播革命思想，都感到十分荣幸和自豪。

新兵营在新疆期间，我们在党中央代表陈云、邓发、陈潭秋等同志先后直接领导下，根据当时新疆的特殊环境，特别注意抓作风建设，处处发扬红军的优良传统，时时按照"三大纪律八项注意"办事，扩大了中国共产党和工农红军的影响。那时，我们营区附近的友军单位多，盛世才的教导团、机械化旅、装甲车大队、迪化城防司令部等单位都在那一带，我们总是友好相处，注意军容礼节，凡遇到盛世才军队的军官，都照样行军礼。大家自觉执行内部规定，不下馆子，不喝酒，不到群众家里；外出总是集体行动，军容严整；到商店买东西，都按价付款，不讨价还价，不挑三拣四。我们学驾驶汽车的同志，在途中行驶时，遇有抛锚的汽车，就停车帮助他们检修，排除故障；对要求搭乘的群众，也尽可能带一程。这些事情，虽然很普通，但和盛世才及其他军队相比，却形成了鲜明的反差，新疆各族人民看在眼里，记在心里，日积月累，留下了难以忘怀的印象。有的还伸出大拇指，指着"新兵营"的人员叫"亚克西"（维吾尔语"好"）。

新兵营经过两年多的训练，大家不仅提高了政治觉悟，还学到了军事技术，后来成为人民解放军建设的宝贵人才。当时在新疆学习炮兵的宋承志同志，曾担任过解放军炮兵司令员。许多同志走上了各级领导岗位，分布在全国各地。一些学航空、学装甲、学无线电、学驾驶等技术的同志，先后担任了空军、装甲兵、通信兵和运输部门的领导工作。他们不仅为抗日战争、解放战争、抗美援朝战争的胜利作出过贡献，而且还在我军现代化建设中发挥了很好的作用。

1939 年冬，在国民党反动派发动反共高潮的影响下，盛世才投蒋反共的面目暴露出来，逐渐向右转。从新兵营抽调到盛世才部队任职的周纯麟、曾玉良、赵海峰、谭庆荣等同志被迫撤回。我党驻新疆的代表坚持又联合又斗争的方针，在极端复杂的斗争环境里进行工作。

同年 12 月，党中央根据当时新疆局势的变化和抗战的需要以及新兵营学习的情况，决定将新兵营的人员全部撤回延安。陈潭秋同志立即作了安排，确定除航空队的学员继续学习外，其余人员尽快起程。

同志们听到回延安的消息非常高兴，开始换新被装、精简行李……进行充分的准备工作。陈潭秋同志向大家作了动员，和我们研究了具体问题。确定除我和宋承志等四人坐飞机到兰州由八路军办事处安排去延安外，绝大部分乘汽车走，指定曾玉良为营长、喻新华为政委带队，沿途由朱光同志以联络参谋名义出面办交涉，还商洽盛世才派高级参议丁宝珍护送。考虑到路途太远，为了沿途的安全，防止特务和其他反动分子破坏,确定每部汽车上都配备有我们自己培养的驾驶员,每部车上配备一挺机枪、十支步枪,作为自卫武器。

1940 年 1 月 10 日早晨,寒风凛冽,大雪纷飞,新兵营三百多位同志,乘坐三十五辆汽车,在迪化城外集结,动身回延安。陈潭秋同志冒着风雪乘车送出三十多里。开车前,他走到每辆汽车跟前,和同志们依依告别,嘱咐一路上提高警惕,注意安全,到前方好好工作。第二天,我和宋承志同志等乘飞机走时,他也亲自到机场送行。

陈潭秋同志是我党的创始人之一,有理论,有才干,平易近人,和蔼可亲。他领导新兵营时间虽不长,但工作很认真,抓得很紧,在我们记忆中留下了深刻的印象。他在当时新疆十分困难的条件下,顽强地进行工作和斗争,一直坚持到最后。1942 年,德国法西斯军队打到莫斯科城下,国内抗战处于困难关头,军阀盛世才以为共产党不行了,便在暗中同蒋介石勾结,加紧对我党和新疆进步人士的迫害,于当年 9 月将陈潭秋逮捕,并于第二年 9 月在迪化将其秘密杀害。

乘汽车的同志果然不出所料,在途中碰到许多麻烦。他们车队前期在途经安西、高台、凉州等地时,遭到马步芳、马步青军队的阻拦,要强行检查,要"缴械",甚至在高台准备的饭菜中放了毒;后期在天水、成阳、洛川等地,又受到胡宗南部队的多方刁难,不供给汽油,要扣留武器、物资。他们除进行有理有节的斗争外,警惕性高,集体行动,不住城内,加之盛世才的高级参议丁宝珍的严正交涉,以及当时苏联驾驶员的帮助,终于战胜了各种困难,冲破了顽固分子的阻挠和刁难,挫败了反动分子的阴谋,于 1940 年春节前安全地到达延安。

抗日战争中

七、离延安慷慨赴前线

1940 年 2 月中旬，我们原西路军的三百多名指战员，根据中共中央的指示，分两批从新疆辗转到达延安。

此时，黄土高原上虽然寒风凛冽，但我们心中却是春意盎然。回想漫漫西征路，历尽千辛万苦，今日见到宝塔山，如同投入了亲娘的怀抱，幸福的心愿终于成了现实。

在延安街道的两旁，欢迎的群众队伍人头攒动，笑脸盈盈，口号声此起彼落，鞭炮声劈劈啪啪，热闹得很。车队缓缓通过，大家又激动又高兴，不停地向老乡们挥手致意。

总政治部在延安礼堂为我们举行了欢迎大会。在这个大会上，我第一次见到了毛泽东主席、朱德总司令等党中央首长，心里真是激动万分。当毛泽东、朱德、陈云、邓发等首长们穿着土布棉衣，健步走进礼堂时，全场起立，响起了热烈的掌声。毛主席挥了挥手，响亮地说："同志们好！"大家激动得高声回答："首长好！"毛主席接着说："你们辛苦了！"大家回答，"首长辛苦！"那高昂的声音，震得礼堂的窗户"嗡嗡"作响。

毛主席代表党中央和中央军委，对大家安全回到延安，表示热烈的欢迎。他在简要地介绍了全国抗战的大好形势以后，说：西路军最后剩下的虽只有你们几百人，但却都是经过激烈斗争考验和艰苦环境磨炼的，是建军的骨干。近几年，你们在新疆学了文化，学了军事，学了炮兵、装甲、空军、无线电等技术，其中有许多东西是我军过去从未学过的，随着人民军队的发展壮大和武器装备的改善，将会用得上的。你们很快要分配工作，有的可能留在延安，大多数同志要准备到敌人后方去，到华北或者华中。目前，华北、华中敌后，到处燃起抗日的烽火，八路军、新四军在敌人后方发展很快，抗日民主根据地越来越扩大，他们需要大批干部。

毛泽东同志又说，敌后斗争是复杂的，工作是艰苦的，你们要有充分的思想准备。在那里，当前主要是民族矛盾，首先要狠狠打击日本侵略军和伪军的统治，巩固、扩大抗日民主根据地。另一方面，对国民党顽固派要进行有理、有利、有节的斗争。我们的立场是：人不犯我，我不犯人，人若犯我，我必犯人。

听了毛泽东同志精辟的分析和讲话，大家很受鼓舞，心想：现在是轮到我们挥戈跃马洒血疆场的时候了！

最后，我们的代表曾玉良同志向毛泽东主席和党中央表决心，感谢首长们的关心和教育，我们一定早日奔赴抗日最前线，为中华民族的解放事业作出贡献！

这期间，我们聆听了党中央其他领导同志给我们作的关于当前各抗日战场情况和全国抗日形势的报告，总政治部王稼祥主任对我们到部队怎样开展工作专门作了指示。

听了毛主席和党中央首长的指示，我们对当时抗战形势有了较为全面、深刻的认识。自从“西安事变”结束了十年内战之后，特别是七七卢沟桥事变后，蒋介石迫于全国各界的压力，不得不勉强同意与中国共产党合作抗日，但他又对我们党领导的八路军、新四军在敌后的迅速发展壮大感到恐惧，认为形势的发展对他极为不利，于是在 1939 年 1 月国民党五届五中全会上，通过了《限制异党活动办法》，制定了“防共”、“限共”、“溶共”的方针和具体办法；在 11 月国民党五届六中全会上，确定“以政治限共为主”的方针进而实行“以军事限共为主”的方针，由合作抗日逐渐转移到消极抗日、积极反共，发动了第一次反共高潮。在华北，进攻我们党领导的山西决死队和八路军，矛头指向陕甘宁边区；在华中，国民党在制造“平江惨案”和“竹沟惨案”的同时，又调兵进到新四军活动的附近地区，随时准备挑起军事磨擦。这样，我们的正面是武装到牙齿的日本侵略军，背后是磨刀霍霍伺机而动的国民党顽固派。我们必须灵活勇敢地作战，在斗争中壮大自己的武装力量，才能制止国民党顽固派的反共投降逆流，争取抗战的最后胜利。

在总部首长介绍各战场形势时，我印象最深的是开辟不久的豫皖苏边区。它位于津浦路以西，陇海路以南，新黄河与淮河之间，盛产粮食、煤炭、棉花、烟草，地处平原，面积广大，交通发达，人力物力都很丰富。这是逐鹿中原的重要战场，自古就是“兵家必争”之地，历史上多次农民起义、多次重大战役都曾在这里进行。徐州失陷后，徐州等重镇及铁路沿线是日军连接南北、掠夺资源的重要战略地带，也是我军发展坚持华中抗战，牵制敌人主力，向东挺进苏北敌后，向西连接中原，向北联系华北根据地，向南影响京沪铁路干线的重要阵地。当时，八路军主要在华北，新四军主要在长江南北地区，日军、国民党军队和我军犬牙交错，面面相对，战略上回旋余地很小，而在淮北、苏北则空隙较大。若能巩固和扩大这里的阵地，便可使华中也成为我党我军巩固的根据地，使八路军和新四军完全连成一片，对争取抗日战争的胜利和挫败国民党顽固派的反共阴谋有着十分重大的意义。

我当时三十刚出头，身体也好，什么都不怕，就怕没有仗打！我和周纯麟等几位同志商量，都愿意到豫皖苏边区。大家一谈起来，情绪激昂，恨不能生出双翅立即飞到抗日第一线去。

党中央首长让我们好好休息几天，并且组织大家参观抗大、宝塔山、延河等处，还请我们看话剧、看电影。可是这一切印象今天都不怎么深，因为当时急切盼望的就是到前线去。

总政治部理解大家的心情，分别找同志们谈话，征求分配工作的意见，最后确定六十多名同志到豫皖苏边区，分编为两个队，由我和喻新华、周纯麟、宋日昌同志负责带队。我们根据总部的要求，仔细研究了行动方案，确定了行军路线，特别强调要统一指挥，加强团结，提高警惕，做好出发前的一切准备工作。

1940 年 3 月，我们在延安住了一个多月后，便踏上了新的征途。前几天，大家吵着上前线，如今却又恋恋不舍地望着我们住过的窑洞，望着我们漫步过的山坡，望着沐浴在阳光下的宝塔山，望着波光粼粼的延河水，心里有一种说不出的惜别滋味。延安是中国革命的心脏，从这里出发的各路队伍就像是从心脏里奔流出来的血液，一股股源源不断地输送到抗日战场最需要的地方去。

东进的第一站是西安，我们乘的汽车还是新疆送我们到延安的汽车。他们回新疆顺路捎我们到西安。

车经洛川，遇上了当地国民党行政公署保安大队拦路。他们自恃兵多枪好，欺我们赤手空拳。领头的一个瘦子军官指手画脚，要检查我们的车子。我们几个人跳下车，走到他跟前，要他仔细地看看我们右臂所佩的部队番号“八路军一一五师”，告诉他：“我们是康复的伤病员，回前方去打日本鬼子的！”

1937 年 9 月 25 日，一一五师在平型关战斗中，一举歼灭日军精锐坂垣师团二十一旅团一千余人，声动遐迩，威震中外。我们挂上“一一五师”的牌子，就是想在路上减少国民党军的纠缠。

果然，这个瘦子军官的气焰顿时被打掉了一半。但他稍一思忖，又换了副笑脸拦住我们，指着车上的几口箱子问道：“那里面是什么玩意儿？”

箱子里装的是党中央让我们顺便带到新四军去的书籍。我不想与他啰嗦，便说：“这都是八路军总部叫送给彭德怀副总司令的。我们能晓得是什么吗？”

瘦军官不由分说，让他的士兵将箱子抬下车，并说我们身份不清，随即关上城门，不准通行。

面对这些家伙的无理刁难，有几个同志忍无可忍，便欲上前争夺。我想，冷静方能生智，绝不可鲁莽。于是，将他们拦住，把带队同志招呼到一块儿，大家商量该怎么办？我说，这一路上困难一定很多，为了平安到达目的地，就应委曲求全避免纠纷，绝不能暴露我们的目的与去向，不能因小失大。大家也说，书籍并不重要，但是如果丢下书籍仓促离开，必然使国民党军队生疑，想走也走不掉。再说，此时天将黑了，汽车又有毛病，夜间行驶十分不便。于是，决定在这里宿一夜，明早再赶路。

我给大家简单地讲了几句，要求全体都睡在汽车底下。人不离车，以防不测，不到万不得已，不要硬干。夜里，寒气逼人，同志们一个紧挨一个，忍着饥饿和寒冷，躺在车下，毫无睡意。国民党军的哨兵在我们身边巡逻，溜达过来，又溜达过去。

第二天，经过交涉，书还未拿到(估计他们夜里已翻查过了)，但准许通行。我们二话没说，扬长而去。一路风尘到了西安，便与送我们的司机分手。临别前，我们用节余的伙食费请他们吃了一顿饭，对他们一路给我们的帮助表示感谢。三个月来，我们相处得很好，临别时还有点依依难分呢！

到了西安后，住在八路军办事处。为了保密，办事处的领导同志不准我们外出。第三天清早，便爬上去潼关的闷罐子火车，后又换乘到洛阳。一路上，国民党部队的散兵游勇常常借机寻事，制造磨擦。我们的态度是忍气吞声，不予理睬，偶有争吵，调解了事。一切还算顺利。

我们在洛阳住了两天，稍事休息。由于再向东的火车已不通，只好徒步奔向淮北。同志们摘下八路军的臂章，换上老百姓的衣服，雇了两辆牛车，拉着病号和女同志。

一路走来，但见田野荒芜，国民党反动派军队溃退下来的残兵败将，像蝗虫般洗劫着沿途乡村。当地民谣唱道：

官也征，军也捐，
巧立名目记不全；
盖着锅，不冒烟，
不纳捐，用绳拴；
鬼子闹，二鬼缠，
大鬼二鬼一样残；
暗是匪，明是官，
官灾匪患紧相连。

敌占区的老百姓更是处于水深火热之中。日本侵略军和国民党军互争互用的结合部，是最黑暗的地带，双方都把他们那罪恶的手伸到了这里。看到这些情景，同志们个个恨得直咬牙。

离目的地越来越近了，但我们仍然不敢大意。快到安徽界首时，我派参谋郑国同志前去侦察。一会儿，他急急跑回来报告说，界首已住上了国民党军第六十九军石友三的队伍，并贴了反动标语。石友三是个反共磨擦老手，他在山东勾结日军偷袭我军，被我们八路军打了个头破血流，一口恶气正憋在肚子里。若是硬往里闯，肯定凶多吉少。事不宜迟，我们立即悄悄绕过界首继续前进。

在临近涡阳时，送了我们几百里的牛车要回去了。我们并没有跟赶牛车的老乡交底，可是他们一路观察，似乎知道了我们的身份，那位路上很少开口的老大爷，突然紧紧拉住我的手，辛酸的眼泪在布满皱纹的脸上流着，泣不成声地摇晃着我的胳膊，连声道："同志啊，快、快，你们快把日本鬼子打走吧！我们过的哪是人过的日子啊！"

看着伤心不止的老大爷，一路的所见所闻全都涌上心头。我克制住胸中翻腾的激情，坚定地回答："老大爷，我们就是要到前方打日本鬼子的。只要全国人民团结抗战，一定能把日本鬼子赶出中国去！"

八、战路西浴血斗敌顽

由涡阳北去，很快到了新四军第六支队司令部驻地新兴集。我们终于来到了抗日前线，大家抑制不住兴奋的心情，整整齐齐列队等候支队首长接见。这时，从一间低矮的茅草屋里走出一位青年军人，三十挂零，中等身材，风度翩翩，带着一股知识分子的味儿，可瞧他那"人"字形的绑腿却打得十分漂亮，一根牛皮腰带紧绷绷地束在腰间，一只手按在锃亮的左轮手枪上，英武俊秀，又体现着十足的军人气质。

当旁边的参谋介绍"这是彭司令员，代号一〇一"时，我才恍然大悟：原来他就是文武双全、名震淮北，我们急于见到的新四军六支队司令员彭雪枫同志。

他走上前来，紧紧地拉着我的手，连声说道："你们一路辛苦了！来得好哇，现在六支队正需要干部，你们来了，就是给我们下了场及时雨啊！"

我说："你们更辛苦，一直战斗在抗日第一线！"

他走到队前，高兴地和大家一一握手，然后热情地说："你们住的房子安排在西边，已经准备好了，解散进房休息吧。前面有口井，打点水好好洗一洗。"

我将大家安顿好后，便和喻新华、周纯麟、宋日昌等几个带队的同志一起来到彭雪枫司令员住的茅草屋里。屋里的板床上整齐地放着他那简单的行装，桌上放着很多书籍和油印的报纸。彭雪枫同志喜爱看书，他还亲自抓办报。

他招呼我们几个随便坐下，我向他汇报了二十多天来路上的情况。当我惋惜地说到总部给支队的书在洛川被扣时，彭司令员很风趣地说："我们要是专门把那批书给他们，他们还不一定敢接受呢！这下好，让他们读一读没有什么坏处，也学点抗日救国的道理嘛！"说得我们几个都笑起来。接着，彭司令员一面翻花名册，一面询问我们的情况，以及各人的简历、特长，了解得非常细。当他的手指停在周纯麟的名字上时，我把周纯麟的情况作了简要介绍，特别提到他在新疆学会了骑兵的技术和战术。

"骑兵？"彭司令员非常感兴趣。

"是的。"我说："什么镫里藏身，马上拾物，还有劈刀、射击，周纯麟同志都会。"

彭司令员把脸转向周纯麟，兴致十分浓厚，听他讲了有关骑兵训练的情况。周纯麟在新疆盛世才部队里当骑兵连长时，那里的不少苏联顾问，按照哈萨克骑兵的方法来训练。周纯麟在那里苦练了一年多，不仅学会了骑兵技术，而且还学习了一些骑兵战术。

彭司令员听了击掌叫好，说："现在论勇敢，敌不如我，论快速，我不如敌。淮北平原辽阔，适于骑兵作战，我们正计划建立一支快速机动的骑兵队伍。到时候，周纯麟同志就可以充分发挥特长啦！"

后来，组建骑兵团时，周纯麟先任副团长，接着又任团长。这支骑兵队伍如同狂飙般驰骋在淮北平原，铁骑所指，敌顽丧胆。

彭司令员把所去干部的"底"基本上都摸了一遍，又向我们介绍了六支队的组建过程。

新四军第六支队是在抗日战争的烽火中诞生的。1938年春，雪枫同志由山西临汾八路军办事处，来到河南确山县竹沟镇任中共河南省委军事部长，负责扩大武装，组织抗日力量。7月初，派萧望东同志率先遣大队百余人由竹沟出发，进入睢（县）杞（县）太（康）地区抗战。9月29日，他受命担任新四军游击支队司令员兼政治委员，率领部队向豫东抗日前线挺进，行至西华地区，与吴芝圃同志领导的豫东农民抗日游击队第三支队及先遣大队合编。10月下旬，先在淮阳东北之窦楼伏击日军骑兵，首战告捷，声威初震。后又挥戈向东，转战于豫皖苏三省边界地区，从浍河、涡河直到淮河之滨，纵横驰骋，积极打击日伪军。1939年11月，游击支队改为第六支队，除他仍任司令员兼政委外，吴芝圃任副司令员，张震任参谋长，萧望东任政治部主任。仅一年时间，队伍由千余人发展到万余人，开辟了豫皖苏边区抗日根据地。

当晚，六支队司政机关召开欢迎大会。会场设在一个用毛竹和芦席搭起来的“礼堂”里，里面宽敞得很，可容千余人。墙上还刷上了欢迎标语，台上两盏明晃晃的汽油灯，烧得“滋滋”直响，照得芦席棚子如同白昼，照在大家那喜气洋洋的脸上，气氛煞是热烈。

那时开会没有麦克风，首长往那儿一站就讲起来。萧望东主任致欢迎词后，彭雪枫司令员快步走到中间，会场上立刻响起了他那带有河南口音的铿锵声调。

他首先介绍了豫皖苏边区艰苦复杂的抗日斗争形势，指出，这里还是国民党统治区，我们的驻地新兴集虽处敌后，但也时常有顽军前来骚扰。我们的背后，是国民党军骑兵第二军何柱国的部队和许多地方顽固势力；我们正面沿铁路线一带，以及萧县、永城、夏邑、亳县等地，都被日军占据。我军侧面的涡阳是顽军据点，而涡阳以北的石马山等大集镇是伪军的据点。永城西北和萧县东北的顽军据点犬牙交错，他们正在频繁换防调动，实力一时还难以掌握。敌、伪、顽臭味相投，串通一气，鱼肉人民，并千方百计地夹击新四军和抗日力量。

“我们是石缝里求生呀！”彭司令员使劲地一挥手，继续说：“在这复杂的斗争形势面前，我们必须遵照党中央、毛主席制定的斗争策略去办。对国民党顽固派的斗争，要做到有理、有利、有节；对日本鬼子、汉奸维持会，则是刺刀见红，寸土必争！要在解放了的地区把人民政权建立起来。”他怀着无比兴奋的心情憧憬着未来：“同志们，我们正面临着抗日斗争最困难的时期，但这是黎明前的黑暗，启明星已经升起，曙光就会到来。只要我们全体同志同舟共济，协力同心，与敌伪顽进行最坚决的斗争，就一定能把日本鬼子赶出中国去，光明是属于我们的！”会后，拂晓剧团为我们演出了活泼生动的文艺节目。

我们从延安来的干部分配方案，很快便拟订好了。支队首长分别找大家谈话，介绍情况。

支队参谋长张震同志对我说：“你的工作已经定了，到三团去当团长。怎么样？你有什么想法没有？”

我很干脆地说：“一切听从组织分配！”

他接着介绍说：三团这支部队是吴芝圃同志在睢县、杞县、太康等地发动群众建立起来的，有着顽强的战斗作风，在与鬼子、土顽的历次战斗中，打得都很漂亮。团里配备的干部也比较整齐，有参加过长征的老同志，也有青年知识分子。最后，张参谋长提醒我说：“地方部队不同于主力部队，游击习气比较严重，教育部队要花相当的气力；现在斗争紧张，要提高警惕。”

我过去同张震参谋长不熟悉，从交谈中，得知他原在红三军团工作，参加过中央苏区历次反“围剿”和长征，有很好的组织指挥能力和丰富的参谋工作经验，办事效率高，是彭司令员在军事上的得力助手。

在工作确定以后，萧望东主任还同我谈过一次话。他在介绍部队情况时谈到，六支队发展比较快，但成分比较复杂，有些人还没有经过严重情况的考验。他要求我到职后，尽快熟悉情况，掌握好部队；认真做好统战工作，团结各方面力量，建设好部队、打好仗。从交谈中看出，这位长期在红一军团工作的领导干部，有丰富的基层政治工作经验和组织领导能力，观察问题敏锐，是彭司令员在政治上的得力助手。

我到三团上任的时候，支队派了个通信员带路，一路上说说笑笑，很快就到了三团驻地，老远就看见两个人站在村口往大路上眺望。通信员小鬼眼睛尖，指着他们对我说：“看，那两位就是三团的陈参谋长和宋主任！”不等我答话，小鬼又高声招呼道：“陈参谋长、宋主任，饶团长来啦！”

说话间，两边都加快了步伐，陈景黄参谋长和宋治民主任赶上来握住我的手，笑盈盈地说："可来啦，我们盼了好些日子啦，我们就是要个能挑大梁、唱主角的啊！你是从延安来的呀，彭司令员总算满足我们的要求了！"

我被说得真不好意思，连忙说："我的经验不多，情况又不熟悉，往后咱们一起干，还得多靠你们帮助呀！"他们两个很热情，一安排好住处，就向我介绍了全团的干部情况，并马上安排和团里的干部见面。第二天下午，又召开全团军人大会，宋治民同志介绍我同大家见面，战士们"哗哗哗"地鼓起掌来。

看着他们一张张兴奋的脸庞，我心里十分激动，站起来大声地说："同志们，我刚来，情况不了解，没有更多要说的。今后，咱们就在一块儿作战，一个锅里摸勺子啦！我要向你们学习，团结一致，把我们团建设好，多消灭敌人！"

我在三团的战斗生活便这样开始了。按照支队领导的指示，我们团经常在河南的永城、夏邑一带活动，打击、摧毁伪军据点和土顽，开展群众工作，协助建立和巩固地方政权，还抓紧战斗间隙，进行军事训练。

到三团后，我与彭雪枫司令员接触中印象最深刻的，是他那丰富的知识和以理服人的领导作风。他在 1925 年加入中国共产主义青年团，1926 年转入中国共产党，曾在北京、上海等地从事党的秘密工作，在红军中担任过许多高级领导职务，打过许多硬仗、恶仗，学习刻苦，博通古今，讲话时广征博引，既给人以教育，又给人以知识，难怪在红军时期，他便以"善讲道理"的将领而著称。

转眼间到了 5 月，为了提高部队战斗力，加强军事和政治训练，支队从八个团中各抽调一个营进行整训。我们团由营长张永远带领参加，我带领另外两个营在永城以北、夏邑以南的韩道口、会亭集一带活动。6 月 1 日，支队召开大会纪念五卅运动十五周年，并检阅部队。就在这一天，濉溪口、临涣集、宿县等处的日军千余人，兵分四路合击我支队驻地新兴集。

当天晚上，我接到支队司令部来电："会场遭宿县经石弓山来敌袭击，战斗正在进行，速率你部监视与牵制永城之敌，防其增援。"情况很紧张，永城在新兴集东北，相距只有四十五里路，如城内日军出动，我军就会两面受敌。我接到命令后，当即率领部队向永城方向急进。在永城附近占领有利地形，并用迫击炮猛轰城内。永城守敌突然遭到我军袭击，摸不清我军实力，弄不清我军意图，便缩在城里未敢出动。

事后，听同志们介绍了新兴集战斗的情况。当时，部队和机关工作人员都集中在新兴集北门外广场上，快要开会时，忽然一位放马的饲养员气喘吁吁地跑来报告说，看见东边有几十辆日军汽车往这儿开来。随后，侦察员也报告了同样的敌情，并证实这股敌人是从宿县经临涣集、天富寺赶来的，有卡车三十辆、一千余人。这会儿，敌军快到东门了，在操场上已经可以听见掷弹筒的轰击声。对于这突如其来的情况，部队有些紧张，大家的目光都集中到主席台上。彭雪枫司令员冷静地走到台前，扫视了一下全场。场上出奇的肃静，随即响起了他那镇静坚定的声音："同志们，很遗憾哪！敌人不让我们召开'五卅'纪念大会，现在东面发现敌情，战斗的时候到了，准备战斗！"接着，他迅速果断地作了部署，会场上的部队立即分路撤出，进入阻击阵地。

奇怪的是敌人却顺着东门外大路向南开去。彭司令员分析敌人原是想偷袭我司令部所在地大王庄，未料到我军临时集中在新兴集，估计敌人扑空后还会掉头而来，便指挥部队设下埋伏，待机歼敌。

果然，敌军到了大王庄，打了一阵枪炮，却没有发现我军的动静，心中着慌，急忙后撤。彭司令员立即抓住战机，下令部队在新兴集附近四面包抄，猛追猛打。敌军一下子被打懵了，本想来偷袭，反而被包围，有的还没有弄清怎么回事儿就见了阎王，腿长的爬上汽车仓猝逃跑。敌人在我军的火力追击下，狼狈地溃退了。这次战斗，共毙伤日伪军一百余人，但支队本身也受到一些损失。

1940 年 5 月，中共中央为发展和加强华中抗日力量，决定由八路军第二纵队政委黄克诚同志率领第三四四旅和新编第二旅，从冀鲁豫边区越过陇海路，南下豫皖苏边区。6 月，在涡阳新兴集与新四军第六支队(由张爱萍任总队长兼政委的第四总队)合编为八路军第四纵队，彭雪枫任司令员，黄克诚任政委，张震任参谋长，萧望东任政治部主任，辖第二、第四、第五、第六旅；7 月，根据形势的发展，由黄克诚同志率第二旅和第四旅第七团(原三四四旅六八七团),东越津浦路,与在皖东北的八路军苏鲁豫支队、陇海南进支队和原属新四军第六支队的第四总队汇合,8 月合编为八路军第五纵队,继续东进,执行开辟淮海区和苏北抗日根据地的任务,第四纵队第四、第五、第六旅由彭雪枫司令员率领,继续在豫皖苏边区坚持斗争。

在这次整编中,我所在的"老三团"编为第六旅第十六团,我仍任团长。第十七、第十八两个团,是由鲁雨亭、耿蕴斋的部队编成的。这些部队是在中国共产党地方组织的帮助下,由萧县、永城以北地区的抗日游击队和收容国民党军在徐州战役中的溃散人员组建而成的,成分复杂,良莠不齐。鲁雨亭的部队编为十七团,团长刘子仁;十八团团长由副旅长吴信容兼任。还有一些部队编为各县保安队,由耿蕴斋任豫皖苏边区保安司令。

六旅旅长原由谭友林担任,他在当年 9 月调赴延安学习后,上级决定由我代理旅长。

接任前,我曾反复考虑,觉得这样安排似不够妥当。刘子仁和吴信容都是国民党西北军的旧军官,在当地拉帮结伙,不断扩充势力,对职务安排不满,牢骚颇多,恐怕在关键时刻难以指挥得动,况且在十七、十八两个团里,国民党军队的官兵较多,又是在当地组建起来的,成分复杂,没有经过斗争的考验,政治上还不可靠,而刘、吴分任团长,掌握实权。在这种情况下,旅长很容易被架空,造成尾巴太大,掉转不灵,真可谓"尾大不掉"。

这时,第四纵队为扩大抗日根据地,解决财政困难,除第六旅留在涡河以北地区坚持斗争外,纵队首长率第四、第五旅南下凤台、怀远,纵队领导机关驻在安徽蒙城一带,我们六旅在河南永城一带,相距上百公里。部队刚组建,事情纷繁杂乱,我来不及到纵队向领导当面汇报,就发了封电报给彭雪枫司令员和张震参谋长。电报内容大致是:六旅旅长由我代理不适宜,建议让刘子仁、吴信容分别担任正副旅长,我仍在团里当团长,另一名团长可以从部队营长中提拔。我的用意在于由共产党员掌握团长的实权,反过来把刘、吴架空,并用较高的职位稳住他们。但由于在电报中不可能讲得详细,也许还有其他原因,纵队首长没有改变原定的安排。

这一年秋季开始，日本侵略者加紧对国民党的诱降活动。国民党顽固派也不甘心第一次反共高潮的失败，继续消极抗战积极反共，在华中策划新的反共高潮。这时，蒋介石密令国民党军第三十一集团军汤恩伯等，率部二十余万向我豫皖苏抗日根据地大举进攻，先后占领我涡阳、蒙城及涡河沿岸；国民党军骑兵第二军又进犯我亳县、白庙、夏邑地区。同时，各县日伪军、土顽也不断向我抗日根据地进行侵袭骚扰。在这种大军压境，敌、伪、顽夹攻的紧张局势下，耿蕴斋、吴信容、刘子仁一伙投机分子，心怀不满，窥测方向，加紧了阴谋叛变的秘密活动。

耿蕴斋是安徽省萧县黄口孙庙人，地主出身，抗战前是萧县国民党的一个区长。萧县沦陷后，在地方上打着抗日的招牌，到处拉武装，人称“兵贩子”。1938 年，八路军苏鲁豫支队在陇海路以北收编耿部为“苏支”第七大队，耿任大队长。不久，耿蕴斋私自带着部队跑回陇海路以南他家乡活动。党对他多次进行教育，但他执意不回路北。后来，他这部分部队被改编为新四军第六支队第三抗敌总队，耿任总队长。接着，他被任命为豫皖苏边区保安司令，领导各县地方武装，并留一个营和一个骑兵队随他活动。就这样，他仍极为不满，认为这是明升暗降，削了他的实力，夺了他的兵权。

吴信容也是萧县人，老家在杜楼吴八庄，地主出身，萧县沦陷前任国民党的联保主任。沦陷后，也打着抗日的招牌，招兵买马，当上了游击队队长；1940 年 6 月，吴部被编入八路军第四纵队第六旅为第十八团。当谭友林同志调赴延安学习后，他满以为自己可以由副旅长接任旅长了，结果未能如愿，于是满腹牢骚。当时，十八团主要是分散打游击，三个营由吴和团政委、参谋长分别带领活动。他为此十分不满，说他不是副旅长，也不是团长，只不过是个营长而已。

后来，耿蕴斋以“政治部主任压迫他”为借口，再次私自带领警卫连窜回萧县活动，和吴信容臭味相投，紧紧勾结在一起。

对于耿、吴的不轨活动，我们有所察觉。吴信容公开反对党派去的干部，特别是和团政委的关系搞得很僵。耿、吴部队中部分人员地域观念非常重，坚持“人不离枪，枪不离乡”的别有用心的口号，拒绝党的领导，不听指挥。这些情况，我们一方面向上级作了汇报，另一方面密切注意他们的行动，但由于整编工作上的一些偏差和我们工作中的缺点，事情便逐渐发展到不可收拾的地步。在整编中，对于成分复杂、内部不纯的地方武装要尽力争取，但又必须坚持严肃的斗争，既要积极整编，又要稳妥处理。对于耿、吴部队，我们考虑争取的一面较多，迁就照顾，致使一些和他们沾亲带故、一帮一派的人员仍占据着要害位置，掌握着兵权。本来是想发展抗日武装，壮大人民力量，结果却走向反面。另外，我们有的干部不讲究斗争策略，不善于和他们共事，说话办事表现主观、偏激，也加剧了与耿、吴的矛盾。

由于多方面的规劝无效，耿、吴一意孤行，彭司令员请中共豫皖苏边区党委书记、行署主任兼保安司令部政委吴芝圃同志，来到十七团驻地附近的永城县东曹庄，解决耿蕴斋和吴信容的问题。12 月 10 日，召开有区党委组织部长周季方、民运部长谢邦治、永城县长张辑五、路南地委书记李中道、组织部长何启光、萧县县长纵汉民、萧县独立团政治处主任王静敏、十六团营长周纯麟、十七团政委蔡永和团长刘子仁等参加的会议。会上，吴芝圃同志提出了两条意见：一是继续做工作，争取和平解决耿、吴问题；二是摆下“鸿门宴”，以吴芝圃的名义把他们“请”来，乘机扣押，送交边区党委处理。两种办法如果都不行，就以十七团和萧县独立团用武力解决他们。

当时，第一种方法已经行不通了，耿、吴根本不听招呼。于是，吴芝圃同志亲自起草“请柬”，“请”耿、吴两人翌日 12 点前来赴宴，由刘子仁抄整后并派人送去。

第二天，即 12 月 11 日中午，吴芝圃同志按照原计划，布置下酒席，由武装人员化装成端饭菜的工友，做好了扣押他们的准备，只等他们进网。谁知，12 点过去了，不见人来，左等右等，又过了两个钟头，仍无动静。这是怎么回事呢？原来事情全坏在十七团团长刘子仁身上。

刘子仁原名刘德良，字子仁，永城县磨山人，地主出身，曾在西北军当过连长、营长、团长和代旅长，西北军散架后，溜回永城任国民党的县保安队副总队长。1938 年 11 月，鲁雨亭部改编为新四军第六支队第一总队时，刘为二大队大队长；二大队扩编为第二团时，任二团团长。

1940年4月1日在永城东北地区反“扫荡”作战中，第一总队的总队长鲁雨亭等二百余人壮烈牺牲。这次反“扫荡”后，第一总队缩编为八路军第四纵队六旅十七团，刘任团长。刘子仁平时伪装积极，指挥打仗也有点能耐，但旧军人那种见风使舵、玩弄手腕的一套熟练得很。

在这之前，当十七团政委蔡永来旅部汇报工作时，我曾提醒过他：这几个旧军官活动异常，要提高警惕。蔡永回团后，发现刘子仁已私自带领二营到永城至砀山公路以东的老家，靠近耿、吴部队，暗中来往，并在磨山刘子仁家里开过一天一夜的秘密会议。蔡永得知情况，不敢迟缓，马不停蹄地就近奔往萧县，找到萧县独立团团长赵海峰和政治处主任王静敏，并通过该团电台向纵队和旅部作了报告。但是，当时某些领导却认为不应将刘子仁和耿、吴相提并论，在发现刘有嫌疑后，还过分相信他，把事关重大的问题告诉了他，并将武力解决耿、吴的重任交给他，连“请柬”都叫他抄整传送。其实，这个早就和耿、吴串通一气的刘子仁便把组织上准备处理耿、吴的情况一滴不漏地传递给他们，并且添油加醋，夸大其词，促使耿、吴下定了与刘子仁共同叛变的决心。

在12月10日夜里，刘子仁还在磨山东面的张庄召集二营他的同乡开会，利用乡土观念，煽动地方主义情绪。他造谣说：部队要拉往津浦路以东，他和耿蕴斋、吴信容的部队都是本地人组织起来的，要抱定“人不离枪、枪不离乡”的主张，离开家乡就会落得乡亲的唾骂。为此，他确定把上级派来的共产党员干部统统扣押起来。当夜，又在团部驻地王楼召集警卫连的亲信开会，具体布置了逮捕共产党员干部的事宜。

12月12日凌晨4、5点时，刘子仁他们以召开排以上党员干部开会为名，来一个，扣一个，把党员干部全部扣押。刘的表弟、警卫连连长朱世华充当了打手。

被捕的同志并没有束手待毙，王静敏、何启光、蔡永及副团长周大灿等积极组织突围。13日凌晨，突围成功，被捕的六七十名同志几经周折都胜利地回来了，但周大灿等七位年轻英勇的战友却牺牲在叛军的枪口下。蔡永同志头部负重伤，是王静敏、何启光等同志拼命背他跑出来的。同一天，耿、吴也随后动手，在萧县的祖左楼，把在他们两个部队里的共产党员也全部抓了起来。

事变发生后，我立即电告彭雪枫司令员。他随即派吴芝圃及纵汉民同志专程找到吴信容谈话，提出三条：一是释放支队派去的党员干部；二是交出电台；三是服从命令听指挥。经过几番交涉，吴信容答应把扣押的干部放回，而刘子仁则坚决与我军为敌，并将我派去谈判的干部秘密杀害，欠下了又一笔血债！

这就是永(城)萧(县)事变。跟随耿、吴、刘叛变投靠国民党顽固派的，有十七团第一、第三营，十八团的第一、第二营，豫皖苏边区保安司令部警卫连，共一千多人，并带走了大批枪支弹药和其他物资。

这是国民党顽固派准备发动第二次反共高潮，国民党顽军在对豫皖苏边区抗日根据地即将大举进攻，八路军第四纵队主力开辟淮上敌后战场，根据地中心区永城以北地区较为空虚时，利用其在萧县、永城的地方关系策动的。它给我豫皖苏边区的抗日斗争和革命事业造成了重大损失，带来了极为不利的影响，使我军苦心创建的永(城)夏(邑)萧(县)宿(县)中心根据地被叛军窃据，大批党员、干部被杀害，形势急剧恶化。

12月16日，在事变发生后的第四天晚上，彭雪枫司令员、张震参谋长、萧望东主任等从百里外的怀远县赶到我六旅旅部。在我们那间简陋的小茅草屋里，大家围着火炉坐着，闷声不响，心情非常沉重。我的心里像是塞了一团麻，又憋了一股火。事情发生在我们六旅，我首先应负责任。对于叛军，我又恨不能立即跨上战马，杀他个片甲不留，为牺牲的战友报仇。

彭司令员狠狠地吸了几口烟，语气沉重地对我说："这个事件的责任，全在我们领导。……要是早听你的意见，把团的指挥权控制下来就好了！……"

眼泪从我的脸颊上滚过，一时间，我一句话也说不出来。彭司令员用力地挥了挥手，仿佛是要驱走茅草屋里的浓烟，接着说："胜败乃兵家常事。咱们是铁的新四军，宁愿流血也不要流泪。"他长长地吁了口气，语调更沉重了："根据地缩小了，斗争将更艰苦，我们要有充分的精神准备。"

那天夜里，我们和纵队首长推心置腹，彻夜长谈。彭司令员对今后部队的工作作了详细的指示。他说:“部队要提高警惕,要把耿、吴、刘叛变的经过向部队传达,进行教育,把教训变成智慧和力量。还要警惕顽军乘机进攻和日伪军的‘扫荡’。我相信,有这一番教训,我们建军、建政的工作一定会做得更好。对善于总结经验的人,挫折比胜利更有教益。”

这一夜的谈心,确实使我得到许多教益。耿、吴、刘的叛变,是日军诱降和国民党顽固派阴谋策动的,是在华中反共高潮正在紧张形成的时候出现的,真是“前门有虎,后门有狼”,我们必须坚决斗争。在这样恶劣的环境中,我们更要加强学习,掌握好党的政策、策略,运用好抗日游击战争的战略战术。经过这番挫折,在今后更为艰难复杂的敌、顽、我三角斗争中,我们会更加聪明些。

在吴信容、刘子仁叛变后,对十七、十八团余部和新调进的地方武装,重新进行了编组,继续以游击战的形式,分散坚持抗日阵地。随后,我派十六团团长张永远带二营到萧县,稳住部队,继续坚持斗争。

1941 年 1 月,国民党顽固派掀起了第二次反共高潮,制造了震惊中外的“皖南事变”。蒋介石集团在皖南得手以后,反共反人民的气焰更为嚣张,在所谓“整饬政令军令”的反动口号下,由其第三十一集团军总司令汤恩伯指挥九个师二十六个团,以七倍于我之兵力,沿淮河以北向我大举进攻,妄图实现其将我军“驱逐”至黄河以北,以配合日军“聚而歼之”的罪恶目的。同时,日、伪军在商丘、亳县、宿县地区配合“扫荡”,耿、吴、刘叛匪也频繁活动,使我们处于日、伪、顽、匪的四面夹击之中。

同年 2 月,根据中共中央关于重新整编新四军的指示,活动在陇海路以南、淮河以北、津浦路两侧地区的八路军第四纵队改编为新四军第四师。彭雪枫同志任师长兼政委,张震为参谋长,萧望东为政治部主任。原第四、第五、第六旅依次改为第十、第十一、第十二旅,另有一个独立团、一个特务团。十二旅旅长由我代理,政委是赖毅同志,辖第三十四、第三十五团。

当时赋予我们十二旅的任务是:坚持津浦路西,加强对西防御,随时准备迎击国民党顽军的进攻。中共中央中原局还郑重地向我们指出：当顽军进犯时，应在政治上开展攻势，动摇其战斗意志；在军事上避实击虚，歼其一部。同时，还应大力开展群众工作，作长期坚持的准备；主力万一不能坚持时，可退到皖东北，但应留下必要的部队，在原地分散坚持游击战争。这些重要指示，对我们来说，是多么及时、多么正确啊！

这时，日军为逼迫蒋介石投降，于1月24日发起了豫南战役。一路由信阳出动，沿平汉铁路向南阳、漯河、项城等地进犯；一路由商丘出动，向周家口进犯；一路由宿县出动，进发涡阳、蒙城、太和、界首等地，并继续向阜阳进犯。在日军大规模进攻面前，国民党军汤恩伯部由涡阳、蒙城、太和一线狼狈溃败，再次暴露了国民党消极抗日、积极反共的面目。

根据这一新的情况，中原局和新四军军部又指示我们：相机向西发展，牵制日军，控制某些军事要地，以利将来更好地对敌伪进行斗争。我们四师各部队于1月31日晚分路西进。

可是，豫南战役没有多少天，日军在给国民党军以打击后，继续采取“拉”的政策，于2月9日即结束了豫南战役，进犯阜阳之敌开始撤退，同时放弃了侵占的涡阳、蒙城等地。而国民党军打日本侵略军是“外战外行”，但反共反人民却是“内战内行”。当进犯阜阳的日伪军撤退的第一天，即2月10日，隐蔽集结于新黄河以西的顽军第九十二军和骑兵第八、第三师等部，分三路向张村铺、王市集、江口集等地的我军阵地发起了全面猛攻，拉开了我们在津浦路西为期三个月反顽斗争的战幕。

这期间，战事十分频繁，我们几乎每天都要与敌顽周旋。日伪顽已经基本合流，他们勾结在一起，为虎作伥，助纣为虐。顽军在乡下帮伪政权催租派款，伪军在城里帮顽军采购物资，土顽还策动封建会道门势力组织暴乱。这样，我们部队就在日、伪、顽、匪这四个陷阱边上艰难地兜圈子，一面要反“扫荡”，一面要抗击反共军的进攻，还要警惕封建会道门的袭扰。那一段时间，部队东打西突，十分疲劳，战士们有两个月都没有解下过子弹袋，休息时就和衣而卧，一有动静，立刻行动。

同年4月上旬的一天夜里，我们前一夜与顽军骑兵第二军遭遇，因天下雨，夜又黑，不能恋战，便在拂晓前撤出战斗。我旅三十四团转移到永城西南的万楼一带，考虑到食宿困难和减少目标，便布置各营分散宿营。6日拂晓，接到急电，说驻在万楼附近裴桥的一营营部和一连，还有团机关的一部分同志，突然被顽军包围。

这股顽军除骑二军一小部分外，打头阵的是叛徒刘子仁的部队。耿、吴、刘叛变后，国民党顽固派很是得意，耿蕴斋被国民党赏了个“苏鲁豫皖边区游击第一纵队少将司令”的官儿，吴信容被封为该纵队第三支队队长，刘子仁则被任命为该纵队副司令兼第二支队队长、永城县县长。这些家伙为了表明其反动立场，疯狂袭击我区、乡政权，捕杀我党政干部，阻击和攻打我军部队，反共气焰十分嚣张。

万楼的地形宜于防守。它是一个土围子，四周有很厚的土墙，高约两丈，墙外是三米多深、四米多宽的壕沟，沟里有一人多深的水，估计敌人一时难以攻入。我在电令被围部队迅速退至万楼坚守、等待援兵的同时，便带着三十四团一营的一个连和三营的三个连，火速抄近路向万楼奔去。我知道，靠我们这五六百人，想要打破敌人两千余人的重重包围，是十分困难的，但是，想到正在危急中的战友们，我也就顾不得许多了。

刚到万楼外围，就与敌人接上了火。我立即发出冲锋命令。战士们咬着牙猛打猛冲，渐渐向万楼逼近。敌人拼命拦击，子弹不停地带着啸声从身边飞过，炮弹在近处爆炸，掀起一根根火柱，同志们前仆后继，一个劲地向万楼突近。但是，在离万楼只有一千多米的地方，怎么也攻不上去了。

我站在土埂上，心急如焚，举起望远镜，注视着万楼的一切。敌人里三层、外三层，仗着他们人多、火力强，把万楼围得铁桶一般。围子里的部队突不出来，我们冲不上去，实在急死人！在土围子里拼杀的战友们，子弹打完了就用大刀砍，用梭镖捅！把爬上土墙的顽匪一批一批打了下来。我从望远镜里，看见他们脸上的血污，看见他们振臂呐喊的雄姿，看见他们饮弹倒下悲愤呼唤的壮烈情景，……这里边有许多是我的老战友哇！一营营长卢登禹就是其中的一个。他在西路军当过连长，在倪家营子等地和我一起并肩战斗过，从新疆到延安，又从延安到淮北，战斗情谊与日俱增。

“战友们，再坚持一下，再坚持一下！”我在心里默念着，放下望远镜，继续指挥部队向万楼突击。然而从早晨一直打到黄昏，敌众我寡，我们后无援兵，弹药将尽，难以攻近围墙。在围内的营长卢登禹、教导员董立军指挥部队给敌人以重大杀伤，也曾几番试图突围，但都未成功。

枪声、杀声、呐喊声渐渐地停下来。太阳暗淡地挂在天边，一大片晚霞从万楼的背后慢慢地铺展开来，像一面鲜血浸透了的旗帜，轻轻地覆盖在万楼之上，覆盖着英雄们的躯体。我坚守万楼的全体官兵宁死不屈，大部阵亡，卢登禹营长等二十多人被俘，除团卫生队医生刘晏明因顽军看守不严，机智逃出外，都被敌人拉到太和枪杀了。

消息传来，我全旅指战员义愤填膺，大家表示这个仇一定要报！

4 月底，我向部队传达了彭师长的指示：“由于形势的恶化，师党委根据华中局和军部指示，决定将部队全部撤到津浦路东，到敌人后方去。冤有头，债有主，血债一定要用血来还。‘君子报仇，十年不晚’，我们一定会打回来，为死难的烈士报仇，替路西的父老乡亲讨还血债！”

九、转敌后路东燃烽火

1941 年 5 月初，鉴于津浦路西地区形势恶化，部队过于疲劳，无法休整补充，遵照中共中央华中局和新四军军部电令，除十旅已于 3 月东移，十一旅稍后东移外，我们十二旅随师部离开了艰苦创建的豫皖苏抗日民主根据地，告别了路西的乡亲们，于 8 日进到了津浦铁路以东皖东北地区的鲍集一带。

到路东后，部队一面休息，一面整编，缩小编制，裁减机关，充实连队。5 月 23 日，十二旅建制取消，将旅部及直属队人员充实到三十四、三十五团；三十五团番号撤销，部队调给十一旅；三十四团直属师部，我又回到三十四团任团长。

同年 7 月中旬，四师在洪泽湖东岸淮宝地区的仁和集召开了军政委员会扩大会议。新四军政治部主任邓子恢同志参加会议,彭雪枫同志作了报告。会议肯定了四师自建军以来的工作成绩,初步检查了三个月路西反顽斗争中失利的经验教训,开展了批评和自我批评。这次会议,对于巩固和扩大淮北抗日根据地有着十分重要的意义。这次会议后,邓子恢同志被任命为新四军第四师政治委员。

同年 8 月 23 日,华中局决定,以邓子恢、彭雪枫、刘子久、吴芝圃、刘瑞龙、张爱萍、刘玉柱等七位同志组成中共淮北区党委,以邓子恢同志为书记,刘子久同志为副书记。

同年 9 月 13 日,在半城正式成立了淮北苏皖边区行政公署。刘瑞龙任行署主任,刘玉柱任行署副主任。

同年 11 月 7 日,根据新四军军部的决定,成立淮北军区,主管淮北地区的地方武装工作。淮北军区的机构以原三十四团团直为基础组成。赖毅任司令员,刘子久任政委,我任副司令员,白浪任参谋长,刘作孚任政治部主任,王学武任副主任。

淮北军区成立之后,我们大力加强地方武装的建设,将三十四团的连队分散到各地作为骨干,大力发展县、区地方武装,加强游击活动,开展游击战争。

三十四团有六个连队,我们把四个连分散到泗南、泗五、灵凤、淮泗、淮宝地区,作为各县武装的骨干。他们在各当地党委的领导下,和群众团体一起,发动贫苦农民对地主进行面对面的说理斗争,实行减租减息,增加工资,合理负担,改善农民生活,振奋了农民的抗日情绪。在发动群众的基础上,建立了工、农、青、妇等抗日救国会和民兵组织,改造了地主富农的武装,让枪杆子掌握在工人、农民的手中。我们还根据淮北区党委的部署,进行改造基层政权的工作;在贫雇农积极分子中发展党员,普遍建立起党的乡村基层组织;废除保甲制度,民主选举乡长、村长,建立起基本农民群众对地主封建势力的政治优势。这样,通过发动群众,发展党的组织,建立由可靠人掌握的武装,改造乡村政权,使抗日根据地逐步巩固起来,也为人民武装的发展壮大打下了坚实的基础。

不久,我们活动到了泗南地区。这个地区的情况比较复杂,工作一开始就遇到了阻力。县长张太冲给我们介绍情况时说:"管鲍套里有几大派，管镇有汤、戚两派，鲍集有唐、杜两派。这四户地主各霸一方，封建势力很大，群众深受欺凌，但敢怒不敢言。”这几大户都有钱有势，手中有枪支，对共产党、新四军的态度也不完全一样。有的对我们抗日是支持的，不反对我们，我们就团结他们，实行统一战线政策。有的反对我们，甚至把我们的区长江山同志打死。张太冲同志说：“要枪打出头鸟。除掉这个首恶分子，其他的也就会收敛一点。”经上级批准，公安部门把杀人凶手抓了起来，经审讯罪证确实，就以人民政府的名义，在宣布这个坏蛋的罪状后，拉出去枪毙了。同时警告其他地主分子，谁要与人民政府为敌，他们就没有好下场。这样一来，群众大大出了一口气，顾虑开始消除，也敢于讲话了。我们乘机扫平了泗南境内的一些维持会，打开了局面。

在巩固发展淮北抗日根据地的斗争中，地方武装迅速发展壮大。经过一年的努力，到 1942 年 10 月，淮北军区已拥有两个独立团、七个独立大队和一个警卫营，各县都有二至三个连的独立大队，有的县还建立了区队、乡队。

1942 年春，我奉命到华中局党校学习。学习，对我这个大老粗来说，确实有点陌生，可是通知到了，那也没有二话说，收拾一下行装就去报到了。

当时华中局党校驻在阜宁的汪竹集。到那儿一看，熟人真不少，陈锐霆、陶勇、王必成等同志都在那儿，还有一些淮北地方干部。新老战友相会热闹非凡，想不到在硝烟炮火中滚打了十几年，今天能活蹦乱跳地在学校里见面，真有说不完的话。

这一期学员较多，共分三个大队，还有一个女生队。一、二大队是营以下干部，三大队是县团以上干部。学员都分散住在老百姓家里，一户住上两三人，地方小的住一人；旅一级干部的爱人也来参加学习的，可以享受“特殊优待”，夫妻俩住在一间茅草房里。这么多人睡觉，床就成了大问题，于是还得用老办法：门板当床铺，白天安上是门，晚上卸下来就是床。这样一来可真是做到“夜不闭户”了。夜里，凉风习习，一睁眼就能看得见天上的星星。

我们的校长，由华中局书记、新四军政委刘少奇同志兼任。记得他上第一课，讲的是学习的重要性和必要性。他告诉大家：这次在百忙的战事中，抽调三百多干部集中学习，华中局是下了很大决心的。我们不光要会指挥打仗，还要学习领导和建设，学会团结各条战线上一切可以团结的人，成为一名有高度思想觉悟、有一定知识与修养的共产党员。我们必须排除种种干扰，纠正自己头脑中的错误想法。要知道，我们是在敌人的眼皮子底下办学的，很不容易呀！不是叫你来扫扫盲、休息休息。如果学不好，怎么对得起在前线浴血奋战的同志们呢？

少奇同志的这番话，使我认识到自己原先的想法是多么浅薄啊！于是，我暗暗下了决心，一定要积极地投入这场新的"战斗"。

我们有间茅草盖的"大礼堂"，能容纳两三百人。每逢集体听课，每人就找些砖头、石块什么的当板凳，把笔记本铺在膝盖上，认真地作记录。听课时，大家的注意力特别集中。等上完课，一声"解散"，才发现自己坐得腰酸背痛。可大家都还乐呵呵地说："我们这是在'小抗大'学习呀，等毕业了，都是大学生哩！"

到讨论的时候，就找一间较宽敞的茅草屋，一班人钻进去围成一圈。往往为了搞清一个问题，甚至为弄懂一个名词而争论不休，你说你的道理，我谈我的理由，谁都想说服对方，可谁也说服不了，那股子认真劲儿，也不亚于攻打一个炮楼子哩！

我们学习了当时的中共中央文件，学习华中局领导人的讲话，学习了少奇同志的著作《论共产党员的修养》，听了少奇、陈毅等同志的讲课。随后，便在学习文件的基础上，开展了整风运动。大家认真地开展批评与自我批评，清除自己身上的不良作风和头脑中的宗派主义。就这样，我们通过学习、讨论，统一了思想，提高了认识，达到了增强党性、增进团结的目的。

党校的整风，主要是围绕"反对主观主义，以改造思想方法；反对官僚主义，以增强团结；反对个人主义，以改造思想意识"这三个方面进行的。强调理论联系实际，用辩证唯物主义的观点和方法，检查自己在观察形势、执行政策和指挥作战中存在问题的表现。

过去，我和部队中的一些干部战士一样，有着一种模糊想法：在同国民党顽固派的斗争中，只想报仇雪恨，对大局考虑不够。对一些我们需要利用、需要联合的顽军，上级不让打，思想就不通畅，执行命令也不够坚决。通过整风，对照毛泽东、刘少奇等同志关于抗日战争时期的政策和策略的指示，感触很深。认识到，我们不仅要看到一个淮北，还要看到整个华中，看到全中国。统一战线是个宝，反顽斗争要有理、有利、有节。

回忆起党校的生活，也是十分有趣的。那会儿环境艰苦，供应很困难，没有大米，吃的是麦面和杂粮。到了青黄不接的时节，连面食也没有，就整天和棒子面、红薯干打交道，往往早上吃的是水煮红薯干，中午是红薯干用水煮，到了晚上一瞧，还是红薯干加水烩一锅。一日三餐，"坚持不变"。不过，就连这个，也不能满足肚子的需要，常常是匆匆忙忙地吃了一碗，想再添一点儿，桶里已只剩点地瓜汤了，只好再灌上一碗汤。

那时，津贴费极少，每人每月三至五元，有几个月连一个钱也发不出。华中局组织部长曾山同志为了照顾大家，规定给旅以上干部每月增发十元法币当零用钱。这在当时，够买两三包"飞马牌"纸烟或是斤把猪肉。那会儿，烟卷也很难搞到，能抽上支"飞马"就是一种奢侈的享受了。

那时生活艰苦，很久吃不到一次肉。有一次，刚发了津贴，大家凑钱买了几斤肉回来烧着吃，尽管肉香喷喷的，可大家由于匆匆忙忙吞到肚里，都说不出是什么滋味，就像"猪八戒吃人参果"，你逗我，我笑你，嘻嘻哈哈吃得好开心。可是，不知谁走漏了风声，这件事传到了陈毅代军长的耳朵里。后来，他专门围绕"生活问题"给我们讲了一课。打那以后，再也没有人对生活提什么意见了。

在华中局党校的学习生活，用"团结、紧张、严肃、活泼"八个字来概括，是再恰当不过了。经过将近一年的学习，我们丰富了理论知识，提高了思想认识，脑子充实起来，看问题也比过去深刻、全面了。培训干部确实是建设军队的必要措施。

1943 年 1 月，我从华中局党校回来后，被任命为四师十一旅副旅长，旅长是滕海清同志。

当时，部队又经过精简整编，淮北军区由四师来兼，彭雪枫师长兼司令员，邓子恢兼政委。原来的淮北军区领导干部另行分配工作，所属分区由各旅兼任，第二军分区由十一旅来兼。于是，我兼淮北二分区副司令员，着重抓分区各县的地方武装工作。

那会儿，各级都重视培养训练干部，各旅办了教导队。学员从连队班长中挑选来的，每期三四个月，毕业回去就可以提拔当干部。我们二分区司令部住在泗南的豆冲，旅教导队就设在豆冲北面不远的魏岗。我对办教导队很重视，有空就去看看。

教导队每期招收一百人左右，分为九个班，差不多是一个连的编制。队长是陈敬轩同志，教员有旅作战参谋魏真同志，有时也找打仗经验丰富的老同志去讲讲战术。

陈敬轩同志讲“进攻”，结合各种战例，讲得头头是道、很有吸引力。魏真同志讲“防御”，也引用许多战例，生动活泼，很能增强防御的信心。由于教导队经常进行革命英雄主义和勇猛顽强作风的教育，干部、学员们都有一股子虎劲。

进攻和防御，消灭敌人和保存自己，本是矛盾的统一，是辩证的，但由于理解水平的差异，干部和学员常为攻、防战术争论不休。为此，在一次战术演习中差点闹出大乱子。那天，我正好去教导队看他们的攻、防战术对抗演习。由队长陈敬轩同志统一组织，第一阶段从接受任务，组织攻防，至进攻者发起冲锋之前，双方采取自由对抗，允许双方指挥员根据对方行动和地形，灵活机动地指挥演习。第二阶段，从进攻者发起冲锋开始，变为实弹（手榴弹）演习。学员分为两队，一队进攻，一队防御。规定在攻击分队冲锋时，防御分队应立即撤出阵地，以防意外。

第一阶段，双方指挥员都能灵活机动地指挥，到了第二阶段，问题就来了：当进攻分队发起冲锋时，防御分队不但没有撤出阵地，反而跳出战壕，端着刺刀实施反冲锋。进攻分队毫不示弱，竟按原定计划，向防御阵地摔了四个真手榴弹！防御者大吃一惊，立即跳入战壕。在手榴弹爆炸的烟雾中，进攻者喊着杀声冲上去，防御者却又跳出战壕……

眼看这些虎头虎脑的小青年就要用刺刀干起来了！停止演习的哨子“嘟嘟”直响，我急得直跺脚，大家都急急忙忙向防御阵地跑去，见没有伤着人，这才松了一口气。陈敬轩气坏了，抓住防御分队的指挥员问："你为什么不撤出阵地？"回答却是："他们能攻得上来吗？照他们这副不讲战术的样子，早就被我们消灭了！"进攻者也气呼呼地说："要不是哨子响得早，你们这几个都不在话下！"……整个演习阵地吵闹起来，谁也不让谁。

真叫人哭笑不得，我使劲吼了一声："不许吵了！"等他们安静下来，我才苦笑着说："好了好了，都不错。你们这股虎劲，还是留着对付日本鬼子吧！"

回到驻地，我把陈敬轩和教员都找来，跟他们讲了今后讲课、演习应注意的事项，要加强纪律教育。军事是一门很严格的科学，不要光注重课本上的理论，更要注重掌握运用。当时我们决定，学员毕业前都跟着部队到附近的敌占区去转个圈子。一可以了解敌情、熟悉地形；二可以通过实践，进一步锻炼和提高学员的组织指挥能力。学员们对这种实践兴趣很大，这样一来，他们学到的知识得到了初步应用的机会。

我们的旅教导队克服了重重困难，坚持办下去，为部队输送了一批又一批的基层干部，直到1945年日本投降后才停办。

十、抑悲愤痛悼彭师长

1944年4月18日，日军为打通大陆交通线，发动了中原战役，大举向河南腹地进攻。国民党顽固派仍然采取消极抗战、积极反共的政策，数十万大军不战而逃，日溃百里，三十七天失城三十八座，使河南广大地区沦于日军铁蹄之下。与此同时，国民党仍将其第十五集团军何柱国部、第十九集团军汤恩伯部、第二十一集团军李品仙部留置于阜阳、太和与大别山区，伺机向共产党领导的抗日根据地进攻。河南广大民众在日军进攻和国民党顽军的蹂躏下，过着痛苦的生活，盼望八路军、新四军早日去解救他们。

为了打击进攻中原的日军，发展河南的抗日局面，从战略上将我华中、华北、陕北三个地区连接起来，党中央于当年7月25日，提出了向河南敌后发展、控制中原的战略方针和任务，确定以八路军太岳军区一部南下开辟豫西，冀鲁豫军区一部南下加强睢（县）杞（县）太（康）地区；以新四军第五师一部沿平汉路两侧向北发展，第四师一部西进豫皖苏边区，首先恢复萧（县）、永（城）、夏（邑）、宿（县）根据地，然后打通与睢杞太地区的联系，相机控制新黄河以东地区。

党中央这一决定，极大地振奋了四师全体指战员。“打回路西去，解放豫皖苏边区”，正是四师指战员转移津浦路东三年来梦寐以求的愿望。四师为坚决执行中央军委和新四军军部关于向河南敌后发展的战略任务，决定由彭雪枫师长、张震参谋长、吴芝圃主任带领四个步兵团和一个骑兵团，由半城出发西进。

我们十一旅由滕海清旅长带两个团跟随彭师长行动，我带领部分部队和分区机关人员留在路东。

我听到彭师长将率部西征的消息，是在他出征的前一天，即 8 月 14 日下午，连忙骑上马，从分区司令部所在地豆冲出发，飞快地赶到师部驻地半城，去给彭师长送行。

8 月酷暑，稍动动便会汗流浃背。我心急似火，一路快马加鞭。待到达半城时，人和马早已是大汗淋漓。我老远就看见彭师长，急忙翻身下马，报告说：“师长，我代表十一旅留下的同志给您送行！”

彭师长拉我到树荫里坐下，又拿给我一把大蒲扇，这才带着爱护的口气说：“天气这么热，老远的跑来干什么？我们走又不是不回来了！”

我说：“舍不得您离开我们！”

彭师长说：“这是组织的需要！”

聊了一阵，我请彭师长对我们今后的工作作点指示。彭师长手拿蒲扇轻轻地摇着，沉思了一会儿说：“你们留在路东，要做的事情也很多，要把这块根据地保卫好、巩固好、建设好，这样，我们在路西也好放下心来，把力量集中到拳头上狠揍敌人！”

他点燃了一支烟，深深地吸了一口，又慢慢地说：“要按照邓子恢政委的指示，把工作做好，把发展地方武装抓紧，枪杆子就是抗日的本钱。咱们要把眼光放远一点，现在要打鬼子，将来还要和国民党顽固派做斗争，武装力量越大越好，越发展越好！”

警卫员来喊吃晚饭，我们又边吃边聊。彭师长谈笑风生，妙语联珠，我不断被他的讲话引得哈哈大笑。

天擦黑了，彭师长送我到路口，拉着我的手，爽朗地说："好，以后我们路东见！"

我走出去好远，在马上回头望去，暮色中的彭师长还站在村头路口，向我又挥了挥手，仿佛是催我快点上路。记得彭师长常爱用"家如夜月圆时少，人似流云散处多"的诗形容我们的战斗生活。生离死别，在战争年代是家常便饭，可是，我怎么也没有想到，这次和彭师长的匆匆一别竟成了永诀！

在彭师长率领四师主力西进之后，我们留在淮北路东的同志胜利地坚持斗争。在兄弟部队的支援下，粉碎了日伪军的"扫荡"和"蚕食"，热烈开展了拥军参军运动。边区各地在动员参军时，严格执行不强迫、不收买、不欺骗和成分要好、年纪要轻、身体要强、来历要明的"三不四要"的政策，青壮年自觉参军的达一万五千余人，成立了十个独立团，民兵和自卫队发展到二十二万人。各地还不断地将兵员输送给主力部队，组织地方武装升级主力，以人力、物力、财力支援西进部队，胜利执行了彭师长西进临行前所关注的改造基层政权、扩大抗日武装、巩固根据地的各项任务。

转眼已是深秋。10 月的一天，我和分区同志到各县检查工作，路过半城以北的车路口时，无意中听到老百姓在议论说，前些日子从西面过来一辆牛车，车上拉着一口棺材，后来那棺材又用船从濉河口运到了洪泽湖的芦苇荡里，护送的新四军同志只是哭，不肯说死者是谁。

这个突如其来的消息使我为之一怔，凭着军人的本能，我感到事情有些蹊跷，因为在一般情况下，战场牺牲，就地掩埋，可是这一次怎么例外了？会不会是……我不敢再想下去。回到分区后，我立即打电话询问邓子恢政委。

电话一接通，我开口就问："政委，是不是我们有首长牺牲了？"

"……"电话里久久听不到回答，我紧紧地握着话筒，手心里渗出一层汗水。我想要证实这个消息，但又希望政委会告诉我"什么事也没有"，"一切都平安"。我等待着，时间一秒一秒地过去，半响，话筒里才传来邓子恢政委那沉痛的声音:“是的,雪枫同志牺牲了。”

仿佛是被强电击中,我脑子里“轰”的一声,拿着话筒呆呆地站立着,政委下面说了些什么,我一句也没有听清。这怎么可能呢？怎么会是真的呢？怎能叫人相信呢？我们的彭师长就这样离我们而去了吗？可是,温热的话筒还在我手里握着,邓政委的话一遍又一遍地冲击着耳膜,我脑海中一片空白,唯一映出的是彭师长那微笑的面容,好像在对我说:“等着,我们就要回来了!”

晚上,我怎么也合不上眼,翻来覆去睡不着。和雪枫师长相处的情景一幕接一幕地在眼前跳过,就好像昨天的事一般。

早在中央苏区红五军团时,我就常常听说三军团有个彭雪枫,以及他的许多传说:1930年夏,彭德怀率领红军第一次攻占长沙,首先攻进城内的,就是彭雪枫带领的一个大队;1932年8月,在震惊红军的“乐安事变”时,二师师长郭炳生叛变带走一个团,是师政委彭雪枫轻骑追赶,在茫茫夜色中找到部队,经他宣传,战士们幡然省悟,调头回转,郭炳生只带去了一个警卫员;1933年11月,在抚坩八角亭战斗中,国民党军乘隙突到三军团四师师部附近,情况万分紧急,是师政委彭雪枫亲率师部通信排反冲锋,打退了敌人的进攻,转危为安。

雪枫同志参加过两万五千里长征,爬雪山,过草地,跟毛主席、党中央胜利到达延安。抗日战争全面爆发后,他曾任八路军总部参谋处处长兼驻晋办事处处长。1938年,他遵照党中央、毛主席的指示,为打开华中敌后的抗日局面,来到河南竹沟,率领三百余名热血青年挺进豫东、进军淮北,积极对敌作战,放手发动群众,壮大了抗日武装。到1939年底,他率领的新四军第六支队已成为拥有九个团一万两千余人的游击兵团,豫皖苏边区抗日根据地也粗具规模。

雪枫同志受命于危难之中,驱驰于虎狼之地。耳闻中的彭雪枫司令员,文武双全,能讲会写,无论是指挥千军万马,还是办报、演戏,样样都行。在淮北津浦路东、路西一带,提起六支队的彭司令员,无人不知,无人不晓。他虽是年轻有为的高级将领,但平易近人,礼贤下士,在作战时是我们的司令员、直接上级,但在平时,却是我们中间的普通一兵。他的思想、作风、品德是我们学习的楷模,是我们的良师。

记得每当我们各团的领导同志到支队司令部开会时，雪枫同志那只黄色帆布包里的香烟，同志们总是随手可取。他生怕有什么特殊的地方，时常教育我们说："我们的战士远离家乡，在家靠乡亲，出门靠朋友，到了部队就要靠领导，应该有盐同咸、无盐同淡，绝不存在什么我尊你贱。"许多干部考虑到首长既要带兵打仗，又要运筹全局，经常熬夜，过于劳累，多次建议机关给他另开小灶。这事被雪枫同志知道了，他在一次干部会上生气地说："希望同志们以后不要再提'开小灶'的建议了，那'小灶'的饭吃了不好'消化'呀，还是大锅饭咽下去顺畅。战士们吃大锅饭能打仗、能冲锋，我们吃大锅饭能知道战士的甘苦。"这以后，谁也不敢再提"开小灶"的建议了。

有一次，雪枫同志生了病，炊事员悄悄给他做了病号饭，说是病号饭，其实就是一碗面条而已。他知道有几个战士也生病，就让炊事员送给这些病号吃。炊事员、警卫员都不忍心送，他就亲自端去；自己仍然与同志们一样吃高粱面和山芋干。他对己薄、待人厚，他的美德不仅为部队的同志所知晓，就连淮北抗日根据地的人民群众也竞相传颂。有一次，他生病发烧，炊事员又偷偷下了一碗面条，恰巧，附近有一位老大娘也生病发烧，他听说后，便叫通讯员将这碗面条端给了老大娘吃。开饭时，他边吃着山芋干，边笑着对周围的同志说："你们别小看了这山芋干，就是它养活了豫皖苏边区的人民和我们的部队，以后战争结束，生活富裕了，也不能把它忘记。"老大娘病愈后，得知那碗面条是司令员送的，激动得热泪横流，逢人便讲。当时，豫皖苏边区的民众只要坐在一起，不谈"彭司令"不成话题；凡是认识他的老百姓，见了面都乐意跟他攀谈，有时还亲热地同他开个玩笑。

雪枫同志的生活俭朴，他自己的行装配备与战士没有什么区别。一次，被服厂在发放服装前，派了一个同志专程来给支队首长量体裁衣。彭司令员一针见血地批评说："你们被服厂还很能琢磨出新花样嘛！好哇，要量的话我不反对，回去对你们领导讲一下，就请先将部队每个战士的身材都量一遍，然后再来给我量！"被服厂的同志受了批评后心悦诚服，连声检讨说："首长，我们错了！"由于彭师长的严格要求，四师多数干部都和战士一样，衣食住行，不闹特殊。这些无声的模范行动，像镜子在指战员们的心灵中映照着，潜移默化地陶冶着战士们的思想情操。

雪枫同志既是率兵打仗的出色军事指挥员，也是优秀的政治工作者和宣传鼓动家。抗战时期，他亲手创办的《拂晓报》是战士们争相传阅的报纸，内容丰富，战斗性强，加之刻写严整，油印精美，在新四军中赫赫有名，受到过毛主席的表扬，被誉为办得好的军队报纸之一。每当他下部队听到有意义的事情，总是鼓励会写写的战士将它写成报道，投给《拂晓报》社。他本人也是《拂晓报》的积极通讯员，经常亲自撰写社论，经常审阅重要文章。他写的文章深入浅出，文笔流畅，明快生动，入情入理，深受广大干部战士的喜爱。他组织建立的拂晓剧团，是活跃在淮北地区的一支文艺轻骑兵，经常深入部队，演出的节目丰富多彩，对宣传抗日起了很大的作用，同时也大大地丰富了部队的文化生活。他一手创建和培养起来的骑兵团，是一支能征善战的劲旅，在著名的曹圩子、小朱庄、小朱集、官庄等一系列战斗中，杀得敌人溃不成军，抱头鼠窜。雪枫同志对这“三件宝”关怀备至，悉心培育。正因为如此，新四军在豫皖苏边区获得了“天下文明第一军”的光荣称号。这是人民群众发自内心的赞赏！而在这赞赏之中，我们的雪枫师长又花费了多少心血啊！

当时，怕影响部队情绪，彭师长殉国的消息对部队一直是保密的，可这密又怎能保得住？噩耗像铅块一样沉甸甸地压在人们心上，像利刀一样刺痛着人们的肺腑。战士们默默承受着巨大的悲痛，将对敌仇恨化作勇猛杀敌的力量。

1945 年 1 月，公开悼念雪枫同志的活动开始了。5 日，淮北区党委作出了《关于追悼彭故师长雪枫同志的决定》。21 日，华中局、新四军政治部作出了《关于纪念彭雪枫同志的决定》，叙述了雪枫同志的生平事迹，介绍了雪枫同志的牺牲经过，并作出了三条决定：一是将淮北永城县改名为雪枫县；二是将在淮北举办的抗大四分校改名为雪枫军政大学；三是将雪枫同志一生光荣奋斗的事迹写成传略公布我军各师，作为战士教材。

2 月 5 日，在洪泽湖畔的半城镇举行追悼雪枫同志的大会。大会由张爱萍师长主持。追悼会会场布置得庄严肃穆。会场上悬挂着毛泽东、朱德、刘少奇、彭德怀、陈毅联名献的挽联：

二十年艰难事业，即将彻底完成，忍看功绩辉煌，英名永在，一世忠贞，是共产党人好榜样；

千万里破碎河山，正待从头收拾，孰料血花飞溅，为国牺牲，满腔悲愤，为中华民族悼英雄。

到会的军民泣不成声。骑兵团所有的战马都佩戴着黑纱，垂首而立；拂晓剧团的演员们，一个个都哭成了泪人。淮北各地人民自发地从各个不同的方向汇集到洪泽湖边，灵车运往安葬地点沿途几华里的原野上，形成了两道厚厚的人墙，哭声震天。许多群众按照家乡的风俗，沿途摆上一张张小方桌，点燃香烛，供上酒菜，全家老少肃立路旁，为彭故师长送葬。

人民怀念他，战士怀念他，党更怀念他！中共中央送的挽联上写着：

为民族，为群众，二十年奋斗出生入死，功垂祖国；

打日寇，打汉奸，千百万同胞自由平等，泽被长淮。

毛泽东主席亲笔书写的挽雪枫词，这样写道："雪枫同志在与敌斗争中牺牲了，全民族和全党都悲痛这个损失。为了补偿这个损失，应该学习雪枫同志的英勇精神，更加努力扩大解放区，扩大八路军、新四军，促成联合政府和联合统帅部，使日本侵略者在有效的联合打击下早日消灭，使独立民主的新中国早日实现。"

朱德总司令送的挽词是："雪枫同志在中国人民抗日救国的前线上，身先士卒，英勇牺牲，这是雪枫同志个人的无尚光荣，也是中国共产党、八路军、新四军和中国人民的无尚光荣。"

党中央和毛主席、朱总司令、中央其他领导同志以及华中局、新四军军部献给雪枫同志的挽词、挽联，颂扬了彭师长一生的革命业绩，表达了对他的沉痛哀悼之情。

在追悼会上，张爱萍师长朗诵了他为彭故师长写的挽歌，写道：

二十年来为了人民为了党，
你留下的功绩辉煌。

首战长沙城八角亭光荣负伤，
乐安事变荣获红星章，
雪山草地百炼成钢，
在豫东燃起抗日烽火，
在淮北粉碎敌寇“扫荡”。
对党坚贞，为民赴汤，
英勇善战，机智顽强，
是我们的榜样。

这首挽歌，倾注了淮北军民的怀念之情，震荡着我们的心扉。

随后，举行了安葬仪式，彭故师长的棺木被安放在墓穴中，领导同志和各界代表一起铲土掩埋。邓子恢政委发表了墓前演说，对彭故师长光辉的一生给予了高度评价。

后来，听参谋长张震同志回忆了雪枫同志牺牲的详细经过：当彭师长率西进主力越过津浦铁路后，盘踞在萧永宿地区的顽军，无理阻拦我军去路。为扫除前进障碍，我军横扫了盘踞在这一带的反动武装，一举歼灭了据守在萧县以南小朱庄的顽军王传绶部，极大地威慑了路西顽军。我军取得立足点后，又乘胜驱逐路西顽军一部，同时击溃顽军第一纵队，并争取了该部第三支队起义。

这时，叛军刘子仁部在永夏地区勾结顽伪向我围攻，企图阻止我军西进。仇人相见，分外眼红。刘子仁欠下我军的一笔笔血债，今天应该偿还了！彭师长在经过周密侦察、精心谋划以后，于 9 月 3 日晚指挥部队对叛军发起了强袭。我军首先包围了保安山大庙里的叛军指挥机关，以迅雷不及掩耳之势，勇猛突入，捣毁了叛军指挥所。叛军拼命逃窜，师长命令我骑兵团咬住不放，猛砍猛杀。这时，叛军一部反扑过来，师长命令骑兵团正面出击，并令三十一团迂回其侧翼冲击，战斗进行到拂晓结束。这一仗，不仅消灭了叛军的有生力量，也使顽军路西防线迅速崩溃。紧接着，彭师长又率领部队挥戈西进，对敌伪展开攻势，连克黄庄、鞠集、马庄等据点，迅速恢复了萧永宿地区。这一带的广大群众重见天日，欢欣鼓舞，一片欢腾，纷纷找到新四军倾诉三年来的苦难。

随后，我军又直指永城、夏邑间的八里庄。这里为顽、伪、土匪“混血儿"李光明支队盘踞着。这条地头蛇在这一带为非作歹,四处骚扰,老百姓怨声载道。我部队一到,望眼欲穿的老百姓如同见了救星,上了年纪的老大爷、老大娘都围着彭师长,含着泪水说:"彭司令啊,自从你们一走,就塌了天,快除掉那帮害人虫吧!"

李光明支队为了阻止我军西进,不仅在八里庄修筑了围寨,还在寨子的西南角修了一个小圩子,并于小圩子的中间修了一座很高的碉堡。八里庄四周的情况,在这碉堡上便可一目了然了。

1944 年 9 月 10 日那天早饭后,彭师长骑着他那匹名叫"火车头"的大白马,带着骑兵通信班,亲自到各团布置任务。对担任主攻的二十五团、打援的三十二团和做预备队的骑兵团,都作了详细指示,战前又对部队进行了一次动员。

入夜,战斗打响了。二十五团在轻重火器的支援下,英勇地越过了八尺宽、一人深的外壕,从北、东两面同时攻入八里庄,李光明支队大部在朦胧中为我军俘获,只有其支队司令部与另两个大队仍顽固地据守西南圩子。

11 日凌晨 3 时许,大寨的战斗结束后,彭师长在八里庄的天主教堂内亲自审问了两个俘虏来的伪大队长,研究了攻打西南圩子里的部署,然后又亲自去侦察了地形。彭师长敏锐地发现,敌人正利用中央大碉堡观察,并以一挺轻机枪严密封锁我们进攻圩子的路线,使我军在对敌行动中伤亡很大。他立即命令二十五团调来特等射手封锁敌人枪眼。没过一会儿,敌人的机枪就哑巴了。彭师长便命令部队发起总攻。天亮时,敌人支持不住,突围逃跑。彭师长一面告诉二十五团奋力追击,一面告诉骑兵团进行截击。他站在围墙的高处观察、指挥,但见八里庄外烟土飞扬,杀声震天,骑兵团出击了,战马在敌人中间横冲直撞,敌人既无还手之力,也无招架之功,纷纷弃械投降。彭师长高兴得拍手叫好!

不消几分钟,战斗便接近了尾声,成批的俘虏向师指挥所押来。彭师长正要骑兵团将其支队长押来讯问,突然一颗流弹飞来,彭师长不幸中弹倒下,他的眼睛向参谋长注视了一下,刹那间便失去了光芒。经医生检查,打中他心脏的那颗子弹还没出来。

雪枫同志就这样为了民族的解放，流尽了最后一滴血，牺牲时年仅三十七岁。他死得实在太早了！

十一、大反攻横扫日伪军

在这期间，国际形势发生了急剧的变化。苏联红军大举反攻，乘胜进击，已逼近德国领土，希特勒法西斯临近最后的灭亡。在太平洋上，美军继续越岛进攻，日本在国际上完全孤立，在军事上节节败退。在中国国内，八路军、新四军和其他抗日武装不断发动强大攻势，给敌伪以严重打击。

1944 年 12 月 15 日，毛泽东主席在陕甘宁边区参议会上发表演说，分析了国际国内形势，提出了 1945 年的唯一斗争任务是打倒日本侵略者，号召各解放区军民向敌伪守备薄弱的地方进攻，消灭敌伪军，扩大解放区，缩小沦陷区。毛主席指出，这种进攻是完全必要与可能的，我们的军队已举行了很多这样的攻势，特别是今年有很大成绩，明年应该继续这样做。毛主席的号召，有力地鼓舞了敌后军民的斗志。

我淮北军民在这一段时间，积极行动，灵活作战，到 1944 年底，攻克了敌伪据点三十多处，同时粉碎了敌伪顽的两次大“扫荡”及许多次小“扫荡”，收复了大块土地。从而使我淮北路西地区，西至夏邑、柘城，南至涡河，东至津浦路，北至陇海路，有了东西三百余里、南北二百余里这样大面积的根据地。在这块土地上，解放了二百五十万人民，建立了八个县政权，成立了淮北第二地委和专员公署；地方武装建立了十个独立大队，成立了第二军分区。

到了 1945 年，我们的活动更是频繁积极。5 月 9 日，我四师九旅二十五团、二十六团发起睢南战役，先后拔除卓圩子、卓海子两个伪据点。其中卓圩子战斗毙伤伪官兵百余名，生俘伪团长孙家钊以下官兵六百余名，缴获轻机枪八挺，长短枪五百余支。接着，我军又乘胜于 14 日先后向盘踞在邱集、朱碾盘一带的顽伪发起猛烈攻势，一举攻克并全歼守敌，至此，睢宁县城以南大片土地宣告解放。

5 月 21 日,我四师主力一部在淮北路西发起宿(县)南战役,历时月余,攻克袁店集、界沟集等敌伪据点,消灭伪军第十五师窦殿臣部两千多人,开辟了宿南地区,使路西八县连成一片。这是我们四师恢复路西后的第二次大捷。

7 月 7 日,路东三分区军民在统一指挥下,发起了攻打睢宁县城的战斗,凌晨 2 时,总攻开始。我军在内应罗润田的协助下,打开西城门,主攻部队乘机进城。经过激烈巷战,打退敌人的多次反冲锋,至上午 10 时半,先后攻下敌"剿匪"司令部和伪县政府,迫使伪县长夏硕武缴械投降。攻克睢城后,我军乘胜攻克了高作、凌城等伪据点。海郑公路东起宿迁、西到双沟之间的百余里完全在我控制之下。

睢宁战斗,击毙伪军官兵八十余,伤其百余,生俘伪团长王学阶以下官兵两千余人,缴获步枪一千九百余支、轻重机枪七十七挺、迫击炮四门、电台两部、汽车四辆,受到了军区首长的通电嘉奖。

睢宁的攻克,扩大了淮北抗日根据地,锻炼了我地方武装的攻坚能力,具有重要的政治意义。

继解放睢宁城后,我军于 8 月 2 日又发起解放双沟战斗。双沟是徐州至海州公路上的一个战略要点,南北各有一个据点,日伪派重兵驻守,防备森严。我军决定由独立一团攻打北据点,独立二团包围南据点。经过激战,北据点被我攻克,南据点敌伪逃窜,战士们乘胜追击,全歼了逃窜的敌人。从此,睢宁县全境获得解放。

淮北我军这一段攻势的情况表明,日伪军已无力对我根据地进行大规模的进犯,防守能力也大为减弱,陷于顾此失彼的困难境地,而我军作战规模越来越大,歼敌数量越来越多,不仅主力而且地方武装的攻坚能力都不断增强,为举行战略反攻创造了有利条件。

1945 年 8 月,国际国内形势发生了巨大的变化:德国法西斯已经覆灭;苏联于 8 月 8 日对日宣战,苏联红军出兵进入我国东北境内作战;我解放区军民的攻势愈来愈强大。

8 月 9 日,毛主席根据远东局势的急剧变化,发表了题为《对日寇的最后一战》的声明,号召中国人民的一切抗日力量举行全国规模的反攻。

8 月 10 日，日本迫于形势，向苏、中、美、英发出乞降照会。在华日军丧失斗志，伪军极度混乱。8 月 10 日、11 日，朱德总司令接连发布命令，促令敌伪投降，要求解放区武装部队立即向敌占交通要道积极进攻，消灭拒绝投降的敌人。

根据延安总部命令和新四军军部的部署，四师以津浦路徐蚌段沿线城镇为中心，向拒绝缴械的日伪军展开了猛烈的进攻。

8 月 13 日，为了适应发展抗战胜利形势的需要，新四军军部决定四师重建第十二旅。我担任旅长，张太生任政委，张登先任参谋长，王学武任政治部主任。下辖第三十四、第三十五、第三十六团。由原邳县、睢宁两个团改编的独立一团改为三十四团，由原宿东游击队改编的独立二团改为三十五团，由原萧县、铜山两个独立团改编的独立三团改为三十六团。十二旅重建后，立即投入向日伪军大反攻的洪流中。

这时，国民党蒋介石集团在美帝国主义的支持与策划下，演出了蒋敌伪合流的丑剧，日军拒绝向解放区军民投降，大小汉奸摇身一变成为国民党的官员，各地伪军纷纷挂起蒋家旗号，接应国民党军队下山抢夺胜利果实。毛主席及时地指出："抗战胜利的果实应该属于人民，这是一个问题；但是，胜利果实究竟落到谁手，能不能归于人民，这是另一个问题。不要以为胜利的果实都靠得住落在人民的手里。一批大桃子，例如上海、南京、杭州等大城市，那是要被蒋介石抢占去的。蒋介石勾结着美国帝国主义，在那些地方他们的力量占优势，革命的人民还基本上只能占领乡村。另一批桃子是双方要争夺的。……这一批中、小桃子都是解放区人民流血流汗灌溉起来的。"

我们遵循党中央、毛主席的指示，不管国民党蒋介石给了日伪军什么"命令"，不管伪军换上了什么旗号，对一切拒绝投降的日伪军展开了猛烈的进攻。

到了 9、10 月间，我们的出击更加活跃，遵照党中央关于阻止国民党军沿津浦路北犯的指示，四师的大部主力和地方武装、民兵一起破坏铁路，攻占车站，打了不少漂亮仗。攻打时村的战斗就是其中之一。

时村位于宿县东北、徐州东南，是一个大集镇。驻守时村的是日伪"和平救国军"的一个师。伪师长胡泽普，抱着日本人的大腿过日子，在时村作威作福。当地老百姓恨不得吃他的肉、喝他的血，当时流传的一支歌谣道出了群众的苦情：

时村自从来了胡泽普，
黄连没有百姓日子苦，
有儿要防胡贼来抓了，
有女须藏莫遇虎（胡）。

胡泽普这个狡猾的家伙，看到日本人靠不住了，立即与国民党挂上钩，摇身一变，成了“国军”的“先遣部队”，妄想继续骑在时村人民的头上。

攻打时村的任务交给我们旅以后，我立即带领全旅于10月初从津浦路西的濉溪口出动，急行军一百三十余里，一直到路东的尹集。我们这支由老将新兵组成的队伍，看到其他兄弟部队不断传来捷报，手痒得直搓，憋足了一股劲。我们的作战部署是：以三十四团、三十五团强攻时村，三十六团围困永安集刘永贵部，待打下时村后再集中主力攻取永安集。指战员们的战斗情绪十分高涨，三十六团指战员们提出要和三十四团、三十五团比一比，坚决攻下永安集。

当地的群众听说新四军要打时村，都欢呼雀跃，高兴得如同过年一般。时村附近的群众更是积极协助，把自己家房屋的墙壁打通，让战士们做工事。

时村外围的地形本来并不复杂，可是，几年来胡泽普在这里修筑了一道又一道的防御工事，最外面是一条宽深各数丈的环形壕沟，每隔几十米就树起一座碉堡，周围布满铁丝网和电网，在碉堡中居高临下，周围情况一览无余；火力交叉配置无一空隙和死角。胡泽普仗着工事的坚固，特别是仗恃他的“电老虎”，曾经在日伪的报纸上大吹大擂，说他的防区如何“固若金汤”。我们从10月7日晚起，开始来啃这块硬骨头。

垂死挣扎的敌人，拼命作最后抵抗。我们旅的进攻开始进展缓慢，打了一天一夜，只肃清了外围各点。此时的胡泽普，虽已成了孤立无援的瓮中之鳖，但这种层层设防的永久性防御体系，也不是一攻即破，必须集中兵力突破一点，直插要害。我和旅的几位领导同志研究了一下，修订了战斗方案，用三十四团换下了主攻的三十五团。

三十四团是我们旅的主力团，作风顽强，善于攻坚，一提起它来连老百姓都竖大拇指。我找来了团长叶道友和政委方中铎，告诉他俩："胡泽普虽是秋后的蚂蚱，但还不甘心灭亡，他仗着工事坚固，火力强，一时还猖狂得很。我们一定要充分准备，组织好尖刀爆破组，打开缺口后，直插敌人心脏，来个中心开花。"这两位团领导胸脯挺得高高的，脸上洋溢着激动兴奋的神情，闪闪发亮的眼睛里充满了必胜的信心，洪亮干脆地回答道："旅长，等我们拿下时村后再来见你！"说完，就跑着回团里去了。

10 月 10 日，三十四团扎扎实实地准备了一白天，一切就绪，总攻就要开始了。夜色昏黑，万籁俱寂。我来到前沿阵地，突击排的爆破准备早已停当。黑暗中，我和战士们紧紧握手，从一只只强有力的手中，体会到了他们那必胜的信心。他们把钱和钢笔等个人珍贵的东西都留下来，交给组织保管，决心用热血和生命，开辟通往胜利的道路！

一颗红色的信号弹，带着长长的尾巴，划破了宁静的夜空，顿时枪炮声大作，地动山摇。爆破小组开始行动。突破口选择在时村的北门外，临敌一面的民房都挖上了枪眼，修筑了工事。猛烈的炮火轰击着时村的守敌。

突击队从北门英勇突破敌人的前沿，经过改装为平射的迫击炮紧密配合，打掉了敌人电网的电杆，当接近层层编织起来的电网时，勇士们把早已准备好的门板搭在上面，铺成了一条"绝缘通道"，迅速越过了这个"电老虎"。一个爆破手紧跟着冲了出去，敌人的子弹立即雨点般地扫过来，他向前冲了几步就倒下了。又一个战士接过炸药包冲了上去，依然没有成功。一营营长吴生财急得直揪头发，命令炮火掩护。第三个爆破手又冲了上去，只见他灵巧地跑、跳、滚、翻，不一会就接近了围墙。敌人火力更密集了，同时还没命地往外扔手榴弹，组成了一堵火墙。阵地上几十双眼睛担心地望着那被炸起的硝烟尘雾。一分钟，两分钟，五分钟……什么情况也没有出现。敌人的火力转移了。我虽然有点失望，但是仍然瞪大眼睛搜寻着。

突然，一个奇迹出现了：就在那尘雾将要散尽的时刻，从地上跃起了一个浑身是土的战士。敌人也马上发现了,机枪火力扇面般地向他扫过来。我在望远镜里紧紧捉住了他的身影。只见他抱着嗞嗞冒烟的炸药包,直扑到高高的围墙边,手榴弹在爆炸,枪弹的火网在交织,但是这一切对这位决死的战士已不起任何作用了,只听见"轰隆"一声巨响,围墙被炸开了!我们年轻的英雄以自己的身躯给部队铺平了冲锋的道路。

紧接着,一个班冲了进去,敌人从两面夹击,拼命阻挡。机枪班接着冲进了突破口,战士们端着机枪向敌人横扫,打退了敌人的三次反冲锋。营长吴生财立即带领第二梯队冲了进去,战斗直向纵深发展,在巷战中展开了白刃格斗。三十五团也随三十四团冲进城内,加入了战斗。这时伪军们惊慌失措,狼狈地向南门逃窜。我们早就将时村包围得滴水不漏、严严密密,哪里能容他们跑掉?敌人在南门受阻,又掉头回窜,乱成一团。我担任攻坚的两个团密切协同,施展夜战、巷战的本领,杀得敌人鬼哭狼嚎,将守敌两千余人全歼,活捉伪师长胡泽普。

与此同时,围困永安集的三十六团也传来了好消息。他们经过三昼夜对据点的近迫作业,完成了进攻准备,于 7 日拂晓前开始进攻,经五小时激战,胜利地攻下永安集,毙伤伪军三百余人,活捉伪团长刘永贵以下七百余人。

可是,在攻打时村的战斗中,我们三十四团第一营营长吴生财同志不幸牺牲。我一直忘不了他是一个身体虽不十分魁梧但作战却异常勇猛的指挥员,1935 年参加红军后,和我一起从新疆到陕北,又从延安来到淮北,在十多年的艰苦斗争中,忠诚于革命事业,屡建战功。他生活艰苦,忘我工作,从不顾及自己,年近四十方才结婚。他到一营任营长以后,以身作则,很快提高了一营的战斗力,使一营成为三十四团的主力营。这位和我一起走过艰难历程的战友,又在我的前头倒下了!

血债要用血来还。人民政府召开大会,公审胡泽普,复仇的枪声把一个罪恶累累的灵魂送进了地狱,也宣布了淮北日伪势力的最终垮台。这片苦难深重的土地,被日寇蹂躏八年之久,终于露出了笑颜。

经过一系列英勇战斗,淮北解放区内残存的日伪据点全部肃清。津浦路东西、陇海路南北畅行无阻,山东和华中解放区连成了一片。

解放战争的岁月里

十二、建九纵迎击蒋家军

1945 年 9 月 2 日，中国人民经过八年的浴血奋战，取得了抗日战争的最后胜利。可是，抗日战争的硝烟还没有散去，日本侵略者造成的创伤还没有恢复，国民党反动派便依靠美帝国主义的援助，发动内战，妄图消灭抗战有功的八路军、新四军，占领解放区，独霸抗战胜利果实，恢复其对全国人民的独裁统治，重建其大地主、大资产阶级专政。它一面收编伪军，一面用飞机、火车将保存在西南、西北的主力调往华北、华中，抢占重要城市和交通线，进军东北，进攻解放区，于是，在中华大地上又弥漫起新的战火。

党中央、中央军委根据当时国际、国内的形势，在争取和平的同时，预计到国内严重的内战将不可避免的情况，进行了“针锋相对”的斗争，制定了“向北发展，向南防御”和“发展东北，巩固华北，坚持华中”的方针，调整了战略部署，确定抽调包括八路军山东军区主力大部和新四军第三师等在内的主力开赴东北；将华中局北移山东，改为华东局，领导山东、华中的全盘工作；将新四军军部北移山东，与山东军区机关合并为新四军兼山东军区的领导机关，陈毅军长兼任司令员；将新四军第一、第二、第四师主力和第七师开赴山东，会同山东八路军一部，在鲁南阻击国民党军沿津浦铁路北犯，后成为山东野战军。与此同时，华中地区的党政军领导机关也作了调整，部队重新进行了编组。包括：成立华中分局和华中军区，张鼎丞任军区司令员，邓子恢任分局书记和军区政委，粟裕、张爱萍任军区副司令员，谭震林任副政委，撤销原苏北、淮北军区，将原苏中、淮南、苏北、淮北所属地区统一划分为八个军分区，淮北路东为七分区，淮北路西为八分区；将新四军留在华中的其余部队，包括从苏浙、苏南地区收缩到江北的部队，编成华中野战军，粟裕任司令员，谭震林任政委，下辖第六、第七、第八、第九等四个纵队，负责保卫华中解放区(即苏皖解放区)。

同年11月，华中野战军第九纵队由原四师十一旅的第三十一、第三十二团，十二旅的第三十四、第三十六团和淮北路东独立第一团(原宿迁独立团)及骑兵团编成，番号依次改为第七十三、第七十五、第七十七、第七十九、第八十一团和骑兵团。张震任司令员兼政委，我和杜新民任副司令员，姚运良任参谋长，王学武任政治部主任。原十一旅的第三十三团和原第十二旅的第三十五团编入八分区建制，在津浦路西坚持斗争。

我从1940年起，不论在新四军第六支队、八路军第四纵队，还是新四军第四师，张震都当参谋长，我一直在团、旅担任领导工作。他对同志在工作上热情相助，生活上关心体贴，都给我留下了很深的印象，所以我对他十分尊重和敬佩。如今组建九纵，我又在他的直接领导下工作，自然感到格外高兴。

原十二旅的部队编进野战军，广大指战员的情绪十分高涨。一天，我到原三十四团去检查工作，战士们一见到老旅长，显得格外亲热。我半真半假地问道："怎么样？当主力啦，担子可重了，干得了干不了？干不了早点说！"战士们都知道我是和他们开玩笑，笑眯眯地回答说："副司令员，你还不知道我们吗？就愁没仗打！"我说："你们先别说大话，到时候再瞧吧！"

九纵组建以后，相继调整了各级的组织，部队进行整训，各项工作进行得很顺利。我到连队里走走，和战士们谈谈，看到他们一个个斗志昂扬，求战情绪很高。但同时也存在一些值得注意的问题，战士大多数是本地人，他们既觉得上升主力很光荣，又担心主力部队将机动作战远离家乡。这种家乡观念，对即将执行的大兵团机动作战是一种十分有害的思想因素。部队求战情绪高是主流，但也有极少数经历过内战和抗战的老同志，产生了厌战情绪，这种消极的苗头也不可不防。我提醒团里的领导干部，要求他们针对这两个问题，进行细致的思想教育。

国民党反动派打内战的方针是早就定了的。日军刚投降不久，国民党军第十九集团军总司令陈大庆一到徐州，就与日伪军同流合污，原来投靠日本人的伪军摇身一变，成为国民党军；汉奸、恶霸、逃亡地主都麇集徐州，妄图卷土重来。

然而，战争并不是如意算盘，国民党反动派沿铁路线进攻解放区的行动，接连遭到沉重打击。从徐州北犯的国民党军，11、12 月间在界河、滕县等地被歼两万余人，打通津浦铁路的企图被打破。我们九纵配合兄弟部队和地方武装，进行了破击陇海路的战役。在这次破击战中，我们把津浦路从徐州到蚌埠的铁路，弄了个铁轨大翻身，拔除沿线据点多次，歼敌五百多人。特别是晋冀鲁豫军区的部队，在上党、邯郸两次战役中，歼灭沿平汉路北犯的国民党军达十万余之众。从而，使国民党政府被迫于 1946 年 1 月 10 日在停战协定上签字。

但是，国民党反动派并不甘心失败，贼心不死。他们在停战后，不断对解放区进行蚕食，占领城镇和村庄，对解放区人民进行了疯狂的镇压和残酷的掠夺。当时，在淮北流传着这样一首歌谣，道出了国民党占领区人民的深重灾难：

万恶蒋匪帮，一群恶虎狼。
抗战不出力，躲在大后方。
日本一投降，抢先接武装。
勾结日伪军，强占咱家乡。
捐款数不尽，拉丁又抢粮。
万般无奈何，被迫去逃荒。

停战协定签字后，我们遵照上级的指示，转入整训，开展百日练兵。通过战争与和平问题的形势任务教育，特别是联系国民党军假和平、真内战的行动，认清了国民党反动派的本质是不会轻易改变的；通过加强以行政管理为中心的正规作风养成和教育，增强了组织纪律观念；通过加强射击、投弹、刺杀、爆破、土工作业五大技术训练和攻、防战术训练，提高了部队战术、技术水平。从而做好了迎击国民党军大举进攻的准备。

1946 年 6 月下旬,蒋介石在做好了充分准备以后,彻底扯下了和平的假面具;撕毁了停战协定,发动了全国规模的内战。中国共产党领导解放区军民,以革命的自卫战争反对反革命的战争,第三次国内革命战争(又称解放战争)从此开始了。

当时,淮北是国民党军进犯苏皖解放区的主要方向之一。它以徐州为中心,沿津浦、陇海铁路等交通线,部署了近十万大军,采取了齐头并进、步步为营、广西军占点线、土顽占乡村的方针,于 7 月 18 日开始出动。以其第二十八师、第五十七师沿陇海铁路东段向南进犯;以第六十九师之六十旅沿海郑公路向灵璧、双沟进犯,第九十二旅由宿县夹沟、曹村向朝阳集、渔沟方向进犯;南路桂系第七军向灵璧、五河、濠城推进。

鉴于当时淮北地区形势紧张,新四军军长兼山东野战军司令员陈毅,率第二纵队和第七、第八师从鲁南隐蔽进入淮北。7 月 29 日,陈军长抓住战机,指挥山东野战军第二纵队和华中野战军第九纵队主力,将国民党军第六十九师之九十二旅和六十旅包围在朝阳集、渔沟一带,经一昼夜激战,歼灭第九十二旅大部和第六十旅一部,共五千余人。

我九纵队在山野主力到达淮北前,便做了应急的部署:以八十一团抵御沿海郑公路南犯的敌人,以七分区独立三团在灵南堰路口一线阻击桂顽第七军,随后撤至灵璧县与九纵第七十九团共守灵璧城;九纵主力则集中于灵璧城以北的冯庙。顽七军进攻时,先由第七十九团和独立三团予以大量杀伤消耗,纵队主力再集中力量出击,力求歼其大部。

灵璧保卫战打得很艰苦。敌人的火力既强又集中,城内居民的草房着火燃烧,烈焰腾空,守城部队只得撤至城墙内固守,敌人依仗炮火优势,攻占了城北的凤凰山制高点,居高临下,几乎控制了全城。这时,我纵队主力因大局需要,改变任务,以配合朝阳集战斗,敌人得以全力进攻灵璧,守城部队在苦战后撤离。这次战斗,虽没有能达到预期的目的,但对保障朝阳集战斗的胜利起到了一定的作用。

同年 8 月初,我九纵参加了泗县战斗。泗县,原是我淮北解放区的政治中心，是淮北的战略要地。桂顽第一七二师的五一五团、五一六团，在“还乡团”的配合下，乘我军在北线作战的间隙，于7月8日占领该城，成为他们大举进犯淮北解放区的前沿阵地。我军如果能拿下泗县城，歼灭守敌，对遏止国民党军向淮北的进犯，改变淮北战局，都将产生较大的影响。

于是，山东野战军指挥部决心调集兵力，发起泗县战斗。以山东野战军第八师三个团和我九纵第七十三、第七十七、第七十五团共六个团为主攻，山野二纵和第七师一部分别阻击可能由灵璧、五河方向来援之国民党军。由于泗县城周围河流环绕，地形平坦、开阔，易守难攻，桂顽占领后又突击加固了城墙，修筑了炮楼、碉堡，加上连日阴雨，城外积水很深，给我军攻城带来了困难。战斗于8月7日晚发起后，八师的部队一举突入城内，与敌人展开了激烈巷战。我九纵队参加攻城的七十五团也奋勇作战，曾一度攻占城东南角之龙庄，8日拂晓又攻占城墙东南角上的碉堡，控制城墙二百多米，因后续部队受阻被迫撤回；该团团长张永远率两个营攻击城东之小王庄时不幸牺牲，我得悉后令部队加紧攻击拿下了小王庄。但因当时大雨滂沱，火炮、辎重受雨水影响没有跟上，补给困难，弹药严重受潮，打援兵团转用于攻城的部队又为陡涨的河水所阻，无法投入攻城作战。攻城部队经两昼夜激战，虽重创敌人，本身也遭到很大伤亡。如此硬拼下去，处境将更加危险，应尽快转移。于是，不得不下令于9日夜撤出战斗。

这次泗县战斗的未能成功，给淮北形势带来了不利的影响。我主力部队不得不向宿北、淮阴方向转移，随后山东野战军主力又转赴鲁南作战。

1946年12月，苏北解放区正面临着严峻的局面。国民党军抽调二十五个半旅，号称五十万大军，从南北两线分兵四路，进犯我苏皖和鲁南解放区。国民党军发现我军主力分别在盐城、涟水及鲁南地区，便将其四路进攻的重点放在我军兵力薄弱的宿迁地区，企图攻占沭阳、新安镇（今新沂），切断山东与苏皖解放区的联系，尔后会同其他各路“肃清”苏北我军的部队。他们疯狂叫嚣：要在两个月之内“消灭苏北共军”。

驻宿迁的国民党军，在徐州绥靖公署副主任吴奇伟的统一指挥下，分左右两路，于12月13日出动。整编第六十九师师部率第六十旅及第九十二旅一个团，并指挥整编第五十七师之预备第三旅、整编第二十六师第四十一旅等部共三个半旅为左翼，向新安镇进犯；整编第十一师为右翼，向沭阳进犯。陈毅军长和华中野战军粟裕司令员根据毛主席关于"集中优势兵力，各个歼灭敌人"的指示，在国民党军重兵多路进攻的情况下，运筹帷幄，迅速调集第一、第二、第九纵队、第八师和第七师主力共二十四个团，歼击由宿迁进犯的国民党军。

12月14日，当查明整六十九师进至人和圩、晓店子、苗庄、罗庄地区，整十一师进至曹家集地区时，陈毅、粟裕首长定下决心，对整十一师进行坚决阻击，先集中兵力围歼较弱的整六十九师。战役于15日发起。

在这次战役发起前，我们九纵队位于宿迁以北的叶海子、五花顶等地，监视宿迁的敌人。当时赋予我们九纵的任务是：沿宿新路和宿沭路组织运动防御，15日前确保五花顶和来龙庵阵地，尔后协同主力向整六十九师出击。我们的具体部署是：以第八十一团控制宿新路上的五花顶，固守要点；将第七十七、第七十九团集结于五花顶以东黄甲庄地区，随时准备机动作战；将第七十三、第七十五团配置在高圩子、来龙庵地区，沿宿沭路组织运动防御，迟滞敌人，以争取时间，便于我军分割包围敌人；待第八师完成对五花顶以西之敌的包围后，即由正面和两翼出击。

这时，张震司令员率纵队指挥机关位于邵店子以东的叶海子，着重指挥抗击沿宿沭路进犯之敌；我在五花顶，指挥部队抗击沿宿新路进犯之敌。

12月15日，我们九纵担任阻击的部队，在宿新公路和宿沭公路两侧，利用有利的地形和构筑的工事，进行坚决阻击。阵地上硝烟弥漫，杀声震天，战斗一开始就异常激烈。部队打得艰苦顽强，一天中打退了敌人多次进攻。

整十一师当时急于打通宿沭公路，与张灵甫之第七十四师会合，进攻频繁猛烈。15日上午8时，整十一师以猛烈炮火，掩护步兵强攻我来龙庵阵地，连续三次冲锋都被我打退。敌人正面攻击受阻后，又分兵绕至我阵地后侧，在前后同时发起新的攻势。我七十五团坚决抗击，一直打到下午两点，毙伤敌六百余人，但因敌我力量悬殊，我伤亡较大，被迫转移。

来龙庵的守备，迟滞了整十一师的行动，保证主力部队相继进入歼敌位置，为战役的胜利创造了有利条件。

这时，二纵火速赶到来龙庵接防。二纵接防后，九纵即转到邵店子以东，攻下邵店子。接着，敌人猛烈反扑，我激战后又退出邵店子。

战斗在激烈进行。五花顶阵地上落遍了炮弹，地面上的土打得像细米一样。15 日午后，我突然发现枪炮声方向有改变，原来进攻我五花顶的整六十九师主力，进攻方向已由向北转为向东，我断定整六十九师是企图与整十一师靠拢。就在这时，陈毅军长亲自打来电话，他那四川口音的高嗓门震得耳机嗡嗡作响："是饶子健同志吗？你的位置在哪里？"我立即向他作了报告。他又说："很好。五花顶的情况怎样？"我紧握着话筒，大声地说："老总，敌人改变了主攻方向，预三旅一部缩回嶂山镇，另一个团退往晓店子，我瞧着他们是想和十一师合伙呀！估计敌人已经发现了我一纵和八师的行动，变动了作战计划。请首长注意这一新的情况！"

陈军长立即给在前线指挥的山东野战军陈士榘参谋长下了命令，要求他们首先解决敌之左翼预三旅及四十一旅大部，并加速完成对峰山之敌的包围。

当我九纵在五花顶、来龙庵阻击的同时，我军参战各部队已按照指挥部的部署，于 15 日拂晓前进入预定位置。其中，一纵和八师从陇海路以北以强行军赶到战区，进至晓店子、嶂山镇西北地域；七师也向嶂山镇逼近，从而构成对敌围歼态势。

按照前线指挥部的决定，15 日黄昏向敌发起攻击，首先要打下峰山。因为峰山是宿北战场的制高点，而守峰山预三旅的部队才组建不久，装备虽好，但战斗力不算太强，加上他的侧翼又暴露在我火力之内，比较孤立。当晚 8 时，第八师的攻击部队进入阵地，经过反复争夺后占领了峰山，将预三旅一部歼灭；一纵向敌纵深楔入，一度打到了整十一师师部所在地曹家集附近；九纵、七师向敌出击，占领了嶂山镇以北、以东阵地。

国民党军遭到突然打击后，慌了手脚。整六十九师令第四十一旅向后回缩，令预三旅及第六十旅坚决夺回峰山阵地，企图挽救不利态势；整十一师急忙从来龙庵撤回其第一一八旅，并以宿迁、曹家集为中心集结部队，准备北援整六十九师。

12 月 16 日，敌第六十旅和预三旅一部整天连续向峰山阵地猛攻，八师的部队顽强抗击，使敌没有得逞。当晚，八师一部攻嶂山镇，预三旅一部从嶂山镇绕道退回晓店子，八师乘势包围该敌；一纵主力再接再厉，奋勇突击，从峰山、晓店子之间由西向东猛插，占领高家洼、三台山等地，切断了整六十九师向宿迁的退路，并对整十一师构成了阻击正面。二纵第四旅由东向西猛插，在蔡圩给整十一师以迎头痛击后，在曹家集附近与一纵胜利会师。这就割裂了整十一师与整六十九师的联系，对整个战役的胜利起了很大作用。整六十九师这条大鱼终于落在我们的网内！

整十一师与整六十九师为了打破对他们的包围，从南、北两面向我军阵地反扑。国民党空军配合作战，派出“空中堡垒”重型轰炸机十架，对我军前沿阵地进行轮番轰炸。

12 月 17 日，整十一师主力向北增援晓店子，被一纵、二纵等部队击退。当晚，第八师猛攻晓店子，激战到午夜，将预三旅全歼。与此同时，第一、第二、第九纵队和第七师将整六十九师师部及第四十一、第六十旅分割包围于人和圩、苗庄、罗庄等地，并歼灭其一部。

17 日下午，前线指挥部命令我们九纵暂归二纵指挥，要求集中全力解决人和圩之敌。当时，张震司令员给我打来电话，要我带第七十三团和第七十五团迅速向东，参加攻打人和圩。与此同时，二纵第九旅进至人和圩以南地区。在二纵司令员韦国清的统一指挥下，我九纵从北向南攻击，九旅由南向北攻击，至当晚 24 时，以重大的代价，扫清了人和圩外围的据点，并对人和圩达成了四面包围。

这一天，整十一师虽再次全力北援，又被我各兄弟部队击退。整六十九师各部，在我军连日打击之下，损失很大，盼援无望。为逃脱被灭命运,李圩、罗庄之敌第六十旅企图突围,立即被我一纵和七师全歼。

12 月 18 日拂晓前,二纵、九纵对人和圩之敌发起攻击。我七十三团第三营一举攻入圩里,但受到敌内外火力杀伤,被迫撤出;其他部队的攻击也未能奏效。

前线指挥部命令二纵、九纵调整部署,于 18 日晚对人和圩发起总攻击。二纵、九纵迅速调整了兵力,决定由九旅攻击东、南两面;我九纵第七十三、第七十七团由北面发起攻击。正当突击部队进至敌前沿进行近迫作业时,我接到了粟裕司令员打来的电话,询问战场情况。他的语气十分严厉,下了斩钉截铁的命令:"要求务必迅速全歼人和圩之敌。"

我在电话中向粟司令员报告说:"战斗准备正在加紧进行,我们一定竭尽全力,尽快消灭人和圩的敌人!"

当日 15 时,开始炮击;16 时,步兵开始发起攻击,以雷霆万钧之势扑向敌营。这时,人和圩的敌人开始动摇溃乱,整六十九师特务营和炮兵营向西突围,我九纵和九旅的攻击部队迅速以兵力、火力追击,将突围之敌大部歼灭于野外,一部堵回村内。敌突围未成,更加恐慌。至 22 时 30 分,我九纵和九旅部队突入人和圩,与敌人展开激战,到 19 日凌晨,将整六十九师师部及第九十二旅之二七六团全歼。整六十九师中将师长戴之奇见大势已去,自杀身死,少将副师长饶少伟被俘。

固守苗庄之敌四十一旅旅部率一个团,在我重重包围和打击下,见增援无望,于 19 日上午突围,被我七十五团、七十七团俘获一部,大部为一纵、二纵歼灭。

宿北战役共歼整六十九师三个半旅和整十一师一部,计两万一千余人。这是一次较大规模的运动歼灭战,是山东野战军和华中野战军会师后的第一个大胜仗,打击了国民党军的嚣张气焰,粉碎了蒋介石"两个月消灭苏北共军"的神话。中央军委曾致电祝贺,并号召华东全军:以宿北战役为例,力争打大歼灭战。

消灭整六十九师后,原准备继续打整十一师的,因该敌已缩回曹家集、宿迁,凭六塘河、运河设防;加之我参战部队都较疲劳,因此,陈毅、粟裕首长决定停止对整十一师的攻击,战役遂告结束。

这次战役后，陈毅军长挥笔写了《宿北大捷》的诗词：

敌到运河曲，聚歼夫何疑？
试看峰山下，埋了戴之奇。

十三、拯危局再次返淮北

1947年1月上旬，在宿北战役结束后不久，华中野战军主力配合山东野战军胜利地举行了鲁南战役，歼灭了国民党军整编第二十六师和第一快速纵队等部；我们九纵和二纵、七师等部留在苏北，阻击由涟水、宿迁等地北犯的国民党军。

正在这时，我九纵司令员张震同志向我们传达了华中分局、华中军区的命令，确定成立淮北党政军委员会，组建淮北挺进支队，打过运河去，重建淮北根据地。淮北党政军委员会(又称淮北工委)负责统一领导恢复淮北的斗争，委员会由我和赵汇川、王学武、王烽午、张灿明、陈元良、李任之组成，以我为书记。同时，从九纵抽调第七十七、第八十一两个步兵团和骑兵团两个大队及一部分地方干部，共三千三百余人，组成淮北挺进支队，由我任司令员兼政委，赵汇川任副司令员兼参谋长，王学武任副政委兼政治部主任，王烽午任政治部副主任。

淮北路东地区，位于徐州、蚌埠、淮阴之间，东抵运河，西至津浦铁路，南依淮河，北临陇海铁路，战略地位十分重要。抗日战争时期就是我们新四军第四师的根据地，日军投降后改为华中七地委(七分区)。1946年7月，国民党军队侵占了这个地区，原七地委和分区11月23日撤退时，将分区武装和大批地方干部撤到运河以东，国民党很快建立了县、区、乡级政府和保安队。汉奸、恶霸、地主"还乡团"卷土重来，对我解放区地方干部、基本群众大肆镇压，关押、吊打、枪杀、活埋、奸淫抢掠、反攻倒算，无恶不作。一时间，乌云满天，血雨腥风，一个好端端的淮北解放区变成了人间地狱。

重返淮北是一个英明的决策。我军出现在淮北敌后，开展游击战争，就能有力地牵制与打击国民党军队，配合全局作战。淮北地区人口众多,交通便利,物产丰富,若能重建淮北根据地,定能在人力、物力上给华东战场以有力的支援。拯救淮北人民于水深火热之中,也是我们义不容辞的责任。

接受任务后,我重担压肩,既兴奋又担心。兴奋的是:重返淮北,又回到我生活战斗了五年的土地,可以见到情同手足的淮北人民群众。在战争年代,再没有比得到上级信任交给艰巨的战斗任务更能够激动人心了。担心的是:面对强敌,在我解放区受到严重破坏的情况下,如何站稳脚跟,迅速发展,确实是一个严峻的难题。

我冷静地分析了打回去的有利和不利因素:人民群众在八年抗战中受到了中国共产党的教育,他们是不会甘心忍受国民党统治的;淮北地处平原,我们长期在这里进行战斗,地形熟悉,可以绕大圈子;这里是苏、皖两省的交界处,敌人的矛盾可以利用,有空隙可钻,有洪泽湖作为依托;第七十七、第八十一团是抗战时期在这里成长起来的。骑兵团是在这里组建的,他们是淮北人民的子弟兵;还有一批土生土长的地方干部,他们同人民群众有着血肉联系;更重要的是我们有上级党的正确领导,华中分局会根据我们的情况,在方针、路线上及时给予指示。这些都是我们的有利条件。然而,我们进入淮北后,敌人必定以优势兵力对我穷追不舍;一部分群众在我立足未稳时,可能不敢接近我们;在根据地重建前,兵员得不到补充。生活供给会遇到很大困难。在敌强我弱的情况下,进行无后方作战,困难是可以想见的。但是,只要我们充分运用有利条件,把困难想得多一些,在精神上有所准备,迎着困难去战斗,我们就能立于不败之地。"打回淮北去,重建根据地,同淮北人民同呼吸共命运",这就是我们的誓言。

出发前,我们在干部战士中进行了深入的动员教育,使全体指战员认清了重返淮北的重大意义,明确了战斗任务和作战要求,对这场斗争的艰巨性、复杂性有了充分的思想准备。个个表决心,人人立誓言,从机关到连队都高唱起《西渡要趁早》的新歌,可惜这首歌的歌词我现在记不清了。

在深入进行思想工作的同时,我们又全面调整了团级的领导班子,充实基层,做好物资准备,要求出发前每人背上够三天吃的干粮,尽可能多带些武器弹药。各级干部都以身作则,有的比战士背得还多。当时,重火器很少,八十一团仅有三门迫击炮、一门六〇炮,可要身背这为数不多的炮弹进行急行军的确不是一件轻松的事。该团团长吴忠泰、政委李任之抢先把炮弹背在自己的身上,一时传为佳话。

1947 年 1 月 18 日拂晓,天空阴云密布,寒风刺骨,我们淮北挺进支队的三千多名干部战士,进到运河东岸的李圩子,准备在当晚强渡运河。我们刚住下来,华中分局委员、苏皖边区政府第一副主席刘瑞龙同志和我们九纵队张震司令员,受华中分局、华中军区首长的委托,冒雪前来送行。

瑞龙同志说:"宿(迁)北战役后,敌人仍继续调集兵力向我大举进攻,我军主力为了在运动中消灭敌人有生力量,准备向山东转移。你们向敌后挺进,牵制敌人,配合正面战场作战,任务是光荣而又艰巨的。你们进军淮北对敌人是个很大的威胁,敌人必然拼命堵击、'围剿',你们要有独立坚持、应付各种困难的思想准备。"

我当即表示:"请首长放心,我们一定团结一致,同心同德,发扬我党我军艰苦奋斗、不怕牺牲的精神,依靠同志们的集体智慧和力量,依靠人民群众来战胜敌人,重建淮北根据地,决不辜负上级领导对我们的希望和要求。"

送走了首长,我们立即抓紧进行渡河准备,由赵汇川副司令具体组织。我到河边观察了地形,对准备工作进行了检查。

夜幕降临,大雪纷飞,真是天赐良机。渡河点选择在宿迁城以北的皂河到窑湾之间,侦察分队和第七十七团先头分队登上好不容易弄来的两只木船,他们到达西岸后,迅速控制渡口,放出警戒,并以部分兵力向西发展,连夜打掉国民党的五个乡公所。由于船少人多,直到天亮,大队人马仍未渡完。时近 19 日中午,国民党军第一〇七军孙良诚的部队从皂河西北部赶来阻击,国民党军的飞机飞临上空,俯冲扫射,我们边打边渡,直到黄昏,全部人员胜利渡完,重新踏上了淮北大地。

1 月 20 日拂晓,我们到达了睢宁东北的孙家楼。党政军委员会几位负责同志现场碰了头,决定甩开敌人,直插洪泽湖畔;并决定由周宇明、王习之、魏振亚等人组织武工队,在邳、睢、铜地区坚持斗争。真是

"漫天皆白,雪里行军情更迫"。部队一夜行军八十里,穿过郑海公路,奔向洪泽湖。对尾追而来的孙良诚部,我们不与之纠缠,尽量摆脱;路经戚圩子、潘山、双蔡圩子、金锁镇时,又扫掉了国民党几个乡公所。先头部队到达朱湖时,"还乡团"向外突围。被骑兵大队纵横砍杀,四十多名敌人倒在雪地上。敌人一时摸不清我方底细,闻风丧胆,纷传:"共军主力部队来了好几万,骑兵赛似坦克车!"驻管镇、临淮头、半城、高嘴的国民党军撤回泗城,界集、龙集、管镇、鲍集的土顽和"还乡团"分别逃到半城、青阳、双沟等据点里。

当我淮北挺进支队西渡运河时,正值旧历年关前夕,土顽、地主"还乡团"正在花天酒地忙着过年。有家地主的大门上竟贴着这样一副对联:"放三千爆竹,把穷鬼轰开,几年来被小牲畜弄得我一双空手;点几炷清香,将财神请进,从今后望老人家保佑俺十万缠腰。"这副对联的字里行间,透露出对贫下中农的仇恨和反攻倒算后的得意之情。可是,他们高兴得太早了,没料到"神兵"自天而降,他们顾不得祭祖,没吃上年夜饭,便抱头鼠窜,却给我们留下了一桌桌丰盛的酒席。

在向洪泽湖挺进途中,我淮北挺进支队一路扫荡土顽,犹如风卷残云。1 月 23 日,我们先派出两位联络员,化装成国民党军官从高嘴进入湖内。在洪泽湖上坚持斗争的同志们,听到我军打回淮北的喜讯后,一片欢腾。24 日,我们进驻泗阳界头集以南地区的谢嘴、太平集一带。这天黄昏时分,在谢嘴的一间草房里,党政军委员会领导同志和在湖上坚持的原七地委敌工部长姚克、泗洪县委书记洪沛、洪泽县委书记王化东等同志见面了。我紧紧握着他们的手热泪盈眶,好久讲不出话来。

姚克同志说:"我们日日盼,夜夜盼,就盼主力打回来!"激动之情溢于言表。

我看他们一个个头发都长得老长,不由得一阵心酸。我对他们说:"你们在湖上坚持下来真不容易,华中分局、华中军区首长都惦念着你们,你们的斗争为我们重返淮北创造了有利条件,真要谢谢你们。"讲得大家都笑了。随后,就围着桌子坐下来吃晚饭,虽说吃的是普通的馍馍和面条,但对他们来说,可称是"改善生活"了。

饭后,姚克同志向我们汇报了坚持湖上斗争的情况。他说:"原七地委、七分区撤退匆忙,很多地方没有通知到,使地方干部和地方武装遭受很大损失。来不及撤走的好几个县数千名干部和部队伤员,有的在与国民党军战斗中牺牲了,有的被敌人俘去了,有的被打散了,大部分同志转移到洪泽湖里,男女老少有三千多人。大家都拥挤在船上,没有统一的指挥,非常混乱,周围陆地又全部被国民党军占领,洪泽湖边所有登陆口岸全被国民党军封锁。

在这严重的情况下,我召集各县负责同志开了个会,经过反复研究,统一了认识,最后下决心坚持。会议决定成立洪泽湖工委会,大家推选我当书记,委员有洪沛、王化东、谢楠。同时建立了军事指挥部,魏存平任指挥,刘凯顺、贺庆任副指挥。对部队进行了整编,以洪泽湖大队为骨干,把各地的地方武装一起编作两个连,为一、二连;把各县地方干部编作两个连队,为三、四连。因国民党军对湖上封锁很严密,湖里又没有粮食吃,为便于长期在湖上坚持斗争,在不得已的情况下,工委决定对湖上人员进行疏散,提出自找关系,有亲的奔亲,无亲的奔友,到国民党统治区去隐蔽。就这样,一批一批的同志被动员到陆上即国民党统治区去了(包括领导同志的爱人也无一例外)。精简整编后,湖上仍留下五百多人。"大家同心同德,粉碎国民党军的封锁、'围剿',克服重重困难,坚持了五十多天,终于把你们盼回来了!"我们听了姚克同志的汇报,深受感动,他们在与党失去联系的情况下,百折不挠,高举党的旗帜,保存了有生力量,保住了洪泽湖上这块红色根据地。正如湖上同志在诗中写的:"偏是芦花深荡里,红旗招展有孤舟。"

随后,我向湖上同志传达了华中分局的指示,共同研究了今后的行动计划。

我们进入淮北后,国民党军一时弄不清我们的意图、兵力和番号,不敢贸然行动。但是过了不久,就调整兵力,组织力量,对我进行大规模"围剿",妄图一举拔掉这根肉中刺、眼中钉。面对十倍于我的国民党正规部队和大批土顽,我们采取了避"广"打"土"("广"指广顽,这里泛指国民党军正规部队;"土"指土顽,即国民党的县、区、乡武装和"还乡团"),避强击弱,避实击虚,敌进我进,不与国民党军主力部队纠缠,不和国民党军硬拼消耗,相机消灭国民党军有生力量的作战方针。

1947 年 1 月下旬的一天下午,国民党军第六十旅(宿迁战役后重建)和孙良诚部三个团就追了上来,在朱湖一线分两路夹击我部。我们当即予以还击,毙敌八十余人,我亦少有伤亡。当晚,我们即顶着北风大雪,西插灵(璧)北地区,沿途横扫土顽,到四山子后又折回东返,在张场同泗县城出动的桂顽一个团遭遇,激战一天,毙伤敌两百余,晚间我军撤出战斗,继续东进。2 月初,又回到洪泽湖边。

2 月 4 日,我们在界集以东的盛圩子召开党政军委员会会议,听取了有关同志的情况汇报,讨论下一步行动,决定成立两个工委:洪泽、泗阳、泗南三县为第一工委,由姚克、陈元良、王健堂、张祚荫组成,书记为姚克,由第八十一团政治处主任王健堂率该团第一营配合行动;泗宿、泗灵睢两县为第二工委,书记为第八十一团政委李任之,副书记张灿明,该团第三营配合行动。在洪泽湖上成立休养所,收治伤员。2 月 5 日会议刚刚结束,孙良诚部又来进犯,我们采取分散与集中相结合和"敌进我进"的方针,向西转到外线。2 月 13 日,第七十七团政委孙朝旭率该团第二营由灵北转至灵南活动,第七十七团团长叶道友率该团第一营去邳、睢、铜一带活动,以牵制敌人。28 日,我们率七十七团第三营和八十一团第二营及骑兵大队东返。

一天早晨,我们的部队经过一夜的行军,刚刚到达四山子以北一带,电台台长从报话机上截获敌人的情报,得知敌人正在分三路包围我们。我看了一下地图,得知离我最近的只有七八里路。于是,我命令部队立即向东转移,一天跑了一百余里,于天黑时到达朱湖以北,连夜召集赵汇川、王学武和第八十一团团长吴忠泰、骑兵团参谋长程朝先一起研究。

针对当时的形势,我说:"我们已经甩掉了敌人的主力,光转圈子不够,还要选择敌人力量薄弱的环节主动出击,争取歼敌一部,打击敌人的嚣张气焰,坚定军心,鼓舞士气。"

大家一致同意我的意见。于是,我们选择的第一个目标,是首先消灭盘踞在崔集、半城的土顽,在泗南打开局面。

当天晚上。我率七十七团第三营到泗阳田集宿营;吴忠泰、程朝先率八十一团第二营和骑兵大队,经青阳以西马公店到泗南魏营、罗岗一带打击土顽，侦察敌情；孙朝旭率七十七团第二营从灵南转泗北再返泗南。我们在石集会合后，又从山子头转向淮泗，进行休整和战前动员准备工作。为了出奇制胜，我们利用洪泽湖的有利条件，把部队水运至临淮头登陆，实施打崔集、攻半城的行动计划。

崔集位于泗县至半城的公路上，驻有土顽百余人。3 月 1 日晚 9 时战斗打响，吴忠泰指挥该团第二营实施攻击。在攻击敌人碉堡时，爆破手不幸牺牲，碉堡内喷出一条条火舌，攻击受阻。在紧急关头，五连七班长王玉龙抢先冲上去，抱起炸药包把敌人碉堡炸上了天。敌人乱作一团，突围逃跑，大部被我毙俘。

接着，我们便乘胜攻打半城。半城在洪泽湖畔，是淮北抗日根据地的“首府”，为纪念彭雪枫故师长改名为“雪枫镇”。战斗前，我们周密分析了敌情，半城地位重要，战斗打响后敌人可能会来增援，于是制定了“攻坚打援”的方案。由七十七团第二、第三营和八十一团第一营担任攻坚，八十一团第二营在泗半公路上设伏打援。

3 月 3 日傍晚，部队开始行动。4 日零点战斗打响，我军很快突破了半城外围的土圩子，激战到天明，把敌人团团围住。4 日晚发动猛攻，守敌大部被歼，部分残敌龟缩在区公所大院和一个大碉堡里，凭借工事负隅顽抗。4 日下午，打援部队在孙元击退青阳来援之敌。5 日下午，徐州绥靖公署补充第二团五个连和泗县保安大队两个中队，又向半城扑来。我们查明该援敌并无后续部队，随即决定抓住战机，首先消灭这股援敌，对半城残敌则围而不打。第七十七、第八十一团和骑兵大队的原参战部队，迅速将敌人包围在半城西北约二十里的高圩子。此时，叶道友也率七十七团第一营赶来参加战斗。经两小时激战，将敌全部歼灭。这次战斗，共毙、伤、俘敌人六百余名，其中俘敌三百一十六人；内有中校副团长一名，缴获重机枪四挺，轻机枪二十挺，九二步兵炮一门，步枪二百余支，子弹三万余发。随后又回头全歼了半城残敌。

这是我淮北挺进支队打回淮北后的第一个大胜仗。这一仗，打出了军威，震慑了敌人，鼓舞了群众。随着这次战斗的胜利，我们恢复了泗南、泗阳、泗宿三个县的大片地区，为我们在淮北站稳脚跟打下了基础。华东局发来电报，勉励我们：“胜利完成了第一阶段打开局面、站稳立足点的光荣任务。……对‘淮支’同志作战之英勇、行动积极、指挥灵活，甚感欣慰。”

在攻打半城时，得知位于半城的雪枫陵园遭到国民党反动派的践踏，地主、“还乡团”惨无人道地扒开彭故师长的坟墓，劈棺暴尸。对此，我们十分气愤。一位原在四师政治部当过饲养员的同志(哑巴，忘了他的姓名)冒着生命危险，收藏了彭故师长的遗骨，不幸被叛徒告密，被国民党杀害。挖墓劈棺的罪魁祸首、国民党半城区区长祖宇昌，在高圩子战斗中被我击毙；另外几名主犯也先后被抓获，在半城群众大会上公审之后予以处决，用他们的血祭奠了先烈的英灵。

崔集、半城战斗结束后，3 月 17 日和 18 日，我们在泗阳县的香城子召开了党政军委员会扩大会议，党政军委员会委员的各县、团的主要负责人参加了会议。这次会议，全面分析了重返淮北后的斗争形势，初步总结了经验，明确了今后的任务。王学武、赵汇川、王烽午等同志分别作了报告，经过认真热烈的讨论，统一了思想认识。我在会议总结中，首先肯定了两个月来所取得的成绩：粉碎了国民党军多次尾追、堵击、“围剿”，消灭敌军一千五百多名，恢复了洪泽、淮泗、泗南、泗宿、泗阳五个县十多个区六十七个乡的民主政权，局面已初步打开，这是淮北党政军民共同奋斗的结果。接着，我又指出：当前力量对比仍是敌强我弱；我们已经站住了脚，但尚未完全站稳。今后可能出现多种情况，其中很有可能是敌人重新调整部署后，对我再次进行全面的“扫荡”、“清剿”，艰苦、紧张的斗争尚在后面。我们的方针，应以洪泽湖为依托，稳步前进，由阵地向四周发展；在军事上，要继续坚持避“广”打“土”，避实击虚，敌进我进，在可能情况下集中力量消灭敌人一部。要求大家在思想上不能有丝毫麻痹松懈，要戒骄戒躁，团结战斗，夺取新的胜利。

十四、排万难站稳立足点

果然不出所料，国民党军于 1947 年 3 月 16、17 日两天，向泗县城调集第五十八师一个团、第四十八师一个团，连同地方保安队、“还乡团”，于18日对我泗南县进行报复“扫荡”。25日，驻泗县城的第五十八师一个团出动至泗宿朱湖。4月8日，重占半城的第四十八师一个团，长途奔袭我支队驻地——洪泽湖边高嘴、尚嘴，地方机关受到严重损失。从3月下旬开始，国民党军孙良诚部三个团，冯治安部三个团，驻泗县、青阳桂顽第五十八师一个团，联合驻众兴、洋河的第六十旅、第六十一旅各一部，总兵力达十个团以上，加上地方保安团队、“还乡团”等反动武装，分进合击，对我实行长时间的、不断的、反复的“清剿”、“扫荡”，妄图寻找我主力决战，一口把我们吃掉。我们重返淮北的斗争，进入了最尖锐、最复杂、最困难的时期。

4月17日，华东局电示，淮北党政军委员会改为淮北地委、淮北军分区(后又改为七地委、七军分区)，我任地委书记、军分区司令员兼政委，李任之为地委副书记，委员有赵汇川、王学武、王烽午、张灿明、陈元良；专员公署专员王烽午，副专员苌宗商。为了应付面临的严重局面，地委、分区根据3月中旬香城会议决定的方针和华东局的指示精神，采取了以下重要措施：

一是继续开辟淮泗。淮泗包括淮阴、泗阳各一部分，东有张福河，西靠成子湖，南靠洪泽湖，北是运河，四面环水，只有西北部营门口一条陆路通道可以进出，又有洪泽湖作为依托，可进可退，地理位置十分重要。如能打开淮泗局面，东可以和淮阴、宝应相连，北可以和苏北淮海地区相呼应，是一块比较理想的陆上根据地。

开辟淮泗的斗争，2月份就开始了。当时由陈元良、王健堂率八十一团第一营，在副县长何真理等地方干部配合下，进入淮泗地区作侦察性行动，发现这里国民党的力量薄弱，只有南新集驻有国民党正规军一个营和一个区公所，其他一些乡是土顽武装和乡公所。于是，我们又增派八十一团的一个营，在淮泗地方干部、武工队的配合下，由成子湖乘船东渡进入淮泗，很快扫清了土顽；对南新集的敌人采取疲劳攻心战术，每晚派小股武装前往袭扰，搞得他们惶惶不可终日，不到半个月，他们就撤回淮阴县城了。不久，中共淮泗县委和县政府宣告成立，由石正鹄任县委书记兼县长。在短短两三个月时间内，就建立了黄圩、新袁、李口、营门、顺河等区乡政权。淮泗县政权建立后，敌人虽然对这里进行过几次“扫荡”，但始终未敢在中心区安据点。由于这里环境较稳定，我们就大力发动群众，进行土地改革，建立农会组织和县、区、乡地方武装。这着棋下得对。它对主力部队的休整和兵员补充，战胜经济上的严重困难，起到了重要作用。

二是加强淮宝。淮宝县位于宝应湖和高邮湖以西，洪泽湖以东，三河以北，运河以南。抗日战争时期，1940 年在我党领导下建立了民主政权。解放战争开始后，这里被国民党军占领。淮宝县地方干部三进三出，进行了艰苦的斗争。1947 年 1 月，在淮宝县地方干部配合下，华东野战军第十二纵队三十四旅政治部主任杨效椿率一个营，组成淮南支队（简称“杨支”）进入淮宝地区作战，已经初步打开了局面。为了更有利于淮北地区坚持斗争，华东局于 4 月 28 日决定将淮宝县划归淮北领导。淮宝县比较富裕，素称鱼米之乡，抗日战争时就是新四军第四师的后方，也是我淮北抗日根据地的粮仓。将淮宝划归淮北，对我们坚持敌后斗争，克服当时严重困难，是一个有力的措施。于是，地委决定加强淮宝的领导力量，派地委委员、组织部长张灿明兼任淮宝县委书记（地委组织部长后由陈元良接任），县长仍为万立誉。同时，派王烽午、张祚荫等率领一批干部去淮宝帮助工作。4 月 29 日，地委副书记李任之率八十一团一个营进入淮宝地区，配合“杨支”作战，迅速打开了三河以北地区的局面，建立了黄集、盐南、盐北三个区的政权。

三是撤销洪泽县。6 月初，根据形势发展，决定将洪泽县所属之湖西、淮河两个区和泗南县合并，改为泗洪县，县委书记洪沛，县长谢楠（后为钱佐）；将成子湖划归泗阳管辖，将湖东区划归淮泗县。4、5 月间，国民党军已经占领了我泗南、泗宿和泗阳的全部陆地，我们的地方干部和县、区、乡武装，在陆地上无法公开立足，白天只好蹲在湖边的小船上，夜间组织小股武装上岸活动。地委采取上述措施之后，泗洪、泗宿、泗阳等县的地方同志就有了立足之处，有利于他们坚持斗争，渡过难关。

随着整个斗争形势的好转，泗宿、泗南、泗阳县的陆上政权 10 月底已大部分恢复，地委随即决定成立洪泽湖工委和管理局，工委书记陈硕峰（后陈礼宽），管理局长潘道一。将原为洪泽县的四个区全部划归洪泽湖工委领导。

四是实行部分主力地方化。5 月初，斗争进入紧要关头，地委当机立断，决定将八十一团第一营放到淮泗，吴忠泰兼任淮泗县总队长，将八十一团第三营放到淮宝，龙贤昭任淮宝县副总队长。这对于加强两个县的对敌斗争，及时粉碎国民党军的“扫荡”和“蚕食”，发展和建立地方武装，保护群众，建立和巩固地方政权，克服当时的严重困难，起到了重要作用。

1947 年 5 月中旬的一天，国民党军整编第四师一个团，孙良诚部三个团，第六十旅一个团，共五个团的兵力，分别从泗阳众兴、淮阴顺河集等地出动，向我淮泗地区扑来，大有“黑云压城城欲摧”之势。为了粉碎国民党军的“清剿”，我们采取“敌进我进、声东击西、内线(淮泗、淮宝)坚持、外线迂回跳圈子”的战术，调动敌人，寻机歼敌。地委决定：由我率第八十一团一部留在淮泗、淮宝实行内线坚持；由赵汇川、王学武率第七十七团和第八十一团大部向外线转移，以吸引敌人，减轻对我湖边根据地的压力。

国民党军果然中计，对我转移至外线的部队紧跟不舍。5 月 23 日，当赵汇川、王学武率部队刚到达大小兴庄时，孙良诚部的三个团就追上来，并予以包围，得意地狂叫：“共军这次跑不了啦！”“消灭共军放假一个礼拜！”25 日白天，他们打退了敌人三次进攻，天黑之后，便利用夜暗从敌人空隙里插过，向西开进，巧妙地甩开了敌人，部队经后圩、大王庄、刘大庄等地转了一个大圈子，于 6 月 1 日到刘圩子一带宿营，还未入睡，报务员从报话机里收到了敌台呼叫：“饶、赵匪部已到达刘圩子……”赵、王见又被敌人咬住了，赶快转移，当后卫连队离开时，敌人的炮弹已打到跟前了。他们一天走了九十里，把敌人甩到后面。6 月 4 日，我们又在薛嘴子胜利会合了。

6 月 9 日，敌人又分三路再次对淮泗地区进行“扫荡”。地委决定由李任之率八十一团一部在淮泗坚持，我和赵汇川、王学武率分区主力向外跳转。部队在雨天的泥泞中艰难地前进，一步一滑地走了二十多里泥路，许多战士如同泥人一般，腿上粘的泥巴干了，使劲一揭，连汗毛都拔掉了。6 月 10 日，我们部队到达泗县以北的大王庄，孙良诚部又跟踪追了上来,我们只好边打边撤,于夜间东渡濉河。敌人以为我将继续东去,前往洪泽湖,赶忙在东面堵击,我却出其不意地掉头西转,于6月12日拂晓到达灵(璧)北的浍塘沟。国民党乡公所的十多个土顽还在睡觉,连衣服都没穿,就当了俘虏。我们在西面转了几天,到达田路一带时,尹楼乡公所的土顽误以为"国军驾到",就跑来欢迎,糊里糊涂地被我们吃掉了。这时,我们突然接到上级的电报:国民党军第一七四旅从冯庙出动,第五十八师一部从时村出发,企图合击我部。

我们立即向东转移,途中又两次遇上敌人,只好两渡濉河,以避开敌人主力。这次和敌人转圈子,马不停蹄一连走了八天两夜,有的同志边走边睡,摔一跤爬起来再走、再睡。休息时,倒下就睡,叫都叫不醒。这真说明我们的战士们已疲惫至极。

6月20日,天刚蒙蒙亮,我们回到了泗阳县朱岗,国民党军还在屁股后面追,听炮声肯定是广顽,因土顽没有炮,一炮一炮打得慢慢腾腾,看样子也不像是大股敌人。这条"尾巴"很讨厌,甩又甩不掉,避又避不开,弄得我们很恼火。七十七团团长叶道友对我说:"司令员,揍他一下怎么样?"

我考虑了一下说:"好吧。我带一部分部队前面走,你在后面打埋伏,打了就撤,我在前面接应你。"

过了一会儿,后面就传来激烈的枪声。叶道友打仗很勇敢,但打起仗来容易红眼,也叫我挂记。我立即命令部队把后卫改为前卫去接应他们,走了不多时,听到枪声停上,只见叶道友兴冲冲地走来,告诉我说:"这一仗打得干净利落,缴获一门六〇炮、五挺机枪、一千余发子弹,毙敌连长以下四十多人,俘虏十多人,把敌人一个连消灭掉了。"我很高兴地说:"旗开得胜,了不起!但不能麻痹大意,应该再接再厉!"

后来从俘虏口中得知,这股敌人是桂顽五二二团第三营的。有了这一仗的胜利,战士们的士气大涨,他们高兴地说:"只要能消灭敌人,再走几百里也不累!"

从4月到8月这几个月,是我们打回淮北最困难、最艰苦的时期,洪泽湖西部的泗南、泗阳、泗宿陆地已为国民党军全部占领,地方武工队的公开活动比较困难,我们的主力部队到那里就更难于立足了。国民党军不断在淮泗、淮宝进行“清剿”,我们只好到泗县、灵璧、睢宁之间跳大圈子。待国民党军“扫荡”过后,我们再回到淮泗地区休整。在这几个月里,由于经常行军、打仗,部队吃不上一顿安稳饭,睡不上一次舒服觉。“一夜数十里,宿营做工事,一天打一仗,黄昏又转移。”战士们编的这首顺口溜,充分反映了当时的战斗生活。我们在和国民党军兜圈子中,也不是单纯的“跳”和“避”,而是选择时机,出其不意,主动歼灭敌人,积小胜为大胜。

在反复拉锯中,我们还善于利用敌人的矛盾,钻敌人的空子。苏皖边界,安徽和江苏国民党军队的指挥是不统一的,我们就根据情况,在两省边境跳来跳去,避敌锋芒,挫其锐气,疲惫敌人,从而化险为夷,转危为安。

在与国民党军“拉锯跳圈子”的艰苦岁月里,不论怎样苦、怎样累,都动摇不了我们与淮北人民生死与共的决心,广大指战员表现出大无畏的革命精神和顽强战斗的崇高品质,涌现出不少英雄集体和模范人物。分区授予“石工堤连”光荣称号的七十七团第一营二连,就是一个突出的代表。

七十七团第二连荣获“石工堤连”称号是有来由的。淮宝县洪泽湖边有一条用五六尺见方的大石头砌成的大坝(石工堤),据传是明代的工程,经过几百年的风吹雨打浪击,依然十分坚固。坝的南端有个蒋坝镇,驻有国民党军的一个交警大队、一个保安中队和一百余名土顽。这个据点对于我巩固淮宝、开辟淮南妨害极大。5 月初,我同赵汇川副司令、王学武副政委率七十七团进驻淮宝,决定拔掉这个钉子。5 月 6 日晚,部队向蒋坝之敌发动攻击,正当战斗胜利发展时,先后接到情报,国民党军从淮阴、盱眙、马坝三个方向同时前来增援。情况十分危急,我们随即命令部队撤出战斗,迅速转移。当通信员把命令送到攻入镇内的第二连时,他们的退路已被敌人切断了。

第二连在营教导员郭一萍和连长陈继忠、副指导员耿德芳带领下奋勇突围,但被敌猛烈火力封锁了所有出路,直到 5 月 7 日拂晓,仍被困在镇里。郭一萍发现有的同志心里有点慌,便对大家说:“同志们沉住气,我们不过是捉鳖不成叫鳖咬了一口,没关系,我们要坚决固守,等待黄昏转移。”战士们立即修工事，挖枪眼，七十多人守着三个院落。白天，敌人集中兵力向二连的阵地猛扑，轻重机枪、火箭筒一齐向他们坚守的院落打来，墙倒屋塌，敌人又乘机放起火来。郭一萍、陈继忠意识到要坚持到黄昏，必须转移阵地。于是，当机立断，指挥连队冲上附近的石工堤，一次冲击就打垮了堤上的敌人。他们背靠大湖，面对强敌，在新的阵地上与敌人展开了殊死搏斗。敌人一次次进攻，一次次被打回去。有一次，敌人已冲上了二连阵地，二排长王世斌带着战士们，端着刺刀迎击了上去，敌人丢下十多具尸体仓皇退下。在敌人再次发起进攻时，一发炮弹落在郭一萍身旁，他身负重伤，仍然坚持指挥战斗。他让通信员帮他把挎包里的文件烧掉，把手表、钢笔交给军医，自己只留下一支手枪。通信员哭着说：“教导员，只要有我们在，就有你在，突围时背也要把你背出去。”共产党员张文连头部负伤，在昏迷中双手还紧握着枪。他苏醒过来时，发现敌人冲上来了，一连打倒好几个敌人，又昏迷过去。7日这一天，二连在十倍于我的强敌面前，连续打退敌人八次冲锋，毙敌六七十人。

这天黄昏，敌人又开始进攻，陈继忠命令两个班进行坚决抵抗，他带一个班向北佯攻，其余同志抬着郭一萍和几个伤员向洪泽湖边撤退，从一个小石码头上下湖，很快就钻进了芦苇丛中。陈继忠最后带着同志们突出重围。在这次战斗中，二连有几名烈士的鲜血洒在石工堤上。他们的英雄事迹，永远值得人们传颂。

当我听到二连胜利突围的消息时，心中无比喜悦，连忙和王学武副政委赶到二连驻地去慰问他们。我紧紧握着身负重伤的教导员郭一萍的手，激动地对他说：“你们是我们七分区部队的光荣和骄傲，是全分区部队学习的榜样。”

在一年多的无数次大小战斗中，部队涌现出的英雄模范人物多如群星。他们之中，有干部，有战士，有老兵，也有新同志。仅在1947年夏季的陈圩战斗中，就评选出战斗英雄、战斗模范达十七人之多。其中有带头冲锋壮烈牺牲的副排长葛以树、爆破能手王付兰，有负伤不下火线的郭茂芹、韩耀杰，还有新战士赵玉珍等。

在重返淮北最困难的日子里，我们在上级的正确领导下，由于采取了一系列有效的决策，广大军民不怕牺牲，团结奋战，终于渡过了重重难关，在淮北大地上站稳了脚跟。

十五、大发展狂潮卷地来

1947 年秋季，中国人民解放军随着战局的发展变化，由战略防御转入了战略进攻，把战争引向国民党区域。首先是刘邓大军千里跃进大别山；华东野战军外线兵团挺进豫皖苏地区作战；活动在苏中、苏北地区的华东野战军第十一、第十二纵队在李堡、栟茶等地取得胜利。捷报频传，人们欢欣鼓舞。

我们接到华东局、华东军区的情况通报后，立即开会研究，认为：整个战局已经发生重大变化，我们淮北地区的斗争形势也一定要起变化。刘邓大军、陈粟大军挺进到大别山和豫皖苏边区，国民党军一部分主力可能暂时向津浦路沿线收缩；当大别山区、豫皖苏边区战局缓和时，国民党军主力还会卷土重来，进行“扫荡”，淮北的形势可能处于时紧时松的状态。我们必须抓住有利时机，积极出击，向洪泽湖以西地区（简称湖西地区）发展，首先恢复泗南、泗阳、泗宿、盱凤嘉等县的政权。于是，决定加强第七十七、第八十一两个主力团。七十七团经过一段时间休整，补充了由淮宝、淮泗两县动员的新兵和升级的区乡武装，兵员已达到一千七百人，战斗力有了提高；恢复第八十一团的建制，将下放给淮宝、淮泗县的两个营集中起来，吴忠泰仍在该团任团长，原政治处主任王健堂任副政委。另从淮宝、淮泗两县抽调一批干部，随部队到湖西地区开展工作。

根据侦察得到的情报，果然不出我们的预料，驻泗城、青阳的桂顽已撤向津浦路沿线，留下来的都是地方保安团队。在这有利的形势下，我们决定立即行动，主动出击。从 7 月 30 日开始，一战香城（泗阳县）；二战新行（泗宿县）；三战曹庙（泗阳县），并伏击金锁镇之敌。连战皆捷，共歼敌五百余人，击毙了泗县保安大队副大队长许子明，打得土顽狼狈逃窜。在新行、曹庙两次战斗中，创造了敌我伤亡十五比一的战例。泗阳、泗宿武工队积极配合主力作战，发挥了很大作用。《拂晓报》为此发表了《祝湖西大捷》的社论，号召淮北广大军民再接再厉，乘胜前进。这几仗初步打开了泗阳、泗宿两县的局面。泗阳县在县委书记夏际霞、县长杨道南的领导下，首先恢复了龙集、界集两个区，然后逐步向北发展。泗宿县在县委书记柏瑞秀、县长傅茂如的领导下，恢复了朱湖和重岗区（至同年 11 月已恢复了七个区三十三个乡的人民政权）。

部队经过短暂休整，接着就进行了解放管镇、青阳和泗城的战斗。

管镇处于泗县东南面，驻有国民党泗县保安大队的两个中队和一部分"还乡团"约二百余人。将管镇解放，恢复管、鲍地区，就能打破敌人长期封锁我洪泽湖的阴谋；"杨支"恢复淮南地区，就有了前进阵地；淮北我军西进，也就有了后方。

战斗发起前，我们先派侦察员化装进入管镇，然后把侦察结果制成沙盘，让排以上干部和班长熟悉地形、敌情，研究打法。为了不使敌人发觉我军的行动，减轻部队行军的疲劳，我们决定由洪泽湖大队和一部分渔船将参战的七十七团和八十一团的四个营，从淮泗水运到刘嘴，横穿八十里水路，于拂晓前登陆。"杨支"协同作战。这次战斗，由我和赵汇川副司令指挥，于 9 月 14 日晚发起攻击，经过一夜和半天的激烈战斗，将管镇攻克，毙、伤、俘敌一百八十多人，缴轻机枪七挺、步枪一百六十七支、小炮一门、子弹近万发。我军少有伤亡。有的战士编了顺口溜唱道："沙盘上面看敌情，心中有数动作灵，主力地方同配合，军民协力下管镇。"

管镇战斗结束后，部队在山子头休息，我和李任之率八十一团一部准备向西活动，途中接到情报，驻泗城、青阳的"广顽"全部撤向津浦路，土顽相当恐慌，纷纷向泗城和青阳镇集中。青阳是敌人在泗东的一个重要据点。镇内集中了泗县保安大队三个中队及"还乡团"四五百人。我和李任之商量后，决定不失时机攻打青阳，并发报给赵汇川、王学武率七十七团大部迅速赶来参战。9 月 30 日下午，我军包围了青阳。10 月 1 日 20 时开始总攻。战士们奋勇突击，迅速扫清敌外围据点，从东南沿濉河堤攻入镇内。在向街内发展时，有位名叫张绍英的大嫂挺身而出，向我们报告敌情，并亲自领着战士们冲向敌人据守的学堂，她奋不顾身,爬下墙头向敌人喊话。至2日拂晓,战斗胜利结束,全歼守敌六百余人,缴获步枪六百余支、机枪十三挺、子弹数万发。附近的老百姓冒着小雨,敲锣打鼓,喜气洋洋,给部队送来慰问品。

攻克青阳,是我们打回淮北以来歼灭敌人较多的又一个战斗。青阳解放,除消灭敌人三个保安中队外,还消灭了附近几个县的一部分土顽,对恢复和巩固我泗南、泗宿、泗阳等地区都极为有利。

正当我们欢庆胜利的时候,接到上级情况通报,华东野战军第三纵队已经东越津浦路,解放了灵璧县城。我和专员王烽午立即率七十七团第二营西去,10月12日到达灵璧,与三纵领导会面。这时驻泗县城的敌人全部逃跑,赵汇川、王学武率七十七团第一、第三营进驻泗城。10月13日,三纵攻打睢宁,因徐州的敌人前来增援,三纵主动撤出战斗。15日,敌人在飞机大炮支援下进攻泗县城,我完成阻击任务后安全转移。敌人又先后占领了泗县和灵璧。

11月16日,华野主力又在津浦线宿(县)、固(镇)段和宿(州)、徐(州)段展开破袭战,以切断敌人的交通命脉。这时,泗城"广顽"全部撤走,只留下县保安大队几百人。我们抓住战机,迅速集中兵力,将泗县城包围,决定攻城歼敌。11月21日22时,总攻开始。七十七团攻击东门,迫击炮、轻重机枪一齐开火,火光映红了天空。"石工堤连"担任突击队,陆世祥带着一排冲在最前面。他们从护城河边的民房里跳下水去,涉水过河,冒着敌人的火力,把重五十斤的炸药包送进城门口,"轰隆"一声,将城门炸开一个大洞,勇士们冲上去,首先控制了城门楼。城楼里电话铃急促地响着,一个战士拿起听筒,原来是城内敌人在查询东门情况,这个接电话的战士诙谐地说:"平安无事,就是枪炮响得紧。"八十一团攻打西门和北门,战士们架起云梯登上城头,敌人被全部压缩到城西北角,保安大队长张镜波见大势已去,带着残兵跳下城墙企图突围,在我火力阻击下,有的被打死,有的淹死在护城河里,张镜波也掉在护城河里一命呜呼。

我们的指挥所设在东门外旁一间草房里。战斗发起后不久,一颗流弹击中了我的右臂,简单包扎后,我继续指挥作战。奇怪的是,当时没找到子弹头,子弹头究竟在哪里?过了几天才发现它钻在棉大衣袖筒的棉花里了。

这次战斗进展十分顺利，不到一个钟头即胜利结束。全歼敌泗县保安大队八个中队，毙俘敌六百六十六人，缴获步枪四百余支、轻重机枪二十三挺、子弹两万余发，除国民党泗县县长许志远到南京开会未归外，代理县长汪永夔、总队副孙渺、警察局长储贡厥等全部就擒。这次战斗，首创华中地方部队攻克县城的范例，受到华东军区首长的来电嘉勉。

从 9 月初到 11 月下旬，我们先后攻克管镇、青阳、泗县城等重要据点，歼灭敌人两千多，缴获了大批武器弹药，补充了我们部队的装备，解放了泗城以东的大片土地，恢复了一部分区乡政权，使泗南、泗阳、泗宿等县基本上连成了一片。

不久，国民党军又重占了泗县城、青阳等地，对我进行骚扰、突袭和破坏。我们一方面在已恢复政权的地区，放手发动群众，进行土地改革，以巩固大发展的前进阵地。另一方面，积极开展边缘区的斗争，派七十七团配合地方干部和武工队乘机向泗灵睢、灵北、宿东发展，消灭土顽，拔掉"钉子"，先后打掉大童家、张大路、双蔡圩子等据点，向西推进一百多里。在粉碎敌人的"清剿"、"扫荡"中，建立了泗灵睢县委和县政府，县委书记先为周宇明后是石立志，县长胡铁明，并建立了泗北、张楼、曹场和土山四个区、十八个乡政权，消灭敌区乡队一百余人。灵北地区的武工队配合主力作战，歼敌一个区队和两个乡队共八十余人，然后逐步建立了一部分区乡政权。灵北县委书记先后由吴云培、洪沛担任，县长谢楠。宿东县委由书记赵一鸣、县长郑良瑞带领的一批干部打回来，开辟了连壁、花山、沱河三个区，控制宿县至灵璧公路五十余华里。盱凤嘉、泗五、灵凤则依靠泗南进行恢复工作，李任之率领八十一团第二营于 12 月下旬进入这个地区，在县委书记孟亦奇、县长钱亦山领导的武工队配合下，恢复了沱河以西地区的区乡政权。盱凤嘉在县委书记沙流辉、县长张伯锷的领导下，在"杨支"的支持下，地方武装力量发展很快，成立了县总队和各区队。

1948 年 1 月 18 日，是我们重返淮北的一周年。地委、军分区党政军民共七千余人，隆重举行大会，追悼一年来为收复淮北建立了丰功伟绩的烈士们。我和王学武、李任之先后在大会上讲了话，“石工堤连”连长陈继忠，战斗英雄郭茂玉、吴文英、许明德等都在大会上讲话表决心。参加大会的军民悲愤万分，齐声高呼：“打倒国民党反动派，为烈士报仇，为全部恢复淮北地区而奋斗！”

春节以后，我们利用战斗空隙，在两个主力团开展了“诉苦、三查”为主要内容的新式整军和群众性练兵运动。国民党反动派、地主还乡团的血腥罪行和阶级的苦水大大激起了指战员们的满腔仇恨，一个个斗志昂扬，求战热情高涨。

3 月中旬，地委决定发起泗东战役。这一仗以攻打青阳敌据点为主要目标。估计到泗县城敌人可能来增援，同时作了打援的部署。因地委正在曹庙召开扩大会议，部署全面工作，故由赵汇川副司令、王学武副政委到前线指挥。这次战役的部署是：七十七团主攻青阳，以八十一团打援，新近从津浦路西过来的华东野战军先遣纵队的一个团也参加打援。青阳镇西、北、南三面有汴河、濉河环绕，只有镇东一条陆路，镇中有一中心碉堡，与三座小碉堡成犄角之势。镇的四周有高达三米的土围子，每隔三百米有一炮楼。镇东一个小圩子里驻扎着暂二十四师第六旅三团的一个营，镇子里还盘踞着大批土顽。

3 月 16 日傍晚，叶道友、孙朝旭率七十七团将青阳包围，吴忠泰、李任之率八十一团第一、第二营在 16 日下午 5 时前赶到马店以东，设伏打援；由梁从学、孙仲德率领的先遣纵队一个团协同作战。晚 10 时，战斗打响，七十七团的勇士们冒着敌人的火网，冲过汴河向镇内突击。河水雨后暴涨，宽达三丈，深到胸口。二班长赵芒明带领突击班涉水突进，遭到对岸敌人的猛烈射击。战士高效甫在水里用机枪向敌人扫射，接着便冲上岸去。同时，我另一部也由东北冲进牛市街，土顽凭桥头堡顽抗，我先用炮火摧毁了敌人的碉堡，九班长胡仲渠用炸药包炸掉桥头堡，数十名土顽全部被歼。战士们冲入镇内，土顽纷纷向镇东驻有广顽的小圩子里跑，但广顽用机枪封锁了通往圩内的小木桥，桥上遗尸累累，原来这些土顽被当作靠山的广顽的机枪送了命。

17 日下午，七十七团向驻守青阳镇东北小圩子的广顽发动总攻。“石工堤连”冲在最前面，班长王成忠带领突击班从圩河外民房里挖沟出击,把集束手榴弹塞进敌人枪眼,一连炸掉三座地堡。二排长詹忠英率领突击班,不到三分钟就越过壕沟冲进圩内,后续部队紧紧跟上,副排长朱克祥冲进敌堡,用冲锋枪向敌地堡里扫射,消灭敌人两个机枪班。当逼近敌人第二道防线时,敌人疯狂反扑。战士们端起雪亮的刺刀和敌人进行了肉搏战。随后展开了逐院逐屋的争夺。敌人隔着墙把手榴弹扔过来,战士们又拾起来扔过去。有一股敌人从背后扑来,"石工堤连"连长陈继忠带领一个班顶住就打,压住了敌人的猖狂反扑。正在这时,一颗手榴弹甩来,陈继忠负了重伤。

和历次战斗一样,共产党员总是身先士卒,冲锋在前。共产党员、七十七团一营营长周道信,带领全营英勇作战,不幸身负重伤,战士们把他从火线上背下来时,已经生命垂危。王学武副政委代表分区党委和首长赶去看他时,已经晚了。周道信同志出身贫苦,1939年参军,抗日战争期间在邳睢铜地区坚持斗争,历任分队长、指导员、大队政委等职;解放战争开始后,调来九纵任教导员、营长。他作战勇敢,指挥果断,十年来三次负伤,荣获一等功臣的称号,牺牲时才二十八岁。

周道信营长的牺牲,更激发了指战员们对敌人的仇恨,他们高喊着"为周营长报仇",与敌人进行激烈的拼杀。我后续部队赶上来以后,又打退了敌人三次冲锋,并乘胜出击,把敌人分割成两段,逐步缩紧包围。在东南角,一部分敌人企图突围,又遭我汴河南岸部队堵击,敌进退无路,敌连长以下八九十人当即缴枪投降。敌军营长吕心恕吓得钻到老百姓家的床底下,被一位老大爷发现,领着战士将这个家伙拖了出来。位于东北角碉堡里的敌军五十余人,在我们喊话后,也把步枪、迫击炮、重机枪统统送了出来。国民党正规军一个营及全部土顽,无一漏网。

在七十七团攻击青阳的同时,负责打援的八十一团和先遣纵队的一个团,在顺和集到车门山一线,即泗县至青阳公路南侧,摆开了十多里的弧形阵地。一夜的工夫,战士们在平原挖下一道道交通壕和掩体,严阵以待。这次打青阳果真调动了泗县的敌人,暂二十四师六旅第二团团长王杰民率该团两个营和另两个连赶来增援。他们从泗城出发,第一天只走了三十五华里,夜宿马公店。18日拂晓,敌人怕有埋伏,便盲目打炮。赵汇川命令部队:"注意隐蔽,没有统一的命令不准开枪!"

战士们个个憋着劲守在工事里。忽然，敌先头部队踏响了我们埋设的地雷。这是战斗开始的信号！

随着地雷的爆炸声，八十一团仅有的一门六〇炮的炮弹也准确地在敌群中开花。上午11时许，八十一团迅速由正面出击，并以一部断敌退路。先遣纵队的同志们也从南面向敌人右侧迂回，冲锋号响，杀声阵阵。战斗进行了半个小时，敌人的前卫营和炮兵连大部被我消灭，残敌向西逃窜，我军奋勇追击。敌团长王杰民搜罗了约两个连的残兵，抢占了公路南侧陈圩子，用重机枪掩护撤退。下午，赵汇川赶到公路南面一个树林里指挥战斗，被敌打伤了右腿，但仍坚持指挥。我军肃清了公路两侧的残敌以后，立即把陈圩子包围起来。这帮顽固的家伙临死还要挣扎，利用居高临下的有利地形，向我军猛烈射击。我军攻击被阻并有伤亡。战士们咬牙切齿地说："他娘的，抓住这个团长，剥他的皮！"吴忠泰调来那门只剩下三发炮弹的六〇炮，对炮手说："瞄准重机枪的位置，给我打！"这位神炮手不负指挥员的厚望，一发炮弹就把敌人的重机枪打哑了，另外两发炮弹也准确地在敌指挥所里爆炸。部队趁机发起猛攻，激战到下午6时许，敌人全部被歼。战士们冲进陈圩子，肃清残敌，搜索敌团长王杰民，结果在俘虏队伍中找到这个满脸横肉、头缠纱布、身穿一套很不合体的士兵服的大胖子，在俘虏的指认下，王杰民无可奈何地低下了头。

泗东战役共歼灭国民党正规军三个整营另两个连，连同土顽共一千九百一十四人，缴获八二迫击炮四门、六〇炮一门、轻重机枪四十九挺、各种枪支四百余支、子弹十万发，打下青阳、马公店、上塘集等据点。

泗东战役的胜利，证明我淮北部队的战斗力有了显著提高，不仅可以整连、整营地消灭敌人的地方部队，在有利的形势下也可以整营、整团地消灭敌人的正规部队。从此以后，敌人就没敢再到青阳设据点。泗东战役后，形势对我们已更加有利。

在我们重返淮北的一年多的时间里，共进行了大小战斗六百四十九次，毙俘敌官兵一万一千五百余人，收复了两万三千平方公里的土地，胜利地完成了华中分局一年前交给我们的"打回淮北，重建淮北根据地，牵制敌人，配合正面作战"的光荣而艰巨的任务。

我们取得了很大胜利，但也有过不少失误，受到过不应有的损失。我八十一团五连和泗宿县西工委武工队，共一百三十四人，于1947年3月29日刚到汴河区三甄家，突然遭到敌冯治安部三个团的重重包围，在向西北突围中又遇到敌人堵截，被迫在泗灵睢大庄区陆沟村与敌人决战，英勇顽强激战半天，终因寡不敌众，大部牺牲，泗宿县委副书记兼西工委书记田古、泗宿县总队副总队长黄斋华壮烈牺牲。

1948年2月，冯治安部一个旅又向我泗阳县界集以南套子“扫荡”，企图消灭我主力于成子湖畔。分区领导决定：主力跳到外线作战，由我率分区直属队转到淮泗，七十七团向泗宿北部转移，由赵汇川、王学武率八十一团和骑兵大队向泗南方向转移。途中，八十一团在泗阳高集一带积极阻击敌人进攻，时达一天。后来，分区个别领导改变了行动计划，决定晚间从大台口涉水渡湖，结果造成冻死六十六人、冻伤一百六十余人的惨痛事件。

泗东战役后，华东局、华东军区决定成立淮北军区。3月28日在臧桥召开大会，宣布成立淮北军区和独立旅的命令。我任军区司令员，向明任政委(未到职)，罗占云任副司令员，赵汇川任参谋长，王学武任政治部主任，王烽午任政治部副主任。独立旅由叶道友任副旅长，王学武兼政委。原七十七团改为独立一团，团长张鸣凤，政委孙朝旭；原八十一团改为独立二团，团长吴忠泰，政委陈可春；新建的警卫团改编独立三团，团长孙公飞，政委尹特飞。淮北军区成立，标志着淮北地区的对敌斗争进入了一个新阶段。当年3月31日出版的《拂晓报》，对淮北军区的成立还专门报道了消息。

十六、克强敌万众一条心

从1947年1月中旬重返淮北，到1948年3月底淮北军区成立，在这一年多的艰苦历程中，我们深深体会到胜利来之不易。我们靠的是什么呢？说来话长，这里只能作一些简要的叙述。

党的领导是我们夺取胜利的根本保证。中共华中分局、华东局及时给我们传达党中央、毛主席的重要指示，通报战争发展的趋势、战局的变化，特别是对于淮北地区的形势、任务和斗争的方针、政策都有及时、具体的指示，使我们能够在复杂多变的形势下经常保持清醒的头脑。当淮北党政军委员会成立之初，就明确提出了坚持淮北斗争的方针和任务。当取得初步胜利的时候，华中分局及时发来《对淮北路东地区目前工作的指示》，充分肯定了我们的斗争成绩，指出："淮支西渡后连连取得胜利，消灭了大批'还乡团'，牵制了大量敌人，恢复了相当大的一块根据地，恢复了政权，解放了群众，开始恢复地方武装，重新树立党在淮北的斗争旗帜。淮北同志的光辉战绩，不仅振奋了淮北及整个华中敌后的人民，鼓舞他们的斗志，也给正面战场以极其有力的配合，分局同志很欣慰。"同时，对今后工作作了明确、具体指示。这就使我们更加坚定了信心，明确了方向。

我们党政军委员会（七地委）的领导同志是一个团结战斗、亲密无间的集体。既有集体领导，又有分工负责。重大问题集体决定，决定之后都能认真地去执行。在关键时刻，党委成员都是挺身而出，勇挑重担，更重要的是我们领导成员之间思想一致，行动一致。地委和各县、团领导同志之间风雨同舟，生死与共，相互尊重，相互支持。正因为如此，我们才能够率领广大干部、党员和全体指战员团结一心，进行百折不挠的战斗。

地委一直十分重视党的建设工作。我们在环境较稳定的地区，在大力恢复和发展各种群众组织的同时，审慎地恢复或重建党的地方组织，并大胆吸收在坚持斗争、土地改革中涌现出来的贫雇农积极分子入党。仅淮宝县在土改中就吸收新党员一千四百一十五人。党的基层组织在边沿区和中心区都保持着秘密状态，避免了敌我拉锯而造成不必要的损失。为了加强党的建设，地委于 1947 年 8 月 24 日，又发出了《关于建党工作的指示》，到当年年底，全区发展新党员三千一百四十四名，壮大了党的队伍，很好地发挥了党的堡垒作用和先锋模范作用。

1948 年春，淮北地区发展很快，还要开辟新区。尽管华东局从山东派回原在淮北工作的一批干部，然而干部还缺得很多。为此，地委成立了干部轮训队，由梁绪修任主任，先对县、区干部进行培训。地委负责同志还轮流去讲课。通过轮训，提高了干部的思想水平，适应了新形势的需要。

在加强党的建设中，我们妥善处理了一部分共产党员的“假自首”问题。原七地委撤退前，个别领导曾经布置过，在特殊情况下可以搞群众性的“假自首”。当洪泽湖工委决定疏散干部时，有的县领导对被疏散的同志交待过，在不得已时，可以办个“假自首”的手续，只要不破坏革命，将来组织上是承认的。我们打回淮北后，被疏散隐蔽的同志陆续回来了。其中情况复杂。为此，地委组织部门认真研究，采取了非常慎重的态度：对回来的党员干部先安排工作，再进行调查了解，并在实际工作中加以考察；有的调到地委轮训队学习，情况搞清楚了，再恢复他的组织关系。事实上，大多数党员干部表现是好的，是经得起考验的；但也有少数叛变过革命。对此，我们区分不同情况，作了严肃而又慎重的处理。

宣传工作是党的一项十分重要的任务。地委对此非常重视。随着军事斗争的胜利，淮北局面逐步打开以后，地、县委都设立了宣传部门。地委调王化东同志任地委宣传部副部长，各县都配备了专职干部。根据每个时期的斗争形势和斗争任务，编写宣传提纲，利用各种方式，抓住一切时机，广泛进行宣传工作，教育广大干部群众认清形势，提高斗争信心，同时扩大我党我军的影响。

报纸是集体的宣传者和组织者，抓宣传就是抓报纸。《拂晓报》是抗日战争时期新四军第四师领导机关创办的，在淮北人民群众中有很高的威望。原七地委撤到运河以东后，留在洪泽湖上的报社副社长欧远方等同志克服重重困难，陆续出版报纸。1947 年 2 月 4 日，我们重返淮北仅半个多月，就决定将《拂晓报》作为党政军委员会的机关报，欧远方仍为副社长。报纸积极宣传党的方针、政策和斗争任务，及时报道我军战斗胜利、重建政权、收复失地的喜讯，介绍土地改革、惩奸分田、生产自救等方面取得的胜利和工作经验，大量刊登英模人物和英雄单位的事迹。地委领导同志常常亲自撰写社论等文章。每逢重大胜利和节日，还出版号外和特刊，使报纸真正成为“人民的喉舌，战斗的武器”，极大地发挥了教育人民、鼓舞人民、打击敌人的战斗作用。为了办好报纸，各县都建立了通讯报道组织，各级党委都积极组织人员为报纸写稿。为加强对报纸的领导，地委还成立了“党报委员会”。《拂晓报》是在极其困难的情况下编印的，先是在洪泽湖的船上，后来环境好些，才转移到陆地。限于当时的条件，报纸虽然是手刻油印，但字体端正，印刷清楚，报社同志在这张报纸上倾注了全部心血。地委还办了一个党内刊物——《淮北通讯》，以交流经验，指导工作。

我们靠枪杆子打回淮北，枪杆子里出根据地，枪杆子里出政权，离开枪杆子就无法生存。党政军委员会（地委）一直十分重视淮北武装部队的建设，特别是主力部队的建设。第七十七团、第八十一团是我们坚持淮北斗争、重建淮北根据地的支柱，是我们的命根子。这两个团是在淮北地区成长起来的，是淮北人民的子弟兵，和淮北人民有着血肉联系。我们竭尽全力保证他们的物质供应，改善他们的武器装备，不断地补充兵员，大力加强部队的政治思想工作，抓紧战斗间隙进行军事训练，用毛泽东军事思想来武装全体指战员，把毛主席为我军制定的一整套战略战术运用到实战中去，特别是坚决贯彻执行了十大军事原则，打了许多漂亮仗。我们提出的“避广打土”、“敌进我进”等方针，都是毛泽东军事思想在淮北实际情况下的具体运用。对这两个主力团的使用上，我们根据敌情和任务，时而集中，时而分散。集中以抓住战机消灭敌人；分散以对付敌人的“清剿”和“扫荡”达到“消灭敌人，保存自己”的目的。七十七团不但善于打运动战，而且善于打攻坚战。他们在兄弟部队的配合下，先后参加了半城、管镇、青阳、泗城等重要战斗，每次担任主攻都打得很出色，可以说是无坚不摧、攻无不克。八十一团既善于打游击战，也善于打运动战和阻击战，他们撒得开，收得拢，在开辟淮泗、巩固淮宝的斗争中发挥了主力军的作用。骑兵大队是我们的快速机动力量，敢打敢冲，在许多战斗中作出了出色的贡献。

在加强主力建设的同时，我们还根据毛主席关于发展地方武装、坚持游击战争、保护群众利益、打击反动派活动等一系列的指示，大力发展地方武装。各县、区、乡都先后成立县总队、区大队、乡中队和地方性的武工队。各县总队一般有三五百人，总队长、政委分别由县长、县委书记兼任，副总队长、参谋长、政治处主任为军队干部。这些地方武装充分利用其情况熟悉、机动灵活等特点，在打击土顽、“还乡团”，巩固地方政权，保田保家，配合主力作战等方面，起到了非常积极的作用。

在淮河流入洪泽湖的交汇处，有一个伸进湖里的三角形半岛，有管镇和鲍集两个较大的村镇，当地群众称它为“管鲍葫芦套”。葫芦套的尖端是仁和乡，这里被国民党军占领后，我原淮滩乡乡长盛家瑜拉起了一支十六个人的武工队。他们时而湖上，时而陆上，神出鬼没地打击敌人。有一次，几十个土顽到小张庄一带抢粮食，武工队听到消息后，立即赶去，把土顽打跑了。土顽又用四十石粮食雇来国民党军一个营，到仁和乡“清剿”，武工队转移到湖里，敌人追到湖边，遭到埋伏，拔腿就跑。麦收季节，土顽又来抢粮，刚到仁和乡，就被武工队打了回去，土顽队长飞马赶到管镇，磕头求来县保安队一个中队。武工队长、神枪手盛家瑜埋伏在路旁的小水塘里，三枪打倒三个敌人，保安队见势不妙，连忙逃回管镇。我们部队到管镇时，他们已发展到一百多人，编为县警卫连。

在这个套子里，还有一支管鲍武工队。他们在极其困难的条件下坚持斗争。这里，冯家洼的国民党保长叫杨五，经常用“通匪”的罪名来敲诈勒索，欺压百姓。一天晚上，管鲍武工队从湖里上岸，潜进冯家洼，将他处决，人心大快。他们还重视对敌宣传，争取、瓦解敌人。周湖的保长周建时，经教育后愿跟共产党走，为我们办事，当“两面派”保长，曾将两三万斤粮食送到洪泽湖里交给我们。

淮河区武工队也在湖西活动。夜袭老子山，打死高铸九，使他们威名远扬。高铸九是国民党盱眙县特务机关统计室的副专员。这个家伙，抗日战争前就在老子山一带欺压群众，是当地封建势力的后台。抗战开始后，他拉起一股封建武装(自称九路军)，在洪泽湖上称王称霸，拦路抢劫，无恶不作。1941 年 5 月，我新四军进剿湖上土匪武装，高铸九漏网潜逃，到盱眙当了汉奸。1946 年 8 月 16 日，国民党军队占领老子山后，他又乘机“还乡”。淮河区委决定除掉这个坏蛋。武工队预先对高铸九的活动及其住处作了周密的侦察，并决定由副队长胡冠仁带队执行这个任务。1947 年 7 月 18 日夜里，夜深人静，细雨蒙蒙，芦苇丛中钻出两只小船，箭一般向老子山驶去。小船停在一个僻静的草滩边，船上下来几个人，向高铸九住的毕家大院摸去。他们绕过灯光，躲过敌哨，翻越院墙，摸到正厅，由四人在厅外把守，胡冠仁和另一名队员一手提着驳壳枪，一手拿着手电筒，猛地一脚踢开了房门。高铸九从床上坐起来问："什么人？"两只手电筒照得高铸九睁不开眼睛。胡冠仁问道："你是高大爷吧？"高铸九连声答是，语音刚落，胡冠仁的驳壳枪射出了两颗子弹，另一名队员怕他不死，又补了一枪。枪声惊醒了敌人的美梦，老子山镇乱作一团，胡冠仁等趁着敌人的混乱，安全地返回小船。

盱凤嘉武工队，也干得很出色。他们先是在铁佛寺、太平集一带开展活动，1947 年 7 月在攻打敌人一个保公所时，俘虏土顽二十余人，缴枪二十余支。到 10 月份已从初建的十多人发展到六十多人，正式编为一个连队，成为开辟盱凤嘉县的重要力量。活动在泗南地区的陶滩武工队，有一段时间只有九个人，由于和群众打成一片，活动积极，使敌人摸不清底细，以为他们有几百人。一次，几个战士趁着天黑，打掉了周台的保公所，吓得马楼的保公所连夜托人与武工队联系，后来成了我们的"两面派"政权。

泗五灵凤县大队第一连，于 1948 年 2 月 3 日，在天井湖畔的朱圩子，伏击了国民党双沟区署及几个乡公所、保公所、"还乡团"等一百余人，当场毙敌三十四名，俘敌八名，创地方武装一个连歼敌最多的范例。战后，获分区首长通令嘉奖，并奖给他们轻机枪一挺。

在土改中发动群众建立起来的广大民兵组织，站岗放哨，传递情报，维护治安，支援前线，发挥了巨大的作用。

由于我们在军事建设上做到既重视主力部队，又努力发展地方武装和民兵，真正实现了毛主席提出的主力、地方、民兵三结合，保证了对敌斗争的胜利。

战争教育了我们：没有武装斗争的胜利，就没有人民政权的建立，就不可能充分地发动群众；同样，没有人民政权和群众的支持，要取得斗争的胜利也是不可能的。地委在坚持斗争的过程中，始终坚持通过军事斗争的胜利，及时建立人民政权，发动群众土改分田，进一步调动广大群众参战、参军的积极性。

1947 年 2 月下旬，我们在八十一团一部进入淮泗连打了几个胜仗之后,趁热打铁,建立了淮泗县人民政府。3 月初,在崔集、半城战斗胜利后,又相继建立了泗南、泗阳、泗宿三个县人民政权。到 1948 年淮北军区成立时,已经建立了十三个县级人民政权,其中有淮宝、盱凤嘉、泗五灵凤、泗灵睢、灵北、宿东、邳睢铜、萧铜等。

国民党军队侵占淮北后,地主恶霸、“还乡团”疯狂进行反攻倒算,许多干部群众遭到残酷杀害。仅在泗县北部农村调查,被杀害的干部群众即达一千三百多人。群众怒火满腔,一定要报仇。淮泗县人民政权建立后,县委很快成立工作队,先在黄圩区五集乡进行土改试点,苦大仇深的群众倾诉了地主恶霸的种种罪恶,激起无比仇恨。土改非常顺利,不到一个月时间,黄圩区的惩奸除害复仇、土改分田就胜利结束。然后,在新袁、顺河、李口、营门口四个区的一部分乡迅速展开,在 7、8、9 三个月时间内,全县凡是能够实行土改的地区均已全部完成。淮宝县六个区在土改中镇压了一批有严重罪恶、不杀不足以平民愤的首恶分子,有五千八百零四户贫雇农分得了土地,人民群众扬眉吐气。1947 年 9 月,当我主力团向湖西出击时,部队在前面打,后面就建立政权,政权建立后立即进行土改。不到一个月,泗宿就建立了七个区、三十五个乡政权。同时,从淮泗县抽调一百多人组成土改工作队,支援泗南,先后在淮河、陈圩、上塘、郑集、管镇、鲍集、双沟、魏营、石集等地进行土改,发动群众惩奸分田。11 月 23 日,地委专门发出了《关于土地改革和建党工作的指示》。12 月 26 日到 31 日,地委召开扩大会议,地委副书记李任之作了土改专题报告,张灿明同志介绍了淮宝县黄集区发动群众、进行土改分田的基本经验,我在会上作了总结讲话。

淮北的土改从 1947 年冬全面开始,到 1948 年春胜利结束。土改期间,部队每到一处,都能看到群众在开大会,斗地主,分田地。田野里,贫农团、农会会员三五成群在丈量土地,竖界桩。在村头、树下,民兵、保田队荷枪实弹,站岗放哨,一派生机勃勃的战斗景象。

地主恶霸费尽心机破坏土改,有的请客送礼,有的转移浮财,也有的造谣恐吓。有个地主老婆威胁前去分粮的贫农说:“你们把粮食数一数,将来可还得起?”这个贫农也不示弱,掂了掂手中的枪,回答道:“你看这是什么? 不要再做变天梦了!”群众的腰杆挺直了,敢于起来斗争了。“保田保家，保卫胜利果实”的响亮口号已深入人心。在地委的领导下，先后在淮泗、淮宝、泗阳、泗南、泗宿、五河等六个县的四十一个区、二百五十五个乡、一千零八十八个村进行了土地改革，其势如暴风骤雨，迅猛异常。

淮北土改是在紧张的战争环境中进行的。地委分工由副书记李任之（后为张灿明）负责，抓得比较紧，进展比较快，成绩很大，这是基本的；但是在进行中也有过急、偏“左”的错误，有些地方群众发动不够充分，有侵犯中农利益和打击面过宽的现象。1948 年春，为了把土改政策进一步贯彻落实好，地委决定成立巡视团，朱光、刘星同志先后任团长，对已土改的地区进行复查，有错必纠，群众十分满意。

通过土改，广大翻身农民觉悟大大提高。在“保田保家”的号召下，全区有四千多农民参加解放军，充实了主力，“妻子送郎上战场，母亲送儿打老蒋”的动人情景到处可见。在淮宝县，仅 1947 年 8 月 28 日至 9 月 3 日的七天内，就有一千二百一十名青年参加主力部队。淮泗县的黄圩区，一次就有一百七十八名青年参军到七十七团。淮宝、淮泗两县的妇女，还为部队赶制了五千双军鞋。在土改运动中，仅泗南、泗宿两县就有两千多翻身农民参军。泗宿县的朱湖区，即有八百三十八人入伍。

事实教育了我们，必须下大力做好经济工作，才能保障革命战争的物资供应。我们打回淮北后，就面临着财经十分困难的严重问题。由于国民党的横征暴敛，地主“还乡团”的反攻倒算，加上 1946 年秋天的大水灾，真是民不聊生。一是没有粮食吃。部队常常吃了上顿没下顿，在频繁的战斗中，一天能吃上一两顿豆饼、山芋、高粱窝窝头就算不错了。有时整天吃不上一顿饭，一些连队只好以野菜、树皮、山芋叶充饥；有的到洪泽湖里挖藕、拾菱角来吃。二是没有衣服换。夏天到了，没有单衣，战士们先把棉衣改为夹的，夹的再改成单的。没有鞋穿，有的只好赤脚行军，或用绑腿布裹脚。三是没有药品。战士负伤后，陆地无处蹲，只有送到洪泽湖的小船上；伤口发炎，只能用盐水洗一洗，没有药棉，只好用被套里的棉絮煮一煮来用。没有医疗器械，就用筷子、锯子、菜刀代替。四是弹药奇缺。缴获的迫击炮、重机枪，因为没有弹药，只好把它送到洪泽湖里的小船上保存起来。

部队刚打过来时,上级虽让带来一些黄金、银元,但解决不了长期的问题。令人难忘的是,淮北人民宁肯自己饿肚子,也要省下一些高粱面、玉米面、山芋干,两升三升地送给部队,粒粒粮食都浸透着人民群众对子弟兵的深情厚谊。面对严重的困难,我们号召全体指战员自力更生,艰苦奋斗,以苦为荣,以苦为乐,官兵一致,同甘共苦,上下齐心渡过难关。

财政经济问题成了我们能否在淮北站稳脚跟的关键之一。加强财经工作刻不容缓。1947 年 3 月 10 日,淮北党政军委员会决定成立财经委员会,由我、王学武、王烽午、姚克、赵汇川、张灿明、李任之、张炳坤、孙朝旭等十位同志组成,我兼书记,王烽午,姚克为副书记。下设财政局,局长张祚荫,副局长张炳坤。财政局下设粮食、财政、税务三个科和金库,负责全区的财政、粮食、税务工作。同时,作出了《关于克服今后财经困难的决定》;3 月 23 日,又发出了《关于克服今后财经困难的补充指示》。9 月,地委下达了《关于开辟财源厉行生产节约反对贪污浪费的指示》。10 月 20 日,七专署、七分区司令部共同发布《为解决财政供给紊乱的联合通知》。决定和指示都强调要抓好开源节流。除了厉行节约,还要开展税收,扩大财源。7、8 月间,苏北军区调拨一部分物资支援了我们;夏收前,又从税收和战斗缴获、没收敌人的物资中,拨出一部分给我们部队。

税收,是财政收入的大项。为了保证部队供给,规定税收统一上交财政局,集中使用。淮宝、淮泗两县在这方面作出了很大贡献。

筹集粮食是我们克服困难的重要措施。当年夏收、秋收前,规定各县除筹粮自吃外,还要完成上缴粮食的任务。为了减轻群众负担,在征收公粮时,征粮标准一般不超过收获量的百分之七,并对贫农进行照顾。由于负担合理,群众满意,都积极踊跃向政府缴纳公粮,使我们渡过了难关。

弹药主要靠在战斗中缴获,向蒋介石这个"运输大队长"要,真是"没有枪,没有炮,敌人给我们造"。但来源不很经常,我们就强调作战时节省子弹。有的战士在战斗中,冒着生命危险爬到敌人尸体上去捡弹药。实在急需的军用物资，也派人到国民党统治区买过，但数量有限。

为了克服财经上的困难，我们号召和组织解放区人民群众，积极开展生产救灾运动，要求全体指战员和地方干部都做到：节约每粒粮食、每颗子弹、每一寸布。总之，我们依靠人民群众的支持，依靠全体指战员和各级地方组织的共同努力，终于战胜了困难，在物质上保障了战争，赢得了胜利。

在国民党统治区，积极开展地下党的工作、国民党军工作和“两面派”工作，对坚持淮北斗争的胜利也起了重要作用。我们重返淮北后，即派王习之、魏振亚等率精干武装工作队，秘密进入邳睢铜。他们巧妙地和敌人周旋，白天蹲在地洞里，晚上出来活动，发展了一些秘密武装和“两面派”武装，建立了一些“两面派”乡保政权，为后来恢复该地区起了较大的作用。泗宿县潘山区委书记潘存福，在潘山一带进行秘密活动，建立了党的组织，后被国民党发现，不幸被捕，英勇就义。在管镇、鲍集、众兴、高良涧等国民党统治区，也有我们党的秘密工作。张漫萍同志是我们派在蚌埠地下党的负责人，一次他外出执行任务，遇到叛徒，在搏斗中光荣牺牲。戴胜五夫妇在盱眙做国民党军工作，搞情报，买药品，护送和保护了一些党员干部，成绩显著。姚克在抗日战争期间就长时间做敌伪军工作，有着丰富的经验，重返淮北后，地委分工他主管这项工作，派干部打入国民党军内部，建立关系，发展党员，到国民党统治区购买军用物资等等。在这条看不见的战线上，从事这方面工作的同志们深入虎穴，勇敢机智，出生入死，做了大量工作，为重建淮北根据地作出了很大的贡献。

还必须提到洪泽湖。洪泽湖在抗战时期就是新四军第四师和淮北抗日根据地的后方，水面辽阔，四通八达。湖边芦苇丛生，绵延数十里乃至百余里，成为一望无际的青纱帐。湖上一直为我军控制。在主力重返淮北的一年多时间里，洪泽湖武装大队和渔民、草民、湖边农民，在转运部队、安置伤员等方面作出了突出成绩。在国民党军“清剿”、“扫荡”时，部队可以利用洪泽湖大队的船只，与敌周旋。1947 年 6 月间，敌人“扫荡”淮泗，地委副书记李任之率八十一团一部钻进沿湖芦苇丛中,敌人撤退后,安全返回。

在洪泽湖上生活十分艰苦。我们刚打回来时,仍是数九寒天,冰天雪地。部队跳圈子,只得把伤员转移到湖上。小船上格外冷,为了御寒,轻伤员就地取材,用芦苇编成"芦花毯",还编了一个顺口溜:"子弟兵,不简单,芦花编成羊毛毯。能挡风,又御寒,挂在船头当钢板。"夏天,湖里蚊子又多又厉害,叮得人坐卧不安,实在没有办法就用草烧烟来熏。大家风趣地说:"洪泽湖上怪事多,夏天还要来烤火!"天气有时也反复无常,时而烈日当空,晒得你浑身冒汗;时而暴风骤雨,淋得你浑身透湿。洪泽湖不是一个"安乐窝",但却是我们离不开的依托。

湖上的群众对待伤员亲如家人,他们冒着杀头的危险掩护伤员。有一次,敌人突然"扫荡"到湖边,在船上搜查到一个伤员。敌人问船上的渔家姑娘:"这是你的什么人"? 姑娘答:"他是我男人(丈夫)。"敌人又问:"怎么身上有伤?"姑娘又答:"他倒霉,是鸭枪(洪泽湖上打野鸭的武器)走火打的。"其实,那位渔家姑娘还未结婚。平时他们自己吃野菜、菱角、藕,把省下来的粮食、鸡蛋给伤员吃,让伤员早日康复,重上前线。这如海一般的深情,我们是永远不会忘怀的。

在重返淮北的一年多的艰苦斗争中,许多同志流尽了鲜血,献出了宝贵的生命。他们之中有:八十一团副政委王健堂,泗宿县委副书记田古,泗宿县副总队长黄华斋,邳睢铜工委委员苏光亚。区、营级干部有:周道信、程焕然、周维贵、王行庆,戴培信、高驾云、王文智、王布和、李铁群、徐耀华、刘文德、白子文、潘存福、贺子成等同志。

至于牺牲的连、排级干部和班长、战士,数量就多了,名字更无法记清。就是区、营级干部牺牲的名字,可能还有遗忘的。据原七十七团政委孙朝旭同志的不完全统计,仅七十七团牺牲的班、排级干部、战士就有二百九十八名。"为有牺牲多壮志,敢教日月换新天!"他们的革命业绩永垂青史,光照人间,值得我们这些活着的人永远怀念!

1948 年 5 月,根据华东局、华东军区的决定,以淮北军区为基础成立江淮军区,同时成立中共江淮区党委。6 月 6 日,在泗南县张塘隆重举行江淮区党委和江淮军区成立大会,宣布曹荻秋为江淮区党委书记,李世农为副书记,陈庆先、我、梁从学、杨光池、赵汇川为委员;陈庆先任江淮军区司令员，曹荻秋任政委，我和梁从学任副司令员，杨光池任副政委兼政治部主任，张力雄任副主任。原七地委撤销，分别成立江淮二地委，书记张灿明；江淮三地委，书记李任之。江淮军区成立后，党委分工由我抓作战，率领新调来江淮的第三十四旅和独立旅到灵北、邳睢铜等地，开辟新的地区。

重返淮北的日日夜夜，在我的革命生涯中，虽是短暂的一年多，它却给我留下了难忘的记忆。

十七、率前指辗转战淮海

1948年秋，中国人民解放战争到了战略决战的关键阶段。

当济南战役接近尾声时，华东野战军向中央军委提出了举行淮海战役的建议，很快得到了批准。

不久，毛主席、中央军委根据全国战局的发展及华东、中原战场的敌情，决定在原拟淮海战役计划的基础上扩大战役规模，力求在长江以北歼灭蒋介石尚存的嫡系主力。这一决策，注定了蒋介石徐州重兵集团覆灭的命运，为我军下一步渡江歼敌、解放全中国开创了极为有利的形势。11月6日，在毛主席和中央军委的号令下，在随后成立的淮海前线总前委的统一筹划和指挥下，我华东、中原两大野战军以及华东、中原军区及华北军区所属冀鲁豫军区地方武装，达六十多万人，在以徐州为中心，东起江苏海州，西至河南商丘，北自山东临城（今薛城），南达淮河的广大区域内，对国民党军徐州集团进行了一次战略性的大规模歼灭战。

遵照华东野战军指挥部的电示，江淮军区组成前指，党委决定由我负责，带领第三十四旅和独立旅参加淮海战役。

淮海战场的中心徐州东南地区，正是我江淮部队坚持武装斗争的地域。这里北接陇海路，西傍津浦路，东有运河，南有淮河、洪泽湖，战略地位重要。长期以来，我们在这里坚持斗争，粉碎了国民党正规部队和地方武装的多次“扫荡”、“围剿”，歼灭了国民党大量县、区、乡地方武装和一些正规部队，恢复和发展了淮北解放区，牵制了敌人，有力地配合了我野战军的作战行动。淮海战役发起前，我们消灭了睢宁城外围的土顽，打掉了国民党第三绥靖区冯治安部的据点高作镇，全歼其一个加强连；接着，奇袭陇海路南侧前行、后行的国民党军，歼灭其半个连，基本上弄清了当面敌人的部署及企图。

中央军委确定，淮海战役第一阶段的重心是集中兵力消灭黄百韬兵团，完成中间突破。战役开始后，华东野战军以三个纵队从北和东北方向进逼徐州，促使国民党军第三绥靖区的部队起义；中原野战军以四个纵队，并指挥华东野战军两个纵队和冀鲁豫军区两个旅，从西北和西南威逼徐州；同时，华东野战军以七个纵队的兵力，向新安镇、阿湖地区实施主要突击，以歼灭黄百韬兵团。为达成这一计划，华野指挥部交给我们江淮军区部队的任务是配合华野第十一纵队，同位于山东临沂西南的第四、第八纵队，南北对进，突击运河车站及其以西地区，分割黄百韬兵团与李弥兵团的联系，然后会同南下的山东兵团，切断黄百韬兵团西逃徐州的退路。

华东、中原两大野战军于11月6日晚向徐州东、西两面进逼后，国民党军见势不妙，向以徐州为中心的地区进一步收缩兵力。除黄百韬兵团仍位于原地新安镇地区等待沿陇海路西撤的第四十四军外，均撤至徐州附近。7日，黄百韬率第六十四、第二十五、第一〇〇、第四十四军沿陇海路仓皇西逃。华野指挥部令各部展开猛烈追击、截堵，号召全军："不怕疲劳，不怕困难，不怕饥饿，不怕伤亡，不怕打烂建制，不为河流所阻，敌人跑到哪里，坚决追到哪里，全歼黄兵团，活捉黄百韬。"

11月8日上午，正在宿迁、睢宁地区待命的我江淮部队，接到华野指挥部命令后，火速经土山北进，以包围、攻击赵墩的敌人。指战员们受领任务后，两腿生风，十多个小时的急行军，走了一百二十多里路程，于当夜12时许赶到赵墩附近。前指命令独立旅从西面、三十四旅从东面及东南同时向赵墩之敌发起进攻。守敌第一〇〇军的部队拼命抵抗。激战至天明，第三十四旅首先突入村内，敌向西逃遁。赵墩为我攻占后，从东面西逃的黄百韬兵团，从赵墩以北蜂拥逃往碾庄圩地区。

在攻击赵墩的同时，独立旅一团派出侦察连抢在敌人的前头，在碾庄车站西面五六里的地方破坏了铁路，并与逃敌之先头部队接上火，迟滞了敌人西逃的行动，接着，第三十四旅、独立旅从赵墩出发，快速向西追击，不怕敌机轰炸，不顾饥饿疲劳，于9日下午在碾庄车站以西及西南，咬住了敌人。在我军主力尚未到达的情况下，为了壮大声势，拖住敌人，前指决定向当面之敌发起攻击，哪里有敌人，就往哪里打。三十四旅利用夜暗，以神速的动作攻占了敌人据守的五里庄等几个村庄，击溃守敌一个营。在我军搜索接敌过程中，俘获了国民党军通信架线人员十余人，得知黄百韬兵团指挥部所在地，当即电告华野指挥部，为我主力追歼黄百韬兵团提供了重要情况。

独立旅攻击衡家集顺利得手，但该旅第一团攻击西张庄守敌的战斗却打得很艰苦。西张庄位于碾庄车站西南四五华里，一条干枯的小河把庄子分成南北两半，庄南为大片开阔地，庄内守敌第一〇〇军所部据守着李弥兵团撤退时留下的工事，地堡密布，堑壕纵横，前沿还设有铁丝网、鹿砦和木栅，阵地坚固；在庄子西侧不远，还有一敌据点，同西张庄成犄角之势，以火力相互支援。根据这一情况，一团首先进行近迫作业，抢修了一些工事，然后部署：由第二营主攻西张庄；第一营攻击庄侧之敌；第三营为团预备队，位于第一、第二营中间偏后的一个庄子。攻击发起后，两个营同时向预定目标猛打猛冲，均一举突破前沿阵地。第一营得手后转入原地防御。第二营由突击排率先冲入庄内，紧接着第四、第六连跟进时，同敌人在庄内激战。晚10时许，第四连攻占了庄内一高台子，正当继续向西发展时，遭敌火力封锁，前进受阻。由村东攻入庄内的第六连，越过小河向北发展时，也被敌封锁，便一面组织火力对抗，一面组织小分队攻击孤立的地堡，扫除障碍。与此同时，突击排追着敌人的屁股进到小河北岸，发现一个大院里的敌人正朝六连射击，九班长胡振华夹了炸药包就冲上去，一下子炸开了院子大门，全排一拥而入，消灭了几十个敌人。六连乘势越过干河，会同突击排和四连横扫残敌。至天明，占领了西张庄。

11月10日，我华东野战军山东兵团在大许家、曹八集一线切断了敌人西窜退路，黄百韬兵团不得不在碾庄圩地区停下来，固守待援。华野追击大军正从北、东、南三面逼近该敌。碾庄车站之敌第一〇〇军，于10日上午对我西张庄阵地进行了反扑。坚守西张庄的独立旅一团第二营,在打退敌人三次连、营规模的进攻后,主动撤至小河南,依据有利地形扼守。敌人三次进攻失败后,便用重炮猛轰西张庄,顷刻间,落下炮弹三四百发,二营的阵地一片火海,房屋被炸塌,工事被炸毁,不少干部战士在炮火中倒下去。上午10时许,敌人又以成团的兵力向二营阵地扑来。

为了保证二营守住西张庄阵地,前指令独立旅第一团三营与团迫击炮连全力支援第二营的战斗,同时要求其他部队牵制当面的敌人,减轻二营的压力。

第三营受命后,像离弦之箭冲向敌群。敌人立即转移火力、兵力对付三营。三营伤亡越来越大,营长陈继忠和教导员董超先后负伤,尽管如此,他们仍未停止攻击。在这同时,二营和一营从东西两侧攻击反扑的敌人,炮连的炮弹准确地在敌群中开花,全团密切配合,激战至下午4时,将敌人反扑打退,牢牢地控制了西张庄。

11月11日,华东野战军第六纵队赶来接替我部防务。此时,华野主力已将黄百韬兵团的四个军包围于碾庄及其周围不到十八平方公里的狭窄地区内。我江淮部队先于华野主力到达碾庄作战地区,并在碾庄车站西及西南同敌激战两天两夜,这对于阻敌西逃,迫敌不能向车站以西扩大防区,对于兄弟部队占领较为有利的进攻出发阵地,围歼黄百韬兵团,创造了条件。

黄百韬兵团被围后,蒋介石急令杜聿明东援。11月12日,杜聿明以十二个师的兵力,在大量飞机、坦克的掩护下,沿陇海路向东进攻,受到我军的顽强阻击。这时,华野指挥部命令江淮部队开至徐州东南,包围敌飞机场。途中,敌机不时前来扫射,部队一面组织火器对空射击,一面继续开进。12日下午,前指刚到达高集,就接到第三十四旅的报告,说他们在前面同敌人交火了。原来,驻睢宁的国民党军第一〇七军孙良诚部见黄百韬兵团被围,便慌忙西逃徐州,其先头的第二六一师正巧在这里碰上了我们。孙良诚部无心恋战,夺路逃跑。我令部队全力追击,终于在孙集地区堵住了这股逃敌。不久,华东野战军第二纵队赶到,将第二六一师歼灭。

我们于 11 月 14 日晚包围了徐州飞机场，徐州敌人的空运线路为我切断。这一行动，同苏北兵团、中原野战军第十一纵队不断发起的战斗一道，构成了对徐州的威胁，使杜聿明不敢倾巢东援黄百韬。

为保证围歼黄百韬兵团的战斗顺利进行，并便于尔后对李延年、刘汝明兵团作战，华野即开始在南线布置战场，遂令我江淮部队南下围歼灵璧守敌。

我部接受任务后，于 11 月 17 日下午经张山集、渔沟向灵璧急进，昼夜兼程，18 日晚抵达灵璧城外。前锋独立旅一团第三营在城北同敌人遭遇，歼敌一部，余敌逃入城内。次日拂晓前，前指和两个旅都开抵城下：三十四旅位于城东；独立旅一团位于城北，二团位于城西，三团位于城南；前指设在城东北的双庙子。20 日，各部队肃清四关之敌，迫使敌人龟缩于城内。

灵璧是一座古县城。高达十余米的城垣厚实完好，加上那条宽约十米的护城河，构成易守难攻的地形。守敌第十二军二三八师五千余人，早在这里苦心经营了好久，在城门口筑了碉堡，又将城墙自上而下打了三层枪眼，还在城内挖了堑壕，筑了暗堡，妄图凭借这些坚固的工事顽抗到底。

前指命令各旅、团抓紧进行攻城准备。各部队大搞土工作业，把坑道挖到护城河边，同时扎浮桥，做云梯，看地形，论战法，都决心打好这一仗。期间，守敌一个连曾出城向西南方向反击，被独立旅第二团打了回去。敌人的飞机不时前来空投物资弹药，支援城内守敌，但大多投到了我们阵地上。战士们开玩笑说；“连蒋介石都来帮忙攻城，灵璧城还能不破！”11 月 22 日夜，传来华野主力全歼黄百韬兵团的消息，极大地激励了指战员们攻取灵璧的胜利信心。

11 月 23 日，华东野战军第十三纵队奉命前来一起攻城。经商定，该纵第三十七师接替城西独立旅第二团防务，24 日晚同时向守敌发起总攻。我部以北门为主攻方向，由独立旅第一团担任主攻，第二团为预备队；第三十四旅于东门助攻；独立旅第三团仍位于城南，同第十三纵队一起防敌南逃。

11 月 24 日傍晚，总攻开始，北门主攻阵地上，十三纵来援的一门山炮只打了三炮便没有炮弹了，敌前沿障碍与火力点未能破除，独立旅一团第一营即令爆破组出动。爆破手们在火力掩护下跃入冰冷刺骨的河里，炸掉鹿砦，进行连续爆破。副班长孙士富见小包炸药效果不大，立即背起五十斤的炸药包连爆两次，将城墙炸了一个十几米的斜坡。突击连四个排通过浮桥冲上突破口，打退了前来阻击的敌人，一举突入城内。后续部队正要跟进，被大量涌向突破口的敌人居高临下，以强大火力严密封锁于城外。攻击受阻。突击连被困在城内，孤军作战，前指见情况危急，立即命令一团再开突破口，重新组织部队冲上去。一团集中所有重机枪压住敌人的火力，一营猛冲猛打，首先冲上突破口。这时，敌人从三面扑过来，企图把一营压下去。在这关键时刻，二营赶到，两支部队左冲右突，同敌人展开了英勇搏斗。与此同时，三营用云梯登城成功，二团也投入了战斗。在我连续有力的突击下，敌人开始溃退。一营乘机攻上城门楼，同三营一起攻歼北门之敌，其余部队向纵深扩展。

几乎在同时，三十四旅攻破了东门，三十七师从西南突入城内。被敌人视为“固若金汤”的灵璧城，转眼间已被我军踩到脚下。

至此，我江淮部队已有五个团攻入城内，开始按同十三纵商定的计划，围歼东西长街以北之敌。指战员们首先肃清堑壕内的敌人，然后攻破一个又一个暗堡，转入逐街逐巷逐屋的清剿。

部队在向城内扩展时，找到了独立第一团突击连尚存的四五个同志。这个突击连不愧为英雄集体，他们突入城后，占领了城墙下的一座院子，同敌人展开激烈战斗，因地形不利，腹背受敌而伤亡甚大。后来院子被敌人炮火打毁，他们就同敌人进行巷战，打光了子弹拼刺刀，最后只剩下了四五个人仍在坚持战斗。这几个同志见自己的部队打进来了，欣喜若狂，不顾伤痛，加入了追歼残敌的行列。

此时守敌已溃不成军。敌师长见四门皆破，大势已去，便化装逃跑，敌人就像一窝无王的马蜂乱成一团。北城之敌在我部追击下，除小部被俘外，蜂拥至城西南，为三十七师所俘。25 日拂晓战斗结束，灵璧全城解放。

打下灵璧后，江淮部队乘势扫荡了周围的国民党地方武装，再次解放了泗县。

灵璧被攻克，以及华东野战军大部队南下，使蒋介石产生了错觉，误认为我军在黄维和李延年两部中必先取弱者李部，故令李延年、刘汝明兵团后撤。而李、刘两部惧于被歼，在发觉我军主力逼近后，于26日星夜从花庄集地区南逃蚌埠。华野即于27日晨组织追击，命我江淮部队进到灵璧西南大山、沱河一线，配合第十三、第十和第二纵队，对任桥方向作战，攻歼李延年部。是日下午，我部来到孙二郎库、小张庄地区，暂归十纵指挥。由于任桥之敌已于中午南撤，十纵侦察营于下午4时控制该地，我部便改向固镇与连城间攻击，直接威胁固镇敌人南撤道路。29日，十纵一个团抵达连城，我部奉命转返濠城，绕道双沟渡淮，准备进入淮南地区。

在近半个月中，我江淮军区部队奉命开辟南线战场，长途奔袭，连续作战，同兄弟部队一起攻克灵璧，扫荡土颀，威逼固镇，震慑了李延年和刘汝明两部，为中原野战军顺利达成对黄维兵团的包围创造了条件，使得蒋介石"三路会师，北上解围，拱卫徐州"的计划成为泡影。

继1948年11月25日中原野战军将黄维兵团包围于双堆集地区后，不到十天，我华东野战军又将企图突围的杜聿明集团约三十万人包围于徐州西南萧县、永城之间。蒋介石慌了手脚，除赶忙将从葫芦岛南撤的第五十四军北运蚌埠外，又准备从武汉抽调兵力加强蚌埠方向，企图北援解围，挽救其失败的命运。

在这种形势下，华野指挥部命令我江淮军区部队转入淮南，立即破击津浦铁路宁蚌段，牵制南线敌人，配合中野、华野主力围歼黄维兵团和杜聿明集团。此时，由于长期奔袭，连续作战，部队已相当疲劳，我们以总前委发布的"全歼当面敌人，争取淮海战役全胜"的政治动员令为武器，深入进行了决战动员，全体指战员响应总前委的号召，一致表示：不怕疲劳，不畏牺牲，坚决完成作战任务，夺取淮海战役的全胜。

12月5日，我江淮军区部队到达鲍集及其以南地区，准备南渡淮河。在我渡口对岸的河梢桥地段，国民党军第六十六军五五四团抢先布防，企图阻我渡过淮河。6日晚，我早在淮南津浦路东活动的第三十四旅一〇〇团，包围了河梢桥的敌人，同时派出突击队强行渡河袭占周嘴，占领有利地形，掩护大部队南渡。7日晨，部队刚渡一半，敌机数架临空，轰炸我登陆点，渡河只得暂停。上午8时，敌向已过河的三十四旅一〇二团阵地攻击，被我击退。下午，河梢桥的敌人向盱眙方向突围，被我一〇二团追歼大部。登陆点巩固以后，部队于当晚南渡完毕，随即进至古城西南地区，开始破路。

破路是我部的“旧业”，这次却出新招。过去破陇海路是用大量人力将整段铁轨掀翻，费劲费时，这次破路，战士们用炸药包，只将铁轨两头炸翘、炸鼓，不仅照样阻止了敌人火车通行，由于修复时需将原铁轨卸去，加大了修复难度。这个办法提高了破路效率。

我们要破路，敌人要保路，形成了激烈的斗争。12月11日晚，我两个旅同时出动，破击了明光、管店、三界段铁路。次日下午，敌人就来报复。驻张八岭敌人一个团向独立旅第三团阵地进犯，经第一团从侧翼反击，将敌击退。同时，明光的敌人两个团向我方进逼，遭第三十四旅夹击后溃退。一天中午，独立旅第三团一营前去破击张八岭至沙河集段铁路，刚到阎集，就同一个团的敌人遭遇。他们是从葫芦岛调来北援蚌埠的，因前面铁路被毁，只得在这里停车。由于敌众我寡，加上地形不利，一营不得不撤出战斗。下午，三团重新组织进攻，夺回阎集，同敌人形成对峙。深夜，该敌南遁。就这样，我们一面破路，一面战斗，在地方武装的配合下，很快就把明光至沙河集的四十多公里铁路变成了“死蛇”。同我江淮军区部队破路相呼应的，进入淮南津浦路西地区的先遣纵队破击了蚌埠附近的铁路。两支部队配合行动，彻底切断了津浦铁路宁蚌段，牵制了沿线之敌，有力地支援了我军主力围歼黄维兵团的作战行动。

在华野对被围的杜聿明集团暂时围而不打，全军进行战场休整之际，我们江淮军区部队也抓紧时机进行了休整。

1949年元旦刚过，从武汉方向调来不久的国民党军第二十军，因被阻于淮南不能北进，气势汹汹地寻找我江淮军区部队决战，出动第一三三师、一三四师，配合第六十六军第一八五师(欠五五四团)向我驻地古城一带“扫荡”。1月3日晚，独立旅侦察队潜入敌人腹地大安山，捕得俘虏，查明了敌情。4日，敌向我各部队阵地进犯，我各旅、团奋勇反击，同敌激战整日，又经两天激战，敌人被迫后撤。我们趁机尾追，歼敌一部，并将敌赶到铁路以西，我军占领嘉山、三界、张八岭等地。

1月10日，华东野战军全歼杜聿明集团。至此，在中国人民解放战争中具有决定意义的三大战役之一的淮海战役，经过六十六天的艰苦奋战，共歼国民党军五个兵团部、二十二个军部、五十六个师，共五十五万五千余人。蒋介石在华东、中原战场的主力已经丧失殆尽。

在围歼杜聿明集团的同时，在总前委的统一指挥下，我军主力一部挥戈南下，乘胜扩张战果，追歼逃敌。至1月24日止，先后解放了蚌埠、合肥等重镇及江苏、安徽两省长江北岸广大地区。

这时，国民党的政治中心南京、经济中心上海，已处于我军的直接威胁之下，国民党反动派陷入了土崩瓦解的境地。

在淮海战役后，根据中共中央军委的部署，中国人民解放军统一进行整编，我江淮军区独立旅和第三十四旅同在淮海战役中起义的国民党第七十七军何基沣部合编为第三十四军，隶属于第三野战军第八兵团，何基沣任军长，赵启民任政治委员，我任第一副军长。随后，我们根据毛主席、朱总司令的命令，参加了伟大的渡江战役，迎来了新中国的诞生。

同年4月，第三十四军参加了渡江战役。我率一个师从扬中、镇江以西地区渡江，向南追击逃敌，到句容后返回包围南京，于23日和第三十五军一起解放了国民党统治的中心——南京城。三十五军继续向浙江进军，由第三十四军担任南京警备任务，成立南京警备司令部，我任参谋长。

社会主义建设中

十八、组建海军第六舰队

南京解放初期，社会秩序混乱，官僚政客、地痞流氓横行，国民党军散兵游勇为非作歹，潜伏特务继续进行破坏活动。我组织警备部队加强警卫巡逻，配合民政部门遣送散兵游勇，协同公安部门加强治安措施，使社会秩序逐渐安定。

1949 年 11 月，我被任命为第三十军军长，率部驻防在浦东一带，防止国民党军窜犯大陆。此时，华东军区、第三野战军没有空军，海军在当年 4 月 23 日才开始筹建，解放闽、浙沿海岛屿仍由步兵乘坐木帆船实施近海登陆作战。为尽快解放沿海岛屿，并为解放台湾作准备，中共中央军委批准华东军区关于加强海军建设的措施，其中包括将第三十军军部机关和直属队拨归海军改建海军部队。

1950 年 1 月 16 日，我接到华东军区电令，要我和政委谢立全一起回南京接受新的任务，当时在交接部队工作之后，于 29 日和谢立全率军机关和直属队从江湾登上火车，向南京进发，驻进下关原国民党海军营房，开始着手改建海军驱六支队的工作。

海军驱六支队是一支有着光荣历史的战斗部队。其前身为海军的第一支护卫舰部队，正式组建于 1949 年 11 月，当时称第一舰大队和第二舰大队。

到达南京几天后，华东军区海军司令员兼政委张爱萍就明确宣布：

由我任第六舰队司令员兼政委，同时十四人组成华东军区海军第六舰队党的委员会，并设立了常务委员会，由我等五人组成。

张爱萍司令员问我："有困难吗？"

我说："有困难就去克服！"

张司令员对我的态度甚为赞赏，他说："这就让我放心了，有你这样的态度，就完成了一半。"

当时，我任书记，刘中华任副书记；隶属于华东军区海军党委领导。该舰队由第三十军军部及直属队和华东海军第一舰大队合并组成。此后，随着支队的不断发展和扩大，各级党的组织逐步健全和增强，党员和干部队伍不断扩大。1955年10月改名为护航舰六支队，毛泽东主席曾亲自登临支队的"南昌"、"广州"、"洛阳"舰视察，并作了"为了反对帝国主义的侵略，我们一定要建立强大的海军"的光辉题词。刘少奇、周恩来、朱德、叶剑英、邓小平等老一辈无产阶级革命家及党和国家领导人也多次亲临支队视察。

我作为华东海军第六舰队首任司令员兼政委、党委书记，深感责任重大，立即和党委"一班人"一起研究，团结带领广大指战员展开了艰苦的创建工作。

先将架子搭起来，再逐步充实调整，这是我在组建第六舰队时所采取的组织措施。舰队机关以第三十军军部为基础组建，人员大部来自第三十军，一部分来自原海军人员。舰队机关初步组建后，即由南京移驻上海。六舰队开始辖军舰六艘，后增至九艘。

4月24日上午，第六舰队在上海市举行隆重的成立大会。在大会进行时，华东军区、第三野战军司令员兼上海市市长陈毅被我请来出席，并作重要指示。陈毅的到来，为第六舰队成立大会增添了光彩，给我和第六舰队指战员以巨大鼓舞。

当时，向陈毅市长报告时，我有些顾虑，心想，他很忙，成立大会不一定会来参加。可一听海军舰队要成立，他很高兴地说："那好哇！有我们自己的舰队来保卫大上海了，我一定去参加！"当时记者拍下了陈毅市长参加成立大会的照片，现珍藏在舰队军史馆里，成为这支部队经常进行传统教育的活教材。

当时条件较差，靠什么？我想，不靠天，不靠地，全靠我们自己。是啊！人的因素是第一，条件是由人创造的。于是，加强思想建设，动员新老海军为加速舰队建设齐心协力，这是我的着手点。我当时鼓励来自陆军的新海军发扬战争年代磨练出来的那种勇往直前、坚韧不拔的精神，战胜各种困难，适应海上生活；要虚心向原海军人员学习，尽快掌握海军专业技术。

我提出“尽快由‘旱鸭子’变成‘水鸭子’”的口号。我教育原海军人员，学习革命理论和人民军队的建军宗旨、建军原则，坚定为人民服务的立场，为加速人民海军建设作贡献。当年就吸收了担任舰长的四名原海军人员入了党。

加强战斗训练，让指战员尽快掌握海军专业技术，这是我当时抓舰队建设的重点。我组织机炮训练大队、航海训练大队及各类机电专业训练班，四百多名班长、军士长、机炮长和 20 多名舰长、政委、航海员得到了培训或轮训，从而使广大指战员加快掌握了海军专业技术。

9 月下旬，根据华东海军的部署，第六舰队调集七百名指战员，赴北京担任天安门广场国庆一周年阅兵分列式海军方队，接受毛主席等党和国家领导人的检阅。这是一项紧急而又特殊的任务。出发前，我又作了动员，并对我队调集人员进行了预备训练，要求每一个仪仗兵的站姿都要挺拔、自然，并能在炎炎烈日和凛冽的寒风中纹丝不动地站立三个小时以上。接着，正步训练。正步是仪仗队的基本步伐，也是仪仗队员最基本的训练，同时也是对他们智力和耐力的培养与锻炼。除此之外，我还要求有表情训练。经数天的操练，即同第七舰队抽调的指战员一起，组成“海军受阅团”，接受了毛泽东主席和其他国家领导人的检阅，获得了好评。

在我担任为期一年的第六舰队司令员兼政委期间，从带领三万人马到指挥相当于一个团的千余名官兵的九艘战舰，较快地实现了角色转变。我要求指战员尽快由“旱鸭子”变成“水鸭子”，其实，我自己也是“旱鸭子”，应该先于指战员变成“水鸭子”。为了这一转变，我深入基层，多听指战员的意见，同时，经常随舰出海训练和执勤，掌握实际情况。战友和首长说我是“第六舰队的创建人，给第六舰队的发展打下坚实基础”，其实，我只是一个组织者，是中央军委交办的任务，这是应尽义务，为尔后海军舰艇部队的发展起到了“种子”作用。

1951 年 1 月，我调军事学院高级系一班学习。这个班三十多位学员都是兵团司令、副司令和军长。他们是随着人民解放军正规化、现代化建设的加强而调来学习的。我在一年半的学习期间，响应刘伯承院长关于高级系一班要带好头的号召，虚心听取教员(包括国民党起义军官担任的教员)授课，勤奋努力自学，刻苦钻研军事和文化，外出挤公共汽车，野外作业乘大卡车，学到了知识，得到了锻炼。结果十多门功课都在及格以上，特别是“步兵师进攻战斗考核作业”获得“五分”的优异成绩。有人问我：“取得优异成绩的诀窍是什么？”我说：“没有什么诀窍！若说诀窍，那就是我一靠刻苦学习、二靠不断实践。”

接着，又受命于新的岗位。

1952 年 8 月，我被任命为苏北军区司令员。到职后，就和政委萧望东等一起，按原定部署，指挥部队配合地方开展土改、镇压反革命运动，以沿海、江湖及山区为重点，继续进行“清剿匪特”的工作，进一步巩固了海防和内地治安。继续进行整编，部队一部分上升为主力，有的集体转业地方或复员返乡生产，使留下的部队和机构更为精干。

到任后，我听到干部战士对原任司令员张震东在当年年初“三反”打“老虎”时被“关禁闭”议论纷纷。此时，张震东虽被放了出来，但没有明确说法。我认为，凡事要有一个说法，不能老是“是非不明”，于是，我提请党委常委研究后，组织专人调查。发现张震东根本不是什么大“老虎”，而是一个好人，是被秘书挟嫌报复诬告的。后来，组织上按政策作了处理，使张震东恢复了声誉，并得以重新分配工作。他激动地对我说：“你大公无私，无私才无畏，无畏才敢出来除冤案！”我当即回答说：“共产党人就是讲究实际，不冤枉好人的！”直到 1984 年张震东临终前，我们相见时，他还感谢我替他解决了这个冤案。

1952 年 11 月，奉中央人民革命军事委员会电令，苏北、苏南军区在镇江市合并为江苏军区。我被任为第一副司令员。在此后近三年期间，我经常抓的有四个方面的工作：第一，加强海防建设。成立了海防指挥所，沿海划区负责；多次调整海防部署，收缩海防部队，进行重点守备，严格船只停泊点的检查、管理，加强对沿海的巡逻、观察，使海防得到了巩固。第二，多次进行整编。机关一再精简，减少勤杂人员。以原人民武装机构基础，组建市、县兵役局。将苏北、苏南的公安部队，统一合并为江苏省公安总队，并将担任内卫的公安武装划归公安部门，改为人民武装警察。第三，加强民兵的组训。利用冬季农闲季节，由各县先训基层民兵干部，再普遍训练民兵，使民兵的政治、军事素质得到了提高。组建基干民兵，在配合部队、公安部门保卫海防、剿匪肃特、维护治安诸方面发挥了重要作用。第四，进行义务兵役制的试点。1955 年 1 月至 3 月，我按照总参谋部和华东军区的部署，组织全省各地进行征集新兵四点九万余人。这是由志愿兵役制到义务兵役制的开始，取得了经验。对此，总参谋部动员部给予了好评。

十九、六十军军长苦练兵

1955 年，我记得这一年的夏季持续的时间特别长，干旱缺雨，阵阵热浪搅得人们不能正常地工作和休息。

这年的 9 月，当时我在江苏军区任职，那段时间我正顶着酷暑热浪，带着机关的同志由连（连云港）、盐（盐城）、通（南通）自北向南进行战场勘察和兵要地志的调查。一天，我们刚从现场回到临时居住的地方，便接到机关打来的电话，说调我到六十军当军长的命令已经到了，军区首长要找我谈话，让我火速赶回南京。这个命令对我来说实在是太突然了，以致使我竟没有半点思想准备。

说实话，没有思想准备倒没有多大的关系，关键是到六十军当军长的这副担子可不轻，尽管在这之前我没有在六十军工作、生活的经历，但对这支部队并不陌生：它的前身是晋冀鲁豫独立二旅，晋冀鲁豫军区第四纵队十二旅，太岳直属机关和十九、二十、二十一分区三个基干团，于 1947 年 8 月 1 日在山西省襄陵县张厢村合编而成的。自从组建之日起，这支部队的全体指挥员便坚决响应党中央、中央军委和毛泽东同志“以自卫战争粉碎蒋介石的进攻”的号召，奋战于华北、西北、西南三大战区，先后参加过运城、临汾、晋中、太原、扶眉、秦岭以及解放成都等重大战役。1951 年 3 月奉命赴朝作战，三年多时间，前后参加了五次战役，次次都取得重大战果。这可真是一支勇猛顽强，能打硬仗恶仗，不怕流血牺牲的好部队啊！

组织上把这样一支有着光荣历史的部队交给自己，还有什么能比组织上的信任更重要的呢？想到这些，我急切地打点行装，带着军区首长的嘱托和厚望，匆匆赴任了。

到了六十军，我简单听取了军里其他几位领导同志的情况介绍后，没有忙着去“烧三把火”、“踢头三脚”，而是一头扎到了基层。作为一军之长、军党委书记的我，需要迅速了解部队全面建设情况，掌握情况，才能把握工作的主动权，保证部队工作的正常运转。

当时，部队刚结束营建施工转入正常的教育训练，工作头绪多，争时间、争位置的矛盾显得尤其突出。有不少工作主次不分，齐头推进、互不相让，这样既影响了正常工作的开展，又不利于领导之间的团结。

这是一个非解决不可的问题。我遵照毛泽东讲的“一切结论产生于调查研究之后”，没有简单地作出谁对谁错、谁是谁非的结论，而是用一个来月的时间下部队摸情况搞调查，把六十军团以上单位转了一个遍，感触很深，启迪颇大，工作的压力比当初想象的还要大。

部队由朝鲜战场归国后的一年多时间里，所属的一七九师、一八〇师、一八一师分别在蚌埠、浦镇、滁县担负着新建营房任务，这期间可以说基本上没有进行系统训练，一日生活缺乏正规有序的管理。

部队面临接收新装备（由朝鲜撤回国内时，所有志愿军部队都将当时手中使用的武器装备送给了朝鲜人民军），而干部的文化、军事素质普遍比较差，不少干部在战士面前“三不敢”，即不敢讲军事课、不敢打枪、不敢做示范动作。我还听说，就在前不久，军区许世友司令员考核一七九师连以上干部的轻武器实弹射击，事先言明：“谁得优秀，奖谁一块手表。”最后仅有一位副团长得此奖励。

由朝鲜回国后，在一片鲜花和赞扬声中，享乐主义、追求名利的苗头开始在一部分同志中滋生，部队中斗志松懈、作风松散的现象较为普遍，再加上相当一部分战斗骨干复员回乡，参加地方经济建设，一个百十号人的连队竟然挑不出几个像样的班长骨干来……

随着调查的深入，我的工作思路也日渐清晰。这年的10月中旬，我主持召开了任军党委书记以后的第一次常委会，围绕“如何带好六十军这支部队”的主题，让大家畅所欲言，各抒已见。我推心置腹地向常委们亮出了自己的想法：“六十军是一支战功卓著的部队，部队建设有着很好的基础，组织上把这支部队交给我们带，就是对我们的最大信任，我们有责任续写好他的光辉历史。养兵就是为了打仗，没有过硬的军事素质就不是支好部队，我们有愧于党和人民，有辱自己的使命，对不起流血牺牲在战场上的战友。”我的这席讲话，使在场的常委们听后反映热烈，触动也比较大。

有的说，当年我们在抗美援朝的战场上连生命都置之度外，现在还计较名利、地位就太不应该了。

有的说，我们大多是贫苦的放牛娃出身，参加革命为的是有口饭吃、有条活路，这么多年来，党组织一直关心、教育、培养着我们，使我们懂得了许多革命的道理，成为军队高级领导干部中的一员，我们肩上的担子不轻，考虑更多的应该是如何为党多做工作，做好工作。

常委们一个接着一个的发言，我为有这么一个好领导集体，有这么一批好的同事共同工作，深感欣慰，心里也踏实了许多。

当时的六十军也和其他部队一样，刚由战争年代转入和平建设时期，各项工作抓得比较紧，各级领导干部干劲也都比较大，因而也就使得基层的压力更大，按照当时流行的说法，叫做“两眼一睁，忙到熄灯”。

基层的这种忙乱现象，搅得我寝食不安，也引起了我的高度重视。为了弄清根源，我找常委们个别交谈，听听他们的反映和看法，同时，常到战士中间开座谈会了解情况，慢慢地透过这基层的忙乱现象，我看到了实质上是由领导机关乱忙造成的，而工作中争主次、夺地位、抢时间则又是造成机关乱忙的根本所在。

找到了“病根”，即可对症下药了。

战争年代靠实战经验的总结，即从战争中学习战争，使之战斗力很快得到提高，而在和平建设时期，部队则要通过严格、正规、有序的训练，把教育训练摆在中心位置上，才能提高部队的战斗力。经过一段时间的反复做工作，各级领导统一了这样的思想认识，确实让人高兴。

认识是行动的先导。有了这样的认识，行动起来就更加自觉。大家开始懂得了没有干部军事素质的过硬，就没有部队军事素质过硬的道理，很少有人再只管考虑自己分管的那一条、那一块了，以军事训练为中心得到了很好的确立。招数、办法也就多了起来。

经各级层层挑选，一部分特别优秀的干部被送到军事院校深造，以培养不同层次的军事人才。

这年 10 月底，由我任大队长兼政委，谭友夫副军长任副大队长，各师师长任中队长，政委任指导员，又在全军范围内抽调十二名经过高级学校严格训练过的参谋任教员，集中军、师、团作训处(科、股)长及参谋们的第一期军官射击集训队如期开训了。整个集训期间，我吃住在集训队，组织开展小教练和互帮互学活动，做到“边教、边学、边评、边改进”，军事民主的传统在这儿得到了很好发扬，射击成绩直线上升，经过二十天的集训，射击考核全部达到良好以上水平，其中优秀率达百分之四十八点三。紧接着又连续举办了两期射击集训，这样全军团以上司令部机关的参谋及营连军事主官都基本上集训了一遍，这就为部队的军事训练打下了扎实的基础。到了 1956 年，在军区组织的夏季训练期步兵武器基本射击考核中，第一练习优秀的有一七九师、一八一师；第二练习优秀的有一七九师、一八〇师；夜间射击优秀的有一七九师、一八〇师。1959 年在步兵射击训练考核中，一七九师、一八〇师、一八一师总评均为优秀。

1955 年 11 月 29 日，我在南京参加了由国防委员会副主席刘伯承、陈毅元帅主持的授衔、授勋典礼。我被授予中将军衔；后又被授予一级八一勋章、一级独立自由勋章、一级解放勋章。

1956 年 4 月，军召开首届党代表大会。大会坚决贯彻“高举毛泽东思想伟大红旗，为把我军建设成现代化、革命化军队而奋斗”的思想，提出把工作重心转移到军事训练的轨道上来。

军事训练中，组织部队进行野营拉练，给我留下的印象特别深。那是 1956 年，在一八〇师五四〇团蹲点的谭友夫副军长，发现不少官兵因在熟悉地形上反复演练而产生厌烦情绪，训练不用脑，兵越练越呆板，走过场搞“花架子”的现象也较为严重。为此，谭副军长向我谈了他的想法：搞野营训练试验，即将部队拉出营房到野外训练，以一个或数个战术课目为辅线，穿插配合各种勤务课目，练“走、打、吃、住”，全面提高部队的野战能力。

我听了谭副军长这一建议，觉得很好，便对他说：“野营训练选择的场地地幅宽阔，地形复杂，这样官兵在生疏、复杂的野外条件下实施技术、战术的训练，有一种近似实战的背景，能够很好地启发干部、战士在指挥和演练时机动灵活多用脑，从而达到技术与战术的有机统一。”于是，我当即拍板：“先在一个团里搞试点，然后全面铺开。”

后来，果真也应验了“好事多磨”这句老话。野营训练的设想很好，可训练场地如何解决，成了一件十分挠头的事。没办法，只好硬着头皮找到了当时任安徽省委书记的曾希圣同志。曾书记也不愧为行武出身，他爽快地答应：“你什么时间要就什么时间给，要多少给多少，要哪儿给哪儿。”曾书记的这句话，可真使我吃下了定心丸，更使我对毛泽东主席“军队打胜仗、人民是靠山”这句话有了更深的理解。后经谭副军长与省、地有关部门协商，本着节约用地，多用荒地、薄地，尽量少占耕地和一场多用的原则，把安徽滁县珠龙桥以北、明光县三界镇以西近二百平方公里的荒野丘陵地，作为六十军的训练地。

自那以后，每年都组织步兵、炮兵、坦克兵轮流进行野营训练以至合练。这种近似实战环境，全副武装有战术情况的长途行军，野外宿营，风雨无阻的连续作战，甚至几天不下阵地……野营训练有效地锻炼部队独立生活、作战的能力，锻炼官兵们吃苦耐劳、坚韧不拔的精神，锻炼了官兵的体质，以适应现代战争的需要。野营训练对后勤分队人员也提出了更高的要求，要求供给人员能在偏僻的乡村弄到柴和菜，要求炊事员能在野外，在有风有雨的情况下，用行军锅做好热饭热菜，保证部队在野外训练中不饿肚子。同时在野营中，官兵同吃同住，同甘共苦，进一步密切官兵关系，增强了内部团结。因此，每次野营训练，我都统一安排训练计划确定训练课目和时间，根据器材、场地情况，组织审定野外训练预案。野营训练得到了军区和总部的肯定，1958 年《解放军报》、《人民前线》报和总部的《军政训练杂志》都作了大篇幅的报道。

据当时总部机关同志讲，毛泽东主席看了这方面的材料后，挥笔写下了“野营训练好”，给予了充分的肯定，继而在全军部队作了推广。

我知道首长肯定并推广我军的野营训练经验后，心里非常高兴，深感自己为军队建设做了一件好事，更感到自己的责任重大，应该戒骄戒躁，争取更大成绩，特别是要搞好“一班人”的团结。

对一个领导干部来说，能否真正尊重和团结班子中的每一位成员，能否真正与基层官兵打成一片，永葆普通一兵本色，这不仅是我们党的传统作风所要求，同时也是领导水平和艺术提高的关键，集中体现出一个人的知识、素养和胸襟。现在回忆起来，这方面的体会尤为深刻。

在六十军，行政上我是军长，党内又是军党委书记，实质上是集军、政两副重担于一身。对此，我常常告诫自己，要注意发扬民主，多走群众路线，遇事多与大家商量，不搞个人说了算。但实际工作起来，不能不说是有一定的难度。在班子中我参加过两万五千里长征，三过草地，参加过西路军的远征，1955 年被授予中将军衔。我知道这中将军衔只是党和人民给予自己的一种荣誉，并不是什么权力或地位的象征，但大家都十分敬重我，遇事大多要我拍板敲定。但我清醒地意识到，班子不是家庭，“班长”不是家长，别人越尊重自己，自己也更应该谦虚谨慎，尊重别人。

我到六十军当军长第二年的年底，刘瑄同志才由十二军副政委调整与我搭档当政委。刘瑄同志是 1938 年当兵，尽管当时也是正军职务，但由于是抗战时期入伍的，按那时的有关规定只授予了大校军衔。显然，我与刘政委两人在资历、军衔上存在较大的差距。越是这样，我倒越注意处处维护刘政委的威信，使其放手大胆、心情舒畅地工作，涉及大项工作，都事先与刘政委商量后才做决定，就连他外出开会、下部队检查工作，我都亲自交待随同人员安排好政委的用车，照顾好他的生活。当时有个不成文的规定，有些文件传达的范围不是按职务，而是论军衔，比如有的文件规定传达到少将以上，这样我及两位副军长、参谋长都可以参加，而刘瑄政委因是大校则不能参加。我觉得这样不便于刘政委及时掌握上级精神和开展工作。于是，我带着可能被挨“骂”的思想准备，主动打电话找到当时军区的主要领导同志，陈述自己的想法，最后被采纳。从那以后，凡是传达到少将以上的文件、报告，军区机关的同志便特别交待叫刘瑄同志一起参加。对刘瑄政委是这样，对班子中的其他成员，我也都很尊重，支持他们大胆工作，领导班子的团结，无疑给部队的团结带了个好头，同时也给机关作风建设作出了表率，使司、政、后机关形成了讲团结、比干劲、互相协作、埋头苦干的好风气。

我觉得在班子内部，工作上的支持比生活上的关心更为重要，军政之间一旦形成合力，肯定会收到“1＋1＞2”的效果。1960 年夏初，我主动带工作组到指导员队伍相对比较弱一些的一七九师搞试点先行，着力培养思想战线上的指挥员。从当时了解掌握的情况看，有些指导员不论在思想作风上，还是在工作能力上，都迫切需要加以锻炼提高，有的指导员对于怎样做好思想政治工作，心里还没有底，信心不足，有的没有深刻地理解指导员工作的重要意义，说什么“干这一行苦死了也搞不出名堂来”，因而，工作不安心、不尽职，总是想改行。对此，我与军政治部机关的同志以及一七九师的领导一起商量，决定以总政对政治指导员提出的四条要求为中心内容，全面开展“好指导员”活动。随着活动的深入，效果越发显现。首先是大大地提高了指导员的政治责任感，使他们进一步理解了自己的首要职责是抓好思想政治工作，坚决站到思想战线突破口上去，指挥打好思想仗，这样就使得指导员的作风更加深入，对战士的思想问题做到了深知深解，解决及时，处理准确。其次“好指导员”活动的开展，使指导员的党性观念和集体领导观念都有了很大的增强，连队的中心工作和重大问题，都能通过支委会集体讨论决定，并且发动党团员带头贯彻。同时，也促进指导员更好地发挥模范作用，把身教看得比言教更为重要。在一七九师取得初步经验的基础上，接着我们又把这项活动在六十军范围内作了全面推广，基层的思想政治建设得到了有效加强。军区政治部也推广了我们六十军开展“好指导员”活动的做法，并在有关会议上作了专门介绍。

将军与列兵，就军衔而言是有等级差别的，但古今中外几乎找不出几个没有当过列兵而成将军的例子来的。因此，我对战士们可谓是情有独钟，说“爱兵如子”一点也不为过。我最容不得那种对战士疾苦漠不关心的“长官”作风，因而特别注意教育六十军的各级干部，不仅要关心战士政治上的进步，而且要在生活上体贴战士的困难，了解战士的需求，主动为战士服务。就军队来说，士兵是军队的基础，就干部而言，没有士兵也就没有我们干部。我在不同场合多次讲过，搞好官兵关系并不是什么技术问题，最根本的是干部的思想作风问题，是对战士的根本态度问题，只有把战士看作是自己的阶级兄弟和革命同志，才能真正去尊重战士、真诚爱护战士，处处关心战士。只有树立起坚强的群众观念，认识到连队的战斗、训练和一切工作，归根到底都要靠战士去完成，才能坚定地信任战士，充分地发挥战士的积极性，鼓励战士参与管理，尊重他们的意见，欢迎他们的批评。这就使得各级干部尤其是基层干部端正了对战士的根本态度，涌现出了一七九师五三七团六连经济民主，搞好伙食，安排好战士的休息，劳逸结合，关心病号，热情接待战士来队家属这样一个“尊干爱兵”的好典型。我把五三七团六连的做法在六十军范围内加以推广，收到了很好的效果。后来这个连队还被军区授予“尊干爱兵标兵连”的荣誉称号。

1958 年秋，根据中央军委指示，干部下连当兵，学习毛泽东军事思想，以普通一兵的身份到连队去增强群众观念、劳动观念和集体观念，发扬官兵一致的光荣传统。干部下连当兵的条件总政治部有明确的规定，凡年满四十五岁，身体较弱，特别是患有高血压、心脏病、关节炎等病症的干部可免去下连当兵。

当时我已近五十岁，身体又不好，按规定可以不下连当兵，机关同志也劝我说：“按照有关规定，军长可以不下连当兵。”

我说：“规定是人制定的，凡事可以讲机动灵活嘛！”

机关同志又说：“若是加重军长的病情，那我们负担不了！”

我说：“我自己负担。下连当兵，是一次真正到战士中，去向战士学习的好机会，再说也是一次锻炼和考验。我一定要去！”

1958 年 10 月 17 日，我同军区机关第一批下连当兵的二十八名干部一起来到正在浙江宁波穿山海防前线进行渡海作战训练的一七九师五三七团三连，和战士们一起睡在大通铺的稻草上，开始班里的战士过意不去，怕我身子骨吃不消这海边的潮湿气，准备给我找一张床或门板来隔隔潮，我笑着对他们说：“我现在是列兵了，是咱们班的一个老新兵，铺板是绝不能搞的，你们睡在大通铺上，而如果我睡板床，不就是当了特殊兵了吗！”

战士们说：“首长年龄大了，身体又不太好，这本身就是特殊，特殊情况作特殊处理！”

我说：“若作特殊处理，那我下连当兵，就失去意义了！”

战士们见我态度坚决，也就没有再坚持。刚到连队开始的那两天，彼此不熟悉，有的同志对我仍有“官”印象，显得有些拘束，但两三天一过，战士们见我确实是全身心地在当这个兵，也就没事找事地与我聊上几句，讲个笑话，他们把我当作知心朋友，有的把未婚妻的照片拿给我看，请我参谋参谋帮着拿主意。在休息的时候，年轻的战友们团团围坐在一起，攀着肩、拉着手，喊：“欢迎老饶同志讲个红军故事。”“欢迎饶子健同志唱个歌。”在文娱晚会上，拉歌声此起彼落，你请我唱歌，我请你讲笑话。说句实话，从我口中发出过千百万命令，但很少唱过歌，现在唱起了湖南花鼓戏，受到战士们的热烈欢迎，我心想，我们的战士是多么的纯洁，多么的可爱啊！在愉快和睦的连队大家庭里，我觉得自己一下子年轻了一二十岁。

记得我下连当兵的第一个晚上，就要班长排上夜间哨。可那天战士们交接班时跳了过去，瞒着不叫我站。第二天一起床，我再次要求班长一定给我排上当夜的哨，此后轮到我站岗一次没有少过。一次团长来查哨，我问清口令后向团长报告，弄得团长很不好意思，我说：“现在我是哨兵，你是团长，应该向你报告。”

我在连队还担任了小值日，为班里的战士们分饭打菜，休息时间跑到炊事班里去帮厨，摘菜、洗菜、烧火、洗碗筷等。在平时的交谈中，我了解到炊事班有的同志嫌炊事工作辛苦，一天忙到晚，弄不好同志们还有意见，不很安心工作。我就给他们讲起红军时代自己当上士的故事：那时经费困难，每人每天只有五分钱，一个一百多号人的连队一天只有五块多钱的伙食费，在安排使用时，必须精打细算。购买也很困难，必须不怕麻烦，不怕跑路，挨家挨户找群众买。有的群众害怕仗打个没完，担心以后有钱买不到东西，不愿意出售家里的柴米油盐等，这时上士必须耐心做思想工作。炊事班的战士听了很受教育。连队住在海边一个居民点，吃水都要到河里去挑，我建议，大家早起来些，趁老百姓还没有在河里洗东西的时候，就把缸里的水挑满，我还和上士一起研究，怎样采买调剂伙食，用比较少的钱买更多的菜，和炊事员一起讨论改进烧菜技术。

在部队帮助公社抢收麦子时，我一到田里，就拿起镰刀熟练地收割起来，把麦秆割得飕飕作响，边劳动边给战士们讲红军长征的故事和西路军悲壮的西征。中午时，战士们超额完成全天的生产任务，又一次向公社要求新的任务。

从10月17日到11月17日，我以普通一兵的身份站在士兵的队列里，和战士们同吃同住同劳动同操课同娱乐，处处向战士们虚心学习，处处以平等态度待人。在连队里，我不是一个将军，而是个认真履行战士职责，勤学苦练的普通一兵，正如战士们说："老饶同志，除了年龄比我们大以外，再没有什么地方能看出他是个将军了。"在一个月下连当兵结束时，我被评为"五好战士"，在向营、团首长汇报下连当兵的体会时，我说："下连当兵，战士们纯朴的思想感情，冲天的革命干劲和勤俭朴素的生活习惯，高度的阶级友爱精神，永远值得我们学习！"

我是一个务实的人，讲得实在，做得更实在。我要求各级军事干部深入班排，和战士一起摸爬滚打，自己常年在第一线组织指挥。在我任六十军军长期间，组织过十多次团以上规模的军事演习，我不顾天气炎热，在现场具体指导，晴天一身汗，雨天一身泥，给指战员以极大鼓舞和教育。在训练现场，我的实践、示范给部队留下深刻印象。1958年的一天，南京军区司令员许世友上将陪同苏联顾问来到一七九师靶场检查射击训练情况，顾问提出要和我比试一下枪法。我笑着对顾问说："讲理论，我讲不过你，讲打枪，我不怕你，我们可以试一试。"

顾问像似有疑地问："真的？"

我回敬说："话不说假，枪不虚发！"

说着说着，从腰中拔出五四式手枪，向约四十米外的靶子连击三发，结果发发命中，而顾问是三发两中。也许是我先发制人的结果。这次小比赛，许世友司令员非常满意，在场的干部战士感到自豪，顾问也向我表示钦佩之意。

当时，六十军部队的官兵几乎都是苦大仇深，清一色的文盲或半文盲，这使许多干部干起工作来感到非常吃力，使不上劲，影响着部队的教育训练，一定程度上制约着部队的全面建设和发展，这使我的内心非常着急。也正是我们在苦苦寻求良策的时候，总政治部于1959年1月提出了部队开展科学文化学习的要求，全军上下一个学文化、学知识的高潮迅速形成。

根据上级的要求和六十军部的实际情况，我们提出了连队战士在完成一年一度的新战士扫盲任务的同时，必须逐步开设高小和初中班次，根据官兵现有的文化基础分班编组学习。干部每年不得少于四百小时，连队的30%训练时间用来学习文化，年终测验及格率要在百分之八十以上。任务、要求一经明确，军、师、团乃至基层营连都积极创造条件，克服困难，因地制宜，因时制宜，积极开展群众办学运动；办业余学校，军领导机关带头学，带头检查教学情况；深入第一线，和教员同办公，同研究，亲自算细账，摸质量，把关口，跟班听课；同作业，同考试，革新教学仪器；土洋并举，自力更生，发动群众挖潜力；突击一门，巩固一门，再突击一门，再巩固一门。章章有复习巩固，一门或几门学完后也有复习巩固。同时还穿插进行讲新复旧，日日练习，普查作业，经常开展小测验，作业展评、演算比赛等活动。1960年1月，我们组织了“百人考查团”，我和刘政委、谭副军长到各部队抽考官兵学习情况。通过集体备课、互相观摩、互教互评等活动，发挥了骨干教员的作用；通过以课堂集中教学和课外小型活动相结合，抓作业、抓复习、抓辅导、抓补课，大力提高教学质量。一七九师开展了“写万字、读百篇、算千题”的活动，要求逐日复习、逐课复习；一八〇师在教学中提出了“勤检查、勤批改、勤讲评”，讲评作业的数量、准确率和整洁，每堂课都有讲评，好的作业进行展览、表扬，推动作用很大。经过不到一年时间的努力，军直属队有百分之九十二点二的同志摘除了文盲帽，涌现出了一群像团参谋长程万里一样的自学标兵和一七九师五三七团卫生队等一批自学先进单位。现在看来，尽管当时有些地方是有点操之过急，但总体而言，部队官兵的文化素质是提高了不少。

回忆至此，我自然想起我的童年。在童年、少年时代，我都十分渴望上学，但由于家里实在是太穷了，仅隔三差五、断断续续地上了一年学。战争年代冲冲杀杀的，倒也没觉得缺什么，但一到和平建设时期，尤其是成了我军一名高级指挥员后，愈发感到肚子里的墨水不够用，因而对学习科学文化知识也愈加迫切。尽管我当时已过半百之年，可仍希望能重圆童年时的那个梦，背着书包去上学。在我的再三请求下，军区领导终于批准我于 1959 年初在职到板桥速成中学学习。

速成中学每年接收一千五百名营以上干部入校学习，学制一年，分两个学期，全年五十二周，以三十二周学文化，六周学政治，四周左右参加校内外活动。在速中浓厚的学习氛围中，我的学习热情非常高，我记得当时的文化课程有语文、代数、几何、物理、化学等，语文还好，通过几十年的自学，看、读、写，还不成问题，可是对数、理、化课程来说，像我这样只上过一年学的人，如听天书一般。古人云：勤能补拙，笨鸟先飞。于是，我拿出了过去在战争年代那种敢打硬仗、恶仗的精神去攻克学习上的难题。上课认真听讲，虚心得像个小学生，课余时间，不看电影，不打牌，不逛街，背呀、记呀、写呀，比哪个年轻军官都要认真。功夫不负有心人，有耕耘必有收获，经一段时间的努力，我便赶上了队伍，而且还成了班里学习的佼佼者，很快我所学的功课都达到良好以上。现在想来，幸亏有那一年时间的速成中学学习基础，要不然以后的工作不可能得心应手。

在抓好部队文化知识学习的同时，我还十分注意培养人才、保护人才。作为军长、军党委书记的我，感到培养人才、保护人才，首先是政治上的培养和保护。部队由朝鲜回国后，尤其是新营房建成后，相当一部分立过战功、有一定职位的人产生了享乐思想，认为战争年代南征北战、东奔西跑，现在条件好了，应该享受了，加上建国初期入伍的同志很大一部分是生长在城市里的学生，更向往进城过舒适的生活，在这种思想的支配下，有的同志开始追求物质享受。一部分干部年龄偏大，面临着婚姻的问题，由于婚姻条件的放宽，战争时期必须是“二五八团”(即二十五岁，有八年军龄，团以上干部)才能谈恋爱结婚，和平时期排以上干部就可以恋爱结婚，家属可以留家。部队的生活条件有很大改善，有一部分干部思想上长了“毛”，嫌自己以前农村的老婆“土气”，产生了一些“改组派”。同时军官薪金制、军衔制、义务兵役制等制度一实施，许多问题纷至沓来。我感到问题非常严峻，绝不能让这部分同志跌跤、落伍！狠抓反腐蚀教育，大力发扬艰苦奋斗的优良传统也是军首届党代表大会提出的重点工作之一。我针对部队存在的一些不良倾向，在军党委的领导下，着重抓了发扬我军艰苦奋斗的优良作风，反对骄傲自满、贪图享受的教育。我还不点名地批评了这方面的不良风气，对代表们触动很大。我抓部队的作风纪律建设，把握好事物的苗头，把各种歪风邪气消灭在萌芽状态，在 1955 年军官射击集训队里，有位姓刘的连长和驻地一位女青年来往不正常，我知道这一情况后，本着教育从严、处理从宽的原则，进行严厉的批评，真正触及其灵魂使之心服口服。由于严格管理教育，部队各项工作很快走上了正轨，广大指战员养成了良好的作风，严格遵守纪律，自觉执行各种规章制度，推进了部队的全面建设。

在 20 世纪 50 年代末 60 年代初这样一个特定的时期，特定的环境里，培养人才、保护人才是一项多么艰难的工作，弄得不好丢掉“乌纱帽”不说，还可能犯政治性错误，断送自己的政治前程。对于这一点，我当然是十分清楚的，可部队建设没有人才怎么行啊！那段时间我有时也陷入自我矛盾的心理之中，我在痛苦中思索，但我最终确信，部队建设需要人才，组织上不会让真正的人才受委屈的，只要有利于部队建设，自己即便是丢掉“乌纱帽”也没有什么了不起。五六十年代政治运动频繁，在各种运动中，我敢于坚持原则，看重表现，保护了一大批德才兼备的干部。1959 年有些人借助“反教条主义”搞扩大化，使抓训练工作的干部感到人人自危、压力很大。

这时，我挺身而出，几次在干部大会上明确表态：“部队是打仗的，不抓训练怎么行！如果说谁在执行中有缺点错误，我当军长的负责！有意见向我提，不要把矛头指向训练部门和军事干部！”

有的同志对我说：“军长的胆子太大了！”

我说：“我的胆子是国防部给的，因为训练的条令、条例是国防部明令颁布的。”

这样我顶住了歪风，保护了大批干部抓训练工作的积极性，使训练工作得以顺利展开。这年年底，我还亲自提议为在部队射击训练成绩突出的作训处参谋熊寿岗同志请功，军里给熊寿岗同志记了二等功，这对一心抓训练的同志是一个极大的鼓舞。

在“反右”中，我及时出面保护了一大批知识分子。整个六十军仅有一人划为中右，送往北大荒学习。在六十军炮兵指挥部有个叫李延选的参谋，业务能力很强，工作吃苦耐劳，表现也很突出，可是他父亲以前是国民党军队中的一名营长，在“反右”中，上面多次提出让他复员回家，我想：这位参谋学有专长，也很敬业，不能因为家庭问题，就毁了一个人才。我冒着很大的危险将他保护起来，理由是：岗位需要他。我坚持不让他走。就这样，六十军一大批优秀知识分子没有受到冲击，为六十军以后的发展建设作出了应有的贡献。

二十、警备司令首抓备战

1960 年 12 月，我被任命为上海警备区司令员，同时担任中共上海市委常委、上海警备区党委第三书记。

上海是全国工商业中心城市、祖国的东大门，要保卫好，责任本来就重大，加之当时正处于三年自然灾害造成的困难，台湾国民党妄图在美帝国主义支持下反攻大陆，这就加剧了我工作的艰巨性。

作为军事主管，我紧紧团结警备区党委一班人，把抓战备放在首要位置。1961 年 3 月起，我率领有关领导和干部，对所辖防区先后进行两个多月的战役勘察，对所有防御工事的坚固程度、火力配系、兵力编成等情况进行反复勘察，然后和有关人员研究调整部署和修订防御计划。

1962 年春节，刘伯承元帅来到上海，我就战略工作情况作了汇报，对刘帅询问的海岛淡水供应、通信联络等事宜作了说明。刘帅问我：“警备司令员对守备上海有无信心？”

我坚定地表示：“随时准备迎击来犯之敌，人在阵地在，誓与上海共存亡。”对我们守备上海的决心和信心，刘帅表示赞赏。

当年 6 月，接到中共中央关于防止国民党军窜犯东南沿海地区的指示后，我及时调整部署，在主要防御方向上增加兵力，增设火炮，健全军民联防组织，还进行了反偷渡、反空降等演练。一次，我在海岛检查时，发现连队在演练围歼登陆武装匪特时，因携行量大而影响了行进速度，随即要求司令部发出按战备等级携装的规定，使之更符合实战要求，为使海岛、海岸炮兵连队能对付小股武装匪特，要求他们在“打大打远”的同时，还要能“打小打近”武装匪特，普遍组建机动班，并反复演练，增强了炮兵连队的机动作战能力。

根据战备需要而进行的国防筑城，我抓得很紧，随时深入每个施工工地，告诫干部战士认识国防施工关系到国家的安危，激励他们的责任感和光荣感，自觉地战高温、斗严寒，保证质量，加速进度。为了早日把前沿重要工程搞好，我集中兵力施工，调集船只突击抢运施工材料，抽调技术骨干进行被复、安装。我强调安全施工，反复告诫施工部队要安全第一，克服麻痹思想、切实按操作规程施工，决不能盲目蛮干。一次，接到某团紧急报告，说某坑道掘进中遇到罕见的疏松岩层有塌方可能，我要该团立即停止施工，并随即赶赴现场察看，现地研究了“边掘进、边支撑、边被复”的做法。从而既保证了安全施工，又保证了施工进度。由于重视安全施工，1962 年施工连队没有工伤事故的占百分之七十四，1963 年上升到百分之八十一。

从抓思想作风入手，加强上海警备区部队的全面建设，这是我反复强调的。上海的特殊环境，一些干部战士出现了作风松散、要求不严等问题，对此，我多次组织机关部队进行作风纪律整顿，发动大家自我解剖，分析原因，制订措施。以干部为重点，健全“按级负责、层层抓紧”的管理制度。在上海警备区部队的全面建设方面，我充分运用警备团八连这个先进典型，以此推动全区“争先创优”活动的开展。

我到上海警备区工作后，就与八连官兵结下了不解之缘，到职后的第一个春节，即 1961 年春节，就是和八连官兵一起度过的。此后，我多次到八连蹲点，帮助总结经验。1963 年 4 月 25 日，国防部发布命令授予八连“南京路上好八连”的光荣称号，南京军区 5 月 5 日举行命名大会，毛泽东主席于 8 月 1 日写出《八连颂》：

好八连，天下传。为什么？意志坚。
为人民，几十年。拒腐蚀，永不沾。
因此叫，好八连。解放军，要学习。
全军民，要自立。不怕压，不怕迫。
不怕刀，不怕戟。不怕鬼，不怕魅。
不怕帝，不怕贼。奇儿女，如松柏。
上参天，傲霜雪。纪律好，如坚壁。
军事好，如霹雳。政治好，称第一。
思想好，能分析。分析好，大有益。
益在哪？团结力。
军民团结如一人，试看天下谁能敌。

许多党和国家领导人先后题词赞扬，号召全国全军向好八连学习。

八连在获得最高荣誉后怎么办？我在当年9月八连一次支委会上，强调指出："八连要前进、要发展，不能满足于现有水平，《八连颂》既是对八连建设的肯定，也是对八连全面建设提出的更高要求。"我还要求八连官兵："荣誉靠奋斗，发展荣誉更要靠奋斗；要变压力为动力，不断弥补自己的不足。"

1964年春，经我提议，南京军区批准，把好八连拉到安徽山区，随第六十军第一七九师进行为期一年的强化训练。其间，我曾前往看望、检查。好八连没有辜负领导的期望，全面建设上了新台阶。

对警备区部队的军事训练，我一直很关注。当南京军区推广郭兴福教学法后，我联系警备区的实际来组织开展，使警备区部队训练水平大为提高。搞好专业分队训练，这是我特别强调的。正由于警备区注重专业分队训练，所以，警备团防化喷火连在全军防化兵比武中，获得两个一等奖、两个二等奖的好成绩。

遵照毛泽东主席关于民兵工作要做到"三落实"（组织落实、政治落实、军事落实）的指示，我在上海地区作了认真贯彻。在争取市、区、县党委加强对民兵工作领导的同时，注意抓好区、县人武部及部队分管民兵工作的干部队伍的思想作风和业务技术建设，要求把民兵工作与经济建设结合起来，重点抓好民兵骨干和基干民兵。从沿海部队抽二百五十余名干部，组成四十多个民兵工作组，到未设防的重要地区指导民兵搞好战备执勤。在海岛和沿海区、县普遍建立军民联防，组织武装基本民兵参加重点地区的巡逻警戒，大大增强了对敌斗争的力量。

由于上海位置特殊，上海警备区的外事接待任务很重，仅1964年就接待了二十九批。我认真执行对外政策，从维护国家、军队声誉的高度，来组织外事接待工作。1964年，中央军委决定上海警备区组建一支仪仗队，担负迎送由上海出入境的外国元首的礼宾任务，以解决位于首都的国家仪仗队因接待任务重难以南调的困难。

我接受任务后，即刻要求警备团选调优质兵员。仪仗队选拔的条件非常苛刻，身高要求一米八零以上，体重八十公斤左右，还要求五官端正，目光有神等等。选拔的条件甚至超过飞行员、潜水员。我当时就对警备团要求："条件不能降低，要百里挑一，好中选好，警备团本身不够，可以扩大到整个警备区。人员可全区选拔。"在选拔之后要进行各种训练。首先是军姿训练。军姿是军人最基本的姿态，也是军人的必修课目。

仪仗队是一群特殊而普通的军人，说他们特殊，是因为他们直接肩负着国家的使命，代表着民族的尊严。说他们普通，是因为他们和其他军人有着同样的待遇，有着正常的一日生活秩序。

在三个月内高质量地完成这支仪仗队的组建和训练。9月的一天，仪仗队拉到机场进行合练，我在现场观看时，走到队前替下队长喊起口令来，那恢宏而清晰的口令，稳重而又规范的动作，使在场的干部战士和地方有关干部吃了一惊。队员们看到年已五十五岁的中将司令员亲自带操，个个抖起精神。在这里，每个仪仗兵，面对外宾时要求神采奕奕，不卑不亢。他们要在迎风迎光的条件下训练眼神，三十秒不能眨眼，不能流泪，透过他们的目光，体现出的是中国军人的精、气、神。

11月14日，印度尼西亚共和国总统苏加诺，从访问朝鲜回国途中，在上海作短暂停留，周恩来总理、罗瑞卿总长等领导人到机场迎接，仪仗队以严整的军容、划一的动作、良好的素质、崭新的风貌，赢得了中外人士的好评。

我到上海警备区就任时，正是国民经济处于困难时期，警备区部队经费短缺，官兵伙食差，吃饭限量分食。1962年，为渡过难关，我和警备区其他领导一起，在办好原有农场和建立其他小型农场的同时，确定在崇明岛围垦六千余亩的大型富民农场。经上下共同努力，农副业生产基地迅速建成。到1963年，警备区部队收获粮食七百六十万斤，蔬菜一千八百万斤，养猪三万九千多头，不仅保障了部队部分自给，还根据国家需要，保质保量地完成肥猪、粮食的上调任务，支援了国家和社会主义建设。

在上海工作期间，有战友说我"太死板"，所谓"太死板"，无非是说我太严格了，特别是严格要求自己。当时，路过上海的老首长、老同事，我一般要招待一顿，以表战友之情，办公室同志讲公家可报销，我说："以我个人名义招待客人，理所当然要由我个人掏腰包。"办公室同志说："这里有公事的成分，可报一部分。"我说："公为公，私为私，不能公私不分。"所以，我没同意报销一次招待费。不少外事活动需要夫人陪同，要添置必要的衣服，开支确实增加不小，可我就是不让报销一次。这样，我在上海近五年工作期间，我和夫人王树芝的工资不仅存不下来，还把原来积攒的三千元都补贴进去了。对于财经制度，我严格执行。一次。管理部门给我和警备区其他领导各送去一台冰箱，说是对领导的照顾，我知道后认为，这个照顾会影响领导形象，不能接受这个照顾，便立即与有关领导研究，除刘飞副司令因年龄大多病可留下之外，其余均拉了回去。1965年秋，当我奉调离开上海时，立即做到"人走家搬"，把住处让给新来的司令员。我说了一句："我主持制定的规定，我不带头执行，那怎么行呢？"我以此来说服家人。由于自己严格按规定办事，赢得了上上下下的称赞。

二十一、"文革"乱世　忠心耿耿

1965年10月，我被任命为南京军区副司令员。到职后，参与分管民兵工作。

1966年3月，按照军区安排，我率军区机关抽调的十多名干部，到江苏省江浦县大桥乡陶庄生产队参加地方社会主义教育(即清政治、清经济、清组织、清思想的“四清”)运动。这是按照中央的要求和地方党委统一部署而去的。进村后,在调查研究的基础上,我对个别干部作风粗暴等现象进行耐心帮助,促其改进工作;组织群众学习毛主席著作和党的政策,发展生产。

这年夏天干旱,陶庄的稻田急需抽水浇灌,怎么办?后来,我从上海帮助买来了两台抽水机,这下子可解决了抗旱困难,当年秋季就获得丰收。村民都赞:“丰收是饶司令帮助夺来的!”这大大密切了解放军和农民的关系。在“四清”中,又同他们一起整顿民兵组织,开展军事训练,使民兵在生产和维持社会治安方面更好地发挥作用。

同年6月,“文化大革命”迅速展开,我奉命返回军区机关参加学习。随着“造反”声势的高涨,军区领导机关也受到冲击。我按照军区党委安排,多次出面接待群众组织,尽管受到“围攻”,仍耐心进行说服工作。

同年11月,“文革”急剧升温。中共上海市委书记兼市长曹荻秋的家受冲击,六个孩子呆不下去,无奈来到南京我家躲难。我和夫人王树芝热情安排他们食宿。当时到我家躲难的,还有中共安徽省委书记李任之的两个孩子、海军北海舰队司令员饶守坤的一个孩子。鉴于床铺无法安排,就在客厅打地铺;吃饭,两个大圆桌挤得满满的。我还抽空同孩子们谈话,孩子们对“文革”的一套做法,特别是揪斗他们的父母甚为不解,他们说:“变天了,红色变黑色!”

我耐心地安慰说:“要相信党,相信自己的爸爸妈妈不是坏人,问题一定会查清楚的。”

孩子们说:“很清楚的历史,还查什么?这不是整人吗!”

后来,造反派要来抄我的家,来躲难的孩子被迫离去。三十年后,曹荻秋夫人石斌在1997年11月回忆往事时说:“真是患难见真情!”对我和王树芝的无私帮助,深表感激之情。

“文革”中,我也受到错误的“审查”达五年之久。我夫人王树芝遭到冲击,被无端批斗、迫害,押到“五七”干校,住进猪棚,受到磨难,几个孩子也受到牵连。面对强加给我们头上“莫须有”的罪名,我丝毫没有动摇对党的坚强信念。我要夫人和孩子坚信党会把问题搞清楚，要经受住任何考验。直到后来组织上对我们作出没有问题的结论。我自己尽管心绞痛时常发作，仍坚守工作岗位，继续为党和人民努力工作。

1967年春，根据中共中央、国务院、中央军委、中央文革小组关于人民解放军执行“三支两军”（支左、支工、支农、军管、军训）任务的指示，南京军区成立生产办公室，军区党委指定我领导，并负责三省一市（江苏、浙江、安徽、上海）的工农业生产和交通运输工作。

面对社会秩序混乱、党政机关瘫痪的情况，我十分艰难地挑起关系到国计民生的重担，全身心地领导军区生产办公室展开工作，吃、住在办公室，工作人员定期轮流回家处理家务，可我星期天、节假日也坚守岗位，连夫人王树芝被整得病倒了也顾不上去看一看。有一天，孩子告诉我：“妈妈被整得晕过去了！”要我回去看看，可我就是离不开，这里时时刻刻都有关系到三省一市的民生大事，我对孩子说：“你们代我照应一下就行了！”

我根据周恩来总理强调“要保障上海工业生产”的指示，对上海的生产生活状况很关注，及时掌握情况，随时采取措施。3月的一天夜里传来消息：上海的煤炭供应紧张，电厂储备的煤仅够用一个星期！多年在上海工作的我知道，上海没有煤，会给工业生产和人民生活带来巨大的困难。于是，我当机立断，确定先将南京的煤拨出二千吨火速运往上海。

造反派知道我这一措施后，马上冲到我办公室，指责我破坏“文化大革命”，责问我：“调煤运上海是受谁的指使？”

我理直气壮地说：“我是根据周总理指示安排的！”

造反派气势汹汹地说：“你是造谣，编造总理指示，要把你揪出来批斗！”

我毫不退让对他们说：“我是战争年代枪林弹雨中钻出来的人，还怕什么被揪斗！”

造反派说：“从这件事充分说明你同上海的‘走资派’有千丝万缕的关系。”

我说：“我担任上海警备司令员又是市委常委多年，对上海的情况熟悉，我知道上海一刻也不能缺煤！”

我顶住压力，下令将南京的煤拨出二千吨火速运往上海。

与此同时，我自己又亲率工作组赶赴淮南煤矿，向情绪对立的两派做工作，强调搞好煤炭生产与国计民生的关系极大，号召大家尽快恢复生产。经我与当地支左干部共同努力，淮南的煤矿生产迅速恢复。

紧接着，我又派人到蚌埠铁路分局做工作，使该局按时配发车辆，将淮南的煤一部分直运上海，一部分运到裕溪口再换装轮船运往上海。这样，淮南的煤炭通过铁路、水路源源运到了上海，从而解决了上海的燃“煤”之急！

当时交通运行极不正常，常使我心急如焚。一次，沪宁铁路运输因两派武斗中断，许多旅客被阻于南京、无锡等地。我闻讯后，立即研究确定，一方面派人去做两派头头的思想工作，一方面由军区后勤部和无锡驻军各派大卡车四十辆，在南京、无锡展开双向接运，旅客从南京、无锡再转乘火车继续北上或南下，使阻留在两地的旅客迅速输送出去。此举，得到群众的拥护和国务院的赞赏。

又有一次，南京由于两派武斗，铁路轮渡停航，那时南京长江大桥还未建起来，因而南来北往的火车都过不了江，车站广场人满为患。我亲自赶到南京铁路分局，召开紧急会议，对两派做工作。

当时的两派争斗非常激烈，相互指责，各说有理，我对他们说：“最有理的就是马上复航，停航就无理！”经过耐心的说服工作，停开两天的轮渡又冒烟起锚了，南北大动脉的“血液”又流动了，交通缓解了。

在“文革”中，我对林彪、“四人帮”两个反党集团诬陷、打倒一大批老干部、扰乱社会秩序、破坏生产的倒行逆施深恶痛绝，进行了抵制和反对。我反复教育要求身边工作人员和生产办公室的所有同志，不要卷入派性争斗中去。我对他们说：“我们的生产办公室，就是管生产的，是为生产而办公的，所以要稳定住生产、稳定住部队，尽量减少损失。”在“文革”中，生产办公室的几十位同志非常听从指挥，没有一人因卷入派性争斗而犯错误。我常常因有这样一批好同志、好帮手而感到欣慰！

根据当时紧张的国际形势，党中央号召“要立足于大打、早打、打核战争”,需要南京军区的上海和苏、浙、皖各省的“小三线”加强国防工业生产。周恩来总理指示南京军区,把国防工业管起来,“小三线”建设不能停。军区党委决定由我直接领导这项工作。当时,尽管我调动频繁,可我没有任何怨言,我总认为,组织需要我到哪里,我就奔向哪里。当天上午接受任务,下午即去报到,并同“小三线”办公室的同志商量下一步的工作。

1968 年 3 月,我赴北京参加国务院召开的“小三线”会议(又称“八六三”会议)。会议期间,周恩来总理接见了我,他紧紧握着我的手说:“南京地区国防军工生产要多出力,承担高炮生产任务,动员线、‘小三线’要一起上,争取早上马、多生产。”

我当场表示:“请总理放心,南京地区的同志都做好准备了,一定会多出力,早上马,多生产!”

8 月,国务院在召开的“八一五”会议上,又进一步确定南京地区三线建设一套某型高炮及配套项目,共十七个工厂。在会议期间,周总理又一次握着我的手说:“子健同志,为了支援越南人民抗美斗争,我们要向越南提供高炮,要求南京军区一定要在短时间内拿出来。”

我当面表示:“一定在最短时间完成!”

总理听了我的表示,笑着说:“好好好,真是将军的气派!”

对周总理的指示,我及时向军区党委汇报,认真组织贯彻实施。

为加速三线建设,保证生产任务的完成,军区党委决定成立南京地区国防工业领导小组,吸收各省市、各省军区、警备区的负责人及军区有关部门负责人参加,由我任组长。军区还成立了国防工业办公室,具体负责组织计划和检查领导。经多方努力,当年年底就生产出样炮并试射成功,随即投入批量生产。此后,南京地区三省一市生产的高炮及其他军事装备源源不断输送到越南,保证了国家援外工作的进行。

1969 年 3 月,发生了苏联军队入侵中国黑龙江省珍宝岛的严重流血事件。毛泽东主席发出了“要准备打仗”的号召。各省、市加速了三线建设的步伐,采取老企业包建,从干部、技术人员到工人,从基建、设备安装到生产,一包到底。这时,我已年过六旬,而且患有严重心脏病。在此后的五六年间,时常赴三线厂检查指导,不论是严寒隆冬,还是酷热炎夏，每年都以四个月以上时间奔波于三线工厂之间，踏遍了南京地区“小三线”的山山水水，吃、住在军分区、人武部和工地。

对“小三线”建设，我在贯彻“山、散、洞”的方针和“靠山、分散、隐蔽”的原则时，重视实事求是。第一，对选点，“山、散、洞”并非是山沟越深越好，越分散越好，而是要根据划定的地区，按照工厂性质分类和生产工艺流程，以及当地水源、电力等实际情况，适当相对集中，合理布局，不占或少占良田。由上海搬到皖南的某型高炮五个厂址，均由原定山沟不同程度向外移，一条公路把五个厂连在一起。这样既为国家节约了经费，也为工厂生产和职工生活减少了许多麻烦。第二，对当时提出的“边设计、边施工、边生产”提法持有异议并作修改。我认为，在定点后，应先搞“三通一平”（即通水、通电、通路和平整场地），同时抓紧设计，待三线厂基本建成后，搬迁厂再搬进新厂。经过试生产再生产。这样既能保证建设的质量，又能保证生产的质量。第三，狠抓产品质量。针对规章制度松懈、产品质量下降的状况，我多次强调：抓质量，必须有狠劲；抓质量，要从元器件抓起，必须把好基础关；抓质量，要从班组抓起，必须按规章制度办。从而使规章制度的贯彻和生产形势逐步趋于正常。

要把生产搞好，必须把生产工人的生活安排好。所以，一开始，我对“小三线”工人的生活就很关注。那种“先建生产设施再建生活设施”的说法和做法是不合适的。当时，我要求“小三线”厂在建生产设施的同时，应建一部分生活设施，然后根据建设进度和工厂搬迁展开情况，分期分批逐步解决，做到“工人进山有地方住，住下来有地方干活”。我特别提醒“小三线”厂领导：工人支援三线不容易，从城市到山区是个转变，要尽力安排好工人的生活。我特别倡导工人开荒种菜，争取蔬菜自给或大部自给；对商店、粮站、学校、看病等，逐步配套完善。这对促进生产和稳定职工队伍都是有利的。

1972 年 8 月，南京军区举行国防工业管理工作经验交流会议，交流加强企业管理、提高产品质量的典型经验，我在会上作了报告，总结了全区国防工业管理工作的经验。这对全区国防工业的管理、产品质量的提高，起到了推动作用。

1973年5月,我率军区参观团去新疆,参观我国在新疆的氢弹核试验。去之前,有关领导和家人担心我身体不行,劝我不要去了。我说:“我是搞国防工业的,我国搞这样的尖端武器,我一定要去看看,学习新的知识。”由于我态度坚决,最后还是让我去了。这次参观,让我大开眼界,收获很大。回来后,我兴奋地对大家说:“我们有这样的武器,不会再受别人欺负了,没有军事实力是不行的!”

从1973年开始,我的心脏病愈来愈严重。我满怀对党对人民的忠诚和减少因动乱给国家带来损失的愿望,坚持到“小三线”工厂检查指导。

1974年春,因心脏病发作,我住进了军区八三医院。住院治疗期间,正是“四人帮”搞“批林批孔”运动时期。军区党办每天给我送来很多大字报装订本,我看后深感忧虑和不安,心想:“这怎么得了,他们想把国家搞成什么样子?”焦虑的心情使我病情不断加重,不久转到军区总医院治疗。

1975年8月,中央军委决定让我离职休养。此时,我正在上海华东医院治病。我丝毫没有考虑个人的名利地位,愉快地表示服从,并对前来传达命令的军区干部副部长王永明同志说:“身体有病,不能工作,就应该把位置让给能工作的同志。”

1976年9月,我在上海华东医院住院时,当广播里传来了毛主席逝世的噩耗,我心里极为悲痛,马上决定立即出院回南京。医生挽留说:“你在治疗期间,不能出院!”

我说:“现在无心治疗,过段时间再回来治疗!”

医生说:“不行,你的心脏病严重,若发生意外,我院承担不了!”

我说:“我自己负责!”

见我态度坚决,医生又叫来院长做我的思想工作,说:“军人是最讲纪律的,若要出院,必须有军区首长的批准签署意见!”

我坚定地说:“在此时刻,军区首长哪有时间管这样的事!”我还明确地对院长、医生说:“同意要走,不同意也要走。我是一个共产党员,在主席去世,党和国家命运非常严峻的关头,我要回到组织身边去。”医院没有办法,只好让我出院。第二天,我回到南京,参加了军区组织悼念毛主席的活动。

1978年3月,我当选为第五届全国政协委员。1982年10月,中央军委决定,我享受大军区正职待遇。1988年,中央军委授予我一级红星功勋荣誉章。

二十二、离休回忆 缅怀先烈

我离休后,时刻关心党和国家大事,关心时事政治。读书、看报、听新闻成了我每日的必修课,直到我眼睛因白内障丧失了视力,仍让身边的工作人员每天读报给我听,并定期听取和学习党和军队的文件精神。我坚决拥护和贯彻党的十一届三中全会以来的路线、方针、政策,学习邓小平理论,关心部队的现代化建设事业。我针对部队实际情况,口述亲身经历的生动事例,整理成《发扬红军优良传统,密切我军官兵关系》一文,在南京军区1997年12月28日的《人民前线》报上发表,受到部队官兵读者的欢迎。

我关心国家大事的同时,还时常想起在第一线工作时来不及回忆的那些往事,数十年前战争烽火在眼前闪耀,在战争中牺牲的老首长、老战友的形象又展现在眼前。

为帮助广大青年和部队指战员了解革命的胜利来之不易,从1978年起开始,我采取个人回忆、查阅史料及走访、座谈相结合,陆续写出《重返淮北》等回忆文章。

1986年11月,国家主席李先念来南京视察,专门邀我到中山陵5号,共叙当年在长征途中三过草地及西路军悲壮西征的情景,李主席对我说:"你参加长征,三过草地又参加西路军,你是历史的见证人,应该对这段历史好好回忆一下,并整理出来。"

我说:"断断续续写了回忆!"

李主席说:"那好,坚持写!回忆这段历史,也是对壮烈牺牲的烈士的纪念,对后人的教育。"

李先念主席的一番教导,给我极大的鼓励。自后,我分秒必争,多方采访，断断续续写成文章。1991年，我又把多年写出的回忆文章汇编成《从战士到将军的征程》一书，书稿中"血战河西走廊"等几节书稿，李先念主席还亲自审阅，倍加称赞，并为该书题写了书名。1992年2月该书由江苏人民出版社正式出版。

1992年6月，李先念主席逝世后，中共中央文献研究室组织编写《伟大的人民公仆——回忆李先念同志》一书，我应约写出《英名永留西征路》一文，记述李先念同志1937年率西路军余部从甘肃祁连山艰难转战至新疆的悲壮情景，以缅怀他的革命精神和崇高品德。

1998年8月，我和夫人王树芝度过了"金婚"纪念。自1948年8月结婚后五十多年的共同生活中，不论在战争年代还是社会主义建设时期，我们都以党的事业为重，做好各自的本职工作，相互关心和支持，克服了各种困难，家庭和睦幸福。对二子三女要求严格，教育他们听党的话，勤奋学习和工作。目前，他们都在不同岗位上为国家、为军队的建设贡献自己的聪明才智。

我对自己始终严格要求。1998年5月，湖南省浏阳市三口乡党委、政府、人大联合发出"十八号"文件，决定修复和保护我的旧居，作为革命传统的教育基地。对我故居的修复和保护，作出了五项决定，现录如下：

一、对饶子健将军的故居予以修复，恢复原貌，设立革命传统教育室。

二、收集和整理饶子健将军的图片、文字、实物资料，形成一套较为完整的教育素材。

三、任何个人和单位不得以任何借口在饶子健将军故居原址五十米以内建房或从事其他有损故居原址的行为。违者，以破坏革命文物论处。

四、发动群众提供素材(包括传奇故事)，接受群众自愿捐资。

五、以饶子健将军的故居作为革命传统教育基地和中小学德育教育的重要基地。

对此，我深感不安，立即给浏阳市和三口乡党政机关去信，感谢家乡人民对我的厚爱，谢绝他们修复旧居的安排，希望他们把有限的经费用于经济建设，至于传统教育可用其他形式代替。当时的回信是这样写的：

一、我感谢你们的心意。二、我不同意你们这个决定。现在家乡建设除靠全乡人民共同艰苦奋斗外，还需要大量资金投入。我们的人民群众还不富裕，钱来得不容易，一分钱都要用到刀口上。我家的旧居由侄儿居住，不应该用公款和向群众捐资来修复，更不要设立展馆。这样做会增加群众和公家的负担，对三口乡建设也不利，对改善人民生活更不利！千万不能这样做，请你们尊重我的意见。如你们未动工，就不要动，已经动工，要停下来。各级领导同志的精力和资金应用在生产建设上。我在有生之年，想看到、听到家乡人民生活都富裕起来，都过着幸福美好的生活，这是我的愿望。

我的回音，得到了乡亲的理解和尊重。

二十三、英名永留西征路

伟大的无产阶级革命家、政治家、军事家李先念同志逝世，是党和国家的巨大损失。我们这些曾经在先念同志直接领导下从事战斗的人们，更是无比的悲痛，对先念同志产生无限的怀念。特别是在五十六年前，即1937年，他临危受命，率领西路军余部从甘肃祁连山艰苦转战到新疆的过程中，那种百折不挠、不怕艰难险阻的英雄气概和大无畏的革命精神，坦率直爽、平易亲切的待人态度和音容笑貌，实事求是、朴实无华的工作作风和高尚品德，又一一浮现在我的面前。

（一）

我和先念同志开始相识，是1937年1月悲壮的西征路上。当时他任红三十军政治委员，我任红五军第十三师师长兼三十七团团长。1月下旬，在征战中遭受重大损失的红五军余部第三十七团，奉西路军总部命令，编入红三十军第八十八师，总部命令我担任八十八师参谋长。

这样,我就在先念同志和程世才军长的直接领导下战斗。

当我率三十七团从临泽突围到达倪家营子,立即赶赴红三十军军部报到,在那紧张的情况下,先念同志接待了我。在听取我简要汇报,并简要介绍八十八师的情况后,对我说:“我们西路军在同军阀马步芳部的优势兵力浴血奋战中,广大指战员表现十分英勇顽强,没有子弹,就用大刀、刺刀和自制的长矛同敌人拼杀,不少人赤手空拳同敌人格斗,连还能爬得动的重伤员也用手、牙同敌人拼杀,直到流尽最后一滴血。这种有我无敌、视死如归的大无畏精神,不畏艰险、不怕牺牲的无产阶级英雄气概和对党对人民的赤胆忠心,是可歌可泣的,是值得大力赞颂的。如今党中央多方设法援救我们,但看来远水难解近渴,还得靠我们继续顽强战斗。”他鼓励我带好部队,运用有利的地形地物,想尽一切办法,同敌人血战到底。先念同志一席话,鼓舞着我们同敌人继续战斗的决心。西路军总部鉴于各部队在倪家营子、梨园口、石窝等地连续苦战,伤亡很大,无法继续支撑,便决定利用山麓地形,边打边撤,向冰封雪盖的祁连山转移。

3 月 14 日黄昏时分,西路军总部在石窝山崖里召开师以上干部会,我因忙于把几个团剩余人员整编到第二六八团,没能去参加会议。师政委郑维山同志开会回来,向我传达了会议精神:为缩小目标,西路军主要领导人离开部队,回陕北向党中央汇报情况;将现有人员编为三个支队,其中红三十军的一千多人编为左支队,分别深入山区打游击;西路军成立工作委员会,由先念同志负责军事指挥,原西路军政治部主任李卓然同志负责政治领导。西路军工委的成员,大多随由三十军组成的左支队行动。

这天晚上,我们左支队在突围前,先念同志对干部作了简要动员。他说:“我们现在的处境是异常艰难的,但并不是无路可走了,出路就是要快速行动,跳出敌人的包围圈,摆脱马家军骑兵的跟踪追击。只要我们能突围出去,就有回旋的余地,就有办法可想,就还有希望,万一我们冲不出去,要和敌人拼到底,就是死也要死在一起!”他还讲到:“我们队伍现在人数虽不多,但个个都经过了千锤百炼,经受了血与火的严重考验,能够以一当十,以十当百。”他要求我们:“要发扬团结友爱的精神,共产党员、共青团员和干部要发挥模范带头作用，体力强些的要帮助体力弱的，能多带走一个红军战士，就能为革命多保存一份火种，将来能燃红一片啊！”当时因天黑，我看不清先念同志那又黑又瘦的面孔，但从他铿锵有力的讲话语调中，听得出那坚定的革命信念和决心，浓厚的革命情谊和热切的希望，给大家以巨大的鼓舞和力量。

先念同志在动员以后，还向师政委郑维山和我交待：要挑选几个身强力壮的战士，把熊厚发师长抬走。熊厚发同志是红三十军副军长兼八十八师师长，是一个年轻威武、英勇善战的干部，从排长、连长、营长、团长打出来的，在红四方面军是闻名的。他几天前在南流沟战斗中左臂负伤，左手动脉打断，由于缺医少药，伤口化脓，胳膊肿得圆鼓鼓的，但他非常坚强，忍着剧烈的疼痛，坚持自己走着随队行动。这次经过再三劝说，熊师长才勉强坐上了担架。

这天夜里，我们这支疲惫不堪的队伍，在先念同志的带领下，顶着茫茫的夜空，冒着风雪严寒，跨越敌人的警戒线，悄悄地向渺无人烟的祁连山深处快步走去。

真是天赐良机。当夜下了一场雪，漫天雪白掩盖了队伍的足迹，才使我们得以摆脱马家军骑兵的跟踪追击。

离开石窝的第三天中午，部队在一个山头上休息。我跑去看熊师长。他提出要“坚壁”下来，留下打游击。我着急地说：“那怎么行，你这样的身体怎么能打游击呢？还是跟着部队走吧！”熊师长仍不同意，语调深沉地说：“不这样有什么办法？我不能给部队增加累赘，……我一个人死了没有什么，不能因为我而把部队拖下来，部队要赶快走啊！”说着，说着，他的泪珠刷刷地滚落下来。在危急关头，熊师长首先想到的不是个人的安危，而是战斗集体的安危，真不愧为一个坚强的共产党员。

我说服不了熊师长，也抑制不住自己的感情，流着辛酸的泪水，跑去向李先念同志汇报。

不一会，先念同志和李卓然主任等首长前来看望熊厚发同志，原西路军卫生部长苏井观大夫也在场。先念同志先关心地询问病情之后，将苏大夫叫到一边，征求他的看法。苏大夫深情地摇摇头，说：“不行了，抬不出去了。”而熊师长还是坚决地要求留下来。首长们万般无奈，最后决定给熊师长留下一个班的战士和一名干部，负责掩护。熊师长将手头上仅有的一块手表和一架望远镜作为党费，交给先念同志，激动地说：“我熊厚发不死，咱们回到党中央再会面！”先念同志含泪接过熊师长的两件东西，紧握着熊师长的手，激动得一时说不出话来，然后掏出笔记本，撕下一张纸，写了党员证明信，李卓然主任郑重地在上面签了字，交给了熊师长。

在那生死离别的时刻，大家百感交集，先念同志、李卓然主任和我与师长没有说多少话，只是一再握手、拥抱，大家都哭了。我还把身上仅有的四五斤炒面给了熊师长。因当时队伍要继续前进，先念同志和我们很不忍心地同熊师长拭泪而别。当时，我想到了，但又不敢去想，这次分手就是永别！事后得知，熊师长在那几天后于青海的西宁壮烈牺牲。

在前进途中，一天，先念同志征求我对工作安排的意见。我表示服从组织决定，叫干什么就干什么。他说：“那好吧，就到一支队(二六八团改编)当参谋长。”我当即表示同意。说实在的，当时只要不让我离开大部队就行，职务高低是无所谓的，先念同志随即写了条子，让我去一支队，协助杨秀坤团长带好部队。

此时，南方已春暖花开，而祁连山却依旧是天寒地冻、一片冰雪。为了摆脱敌人，我们忍着饥饿和疲劳，天天在茫茫没有尽头的祁连山里挺进。许多同志没有棉衣，行军时就把被子、毯子披在身上；晚上宿营时，大家就找个避风处，把身子紧紧挤在一起互相取暖。没有鞋子，就用牛皮、羊皮做成“草鞋”穿。没有粮食吃，唯一的办法就是猎取黄羊、野猪等，用火烤着吃，或用洗脸盆煮一煮，连汤带肉饱餐一顿。由于当时天天在风雪中行军，部队疲惫不堪，减员很大，死亡可能随时落到每个人头上。常常有这样的情况，一些同志在起时怎么也推不动、喊不醒了，他们被严寒和饥饿夺去了生命。这时，部队思想比较混乱，不少同志担心能不能走出祁连山，走出去又到哪里去。这些反映很快传到了先念同志那里。

一天，部队刚驻下来休息，先念同志就召集干部开会，研究在连续行军过程中怎样加强政治思想工作。他在讲述从石窝突围出来的情况后，满怀信心地告诉大家："我们西路军虽然遭受了重大损失，但整个革命还是在向前发展着，党中央和红军主力到达了陕北，正在开创革命的新局面。我们眼下的困难是暂时的，现已基本摆脱了马家军的跟踪追击，并正在设法同党中央取得联系，只要我们大家加强互助，坚持到底，就能争取到光明的前程。"他还要求各级干部多做思想政治工作，以增强大家的胜利信心。

3 月 23 日早晨，队伍正在集合准备出发，先念同志快步走到队前，高兴地说："告诉大家一个好消息，我们的电台与党中央联系上了！我们向党中央报告了现在所处的位置、困难的情况和决心。党中央、毛主席指示我们，要保存力量，团结一致，设法进入新疆。"他还鼓励大家："振奋精神，先突围到新疆，再回到党中央、毛主席身边去，到抗日前线去！"先念同志宣布的喜讯，是我们日夜所盼望的，一下子就吹散大家心头的愁云，给大家以极大的鼓舞。许多同志高兴得跳起来，什么饥饿、疲劳全都抛到了九霄云外，队伍里爆发出一阵又一阵的欢呼声，干部战士的精神振奋起来了，长久没有看到的生气又出现了。

部队在祁连山里饮冰卧雪，风餐露宿，翻山越岭，扶伤带病，奋勇地向党中央指引的方向前进。到 4 月 24 日，我们在先念同志带领下，终于走出了祁连山，到达甘肃西部的安西附近。

（二）

我们到达安西附近后，西路军工委举行会议，研究下一步如何行动。会上，对打不打安西城发生了分歧。先念同志等主张不打安西，保存力量，迅速挺进新疆。也有的同志主张打，认为打下安西，可使队伍补充、休整一下，且城内只有一个排的敌人，最多一个连，很好对付。争论到最后，还是决定打安西。

4 月 24 日晚，攻打安西的战斗一开始，守敌就疯狂反扑。事后得知，敌人一个团是当天进到安西城的。我们被迫撤围后，在沙漠里边打边退，于 26 日下午撤到红柳园。这是从甘肃到新疆公路上的一个小车站，公路旁一根根电线杆由东南向西北延伸而去。在红柳园外的沙丘上，我们又同敌骑展开了激战，敌骑冲破了我们的防线，在紧急时刻，先念同志命令部队迅速沿着电线杆子往西北方向撤退，要我指挥一个连负责掩护。我们组织战士用仅有的子弹向敌骑进行排子枪射击，将仅有的手榴弹扔进敌群，然后用大刀、枪刺及自制的长矛同敌人拼杀，掩护军首长及其他同志转移。

我们坚持到4月26日黄昏，且战且退，向戈壁滩深处转移。当时摸不清方向，找不到向导，也没有指北针，只知道电线是往新疆方向架设的，于是，我就带着被冲散而又凑到一起的指战员，按照先念同志原告诉的概略方向，沿着电线杆子，在戈壁上向西北方向奔跑。

荒漠的戈壁滩，都是灰色的沙砾，一望无际，没有人烟，气候变化剧烈，一日之内数易寒暑。夜里，从北方吹来的冷风，冻得人们嘴唇干裂，却又找不到水喝，也找不到阴凉的地方。由于当时敌情严重，大家不顾酷热或严寒，拼命向西北方向奔跑。我按照先念同志关于能多冲出一个人，就多一份革命力量的指示精神，边跑边招呼被冲散的战友，慢慢地集合了十几个人。大家在戈壁滩上跑了一夜又一天，没进一粒米、一滴水，真是精疲力竭，但还是咬牙坚持前进。4月27日下午5点左右，我们走出了荒漠的戈壁滩，到达甘肃、新疆交界的星星峡附近。

星星峡位于今新疆维吾尔自治区哈密境内，和甘肃省安西县相邻，是通向西域的交通要道，就是我们要到的地方。我们终于胜利到达了！

当时和我们接头的是新疆边务处驻星星峡办事处主任王孝典。他说："我们在这里已等候很久了，真是天天盼、日日等，现在总算把你们等来了。"这个办事处，属于新疆边防公署督办盛世才的边务处所属边卡哨所的一部分。那时盛世才和斯大林领导的苏联友好，得到苏联的支持和援助，我们党中央通过共产国际、苏联出面联系的。当晚，我们在星星峡休息时，见先念同志和李卓然主任等首长没有到达，都很着急，尽管当时疲惫，但依然未能很好休息。

第二天上午，我看先念同志等首长还没有到，就同杨秀坤、周纯麟等商量，提出寻找的建议。王孝典主任很支持，立即派来两辆汽车，车上插着红旗，带上饼干、罐头和水果，和我们一起寻找。我们在戈壁滩沙漠中边走边向四处张望，终于在离星星峡约十五公里的地方，找到先念同志和李卓然主任、程世才军长、红三十军政治部主任李天焕、红军三十军参谋长黄鹄显、原西路军保卫局局长曾传六、原西路军参谋长李特、原红五军政治部主任黄火青等首长。我们把他们一一接上汽车,大家都有说不出的高兴。在星星峡,我们遵照先念同志的指示休息几天,一面恢复体力,整理卫生,一面收容失散的人员。失散人员从开始的二三十人,慢慢地集合到四百二十多人。

1937 年的五一劳动节,对先念同志和我们西路军余部全体同志来说,是一个格外喜庆的日子。那一天,从新疆首府迪化(今乌鲁木齐)飞来三架飞机,给我们运来衣服和食品。党中央代表陈云同志(化名史平)和滕代远同志(化名李广)亲自带来四十辆汽车,到星星峡接应我们。见到党中央的代表,我们这些幸存者就像孩子依偎在久别的母亲怀抱里一样,感到格外的温暖,流下了幸福的泪水。

陈云同志到达星星峡后,就接见了师以上干部,赞扬先念等领导同志把西路军余部带到了新疆,然后对大家讲话。在讲话时,他首先代表党中央向历经千辛万苦到达新疆的同志们,表示亲切的慰问。他接着说,在长期革命斗争过程中,有胜利也有失败。你们虽然只剩下几百人,但都是革命的种子,将来可以发展到几千人、几万人、几十万人,去夺取革命的胜利。他还说,党中央对西路军的斗争始终很关心,想了很多办法来援救陷于困境的同志们。他要求大家把自己制作的武器以及衣服、鞋袜等物品,一件不丢地保存起来,送到莫斯科共产国际去,让全世界的无产阶级看看中国工农红军是在什么样的艰苦条件下争取解放斗争的。陈云同志充满革命热情的话语,给我们这些九死一生的人以极大的鼓舞。

我们知道,西路军余部所以能在历经千难万险后,打出祁连山和戈壁滩,来到党中央指定的新疆,实际上是在先念同志领导下取得的,是他为革命、为人民的一大贡献。我们在星星峡等候失散人员期间,做了进迪化的准备。从头到脚,从里到外,都换上了陈云、滕代远同志带来的新军服、新帽子。在换装时,一些同志不愿意戴有青天白日帽徽的帽子。先念同志对此作了解释。说:“同志们对军帽上闪闪发光的红五星有留恋的心情,是可以理解的。但我们共产党人是讲实事求是的,问题不在于形式,关键是革命信念不能变,中国共产党领导的工农红军的本色不能变。党中央现已确立了抗日民族统一战线的方针，实行国共合作、共同抗日，而为了搞统一战线，不换帽子能行吗?”经他讲清道理，大家很快把新帽子戴上，并把原来帽子上的红五星摘下来悄悄地保存起来。

5 月 4 日，西路军余部的指战员全副武装，由陈云、滕代远同志和先念同志带领，乘坐汽车离开星星峡，于 5 月 7 日到达迪化。当天为了保密和搞统一战线，我们对外称“新兵营”。

我们到迪化之后，主要是检查身体，治疗疾病，恢复体力。陈云同志、滕代远同志和先念同志对大家的健康很关心，安排对全体人员普遍检查身体，组织治疗，同时改善伙食，每顿饭都像会餐的一样。经过一段时间的休整和调理，大家的健康状况很快好转。

进到迪化不久，先念同志对队伍中出现的松劲苗头，注意抓纪律。他对大家说：“军容风纪、作风纪律的好坏，关系到我们这支队伍的声誉。我们是红军战士，无论走到哪里，都要自觉地注意军容风纪，遵守纪律。”他还对有关规定提出了具体要求。经过不断整顿，新兵营的作风纪律、精神面貌良好。从而扩大了红军的政治影响。

当天有些同志说话不注意，影响团结。先念同志对此很重视。他考虑到新兵营的干部战士不同单位，有西路军总部直属队的，有红五军的，有红九军的，有红三十军的，特别强调要搞好团结。他要求大家要互相尊重，互相学习，不利于团结的话不说，不利于团结的事不做。他根据当时新兵营里红三十军的人数最多的情况，对红三十军的同志要求更严，要求他们搞五湖四海，不要搞小团体，要多向其他单位的同志学习。他还要求大家和友军友好相处，对苏联专家、顾问要尊重。经过先念同志做工作，新兵营的内部关系明显改善，与外部关系也相处得很好。

我们曾准备到苏联学习，因七七卢沟桥事变爆发，抗日战争全面展开，被迫改变计划。党中央要我们利用新疆当时有苏联援助的条件和与盛世才的统战关系，留在迪化继续学习。

不久，新兵营举行全体人员会议。陈云同志首先向大家传达了党中央、毛主席发来的电报，要求我们严守纪律，安心学习学好本领，准备回到抗日前线。他还讲了学习的重要性和学习的要求。先念同志在讲话时指出：“党中央决定我们新兵营暂时在新疆，就是要运用当今新疆有苏联援助和盛世才对我们表示友好的特定条件，组织学习我军急需的军事技术，实际上就是要把新兵营办成培养军事技术骨干的学校，决不要辜负党中央、毛主席的期望。”党中央、毛主席的指示和陈云、先念同志的讲话，极大地激发了同志们的学习热情。“学习文化、学好技术，上前线，打日本！”成为我们当时共同的行动口号。

要学技术，需要文化知识作基础。而我们多数出身贫苦，没有文化或文化很低，因此，首先要补习文化知识。先念同志和我都参加了。他听讲很认真，演算很仔细，常常为弄懂一道算术题而在油灯下夜战。

在学文化过程中，有些同志有畏难情绪，被学文化的困难所吓倒，想打“退堂鼓”。先念同志对大家说：“我们小时候，因为家里穷，缺吃少穿，想上学去不成；当了红军后，经常行军打仗，环境不稳定，又缺书、缺笔、缺纸，想学习也没法学；如今环境安定，有吃有穿，又有书、有笔、有纸，学习的机会难得啊！”讲到学习的困难，先念同志又说：“学习的困难是有的，但再困难也比爬雪山、过草地好吧，比在祁连山里爬冰卧雪、忍饥耐寒好吧，只要我们以顽强的毅力，认真听取教员的讲解和指导，刻苦钻研，再加上互帮互学，就能够克服学习的困难，取得好成绩。”在先念同志的教育和带动下，我们文化学习成效明显，学火炮操作和学汽车、装甲驾驶的都搞得很好。我当时一面工作，一面学习驾驶汽车。全国解放后，我在南京、上海驻军工作时，还开过汽车上大街呢！

1937 年 12 月，党中央代表陈云、滕代远同志奉命回延安，先念等领导同志也回延安。此时，新兵营领导班子调整由我担任大队长。先念同志和我们告别时，一再嘱咐我们要组织好学习，圆满完成党中央赋予的学习任务。在那以后，我们在新疆继续学习了两年，到 1940 年 1 月分批撤回延安，然后转赴抗日前线。

（三）

我和先念同志在新疆分别 49 年后，1986 年 11 月，他作为中共中央政治局常委、中华人民共和国主席来南京视察时，专门把我找到中山陵 5 号，同我进行了亲切的交谈，共叙了当年的战斗友谊。

我们共同回忆了在西征路上同生死、共患难的情景。先念同志说：

"我们西路军余部在祁连山时，要枪没有枪，要弹没有弹，要粮没有粮，在终年积雪的祁连山里转战，穿越荒无人烟的戈壁滩，真是艰难困苦，九死一生，太不容易了。"他接着说："我们四百多位同志所以能到达新疆，主要是两条：一是党中央的关怀，给我们指明了前进的方向，陈云、滕代远同志还亲自去接应；二是靠大家坚强的信念，相信党。团结互助，勇于拼搏。"我当即插话说："还有一条，就是您指挥得好，主要是靠您把我们带到新疆的！"说着，我们都高兴地笑了。

在交谈中，我们谈起了成千上万流血牺牲的战友，真是漫漫西征路，斑斑烈士血！我们特别谈到了与熊厚发同志诀别的情况，他深情地说："那时实在不忍心把他留下来，但又没有别的办法呀！几十年过去了，当时的情景现在还历历在目。"

在交谈中，我告诉先念同志，当年在新疆学习的同志，后来分布在全国各地，在各条战线上从事工作。有不少同志担任了大军区、兵团、省级领导职务。我还列举了军委原炮兵司令员宋承志同志的名字，他们为人民解放事业和社会主义建设事业作出了重要贡献。对此，先念同志连连点头，表示满意。

先念同志还同我合影留念，并鼓励我把这段历史好好回忆一下，整理出来。

在先念同志那次同我会面四年多以后，即 1991 年秋，我把转战祁连山和进新疆这两段整理出来，以"遭惨败风雪祁连山"和"到新疆绝处逢生"为小标题，作为我回忆录《从战士到将军的征程》的一部分。书稿送到北京后，先念同志还亲自过目，亲自题写书名，还对我进行了鼓励。但万万没有想到，这是他对我的最后教导和帮助。

二十四、牢记我军宗旨　继承和发扬红军官兵一致的优良传统

在长期的革命斗争中，毛泽东等老一辈革命家运用马克思主义的立场观点方法，结合人民战争、人民建设的实际，提出和阐明了一系列

带根本性的理论原则，其中在人民军队内部关系处理上确立了官兵一致的原则。半个多世纪以来，无论是炮火连天的战争年代，还是和平建设时期，我军内部所特有的官兵一致这一基本准则和优良传统都发挥了巨大的作用。三湾改编中，毛泽东同志在红军内部规定，官长不准打骂士兵，官兵待遇平等，士兵有开会说话的自由，废除烦琐的礼节，实行经济公开，士兵管理伙食。古田会义又进一步提出，红军中"官兵只有职务的分别，没有阶级的分别，官长不是剥削阶级，士兵不是被剥削阶级"；同时规定了废止肉刑、废止辱骂和优待伤病员等原则，要求红军干部特别是和士兵接近的连以下干部随时看望伤病员，送茶水给他们吃，晚上替他们盖被子，而且要把这些方法"定为一种制度"。因此，在红军内部，广大官兵都能基于政治上的平等，互相关心，互相爱护，互相帮助，从统帅和高级将领到连排干部，都以普通一兵的身份，与战士打成一片，同甘苦，共患难，取得了一个又一个胜利。

1936 年 7 月，红四方面军第三次过草地时，我任红五军团三十九团参谋长。有天傍晚，朱总司令到了我们军团，召集营以上干部开会。会议结束后，总司令和大家一起在草地上吃晚餐。这时，一个年轻的警卫员端个大碗走到总司令身边，说："首长，你吃这个吧！野菜留给大家吃。"警卫员说着，把碗递上去。我站起来看了一眼，原来是一碗大米粥。那粥可真稀，人影都照得出来。总司令瞧了瞧，皱着眉头问："这是哪里来的？"警卫员回答说："是先头部队捎来的一点点大米熬的，"总司令温和地说："给病号们送去吧，我吃牛皮带煮野菜，营养好得很哩。"说罢，夹起野菜就往嘴里送。他吃得那么香甜，看不出有丝毫难咽的样子。说实在的，牛皮带煮野菜，闻起来还可以，可一吃起来就不是滋味。就说那个野葱吧，香气和家葱一样，味道却和刚结的李子一样，苦涩得使人难受。警卫员知道总司令的脾性是说一不二，就把稀粥送给病号，可几个伤病员知道是总司令把粥让给他们吃，说什么都不肯接受。警卫员没法，只得又端回来，可总司令又叫他送过去。这样来回好几趟，互相都不吃。大家瞧这种情景，心里既激动，又着急，纷纷上前劝总司令吃稀粥。总司令端着粥碗，踱到人群中间，用平稳清晰的语调说："同志们，稀粥还是应该伤病员吃，他们有病啊！"说着就大步走到几个病员身边，把一大碗稀粥一一分到病号的碗里，然后把野菜汤倒在尚存几粒大米的粥碗里，举起碗喝了下去。他说："我已经吃了，同志们快吃吧！"病号们都感动得哭了，同志们的眼睛里也充满了激动的泪花。

1937年10月，毛泽东同志在和英国记者贝特兰谈话中，第一次把"官兵一致、军民一致、瓦解敌军"作为我军政治工作的三大原则提出来，并对其基本精神作了阐述。所谓官兵一致，就是在军队中肃清封建主义，废除打骂制度，建立自觉的纪律，实行同甘共苦的生活，因此全军是团结一致的。处理官兵关系本质上是一个根本态度或根本宗旨问题。士兵群众是人民军队的主体，只有尊重他们，从心底里热爱他们，才能同他们打成一片，获得共同的语言，赢得他们的信任。毛泽东同志说，要保证官兵一致原则实行有效，必须从尊重士兵这种根本态度出发。他还中肯地指出，那些对官兵关系总也弄不好的同志，不是方法不对，而是根本态度或根本宗旨的问题。正确的态度就是尊重士兵。

在长期的革命斗争中，我军之所以能不断发展壮大，很重要的一条，就是我们军队内部有官兵一致这个特殊优势。有了这个优势，就会产生其他任何军队、任何敌人所无法获得的伟大力量。粟裕同志在回忆红军时期斗争生活时说："也许现在的青年人不能体会到官兵平等、废止肉刑这些基本制度所产生的强大威力，因为他们是在人与人的平等关系中成长起来的。而当时，这些基本制度，唤醒了被压迫者长期被压抑的人的尊严，激发着对未来美好的无限希望，成为大家为共产主义事业奋斗牺牲的强大力量。这些新型的制度，是进行政治工作的强大武器。那时对于红军最有力的宣传就是：'红军官兵平等'，'红军不打士兵'，"不管是什么人，什么出身，只要进了红军这个大熔炉，都会变个样子。战争年代，我军的主要成分来自农民。但在这个大熔炉里，农民习气、封建雇佣思想以及自由散慢的作风消除了，广大农民兄弟很快从普通老百姓成长为具有高度觉悟的革命战士，这是任何别的军队所做不到的。由于我军建立起了平等一致的官兵关系，使他们一跨进这个队伍，就能感受到当兵不是为长官卖命，而是为了共同的胜利和革命目标，因此也就有了高度的自觉性和勇敢牺牲精神，有了真正可靠的集中和纪律，有了个人能力和才干的增长。许多土生土长的农家子弟，没有多少文化，却在革命大熔炉里汲取知识，提高本领，成为建军、治军、领兵打仗的骨干。

战争时期，我军与敌军有一个很鲜明的对比：国民党军队洋枪洋炮打不好仗、打败仗；我军没有武器，去夺、去找、去造，照样打好仗、打胜仗。这个差别，有一个重要原因，就是我军在任何时候都始终具有一种强大的吸引力、凝聚力和感召力，而这一些又都是建立在官兵一致、团结友爱、同甘共苦的基础之上。我们的干部在战斗中掩护战士，行军中替战士背行装，平时辅导战士学文化、练技术，无微不至，像亲兄弟一样。我们的战士，也真正感受到自己与干部是为共同目标奋斗的同志，是阶级兄弟，因此不仅从上下级关系上服从命令，而且从深厚的阶级感情上自觉地拥护干部，关心、爱护、帮助干部，不管在什么情况下，党指向哪里就战斗到哪里。

我军官兵一致、尊干爱兵的光荣传统和优良作风，反映了人民军队建设的规律和我军的性质，必须牢牢坚持，而不能把它仅仅当作一般的工作方法来看待，更不能错误地看成是战争年代的“老经验”、“土办法”，是过时了的东西。60年代，贺龙同志曾在一篇文章中说：“靠人民、靠士兵、靠发扬民主、靠群众路线，这是毛泽东思想的精髓，这是我军几十年来由小到大，以弱胜强，打败一个又一个强敌，赢得一个又一个胜利的传家宝。”无论任何时候，我们都不能丢了这个传家宝。要像邓小平同志所说的那样，很好地研究在新的历史条件下怎样提高战士的政治觉悟，怎样坚持官兵一致的原则。以江泽民同志为核心的党中央、中央军委非常关注这个问题。江主席针对部队官兵关系上出现的一些新情况新问题，深刻指出：“官兵一致，体现了我军的宗旨和本质，是我们战胜困难、克敌制胜的传家宝。”因此，部队各级党组织和广大干部战士，应当更好地继承和发扬红军的优良传统，在坚持中发展，在继承中创新。尤其是领导要经常深入实际，搞好对基层干部的传帮带，不断提高基层干部的带兵能力，使我军平等友爱、团结互助的新型官兵关系得到进一步巩固发展。

（此文刊登在1996年12月28日《人民前线》报第2版）

后记(一)*

最近十多年来，随着党史、军史资料征集工作的开展，湖南、甘肃、新疆、安徽、江苏等省、区和中国人民解放军第二十一军的党史工作部门以及一些报刊来人来函，约我提供有关红军时期、抗日战争时期或解放战争时期的历史资料。这使我们这些经受过旧中国深重苦难，经历了枪林弹雨、九死一生的人们，开始回忆那些在第一线工作时来不及回忆的往事。霎时间，数十年前战争烽火在眼前闪耀，凝聚在心头的战争硝烟又开始浮动，在战争中牺牲的老首长、老战友的形象又展现在眼前。为了帮助广大读者，特别是广大青年和部队指战员了解中国人民解放军的光荣历史和优良传统，懂得胜利来之不易，更好地为我国的四化建设和我军的三化建设服务，从 1978 年起，我采取个人回忆、查阅史料以及必要的座谈讨论或走访相结合，开始陆续撰写回忆文章，《从战士到将军的征程》一书就是由单篇逐步积累而成的。

1986 年 11 月，国家主席李先念来南京视察时，专门把我找到中山陵 5 号，同我进行了亲切的交谈，共叙当年的战斗友谊，共同回忆了我们三过草地及西路军悲壮西征的情景。李主席还鼓励我把这段历史好好回忆一下，整理出来，这就更鼓舞了我撰写回忆录的信心和勇气。

在回忆录撰写和修改过程中，我得到各方面的大力支持。南京军区领导多次过问，机关部门热情帮助。中共安徽、甘肃、新疆等省、区和江苏淮阴地委的党史部门，给予了许多帮助，南京军区政治部《人民前

---

* 此后记为 1992 年江苏人民出版社出版的《从战士到将军的征程》一书的后记。

线》报社原总编辑许林同志帮助把单篇整理加工并汇编在一起。军事科学院军事百科研究部原副部长王辅一同志帮助史料核对和进一步加工修改到成书。国防大学校长兼政委张震上将为本书写了序。李先念主席为本书题写了书名，并亲自审阅了血战河西走廊那几节书稿，提出了很宝贵的修改意见。江苏人民出版社为这本书的出版给予了很多帮助。在此，谨对他们表示衷心的谢意。

需要提到的是，我的老伴王树芝同志为我回忆录的撰写和成书出版查对史料、走访调查，做了许多工作，付出了辛勤的劳动。对此，我心里是很感激的。

由于年代久远和史料所限，书中难免有遗漏或差错，欢迎当年的战友和广大读者给予批评指正。

1991年6月

后记(二)

我的回忆录改书名为“从战士到将军的征程”,于 1992 年 2 月由江苏人民出版社出版。出版后我陆续收到不少读者和战友的来电、来信,或是鼓励,或是补充,特别是,希望我继续写出新中国成立之后的一段历史。新中国成立后,我先后任第九兵团第三十军军长、华东军区海军第六舰队司令员兼政委、苏北军区司令员、江苏军区第一副司令员、六十军军长、上海警备区司令员、南京军区副司令员等职,应该说,这一时期的历史也是丰富多彩的。在“文革”中,我遵照周恩来总理的嘱托,受军区党委委托,先后负责三省一市(江苏、浙江、安徽、上海)的工农业生产、交通运输、国防工业和三线建设。在十分艰难的情况下,为减少“文革”造成的损失,我做了力所能及的工作。

回忆自己的一生,实感能力有限,贡献不多,可人民却给了我莫大的荣誉。1955 年我被授予中将军衔,荣获一级八一勋章、一级独立自由勋章、一级解放勋章;1988 年我被授予中国人民解放军一级红星功勋荣誉章。1978 年 3 月我又被选为中国人民政治协商会议第五届全国委员会委员。

在回忆录的撰写过程中,由于我身体不好,只能断断续续回忆片段,我的老伴王树芝同志为我回忆录的续写做了许多工作,为此我心存感激。我对老伴以及子女说:“我没有什么遗产留给你们。若说遗产,就是这份回忆录。”

2000 年春节

下编 对饶子健将军的深情缅怀

一、永远的回忆

饶江宁

2000 年 9 月 25 日凌晨 1 点 30 分，这是让我痛苦万分、刻骨铭心的时刻……在南京军区总医院病房里，我和家人焦急地守候在爸爸的床前，我的心一直悬着，心底里一遍一遍地呼喊着“爸爸”，渴望奇迹能像以前屡次出现的那样再现，渴望爸爸还能再一次战胜病魔，平安地回到我们身边，可我这一次失望了，爸爸的心脏停止了跳动。

我是爸爸的长女，爸爸赋予我生命，在生活上给我无微不至的关心，在思想和政治上给我作表率，教育我、帮助我。他那坚定的理想信念、坚强的党性原则、乐观向上的人生态度、勤奋学习的钻研精神、严于律己宽以待人的胸怀、充满爱心的父爱，深深地融入我的心里，足以影响我的一生。

爸爸离开我们已经十年了。这十年来，我从心底里感到爸爸并没有走，他那可亲可敬的音容笑貌时时浮现在我的眼前。

爸爸出生在湖南浏阳一个穷苦人的家庭，从小给地主当放牛娃，十四岁到裁缝店当了三年学徒工，十八岁入团，参加工农自卫军，二十岁入党，二十一岁离家参加红军，经历五次反“围剿”，在二万五千里长征路上爬雪山，三过草地，浴血奋战河西走廊，在抗日战场、解放战场上南征北战，可谓“身经百战，多次负伤，历尽艰苦，屡立战功”(军委原副主席张震语)。爸爸每每忆起辉煌战史，总会精神抖擞，似乎又回到昔日硝烟迷漫的战场。家里有一张半面墙的中国地图，爸爸常常在地图前一坐就是半天，即使是在年老体弱的那几年里，爸爸也能指着地图，清晰地告诉我们，在那次战斗中，消灭了多少敌人，有哪些战友牺牲，有哪些战友负伤。爸爸自己的胳膊、下嘴唇及牙齿、腿部、头部多处受到枪伤，但他从不愿向我们夸耀自己的功劳。他把自己的一切都归功于党。

像许多革命前辈一样，经过战火和生死考验的爸爸，对党的感情是那么的朴素和坚定，不容一丝怀疑和动摇。

“文化大革命”期间，妈妈蒙受不白之冤隔离审查时，正值他接到上级通知要到北京参加周总理召开的“八一五”会议前夕，他不顾家里只剩下我一个十四岁的妹妹和十二岁的弟弟，去了北京。临走时把我叫回家，反复对我说：“妈妈没有什么问题，要相信党、相信组织会调查清楚的。家里有什么事就写信，妈妈的事不要告诉康宁和灵宁，不要影响他们。”在那个年头怎么可能不影响呢？1968 年底，妹妹灵宁因妈妈的事，支部大会已通过她的入团申请的情况下，医院团工委却没有批准。她写信给远在北京的爸爸，爸爸给她回信的同时，也给我写了很长的信。信中主要意思还是“要相信党、相信组织、正确对待，不要有抵触情绪；要好好学习，好好工作，照顾好家里”，当我看到最后一句“爸爸也很想你们”时，我再也忍不住了，眼泪夺眶而出。在我的记忆中，爸爸从来没有对组织发过牢骚。后来我才知道，从未离开过部队一天的爸爸，也一度受到诬陷，而他对党、对组织却是那样的信任，在一切真相大白的时候，我们更加感受到爸爸“相信党、相信组织”这句话的分量和价值。

在那段让人揪心的日子里，爸爸忍辱负重，完全把个人的荣辱和家庭的困难抛之脑后，一如既往地工作。爸爸身体不好，有严重的冠心病，心肌缺血，常发心绞痛，但他仍像在过去战场上一样舍生忘死，不顾一切。1967 年 1 月的一天，由于劳累，心绞痛发作，经治疗刚缓解，不顾妈妈和总院心血管内科胡康宁主任的劝阻又上班去了。同年 7 月，南京、上海电厂用煤告急，而淮南煤矿武斗，他不顾个人危险，立即带领工作组赶到煤矿给两派工人做工作，直到恢复生产。那时爸爸根据军区党委的安排，负责军区的“支工、支农”和国防工业工作，在“天下大乱”、是非颠倒的年代，为了国防工业和“小三线”的建设，他带病钻山沟，下工厂，几乎跑遍了三省一市军工厂，亲临一线，传达上级精神，做工作，尽最大努力挽救动乱带来的损失。

爸爸的组织观念非常强。1975 年休息后，虽然在工作上退下来了，但思想上从来没有"退休"。1976 年 9 月 9 日，在上海华东医院住院的爸爸，从广播里得知毛主席逝世的噩耗，当即就要出院返回南京。虽然医生反复挽留，爸爸仍坚持要走，他以一个老党员、老战士的政治敏感性，似乎意识到什么，他说："医生同意要走，不同意我也要走。主席去世，党和国家命运非常严峻的关头，我要回去。"第二天回到了南京。

新中国成立后，爸爸在华东地区先后担任军地重要领导职务，和他一起出生入死的老战友不少身居高位，但我们做子女的从来不敢向爸爸开口要这要那。无论是当兵、入党，还是提干，爸爸只要求我们自己努力，从不允许我们依靠他的影响力谋取私利。

在学习的刻苦精神上，爸爸更是我们的楷模。爸爸是穷苦人出身，参加革命前一年学也没有上过。到红军当连队上士时连"萝卜"两个字都不会写。可他对学习的热情始终很高。在战争年代打仗的间隙和解放后，除了组织上安排他先后到红一方面军总部学兵队、红军军事政治学校、迪化(现乌鲁木齐)"新兵营"、华中局党校、军事学院高级系等零零碎碎的学习外，爸爸凭着刻苦钻研的精神，利用一切可以利用的机会学写字，学革命理论，学知识，学文化。他不但自己学还帮助我，那是 1961 年，爸爸工作调动到上海，我们也从南京转学到上海，由于南京和上海的课程进度不一样，数学中的分数我没学过，非常着急，这时爸爸戴着老花镜在灯下耐心地给我一题一题讲解，直到我懂了为止。爸爸虽然离休多年，但他从未放松过政治学习，即使是因病卧床不起的最后三年多时间里，也没有停止读书看报。《人民日报》、《解放军报》、《人民前线》报、《新华日报》、《南京日报》等重要报纸杂志，多少年雷打不动都要订。爸爸数十年如一日坚持早上听中央广播电台新闻，晚上听中央电视台《新闻联播》。因为患白内障，爸爸双眼几乎失明，他就让工作人员每天上、下午各用一小时读理论书籍给他听。毛泽东、邓小平、刘少奇、周恩来、陈云等领导人的文选、文集，爸爸全部听完一到两遍。2000 年 3 月底，爸爸的病情恶化，在总医院一直断断续续抢救到 7 月份，有一天爸爸突然问战士小葛："你怎么不给我读报纸了?"一听这话，公务员小葛激动地告诉我们："首长要听新闻了！首长病好了！"

爸爸对国内外形势的发展变化始终关注。住院后，军委、总部、军区的首长和爸爸的老战友到病房看他的时候，爸爸都很高兴。他会不停地问一些国内外形势发展情况。特别对台海局势、东南沿海军事斗争准备问题，爸爸更是关心。有些老部属来探望他的时候，他也不忘叮嘱几句，要把部队建设抓好，抓紧做好军事斗争准备。

爸爸不但爱学习，还勤于思考。他跟我们说，改革开放首先要搞清楚"什么是有中国特色的社会主义"，"中国特色的社会主义就是社会主义的有一点，资本主义的有一点，但是共产党领导的"。爸爸清晰的思路、对理论精髓的准确领会把握和精辟论述，让很多来看望他的人都赞叹不已。一次，读报时读到北约、欧盟的消息时，爸爸让小葛去买世界地图。我们都不知道爸爸突然要地图做什么。等地图买来后，爸爸说，你们看看欧洲、美国那一块，要把北约、欧盟在什么位置，有哪些国家搞清楚。虽然这时爸爸几乎失明，但他还能把北约、欧盟所属的国家一个一个地说出来，让我们十分惊奇，也很受教育。

在一般人看来，爸爸是原则性非常强又很严肃的人，但在我们作为儿女的眼中，他又是极富爱心的慈父。在我和弟弟、妹妹小的时候，爸爸在工作之余，喜欢和我们一起做游戏，比赛跑步。他还带着我们用竹子做弓箭玩。他在六十军当军长时，带着我和康宁、灵宁住在江北花旗营军部，妈妈带着小妹妹江萍远在镇江。那时，利用假日，带着我们几个小孩，坐汽车、轮渡，还坐三轮车，到山西路、新街口玩。我们跟着爸爸兴奋地看着大街和商店。换季节时，爸爸还会到布店扯上些布，给每人做套新衣裳。他有意让裁缝把衣服做得大一些，袖子要卷起好几道，这样每件衣服都可以多穿几年。父亲打仗时能操枪弄炮，生活中的他又是非常细致、能干。他能裁衣穿针引线、缝缝补补。1964 年 10 月底，我要参加学校组织的下乡三秋劳动，临走时发现棉衣改夹衣还没缝好，爸爸看到后忙接手过去，说："你快吃饭，我给你缝。"等我吃完早饭，他已缝好了。儿子东东出生时的衣服也是他做的。直到现在，回味起来那段时光，幸福的感觉就会从心底油然而起，更加体会那份深沉和细腻的父爱。

爸爸十分疼爱他的几个孙儿孙女，可以说，他老人家对小孩子的冷暖关心甚至超过孩子的爸爸妈妈。小孩子需要吃什么东西、穿什么衣服，爸爸搞得清清楚楚。每当我外出学习或值班不在家没人照顾东东时，总是爸爸带他睡觉、吃饭。在工作和学习上，爸爸对孙儿孙女要求又很严。1995 年夏天，南京天气特别热，东东在理工大学军训。因为个把月没有见到孙子，爸爸很想他。中秋节那天，爸爸忍不住叫上驾驶员，悄悄从医院"溜"出去，车子开到东东训练场旁边停下来，远远地等了好长时间。等东东训练结束了，才把他叫上车，用手摸摸又黑又瘦的东东，爸爸虽然非常心疼，但还是谆谆教导东东要好好学习，好好锻炼。东东军校毕业后被分到基层任职，爸爸得知后很高兴，说："这样好，这样好，多接受一些锻炼好。"

爸爸在工作和事业上的追求可以说是高标准，而在生活上却又是低标准、低要求，很容易满足。在待遇上，爸爸不但自己从不向组织伸手，而且对我们从严要求，不允许家里人占公家的便宜。爸爸在生活上十分俭朴，最看不惯花钱大手大脚。我和弟弟妹妹陆续参加工作，每人每月五十二元钱工资的时候，都要交三十元钱给爸爸、妈妈，由他们分别给存起来，不让我们乱花，直到我们结婚后，再一一退还给我们。在爸爸的影响下，我们几个兄弟姐妹生活上都比较俭朴，工作也都靠自己在各自岗位上脚踏实地地干。

爸爸对自己和孩子们花钱很是在意，而对湖南老家的亲戚却很关心。1930 年离开家后，爸爸曾先后在 1952 年和 1984 年回老家探亲，爸爸始终惦记着家乡人的疾苦，经常把节余的工资寄回去。有一次我和爸爸又谈到老家的事，他说："老家困难是因为没有文化，让孩子上学是大事，告诉他们，再困难也一定要让孩子上学。"1997 年 11 月爸爸病危时，老家三个侄子来南京看望他，侄子传道家生活比较困难，还有两个孩子上学，爸爸知道后让我每学期给他们寄学费，供孩子上学，决不能辍学。1999 年 5 月，我和康宁、灵宁回老家，爸爸托我们向家乡小学捐款一万元，表示他对家乡孩子的关心。直到爸爸辞世前，他还记挂着这个事，把我叫到床前交待了一遍又一遍，要我多关心老家的孩子。

因为爱人工作在基层部队，结婚后，我和爱人一直两地分居。如果没有爸爸的支持和关心,我一个人边工作边带孩子的困难真是难以想象。爸爸病倒后,我一有空就去病床前陪他聊天说话,不让他感到寂寞孤独,尽一个长女的孝心。1998年,在爸爸支持下,我调到徐州部队工作,我和爱人长达二十四年的两地分居生活终于结束。2000年9月11日,病情稍有好转的爸爸,知道我在病房陪护了一段时间后,催促我回徐州上班,可第二天就是中秋节,再过十几天就是他老人家的生日,看着虚弱的爸爸,我哪里忍心离开呀!那天下午,我在病房里久久不肯走,爸爸模模糊糊听见我还没走,就问:"江宁,你怎么还不走啊?"那时,我已经意识到爸爸的精神远不如以往,但我没有料到,这竟是我亲爱的爸爸生前跟我说的最后一句话。

我们一家常常去雨花台烈士陵园,爸爸的墓地安卧在菊花台,站在爸爸那被鲜花绿树掩映的墓前,我再一次感受到,人的生命是有限的,但精神品质却是不朽的。因为,随着时间的流逝,爸爸的形象在我脑海中却愈加明晰,愈加慈祥可亲。

爸爸,您永远活在我们的心中!

二、追寻父亲的足迹

饶小宁

今天是2010年6月20日——父亲节。中午收到儿子从海南三亚发来的短信"父亲节快乐,老爸!"读后心里既高兴又悲楚,高兴的是儿子正在健康幸福地成长,悲楚的是我的父亲,儿子的爷爷,已离开我们整整十年了,他那坚毅的目光和慈祥的笑容十年来一直伴随着我的每一天。我是多么地怀念自己的父亲啊! 这使我想起三年前的西北之行。

2007年9月上旬,我去兰州、西宁出差后,专程去了敦煌。到敦煌的目的不仅仅是为了参观中国古代史诗般的敦煌壁画,更重要的是寻找七十年前父亲曾经走过的道路——中国工农红军西路军最后一段艰难历程。

在我孩提时代,曾多次聆听父亲讲述战争年代的故事,给我留下记忆最深的是:当西路红军余部最终抵达甘肃和新疆交界的星星峡时,是他骑着一匹大灰马,怀揣子弹顶上膛的盒子枪,单枪匹马,冒着危险,迎向关卡炮楼上的哨兵,大声喊道:"我们是中国工农红军。"这一句勇敢而又悲壮的呼喊,在我脑海里回荡了四十多年。我是多么想到实地亲眼看看星星峡炮楼身姿,多么想亲身感受父亲当时的那种不屈不挠、勇往直前的红军精神啊。

早餐后,我与北京和兰州的同事一起离开敦煌,驱车前往瓜州县城,从那儿再上312国道去星星峡。瓜州县,原名安西县,地处河西走廊西端,是甘、新、青、蒙四省的通衢之地。她东连中国石油城玉门,西接国际旅游名城敦煌，南与肃北蒙古族自治县毗连，西北与新疆哈密市接壤。境内盛产棉花、蜜瓜、小麦、葡萄、甘草、锁阳、苁蓉等，享有“中国蜜瓜之乡”、“中国锁阳之乡”和甘肃“棉花基地”、“河西粮仓”的美誉。

1937 年 4 月，转战河西走廊达数月之久的西路红军左支队近千名指战员，在李先念、程世才的率领下，经过四十三天的艰苦跋涉，终于翻越祁连雪山，到达瓜州县城南七十五公里处的蘑菇台。为了取得给养，按中央指示西进新疆，遂于 4 月 24 日至 26 日，先后在瓜州县城、王家屯庄、白墩子、红柳园子等地，同数倍于我军的马家军进行了激烈的战斗。在这次战斗中，中国工农红军的优秀儿女钟立彬、刘雄武、陈茂生、曾日三等一百多名指战员壮烈牺牲，这是西路红军西征过程中的最后一战，是我党革命战争史上极为悲壮的历史片断。父亲那时因部队减员，已由红三十军第八十八师参谋长改任为三六八团参谋长，参加了这一系列的战斗。

一个半小时后我们到达了瓜州县城。司机说，在城南公园内有一座“中国西路红军最后一战纪念塔”，我们立即前去瞻仰。这是一座砖木结构，有着浓郁中国建筑风格的纪念塔，塔高二十六点五米，共九层，是瓜州县委、县人民政府于 1988 年 10 月 18 日建成的。碑面上刻有李先念主席的亲笔题词：“为中国人民的解放事业牺牲的烈士们永垂不朽!”我快步登上塔顶，环顾四周，北面是一座新兴的瓜州县城，道路上人车稀少，南面远处是一片片稀疏、绿色略带泛黄的树木，河流在阳光下闪烁着银色的光芒，一切都显得那样的宁静与祥和。在塔楼上我足足站立十分钟，虽然寻不见当年的安西城墙和战斗遗址，但是我似乎听到了昔日西路军将士攻城的喊杀声，闻到了激烈战斗的滚滚硝烟……突然，一阵孩子们的嬉闹声传来，只见几个戴着红领巾的儿童你追我赶地爬上塔来。看着他们活泼可爱的样子，我原本沉重的心情瞬间得到了释放。“红军浴血奋战、流血牺牲不就是为了今天的我们吗?”

离开瓜州县城，我们上了 312 国道，直奔星星峡。路两旁是一望无际的、荒凉的戈壁滩。车开了一段路程，只见路边不远处有一座圆形的白色建筑，大块墙皮脱落，露出黄色的泥墙，正面墙上粘挂着六个金色大字——白虎关纪念馆。处于好奇，我请司机停车，入内观察。中厅左边是安西县博物馆举办的“西路红军最后一战”展室，里面展示着李先念、李卓然等西路军领导人照片，有高台城楼和董振堂军长牺牲后头颅被马匪割下来的照片，有红军将士战死沙场的照片，还有马步芳匪帮的照片。有一张照片我很熟悉，就是西路军余部在新疆迪化的合影，其中有父亲的身影。展室里还陈列着西路军曾使用过的盒子枪、大刀、餐碗和穿过的草鞋等实物。这时，我发现身边站了一个衣着朴素的年轻人，一问原来他是这里的管理员。他见我看得那么专注，欲进行讲解。我说不用了，我都能看懂。看完西路军的展室出来，瞧见对面还有一个展室，展的是西游记的故事。我问管理员为何要在这个严肃的纪念馆内搞一个神话展？他用窘迫的眼神看着我，没有回答。当我要离开的时候，我要付费，管理员的回答让我感到吃惊：参观红军馆不收钱，看西游记馆要收费。噢，我明白了：在这前不着村、后不着店的偏僻荒野里，建这么个纪念馆是需要经费维持的啊。靠商业展览的收入弥补经费的不足，完全是无奈之举。此时，我心中对这位孤守在纪念馆的年轻人油然产生一种钦佩和感激之情。我取出二百元钱给他，就算作我们一行参观了西游记展览的门票钱（尽管进去没看），他坚持不收。最后，我拉着他的手说：“我是西路红军的后代，感谢瓜州县政府和人民建了这样一个展览，感谢你孤身一人在这里坚守，收下吧，这是我的一点心意。”

离开白虎关纪念馆，我们继续西行，笔直的312国道一直延伸到天边。此时正值秋天，从新疆方向迎面开来的大货车，满载着瓜果，风驰电掣般地与我们交错而过，驶往内地。据说，从新疆驱车到北京有三千多公里，大约需要十天的时间。现在东运的瓜果，正是为内地过国庆节做准备的。快到晌午的时候，我看见路边远处隐约出现黑色的电线杆。这种木制电线杆在内地已经很少见到了，心想：“难道这就是父亲回忆录中所提到的引导红军向新疆撤退的电线杆子？七十年过去了，难道那时的电线杆还一根一根地竖立在那里，上面还悬挂着电线，真是不可思议！莫非苍天和大地就是要让这些电线杆永久地竖立在通往新疆的道路上，告诉人们西路红军的悲壮历程？”此时，天边出现一道黑色的山脉，司机告诉我们，那就是甘肃与新疆交界的山脉。大约一刻钟后，我们来到了山脚下，路边的大岩石上刻着“星星峡”三个大红字。

星星峡位于新疆与甘肃交界处，系东天山山系余脉星星山的一个峡谷，东距敦煌二百一十公里，西距哈密市二百公里，兰新公路由此通过。据说，星星山上产石英石，洁白晶莹。每当皓月当空，山上石英石闪闪烁烁，宛若满天星斗。于是，石得名星星石，山得名星星山，山之峡亦取名星星峡。星星峡在清末也称猩猩峡。其实，这里并无猩猩，“猩猩”两字系左宗棠所改。1875 年，陕甘总督左宗棠被任命为钦差大臣督办新疆军务，率军歼灭了入侵新疆的阿古柏。当时星星峡路段异常艰险，左宗棠为筹运粮秣费尽了心机。1880 年 6 月，左宗棠将行营由肃州(酒泉)迁到哈密，行至星星峡，看到这个给西征带来巨大困难的山峡面目可憎，像一头张牙舞爪的野兽，于是在公文中将“星星”两字边加了个反犬，以吐泄郁积心中的憎恨。此后，“猩猩峡”得到世人的认可。

来到星星峡小镇，我下车四周张望，只见四面峰峦叠嶂，一条 S 形的山路蜿蜒其间，两旁危岩峭壁，大有“一夫当关，万夫莫开”之势。路边坡顶上有一炮楼遗址，坡下竖立着一块纪念碑，上面写着：“一九三七年五月一日陈云等同志受党中央委派与李先念率领的红西路军左支队汇合地。”

我登上坡顶炮楼遗址朝关隘下方看去，一条弯曲的、废弃的砂石路映入我眼帘。“啊，这一定是七十年前父亲策马与星星峡守军联络所走过的道路！这就是我日思夜想要寻找的道路！”此时，我仿佛看见在这条曲崎的道路上，有一个衣衫褴褛、满面胡须的人，骑着一匹灰色大马，从远处向炮楼这边疾驰而来，铁蹄铮铮，卷土飞扬，震撼大地。山坡脚下，他勒缰立马，昂首挺胸，用世上最响亮的声音喊道：“我们是中国工农红军。”他，就是经历了漫漫长路、血雨腥风的父亲啊！

依偎着炮楼残壁，我久久不愿离去，心想：父亲于 1934 年 10 月随红五军团从江西兴国出发开始长征，翻山越岭，强渡江河，三过草地，一路征战，到达此地。他走过的路何止两万五千里呵！他所经历的战斗是多么艰苦、多么残酷啊！但是，他没有倒下，依然坚强地站立在西域大漠，向世人宣告：红军是不可战胜的！

离别时，我默默喊道：“爸，我来了。我终于又看见你了。”

（2010 年 6 月 20 日）

三、与战士同呼吸共命运

尚安平

1941年皖南事变后，国民党顽固派掀起了第二次反共高潮，并加紧向我军进攻，当时战斗在皖北津浦路西的四师十二旅，四面受敌，处在日伪顽军夹击之中，斗争十分艰苦紧张，在这种情况下，部队能够坚持斗争，立于不败之地，不仅靠军事指挥员指挥得当，更要靠我军在党的领导下，政治上的优势，特别是我军政治思想工作的威力，当时任十二旅代旅长的饶子健同志，作为一个军事指挥员，在恶劣的斗争环境中对政治思想工作特别重视，并以身作则带头做政治思想工作，给我留下深刻的印象。

在三个月“反顽”斗争中

十二旅处在涡阳县以北、永城县以南、宿县以西的狭长地带，前有日伪军，后有国民党军，步步逼近我军，当时敌我力量悬殊，可以说是腹背受敌，活动余地很小，部队供应缺乏，常常吃不饱，睡不好，在这种形势下，饶旅长经常深入部队做思想工作，他经常来三十四团对我们讲形势、讲任务，以提高胜利信心，特别是讲我军的光荣传统，他说：“在困难面前我们靠什么？靠的是不怕牺牲，艰苦奋斗精神，再难没有过雪山、草地难！靠我们三大纪律八项注意，只要我们和人民群众打成一片，我们什么都不怕。”他号召，不论军事干部还是政工干部都要和战士们打成一片，和战士同呼吸共命运。大家都要做政治思想工作。他还亲自为战士讲传统，亲自检查群众纪律。形成大家都来做政治思想工作的好风气，因此，部队纪律严明，军民关系融洽，官兵团结一致，部队斗志旺盛，拖不垮、打不散，始终保持对敌斗争的高昂士气。在上级统一部署下，在饶旅长的率领下，为了保存有生力量，为了扩大抗日根据地，我们部队顺利执行了向津浦路东的战略转移。

在攻克日伪据点的战斗中

饶子健旅长不仅重视平时的政治思想工作，而且对战斗中的政治思想工作也非常重视。在抗日战争胜利前夕，我们旅奉命攻打日伪军据点时村。这是日伪军在宿县东北的一个大据点，守军有二千余人，据点筑有坚固的防御工事，外围是壕沟、碉堡，铁丝网，里面还有一道电网，要攻下这个据点，有相当的难度，不仅要靠周密的组织指挥和攻坚技术，而且要靠我军坚强的政治思想工作，高昂的士气，必胜的信心和不怕牺牲的精神，饶旅长正是抓住了这个关键。他不仅对战斗作了周密的部署，而且做了一系列的政治思想工作，他首先把担任这次主攻任务的三十四团团长叶道友、政委方中铎找去，当面交待任务，分析了敌情以及我军进攻的有利条件和不利因素。并鼓励他们说：三十四团在最近双沟战斗中打得很好，很顽强，而且能攻坚，打硬仗，这次把主攻任务交给你们，只要很好地深入动员做好政治思想工作和充分的准备，就一定能攻下来。两位团首长接受任务后，充满信心，并向饶旅长保证一定完成任务。回到团里后，立即从上到下，从党内到党外，展开了政治动员工作。当时群情振奋，斗志高昂，决心书、保证书，纷纷交给党支部表示：誓死完成任务。个个争当突击队员，争当爆破手。有的并把个人的钢笔、笔记本、零用钱及个人的用品交给党支部表示“誓死”的决心。这样高昂的气氛，为取得这次攻坚的胜利打下了坚实的思想基础。

部队进入前沿阵地后，饶旅长也跟着在当天晚上进入了前沿阵地，他一面观察地形和进攻道路，一面检查部队进攻的准备情况。他看到部队斗志旺盛，准备充分，非常高兴，并和突击排的同志们，突击手、爆破手们亲切握手，鼓励他们勇往直前，为部队开辟前进的道路。战士们看到旅首长就在他们身边，与战士们同呼吸共命运，心情更加振奋，更把生死置之度外。待总攻击信号在夜空中升起的一刹那，激烈的枪炮声、手榴弹的爆炸声响彻夜空，部队像尖刀直插选好的突破口，然后像潮水一般前仆后继冲向圩内，经过激烈的反复冲锋，爆破，巷战，终于全歼守敌，并活捉了伪师长胡泽普，打了一个漂亮的歼灭战。

战斗结束后，旅党委和饶旅长又部署了战后的政治工作，其中特别是对牺牲烈士的安葬和悼念、对伤员的治疗等等。最使人难忘和悲痛的是在这次攻坚战中红军老战士、三十四团一营营长吴生才同志光荣牺牲了，全团为他以及其他牺牲的烈士举行了隆重的追悼会，同时也为在这次战斗中立下战功的同志举行了庆功会，经过这一系列的政治思想工作及在战斗胜利的鼓励下，部队斗志更加高昂，战斗力更加提高，部队以饱满的革命热情迎接新的战斗任务。

（作者：原十二旅三十四团政治处主任，
离休前任南京军区工程兵副政委）

四、重建淮北根据地功勋卓著

刘　星

淮北路东地区，东至运河，西至津浦铁路，北至陇海铁路，靠近徐州这个自古以来“兵家必争”之地，纵横数百里，人口四百余万，战略地位非常重要。抗日期间，这里是我华中地区的一个极为重要的抗日民主根据地，是全国十九个解放区之一。1945 年 7 月，我军连续解放了睢宁、泗县、灵璧、五河等县城，使整个淮北路东根据地连成一片，与鲁南和淮北路西根据地相配合，对徐州和宿州形成了夹击之势。日本侵略者宣布投降后，华中成立了苏皖边区人民政府，下辖八个专区，淮北路东是第七专区。专员公署设在泗县，党的组织为华中七地委，归于华中分局领导。

淮北，是新四军四师和淮北广大抗日军民经过长期艰苦斗争、用鲜血换来的淮北。可是，在抗日战争取得全面胜利的形势下，原来躲在峨嵋山上的蒋介石，一心“下山摘果子”，要来抢夺人民的抗日胜利果实。他依靠美国主子的支持，先后破坏了“双十协定”和“停战协定”，不断向我淮北地区的边沿地带进犯。1946 年 7 月 18 日，国民党反动派调集十万兵力，以徐州为中心分四路向我淮北解放区作大规模的进攻。第一路以其第二十八师、第五十七师沿陇海铁路东段向南进犯；第二路以第六十九师之六十旅沿海郑公路向灵璧、双沟进犯；第三路以六十九师之九十二旅由宿县夹沟、曹村向我朝阳集、渔沟方向进犯；第四路由桂系第七军向我灵璧、五河、濠城进犯。

在淮北地区形势紧张的情况下，新四军军长兼山东野战军司令员陈毅,以神速的行动组织山东野战军三纵和华中野战军九纵,于 7 月 29 日将国民党军第六十九师九十二旅和六十九旅包围在朝阳集、渔沟一带,激战一昼夜,全部歼灭了用美式装备的蒋军第九十二旅,活捉了敌九十二旅副旅长沈盛楷,并歼灭了敌六十九旅一部分。共歼敌三千八百余人,打了一个漂亮仗。当时陈毅同志即兴赋诗一首,题为"淮北初战歼蒋军九十二旅",诗曰:"十万旌旗泗水阳,淮南淮北遍玄黄。陆攻空炸天地窄,烧杀抢掠鸡犬亡。还乡土劣旧奸伪,美式蒋军新虎狼。人民怒撼山河动,背水奇功敌尽降。"进犯我灵璧县城的蒋军,遭到我九纵队一部和七分区三团的英勇抗击。灵璧保卫战打得很激烈,很艰苦,虽然坚持时间不长,但对保障我军在朝阳集、渔沟一带歼敌第九十二旅起了一定的配合作用。

敌第七军一七一、一七二师于 7 月 21 日进占我灵璧县城后,又于 7 月 23 日进占我泗县县城。为了打击蒋军进攻我淮北的嚣张气焰,我军主力不顾由于连续暴雨形成的到处积水很深的恶劣环境,于 1946 年 8 月 7 日组织了攻打泗县县城之战。先是拔除了敌人在泗城外围的据点,然后用强攻的方法攻打泗城。八师的部队很快攻入城内,与敌人进行了激烈的巷战;九纵部队参加攻城的七十五团也奋勇作战,曾攻占城东南角上的碉堡,控制城墙二百多米,因后续部队受阻被迫撤回。这次攻打泗城;给敌人以很大杀伤,但由于我方在泅渡城河时炸药、弹药大部分受潮,不能很好地发挥火力作用,给敌人以歼灭性打击,而自己亦有较大的伤亡。后徐州敌军增援已近,我主力部队主动撤出战斗。接着,我主力又向运河东转移,准备在两淮狠狠打击敌人。当时留下军分区的三个团,九纵留下两个团,在七地委和军分区司令部的领导下进行敌后游击战争。

开始一个阶段,一部分地区斗争形势比较好,在泗灵睢、泗阳县的北部先后坚持了三个月。可是,由于国民党反动派的军队在泗县东南部步步进逼,使七分区活动范围逐渐缩小,加上分区主要负责同志错误地判断了形势,把坚持敌后的困难看得过于严重,更没有确立一定要在淮北坚持斗争的方针,一下子作出了错误的决定,未经华中分局批准,11 月 24 日从泗阳县界集以北的唐莫圩出发,仓促撤退到运河以东。

由于分区领导机关撤退仓促,我泗县、五河、灵璧、睢宁,铜山等县的主要领导干部和地方武装未能来得及跟着撤退,在洪泽湖、成子湖边遭受了严重损失。五河县长王亚箴,灵璧县委副书记陈理祥、县长农超谋,泗县县委组织部长杨黎安、宣传部长张世端,睢宁县委副书记谢景鸿,铜山县委书记李麟彩等负责同志都在这时壮烈牺牲。七地委联络部长姚克,泗南县委书记洪沛,洪泽县县委书记王化东、县长谢楠等一大批干部撤到了洪泽湖的船上和芦苇丛内。连同洪泽湖水上原来的干部、战士,共近三千人。为了适应当时处于极端困难的险恶形势,经各县党员负责干部会议决定,组织了党的洪泽湖临时工委,公推姚克为书记,王化东(洪泽湖县委书记)、谢楠(洪泽湖县长)、洪沛(泗南县委书记)三位为委员。洪泽湖周围的各县全部被敌占领,很快陷入白色恐怖之中,地主还乡团疯狂地进行反攻倒算,大批基层干部、共产党员积极分子被残酷杀害,仅泗县农村即被杀害一千二百余人,其惨状令人目不忍睹。

一、为解淮北父老乡亲倒悬之苦,饶子健率兵打回淮北

为了拯救处在水深火热之中的淮北人民,为了解救被围困在洪泽湖的大批革命干部和阶级兄弟,为了给死难革命烈士报仇,为了夺回淮北这块战略要地,牵制敌人兵力,减轻对我正面战场的压力,在宿(迁)北战役结束后,经华中分局研究决定,于1947年1月12日成立淮北党政军委员会(后称淮北工委),统一领导恢复淮北地区的斗争。该委员会由华野九纵副司令员饶子健为书记,赵汇川、王学武、王烽午、张灿明、陈元良、李任之为委员。同时成立淮北挺进支队,由饶子健任司令兼政委,赵汇川任副司令员兼参谋长,王学武任副政委兼政治部主任,王烽午任政治部副主任。淮北挺进支队由九纵队七十七团、八十一团、骑兵团两个大队和一部分地方干部组成,共三千三百多人。重返淮北,重建淮北根据地,这是面对强敌的十分艰巨的战斗任务,对饶子健司令来说,是受命于危难之际。这副担子实在重啊!可是他想,这副担子再重也要挑,这是华中分局和华中军区对他的信任和重托,他毅然接受了党交给的重任。

1947年1月18日拂晓,天空阴云密布,大雪纷飞,寒风凛冽刺骨,饶子健司令员率领三千三百多健儿强渡运河,不顾敌机轮番俯冲扫射,边组织对空射击，边渡河，迅速消灭河对岸敌人的五个乡公所，并向纵深发展，这犹如一把钢刀直插淮北敌人的心脏。

淮北挺进支队打回淮北，犹如神兵从天而降，使淮北敌顽十分惶恐，或龟缩于城市和重要据点，或望风而逃。我军四天挺进数百里，途经睢宁东北之袁圩、朱海，宿迁以西之潘山，泗宿之金锁镇、朱湖、臧桥、大齐庄一线，一面搜索"土顽"，一面开仓济贫，群众十分高兴。特别是我骑兵大显神威，在朱湖以北的空野湖里围住了五六十个"土顽"(大多是顽乡、保长和地主还乡团)，举起大刀切西瓜一样，砍死了这些双手沾满人民鲜血的坏蛋，更使敌人惊恐万状。

二、挺进支队奋力挺进洪泽湖畔，被困在湖上的军民一片欢腾

我淮北挺进支队进入淮北后，敌孙良诚部很快尾随而来，饶司令员命令我部队不与敌纠缠，要尽量摆脱，迅速赶到洪泽湖边，为被困的同志解围，使我军很快得到立足点，得到可靠的依托。这是一个重要决策。

强渡运河的第五天上午，我挺进支队赶到成子湖边的太平集、高集、吕集一带，随即派人化装到洪泽湖内和被困在湖内的同志进行联系。当被围困的同志得知我主力又打回淮北时，各个船上一片欢腾，唱呀、跳呀，许多同志热泪盈眶。次日上午，挺进支队和地方干部大队一部分同志在吕集同洪泽湖上来的一部分武装部队和干部会合。饶司令员等领导同志和姚克等一批干部、战士亲切握手，并向他们表示亲切慰问。亲人团聚，激动的心情是难以用语言形容的。好多同志眼含热泪，叙谈五十八天的离别经过，心情久久不能平静。在洪泽湖上坚持的同志，历尽艰辛，他们与上级党组织、上级领导机关失去联系之后，周围都是敌人，环境非常险恶，开始还有点米面吃，后来无米无面，就只好炒整麦吃，吃了不能消化，拉出来还是整麦；只好搞一些菱、藕、鸡头米和高苗根充饥；没有盐，就白水煮鱼，腥得很。为了坚持湖上与敌人斗争，他们在洪泽湖工委姚克、王化东、洪沛等同志的领导下，研究决定疏散在湖非战斗人员到敌战区隐蔽，解决缺粮困难，这样就由三千人减到五百多人，不肯走的，也得服从，这是为了整体利益。留下的同志编为四个连，乘着二三十条"钢板划子"(是一种在船头装有防弹钢板的木船)，同时依靠渔民渔船，始终在湖荡里坚持斗争，克服了重重困难，为革命保存了一批干部和武装力量，使我军重返淮北很快有了立足点，在重建淮北根据地方面有了可靠的依托。这是一个很大的功劳。饶子健司令员等领导同志高度赞扬了他们。

三、饶司令员足智多谋，确定"避广打土"方针，高圩一战打出了军威，站稳了脚跟

淮北挺进支队为洪泽湖被困的同志解围后，振奋了广大干部和战士，振奋了洪泽湖周围的人民。淮北人民又有希望了，又要重见天日了。

为了扩大我军重返淮北的政治影响，并在活动中相机打击敌人，挺进支队分几路向泗县东北部、灵璧北部和海郑公路以北的邳睢铜一带活动，先后和敌人打了几仗，进一步认识到我军挺进淮北，深入敌后，总体上是敌强我弱，决不能和敌人主力部队纠缠，更不能和敌人硬拼消耗。饶子健同志明确提出：要"避广打土"（即避开敌人的主力部队，打击敌人地方武装），避强击弱，避实击虚，同时，采取"敌进我进"的办法，寻找敌人薄弱地方，乘机消灭敌有生力量，相机歼敌，站稳脚跟。淮北党政军委员会的各位领导同志都很赞同这个方针。

2 月中旬末，我挺进支队在甩掉敌人三个团的追击、合击之后，在泗宿朱湖北面，饶司令连夜召集赵汇川、王学武、吴忠泰、程朝先等一起研究新对策。饶子健提出：不能光和敌人转圈子，要选择敌人力量薄弱的地方主动出击，争取消灭敌人一部分有生力量，打击敌人嚣张气焰，以鼓舞我军士气，坚定信心，提高部队战斗力。大家一致同意，并明确第一个行动目标，争取在泗南打开局面。

之后，则采取佯装"转移"等手段迷惑敌人，然后则出奇制胜，于 3 月 1 日首战崔集，3 月 4 日攻打半城，同时"攻坚打援"，击溃青阳来援之敌。3 月 5 日，敌泗城保安大队两个中队及来自徐州的绥靖公署补充第二团进占我崔集以西的高圩子。饶司令当即指挥我七十七团、八十一团和骑兵大队的参战部队，迅速将敌人包围；发起攻击后，激战两小时，除小部分逃跑外，大部被歼。俘敌三百多人，毙伤三百多人，并活捉敌一中校副团长，缴获重机枪四挺，轻机枪二十挺，九二步兵炮一门，步枪二百多支，子弹三万余发。曾作恶多端带人扒掉彭雪枫师长坟墓的顽区长祖宇昌也在这次战斗中被我军击毙。这是淮北挺进支队打回淮北后歼敌较多的第一个大胜仗。这一仗，打出了军威，震慑了敌人，鼓舞了群众。华中分局来电嘉勉："你们胜利完成了第一阶段打开局面，站稳立足点的光荣任务。……分局对'淮支'同志之作战英勇，行动积极，指挥灵活，至感欣慰。"

四、抓紧时机开辟和建设淮泗、淮宝根据地，"敌进我进"，保卫中心区

高圩战斗后，敌人组织十个团的兵力对我进行报复扫荡。以饶子健司令为首的淮北党政军委员会又作出新的重要决策，就是抓紧时机开辟和建设淮泗、淮宝根据地。

淮泗，是淮阴和泗阳的结合部，东有张福河，西有成子湖，南临洪泽湖，北抵运河，四面环水，只有西北部营门口一条陆路通道可以进出，敌人统治力量薄弱。开辟和建设这块根据地，可以使挺进支队在陆地上有后方，随时可以休整，并不断生长新的力量。

开始派淮北工委委员陈元良和八十一团政治处主任王健堂率该团一个营去淮泗，宣布成立淮泗县委，由石正鹄担任县委书记兼县长，夏际霞为副书记，何真理为副县长兼公安局长，刘星为县委委员、民运部长，后又从洪泽湖县调陈硕峰同志到该县为县委委员、宣传部长兼组织部长。在县委领导下，从3月上旬起即发动群众，重建政权，首先在黄圩区王集乡惩奸分田，群众运动由点到面，很快轰轰烈烈开展起来。土改工作队又是武装工作队，一手拿枪，一手拿算盘，敌人来了就同敌人战斗，打退了敌人就组织群众分田。为了保卫土改胜利果实，群众主动要求拿起枪杆子，自愿参加乡、区、县武装，参加主力部队，根据地越来越扩大，以黄圩区为中心，顺河集区、营门区、新集区、吴集区、李口区，都打开了新的局面。

敌人看到我军依托洪泽湖和成子湖重建根据地犹如眼中钉、肉中刺，一下子组织六个团向我淮泗县的中心区进行扫荡。他们的目的，一是找我淮北挺进支队主力决战；二是妄图消灭我地方武装，摧垮我地方政权。饶子健等支队领导同志对付敌人的办法有四条：一是敌进我进。

在饶子健等领导同志率领下，我主力部队迅速跳出中心区，向敌占区挺进，把敌人主力引走。二是留下主力八十一团的一个连和地方干部地方武装一道撤到洪泽湖船上和芦苇丛中，地方武装夜里上岸打击反攻倒算的地主还乡团。三是派淮北工委委员、组织部长张灿明去淮宝任县委书记，加强淮宝工作，吸取淮泗经验，抓紧惩奸分田，发动群众，重建政权，加快建设淮宝根据地。四是安排一部分主力地方化。如八十一团的一营放到淮泗，由吴忠泰团长兼任淮泗县总队长，一营席伦则营长兼任淮泗县总队副参谋长；八十一团三营放到淮宝县，团参谋长龙贡昭兼任淮宝县总队副总队长。以上这些措施，效果很好。很快粉碎了敌人对淮泗根据地的扫荡。敌主力在我根据地一无所得，连忙撤退去赶我支队主力。敌主力撤退，"土顽"未来得及撤走的，被我预先隐蔽在芦苇丛中的主力连和地方武装紧紧追上，歼灭五十余人。淮宝的工作也很快打开了局面。

五、在最艰苦、最困难的阶段，以饶子健为"班长"的领导集体，决心在淮北坚持到底，决不往别处撤退

根据斗争的需要，经华中分局批准，于 1947 年 4 月 20 日淮北工委改为七地委，仍由饶子健同志任地委书记，李任之同志为地委副书记，陈元良同志为组织部长，同时增补姚克同志为地委委员。

也就在这个时候，坚持淮北敌后的斗争进入了十分艰难的阶段。除泗城有桂顽主力外，敌孙良诚、冯治安等部经常以六个团到八个团的兵力来追击我两个主力团。我部队每天夜晚都要行军八十到一百华里，才能甩掉敌人对我主力的合围、追击，可是刚一住下，当地的敌保安团和"土顽"就像苍蝇一样叮上来，搞得我部队连一顿饭也吃不安，中午前后敌主力又紧紧追来，我主力常常依靠临时工事与敌主力对峙，打了半天坚持到天黑再跳出敌包围圈作长途行军。这样连续多少天，我们的部队搞得十分疲劳，既有伤员，又有病员，各个连队都减员很厉害，最少的连队只剩下三十多人。5、6 月间，我主力部队处境十分困难。特别是我泗宿县西工委的一百多名地方干部和八十一团的一个连在青阳西北的马厂、黑塔附近遭敌冯治安部的三个团合击，在茫茫的大雾中陷入敌人的包围，经过六个多小时的激烈战斗，终因敌众我寡，我二百多干部战士基本牺牲，泗宿县委副书记田古同志也在这次战斗中壮烈牺牲。这说明，此时斗争多么尖锐。在这段时间，也正是粮食作物青黄不接的困难之际，本来生活就十分困难的淮北人民，虽然从内心里热爱我军，连仅有的红芋种子和豆饼都拿出来支援部队，但部队和地方干部的供给仍十分艰难。作战的伤员，千方百计转移到洪泽湖里的船上，缺医又少药。在这样的情况下，有极少数人提出，如果敌人在我淮泗、淮宝根据地各安几个据点怎么办？也有的提出在敌后能否坚持到最后胜利的问题。但以饶子健为“班长”的淮北地委非常坚定。饶子健表示，就是死也死在淮北，决不往别处撤退。其他领导成员也都表示：“咬紧牙关，渡过难关。”为此，研究了特别情况下的军事措施，同时大力加强内部的思想政治工作。上上下下都认识到“坚持就是胜利”，广大军民团结一致，克服了一个又一个困难，连续粉碎了敌人对淮泗根据地的扫荡。挺进支队在泗县、灵璧、睢宁、泗宿、泗阳等地兜大圈子，连续八天八夜行军，在泗宿境内的大柏圩子打了个漂亮的胜仗，消灭了“广顽”五二二团的一个连，教训了敌人，增强了部队打敌正规军的信心，迫使敌人不敢轻易尾追我部队。

1947 年 7 月，全国战局发生了根本性的变化，由战略防御转入战略进攻。特别是刘邓大军于 6 月 30 日在鲁西南地区强渡黄河，8 月上旬挺进大别山，使徐州周围的敌人连忙收缩集中，准备应付我军的攻势。我淮北敌后承受敌人的压力大大减轻。淮北军民坚持敌后的胜利信心大增，部队士气迅速高涨。

在这一情况下，饶子健审时度势，运筹帷幄，及时组织部队连续地主动出击，取得了一连串重大胜利。

第一仗，先打力量薄弱之敌，在成子湖西泗阳的香城、曹庙和泗宿的新行圩一带，连战告捷，歼敌五百多人，恢复了泗阳、泗宿两县的四个区，被称之为“湖西大捷”。

接着，攻打靠洪泽湖近处的重镇——管镇，歼敌二百多人。这一仗，由饶司令和赵汇川副司令现场指挥。仗打得干净、漂亮。随之，又解放了淮河边上的双沟镇，收复了泗洪县大片土地，为开辟泗五灵凤和盱凤嘉创造了极为有利的条件。

10 月初，我淮北挺进支队以两个营的兵力，打开了泗东重镇——青阳，消灭六百多敌人，缴获机枪二十余挺，子弹数万发。至此，以洪泽湖为中心，淮宝、淮泗、泗阳、泗洪、泗宿和五河县的一部分完全联成了一片。

10 月中旬到 11 月中旬，随着华野三纵东越津浦路，挺进支队曾进占泗县县城。不几天敌人又重占泗城、青阳。

随着敌情的变化，饶司令等支队领导同志不失时机地迅速集中兵力包围泗城之敌，并在泗城东门外设指挥所，亲临前线指挥。11 月 21 日晚向泗城之敌发起总攻，饶司令员的右臂不幸被敌流弹击中。这次攻城战斗发展迅速，全歼敌泗县保安大队八个中队，共六百六十六人，敌保安大队长淹死在护城河里，敌代理县长、县总队副、县警察局长等均被活捉。机枪、步枪军用品被我缴获甚多。这次战斗，首创华中地方部队攻克敌所占县城的范例，受到华中指挥部来电嘉奖。

12 月 31 日，地委召开县团以上干部扩大会议，总结打回淮北一年的工作。

1948 年元旦，《拂晓报》发表了饶司令对记者的谈话，纵谈一年来坚持敌后斗争的经验。1 月 18 日，《拂晓报》出版《我军西渡重返淮北一周年》特刊，发表了饶子健同志写的《我们今后的任务》。这一天，党政军七千多人举行了沉痛追悼死难烈士大会，悼念一年来英勇牺牲的三百零四位烈士。

3 月中旬，发起泗东战役，以攻打青阳敌据点为主要目标，同时做“攻坚打援”的部署。经过两天多的激烈战斗，又一次解放了青阳重镇，消灭了泗城出来的援兵，共歼敌正规军三个整营，两个连，连同土顽合计歼灭一千九百一十四人，缴获八二迫击炮四门，六〇炮一门，轻重机枪四十九挺，各种枪支四百多支，子弹十万余发。

在重建淮北、坚持淮北根据地的激烈斗争中，淮北挺进支队和地方武装先后经历了大小战斗六百四十九次，毙俘一万一千余人，重建九个县四十六个区的民主政权，解放了二万三千多平方公里土地和一百五十万人民，牵制了敌人十多个团的兵力，有力地配备了正面战场我主力部队的作战，再加上在邳睢铜地区和肖铜地区广泛地开展游击战争，直接威胁徐州、淮阴等敌战略要地和津浦、陇海等交通要道，为我野战军在淮海地区进行大兵团作战创造了极为有利的条件。

重建淮北根据地后，淮北地区人民群众在淮海战役期间全力以赴支援解放军、支援前线。

饶子健司令率部打回淮北，重建并坚持淮北根据地，牵制大量敌人，有力地配合正面战场，功勋是卓著的。

（作者：原淮北青联主任、华中民主青联副主任）

五、“不断学习，学习再学习”

李剑锋

1945 年 9 月，我们抗大四分校毕业的学员，有六十个人分配到新四军四师十二旅工作。当时部队正在打时村，待战斗结束后，才到旅部分配工作。我分到三十四团政治处组织股当干事，初到战斗部队，如何做好工作心中无数，我们又是所谓的年轻小知识分子，部队的工农干部是否看得起自己，心中有些担忧。就在这时，传来了饶旅长在干部会上的讲话，他说：“抗大给我们送来了六十个‘宝贝蛋’。”还说：“他们有文化，又在抗大受过训练，你们要好好安排，好好帮助，他们将来都是部队的骨干啊！”我们听到之后感到很温暖，也特别高兴，心里在想：饶旅长对我们多么关心啊！把我们当“宝贝蛋”来看待，期望我们成为部队的骨干，这是多大的鼓励啊！想着想着，我的干劲就来了，当时我向首长表示决心：一定要好好学习，努力工作，加强锻炼，完成各项任务，以实际行动来感谢旅长的关心与期望。

部队到了石厢，我第一次以机关工作人员的身份参加连队的战斗总结座谈会，我既没有参加这次时村的战斗，也没有实战经验，能说什么呢？什么也没敢说，只是认真地听，认真地记。当时有位战士说：“这次战斗突击之前，饶旅长亲自到连队看望、动员，并与大家一一握手，当旅长同志握到我的手时，感到浑身很热，满身是劲，你不知有多大的力量，所以战斗情绪特别高涨，打起仗来也特别有劲，完成任务也好。”我听到这里，心里特别触动，情不自禁地说了一句：“我们的胜利要感谢饶旅长的关怀。”战友们异口同声说：“那是自然了。”当时的那个情绪，那个场面实在令人鼓舞，首长关怀的力量多大啊！对旅长的崇敬之情就不言而喻了。

回到机关后，我见到旅长的机会更多了。旅长非常关心部队战士，有空就同我们讨论学习的事。我也是旅长关心的对象，有一次，他对我说："我说你们是'宝贝蛋'，就是因为你们年轻，又有文化，但不能骄傲，将来建设新中国更要有文化，你们还要不断学习，学习再学习！"我说："我一定好好学习，在工作中学习，不辜负旅长的期望。"在机关的战勤工作中，在连队的战斗中接受了锻炼与检验。特别是在饶旅长任淮北挺进支队司令带领部队挺进淮北，恢复淮北的艰苦斗争中经受了磨炼，积累斗争经验，并获得了奖励。在挺进淮北一周年的庆功会上，登上领奖台的时候，我想，我的成绩是在首长的带领下取得的，我没有辜负首长的期望。作为"宝贝蛋"之一的我，就是听了旅长讲的"学习再学习"，才有所进步，才得以发点亮光。但是，我又想，作为部队的骨干来说，还有很大距离，还得"学习再学习"，努力再努力。随着战斗形势的发展，部队任务的变化，组织建制的变更，我离开了饶旅长的领导，四十多年过去了，一切如同眼前，我对旅长的讲话亦然在耳，对旅长的崇敬之情始终如一，对旅长的关心永记心怀。

（作者：原新四军四师十二旅三十四团政治处组织股干事，
后曾任七十七团三营指导员，离休前任二十八军副政委）

六、果断勇敢，用兵如神

朱太刚

受命于危难之际

1946 年 6 月，蒋介石撕毁了停战协定，向我解放区发动了全面进攻。党中央命令各解放区做好迎战准备，就地坚持斗争。谁料，淮北七分区个别领导人处置失当，致使淮北地区十七个县沦于国民党军的白色统治之下，数以千计的共产党员干部和革命群众惨遭杀害，民众处于水深火热之中。

在这严酷的形势下，饶子健同志受命于危难之际，毅然率挺进支队三千余人强渡运河，在极端困难的情况下重返淮北。我在饶司令的指挥下参加了解放淮北的艰巨斗争。

1945 年日军投降不久，当时饶子健任十二旅旅长，我在县大队工作。在铜山县吕良区，我第一次见到了饶子健。饶司令从容不迫，谈笑风生，说话幽默。我向他汇报了徐州地区敌人的活动情况，他详细地了解了敌情，虽初次见面却给我留下深刻印象。

我部被编为中国人民解放军独立团二营，在饶司令的指挥下担负作战任务。

辗转于枪林弹雨之间

1947年春节，饶司令命令我二营从河湾强渡运河，直抵洪泽湖边。我营边行军边战斗，一路消灭了数股土顽部队。天亮后到达双蔡圩，与蒋军孙良诚部展开了一天的恶战。我在战斗中头部负伤。正在这时，饶司令亲自到前线来看望我们。他详细了解我和其他伤员的伤情，关怀备至。一时战士们群情激奋，更加斗志昂扬。紧接着二营协同七十七团一部在半城附近奋勇攻歼国民党的补充六团，并在战斗中将顽区长祖宇昌击毙，并缴获敌人许多枪炮。不幸的是二营五连连长在战斗中牺牲。饶司令员得知后又一次到我营来亲自了解五连连长牺牲的情况，痛惜之情溢于言表。

1947年4、5月间，二营按饶司令的战斗部署首次发起了打崔集据点的攻坚战斗。我四连担任主攻任务。战士们英勇机智，仅用了两包炸药就全歼守敌，拔除了敌据点。之后，进军淮泗，拔除了敌人水上警察部队安在顺河集的据点。这次战斗前后只用了四十分钟，干脆利落地消灭了全部敌人，受到分区首长的表扬。

当时的淮北地区形势依然十分严峻，二营的活动在朱岗、杨岗等地，而敌是号称有八个团兵力的孙良诚部、桂顽四个团，还有泗阳等处的敌人。群敌向我军区驻地发起猖狂围攻。

在强敌压境之下，急风识劲草，饶司令员统观大局，镇定自若，稳如泰山，果断地采取了“敌进我进”的战术，使我军一举跳出强敌包围圈，继续向西津浦路敌占区进军。在大李集附近与孙良诚部约三个团的兵力激战一场。当晚，一夜急行军，继续西进，于凌晨抵达灵璧县的会塘沟。未进早餐，我营地便遭到敌人灵璧保安大队的进攻。全营奋起还击，四连在右，六连在左，将敌人击溃于五里路南一个靠河的圩子里，最终被我二营全歼。这次战斗俘敌大队长以下二百余人。饶司令当即下令嘉奖二营。当天夜晚，部队未及喘息又折兵向东进发，在大李集附近与敌又打了一场遭遇战。战斗刚结束，部队又向原出发地朱岗、杨岗行进。抵达目的地时已是第二天早上8点。我接过炊事员送来的两块玉米饼，尚未进口，“桂顽”又尾随而至。战士们虽早已饥困交加，但敌情当前，此时犹如听到军号的战马，一跃而起，紧急做工事，就地反击，连续打退了顽敌三次进攻。这时，距部队从此地出发打到津浦路附近又打回来已连续激战和急行军整整八天八夜。此时，部队才得以片刻假息，敌顽的炮声又起，咫尺之外是敌人的阵地，而有的战士已倒在地堡里，酣然睡去。

下午3时，饶司令独自一人冒着战斗的硝烟来到二营阵地。真是哪里战斗最激烈，饶司令员就出现在哪里。他在我陪同下观察敌情，分析敌人动向，做到了“知己知彼”之后，再一次下达了反击命令。二营配合七十七团的一个营向当面之敌奋起反击，消灭了敌人两个连的兵力，打退了敌人进攻。

这一场在饶司令亲自指挥下的八天八夜的激战为取得淮北地区的胜利奠定了基础。

1947年6、7月间，饶司令调二营归分区直接指挥，担任司政机关警卫任务，随分区进军淮宝地区。二营在淮宝沿运河边缘扫荡土顽，扩大我解放区，巩固革命政权。因连续几场激战，二营伤亡太大，减员太多，饶司令下令给二营补充新兵，重建五连(五连在马厂一带损失太重，合并到四、六连)，扩充四连和六连。全营恢复到四百八十余人。在此期间，饶司令经常到二营看望战士，教育战士，对二营战士关怀备至。这对二营战士素质的提高，战斗力的增强起到了关键作用。此时我才明白，二营随分区行动主要是为了使二营得到补充和休整，体现了饶司令爱兵爱队伍的一片苦心。

在淮宝活动一段时间后，二营归还团建制。

二营归建后，饶司令把七十七团八连的李长胜连长拨归二连指挥，并指定二营的活动区域在泗南双沟附近，任务是进一步开辟新区，扩大革命政权。

10月间，敌县保安大队向我驻地进攻，二营反击，敌人溃退，我营追至双沟近郊。这时，我接到饶司令紧急亲笔信，信中指示：“你们要人，给人！要炮，给炮！要我去，我去！务将双沟敌人消灭，解放泗南之重镇双沟！”我一边加紧指挥战斗进攻，一边传达饶司令的指示，战士们听后士气更加旺盛，受到极大鼓舞，一鼓作气，奋勇追敌直至双沟，歼敌大部，解放了重镇双沟。

痛失战友　泪洒成子湖

1948 年 2 月，我团在赵汇川副司令的带领下按饶司令确定的路线向半城以南转移。途中违反饶司令的原部署，在敌据点以东某处宿营休息。第二天 8 时前后，高集等处敌人向我团驻地发起进攻。团部下令二营掩护团主力向龙介套里撤退。二营各连采取轮番阻击战法，边打边撤。下午 3 点撤到介集，部队无伤亡。

我向赵汇川副司令建议："从敌人进攻态势看，战斗力并不强，二营若以连为战斗单位阻击，敌人不敢打夜战，他们已是强弩之末，快要偃旗息鼓了。我们可利用介集居高临下的有利地形就地作战，给敌人以杀伤。"赵当即表示同意。我二营战士立即紧急修筑工事，准备大打一仗。阵地部署完毕，却不知何故，赵副司令忽又命令部队向大台口方向撤退，仍由二营掩护。

当我带着一个排最后撤到湖边时，一个意想不到的惨烈情景出现在我面前：这时正当寒冬腊月，湖面厚厚的一层冰，先头部队过湖时是踏冰而行，尚还顺利，而待执行掩护任务的二营过湖时，因湖面的冰已被骑兵踏裂，二营战士全部因冰裂落水，全身都浸在零下十几度的冰水中。落水的战士只好破冰涉水而行，边走边用重机枪架砸冰开路，行进极其缓慢。其艰难，其寒冷之甚，非人所想象。许多战士都在冰水中冻僵了，泡在水中数小时，终于倒在湖中牺牲了，坚持未倒下者虽经抢救得生，腿部也全都冻烂。见此惨景，我急忙跳下湖，将通信员阎成芳等三位重伤员抬到我的马背上。待到达岸边时，才发现一直跟在马后牵马尾而行的十六岁的小战士小黄已经冻僵牺牲了，他至死双手还紧握马尾。之后我率二营绕成子湖而行，到达目的地。这一次强过成子湖，我二营冻死冻伤约二百余人，损失惨重。近半个世纪过去了，逝者已矣，需还历史的真相，告慰死者。这一惨痛教训的主要原因是违反了饶司令的原定部署，中途宿营而遭来敌人进攻，之后，本应组织部队就地反击，这样即使有伤亡也不会如此惨重，何况我方的伤亡也必使敌人付出相应的代价，给敌人造成极大的杀伤，从而激发战士对敌人的仇恨和更加激昂的斗志，而不是错误地决定撤退。再者，指挥混乱，盲目渡成子湖更是一错再错，错上加错。即使撤退，部队本可以绕湖而行，安全抵达目的地泗淮。但由于个别指挥员的盲目指挥，部队仓促强渡成子湖，使二营付出了如此惨重的代价。经过战火考验的战士没有倒在敌人的枪口下，没有牺牲在战场上，却牺牲在冰冷的湖水中。

淮北的曙光

1948年，淮北各地情况紧张，兵力不够分配。饶司令顾全大局派部队支援友邻，把困难留给自己。我于2、3月间接到饶司令指示：命二营支援六分区。开展淮南地区工作，归六分区杨效椿司令员指挥，并要求二营服从领导，听从指挥，完成任务。二营同志为饶司令舍己为人的精神感动，深受教育，因而在杨效椿司令的指挥下胜利圆满地完成了任务，并主动把战利品分给兄弟部队，密切了各部之间的关系，加深了兄弟部队之间的革命友情。

1948年4月，二营完成支援六分区的任务回到泗南。接到饶司令指示，二营迅速开赴泗五灵凤地区，协同县委打开当地局面，恢复建立我政权。二营到达该地区后，首先解放了荣沟，继而又建立了藕庄革命政权，一举荡清了全地区境内的土顽，未经什么大战斗，很快便恢复了泗五灵凤地区的革命政权。

完成任务后，二营转移到沱河边。一天拂晓，我营向原驻地以西二十多里处转移，刚到达新宿营地，即遭“广顽”东西夹击。我部当即向东北荣沟方向突围。中途，接到骑兵侦察员报告：荣沟已被敌军一营的人马占领，我营旋即转向西北藕庄突围，行走铁道边数里又得便衣侦察员报告：藕庄此时也被敌控制。我断定，二营处境险恶，已陷入强敌包围之中，而且处于行军途中，无险可据。前卫部队已和敌人交火，没有更多的时间考虑，我当机立断，命令六连攻打正前方宿县至泗县公路上敌虞姬墓据点。根据当时敌情判断，据点内的敌人可能参加对我部的围攻，据点内此时兵力空虚。六连出击途中与敌百余人相遇，将其全歼。但因此而惊动了据点的敌人，我临时改变作战计划，命六连越过公路而进，进到泗县城北靠河的一侧有利地形上休息。至此，我营胜利突出强敌包围圈，还取得了歼敌百余的胜利。

晚上，我营战士押着百余俘虏。从泗县城东进入我解放区。我将此次突围和歼敌的过程一一向饶司令汇报，饶司令非常高兴，表扬我们在强敌包围中对敌情判断准确，主客观一致，因而取得了胜利。

1948年4、5月间，我华东野战军在山东节节胜利，邳睢铜境内无“广顽”。饶司令抓住大好时机，命令三营配合邳睢铜工委，开辟邳睢铜地区，拯救苦难中的人民，恢复我政权。饶司令向我下达三条指示：一、我参加工委领导，负责军事指挥；二、“避广打土”，灵活机动，消灭土顽，保存自己；三、不遇到敌主力部队营、团以上的兵力威胁不准跳回来，应“穿梭迂回”与敌周旋。

以后的战斗过程证明了饶司令这一决策的正确性和预见性。

二营进入睢宁境内的当天晚上便三路出击。副营长刘保民率五连进攻魏集敌镇公所土顽；副政治教导员邵良辰指挥四连消灭古邳镇土顽；我则率六连攻击敌人最大的据点区公所。进攻途中，六连又打下一个敌乡公所，俘敌三十多人，缴枪数十支。并从俘虏口中了解到八岔路口据点内有一百八十名敌人，轻机枪五挺，八个小碉堡，四个大堡，顽区长吴玉泉是个血债累累的刽子手，敌兵分驻各处堡内。此据点若不拔除，我军在此地将无法立脚。

正当拂晓时分，我率六连到达敌八岔路据点。我命一个排堵住北门，进行佯攻，两个排主攻西门。正当我布置好战斗，准备进攻之时，真是天助我也，敌据点内炊事员开门放吊桥出来打水，说时迟那时快，我六连战士乘机一阵猛打猛冲，冲进据点，未待敌人明白怎么回事，仅用了四十多分钟时间就全歼敌据点大小碉堡内一百五十余人。只可惜佯攻北门的战士尚未赶到，北门之敌数十人得以逃窜。

当天六连在八岔口召开群众大会，开仓济贫，穷苦百姓分发敌据点内物资。老百姓如同过节般欢天喜地,欢呼沸腾起来。群众悲喜交加地向我六连战士哭诉道:“你们如果早来几个月,我们少死好多人啊!”

当六连完成任务回到花山宿营地时,进攻敌魏集据点的五连和攻打古邳镇公所的四连已先期返回;重机枪连也随四连到达驻地。

敌魏山子据点位于本地中心区,有二百多名守敌,如不拔除,对我军下一步工作的开展甚为不利。我实地侦察敌情时发现该据点位于山顶,我军如强攻,须付一定伤亡代价,考虑到伤员安排有一定难度,便暂时放弃进攻。二营随之转向魏集方向活动。

睢城内有一个人称蒋汪“合造”的恶霸头子郭干臣,手下有近二百人的武装,四挺机枪,装备很好。这个家伙对共产党怀有刻骨的仇恨,抗战期间当汉奸帮鬼子攻打我新四军和游击队,曾夸下海口“有我郭干臣在,共产党就难以立脚”。郭干臣行动狡猾,不设据点,摸不清他的住地,夜间以游击的方式在睢城附近活动,有时一夜移动几次,行动诡计多变。

为了摸清敌人的活动规律,诱敌深入,二营重返花山一带,对郭顽加强侦察,掌握敌情。这样没多久,我们便摸清了郭干臣的住地,二营立即追踪而至,在一个学校内将郭干臣余部人马歼灭,俘敌一百八十多人,缴轻机枪四挺,步枪百余,消除睢宁境内一大隐患,随之建立了各级革命政权。

二营打的这几个漂亮仗,吓坏了魏山据点内的敌人。敌头目刘友一见势不妙,带着据点内的一帮人逃跑了。刘友一原是一个恶霸地主,抗战时期就同日伪杀害我共产党和革命群众,双手沾满了革命人民鲜血。此人不除,必为后患。

又得侦察员报告,赵墩、碾庄、运河等车站敌人又增加许多兵力。工委开会讨论对策时,有的人主张部队到南边靠近公路一带活动,一则离敌人远些,二则敌情严重时便于跳回路南。我则坚持按饶司令的第三条指示办,即未遇敌营团以上兵力进攻不准跳回路南。我主张敌进我进,西进开辟铜山。

当晚,二营营部及五连、重机枪连进驻石侠,我率四连和六连直攻铜山境内单集镇陈文普土顽,一举剿灭陈文普、特务单作芹的家,共歼敌四十多人,缴机枪一挺。

这一次出击还取得了一个意外的胜利。当部队归来时,途中恰遇我营久欲剿灭的顽敌邳县刘友一保安大队。真是踏破铁鞋无觅处,得来全不费功夫。当时敌部正在开饭,未待敌人反应过来,六连战士便如猛虎下山迅速将其全歼,毙俘敌近二百人,缴轻机枪四挺。

姜玉凡是姜集的一个大恶霸地主,系国民党县参议员。此人原来曾任姜集小学训育部主任,其妻刘香林是校长。这一对恶夫妻在学校无恶不做,贪污公款,迫害贫苦学生。我当时带头闹学潮,姜玉凡对我恨之入骨,把我和其他两个领导学潮的学生开除学籍。这一回也算冤家路窄,我派六连奔袭毛庄乡土顽时,回来途经姜集。我六连战士冲进姜的老窝,姜玉凡发现解放军冲进来,吓得回头就向楼上跑去,被我六连战士一枪击毙。

此后,我指挥二营夜行军直插铜山县西部,拂晓时兵分两路,一路由厂部楼张桥沿山区向东扫荡土顽恶霸;一路由闫窜林、东吴邵向东扫荡余匪。一时间敌匪土顽闻风丧胆,纷纷落网而老百姓却民心大悦,人心大振,大受鼓舞。当时的徐州国民党报纸有载:“解放军朱太刚匪部杀害我县参议员姜玉凡等许多乡绅。”

铜山县是二营诞生发展的故地,人情地理了如指掌。在饶司令的正确指挥下,二营进入邳睢铜地区前后共四十八天,主要战斗八次,歼敌千余人,缴获轻机枪十七挺,步枪千余支,余部交邳睢铜工委组建革命武装,建立铜睢、睢宁两个县政权。

二营凯旋,我率九连先头部队行至大李集时,遭小股敌特偷袭而负伤。饶司令得知我负伤后,在李任之政委的陪同下到驻地来看望我。饶司令的音容笑貌关切之情犹如昨日。饶司令听我叙述了开辟邳睢铜地区战斗过程和我负伤的经过,满意而亲切地微笑说:“你一向是考虑周详而谨慎的,这一次却麻痹大意了。算是给你一个教训吧。”并拿出十八块大洋给我养伤。我推辞说:“这么多的钱,我受之有愧。”饶司令听了幽默风趣地回答:“这伤不是狗咬的,是敌人子弹咬的,钱还是留下养伤吧!”

阻击孙良诚部再立新功

我从邳睢铜地区回来十多天后的一天，吴忠泰团长向我传达了饶司令员和王学武副政委的指示：分区为了加强独立团战斗力，把二营拨归独立团建制，由我暂任营长，六连连长提升为副营长。

1948 年 11 月，我奉命率二营阻击由宿迁向徐州逃窜的蒋介石孙良诚部。这就是毛选四卷《敦促杜聿明等投降书》一文的注释部分所叙。

阻击战一开始，得悉孙顽部队已过睢城，我立即令六连直捣大小王集。六连在小王集以东截住孙顽先头部队，展开一场血战。待我赶到时，战斗英雄六连长董继民已在战斗中英勇牺牲，副营长张治岭负伤。我立即调整战斗部署，向逃往王集的敌部发起猛烈进攻，终于将孙部堵截于大王集，我营继续发起强攻。战斗一直持续到下午 5 点前后，华野五师到达，将敌全部包围。夜 12 点，孙良诚亲自跑到五师请求起义，师长姚运良请示野战军司令部，答复：只准投降，不准起义。

此后，曾与我解放军在淮北血战两年的蒋介石孙良诚部五千八百余人向我人民解放军无条件投降。

这个伟大的胜利应归功于军区领导和饶司令员的正确果断的指挥。

早晨，太阳升起，我军缴获孙部的枪械器材弹药等物资在大王集堆积如山，昔日欺压人民，欠下我累累血债的蒋介石军队如丧家之犬，向我解放军战士伏首缴械。此情此景，如当年坚持淮北斗争壮烈牺牲的烈士们地下有知，定会“泪飞顿成倾盆雨”而含笑九泉了。

饶司令一语定“乾坤”

淮海战役后期，我负伤后双耳失聪。养伤期间，上级命令我到邳睢铜地区组织新兵。往返月余，我组成五百余人的新兵营，超额完成任务二百名。

返回部队时，二营已归建八十一团，独立团又补充一个新兵营，独立团改装军炮团，开赴徐州装备火炮，我留下组建炮兵团。这意味着我与二营要分别了。枪林弹雨数年，多少次战斗，多少次出生入死，我已和二营以及二营的全体战友结下了深厚的战斗友谊，这是用鲜血和生命结下的革命友情。况且，此时正值渡江战役前，前方战况正紧，我人民解放军正要与蒋介石进行最后的大决战，我怎能在此刻离开前方战场，到后方去组建炮兵团？

我找到王学武政委，要求到八十一团，王政委回答我："你做炮兵团工作是饶司令决定的，你可向他去请求，他只要同意，我立即分配你工作。"我当天又找到饶司令，再次请求回八十一团，饶司令回答我："我已经答应炮团领导调你去工作，这是已经决定的事，不能改变了。"饶司令这样一说，我再也无话可讲，只好服从领导分配了。就这样，我离开了朝夕相处的二营战友们，在炮兵一干就是半辈子。真是饶司令一语定前程。

南京解放后，炮二十团住朱庄营房，饶司令几次到营房来探望部队战士，并带我到军区仓库，那里有许多缴获的敌人的炮兵器材，凡有用的，饶司令便叫我运走，用来装备新组建的炮兵团。在组建炮兵的工作中，饶司令倾尽了心血。

十年动乱真情相通

1977年，十年动乱结束后，我调南京炮校工作，刚到南京，我就去探望饶司令。他听我讲述了分别二十多年来的生活与工作的情况，尤其是十年"文革"中，我受到"四人帮"的迫害，被加以种种莫须有的罪名。饶司令听后默然无话，从书橱中翻出一本他1948年在淮北时的日记本来，他逐页逐页翻给我看，用手指着一行行的字让我读，那里面记载着十二支队(即二营)在淮北战斗中由地方县大队锻炼成长为能打善战的解放军主力部队，是与朱太刚同志的努力分不开的。饶司令请我到他家作客,并拍照留念。饶司令的回忆录《重返淮北》出版后,他正值八十一岁的高龄,且心脏极度虚弱,却亲自到我家来将《重返淮北》一书送到我手中。这种真情厚意已非言语可表达,饶司令高尚的人格、光明磊落的精神、真挚的情怀真是感人肺腑!

(作者:原独立团二营营长,离休前任南京炮兵学校校长)

七、非凡的胆略　超人的智慧

程同漠

宿北战役结束后，华野九纵队和兄弟部队要留苏北阻击由涟水、宿迁地区北犯的国民党军队，原来要九纵队全部承担打回淮北的任务，改由九纵队的一部分部队承担，这个重担便落在九纵队副司令饶子健的肩上，他任淮北党政军委员会(后称淮北工委，1947 年 4 月改为地委)书记，统一领导，恢复淮北地区的斗争。从九纵队抽调七十七、八十一两个团、骑兵团两个大队和淮北各县的地方干部大队共三千三百多人，组成淮北挺进支队(1947 年 4 月改为军分区)，饶司令兼任支队(分区)司令、政委，实行党政军一元化领导。饶司令党、政、军三副重担一肩挑，重返淮北负总责。打回淮北，深入敌后独立作战，收复淮北根据地，牵制敌人配合正面战场作战。这个负总责的担子不轻啊！因 1946 年 7 月国民党反动派的军队占领了淮北路东大部分地区，原七地委、七分区率四个团和领导机关匆忙向运河东撤退，很多地方没有通知到致使地方干部和地方武装遭受很大损失。来不及撤退的几个县数千名干部、地方武装、伤病员，有的在与敌人各自为战中牺牲、被俘或打散，大部分同志都自行转移到洪泽湖里。男女老少有三千多人拥挤在船上，没有统一的指挥，非常混乱。周围陆地全被敌人占领、洪泽湖边所有登陆口岸全被敌人封锁，国民党反动派很快建立了县、区、乡、保政权和保安队，区、乡保队，汉奸，恶霸地主“还乡团”卷土重来，对我地方干部、党员、伤病员、军工烈属、积极分子、人民群众实行关押、吊打、枪杀、活埋、奸淫掳掠，反攻倒算，无恶不作，惨无人道。一时间，乌云漫卷，浊浪翻滚，腥风血雨,狼烟遍地,淮北路东除洪泽湖外,顿时处于严重的白色恐怖之中,经过八年抗战、艰苦奋斗,好不容易建立起来的好端端的人民喜欢的解放区在匆忙撤退后又成了人间地狱。广大父老乡亲陷入水深火热的危难之中,急待我们去解救,洪泽湖上被围困的同志、乡亲们急待我们去解围。

“西望淮北父老哭烈士英灵埋黄土,抗日八年根据地,岂容蒋贼任污辱,我们淮北子弟兵,恢复淮北责任重。”战士们义愤填膺,同仇敌忾,高唱《西渡要趁早》的歌曲及我们七十七团三营九连指导员李剑锋创作的《挺进淮北》小调,枕戈待旦,急等着打回淮北的一声令下。1947 年 1 月 18 日这一天终于盼到了,饶司令有着非凡的胆略、超人的智慧,他率领我们(我当时在七十七团政治处任保卫股股长,后任三营教导员、团政治处副主任兼党总支书记)斗志昂扬打回淮北,像一把钢刀插入了敌人的心脏。

24 日,饶司令向坚持洪泽湖上斗争的工委同志们传达了华中分局对我们打回淮北任务的指示精神并听取了他们在湖上坚持斗争的情况:原七地委、七分区匆忙撤退运河东,拥挤到洪泽湖的三千多人,没有统一指挥,非常混乱。经到湖上的各县负责同志会议研究决定坚持湖上斗争,并成立了洪泽湖工委,建立了军事指挥部,因敌人对湖上封锁很严密,湖里又没有粮食吃,为便于长期坚持湖上斗争,工委决定对湖上人员疏散到陆地敌占区去隐蔽(包括工委、指挥部领导同志的爱人亲属),有些人登陆后落入虎口、惨遭敌人杀害、凌辱。经疏散精减,挤到湖上的三千多人留下五百多人,在湖上高举党的旗帜,在敌人的白色恐怖中,同心同德粉碎敌人的封锁、围剿,咬紧牙关,拼命搏斗,坚持了五十八天,直到我们来解围,终于保住了洪泽湖上这块红色革命根据地。湖上同志作诗歌颂:“遍是芦花深荡里,红旗招展有孤舟。”饶司令鼓励他们说:“你们在洪泽湖坚持斗争,为我们重返淮北创造了有利条件,这是你们的一大功劳!真要感谢你们!”

同甘共苦同战斗

在打回淮北,坚持淮北敌后斗争的艰苦奋战中,饶司令继承发扬了井冈山精神、长征精神、延安精神，保持了老红军“一不怕苦，二不怕死”的革命精神、革命传统、革命本色，言传身教，尊干爱兵，官兵一致，和我们同甘共苦，同战斗。我们打回淮北后，耳闻目睹敌人惨无人道的暴行和父老乡亲们遭受的苦难。坚持斗争的艰巨性，比原来预想的更为惨重，更为艰巨，更加感到饶司令肩负的三副担子确实沉重。我们七十七团作为淮北人民子弟兵，饶司令率领下的主力团，一定要把饶司令“誓与淮北父老共命运”的誓言，作为我们坚持淮北斗争的座右铭，作为我们工作、战斗实际行动的唯一准则。干部战士一个个都表示就是死也要死在淮北，绝不辜负党、人民和饶司令对我们团的期望，为烈士们报仇、为遭受苦难的乡亲们排忧解难。敌人占领淮北后，光泗县北部农村被敌人杀害的干部群众就达一千三百多人，泗宿县被敌人枪杀活埋的干部群众有一千一百多人，受害最重的朱湖区被杀四百多人。在敌人扫荡中泗县又有受害群众一万三千二百三十三户，被杀害一百一十五人，被抓壮丁八百四十一人，抢去牛驴七百一十七头，粮食一千六百八十五石，烧毁房屋八十九间，周庄乡佟庄一百二十户断炊，青阳附近岔路口村大部分人挨饿肿了脸，不能参加生产劳动。灵璧县北尹楼村十之八九的群众外出逃荒，洪泽湖有一户人家只有一条裤子，谁出门谁穿。一位快要临产的青年妇女，身边只围着一堆草。素称鱼米之乡淮北根据地粮仓的淮宝县，它的胡桥区荒芜闲置土地竟占百分之三十五。敌人的暴行加上 1946 年、1947 年连续发大水，群众生活极端困难。这给部队的后勤保障、财经供给带来非常严重的困难。在频繁的战斗中，部队连续作战，得不到休息，在最艰苦的阶段时期几乎天天打仗，夜夜行军。“一夜数十里，宿营做工事，一天打一仗(有时不止一仗)，黄昏又转移。”这是我们团战士们编的顺口遛，确实是对当时战斗情景的描述。六十多天来未脱过衣服睡觉，终无吃饱之餐，常常吃了上顿没有下顿，一天能吃一两顿豆饼、山芋、高粱、窝窝头就算不错了。有时断粮，只好以树皮、山芋叶子、野菜充饥。到 7 月份还未穿上单衣，只好把棉衣改成夹衣，再把夹衣改成单衣。伤病员无法向洪泽湖上转送时，只好安置在伪乡、保长家，勒令其一定要保证伤病员的安全，但有时安全得不到保证，如灵璧县朝阳集，我大军从津浦铁路西打过来寄留的七名伤病员遭敌人杀害、活埋,至今仍未查到所在部队的番号和烈士姓名。每年清明节由当地群众,中小学生进行扫墓悼念。我们的弹药更是奇缺,许多重机枪和炮只好放在洪泽湖上保存。部队战斗减员较大,有的营缩编为两个连,一个连缩编为四个班。我们七十七团即由一千九百人减到九百人,我们三营由五百多人减到不足二百人,最艰苦时部队就分散活动,我们营乘洪泽湖大队的钢板划子运送到洪泽湖西湖滩箭草沟安营扎寨。为了渡过难关,饶司令在肩负党政军重担时,又亲自担任党政军委员会成立的财政经济委员会的书记,并指示我们政工干部要把筹粮工作,作为政治任务亲自参与,以尽量解决部队的吃饭问题和避免与民争食。在最艰苦最紧张的时期,饶司令以身作则和我们同甘共苦,有盐同咸,无盐同淡,他经常检查自己吃饭的伙食账目,防止对他有什么特殊照顾。始终和我们同行动、同战斗,对组织战斗和“敌进我进”跳大圈等军事行动,他不仅亲自决策,亲自决定和指挥;还经常亲自和我们一起行动一起战斗。记得 1947 年 6 月 9 日敌人分三路再次对淮泗地区进行扫荡,他亲自和分区赵副司令、王副政委率领分区主力向外线跳大圈子,和部队一起边打边走,和敌人转圈子走了八天八夜,在连续作战极端疲劳的情况下,饶司令因是淮北党政军一把手既要带部队打仗,时刻思考如何同部队一起和敌人转圈子,如何指挥好部队在各种突发情况下边走边打好仗的问题,部队吃饭的问题,伤病员的安置问题,又要运筹全局,时刻思考在各种艰险的情况下如何坚持淮北斗争全局的问题。他哪能边走边睡呢?我们都怕他万一累倒累垮影响淮北肩负的历史重任,我们大家都从内心祝愿他身体健康!我们干部战士拥护他崇敬他,他更加热爱我们关心我们。6 月 20 日天刚蒙蒙亮,部队回到了泗阳的朱家岗,敌人跟上来了,听炮声肯定是广顽,但一炮一炮打得慢腾腾地看样子又不像是大股敌人,叶道友团长向首长建议:“揍敌人一下。”首长说:“我带一部分前面走,你在后面打埋伏,根据情况打一下就撤,我在前面接应你们。”过一会儿,我们和敌人接上了火。听到激烈的枪炮声,饶司令爱兵心切,很不放心。他知道叶团长打仗很勇敢,打起仗来就眼红就拼命,怕他恋战,怕部队吃不消,便立即命令部队把后卫改为前卫来迎接我们,叶团长兴冲冲地向首长报告战果:“这一仗打得干净利落，把桂顽五二二团三营的一个连消灭了，还缴获六〇炮一门，轻机枪五挺，子弹一千多发，俘虏二十多人，毙敌包括连长四十多人。"首长听了很高兴。战士们打了胜仗，人也不觉得累，他们兴奋地说："这次八天八夜和敌人跳大圈子，能消灭广顽一个连，打得真痛快！真高兴！这是饶司令亲自和我们一起行动并亲自指挥得来的。这次跳大圈子虽然时间长些，路跑得多些，是苦些累些，但为坚持淮北消灭敌人，尽了我们子弟兵主力团应尽的义务，再走几百里，再苦再累也心甘也值得！"

饶司令还亲自抓领导机关干部的思想教育和整顿并和机关干部一起同甘共苦，如在敌人"扫荡"不止的情况下，地区稳定、人员物资补给困难，斗争一直是非常艰苦。部分干部思想有些混乱，有个别人冒出了想撤退到运河东的错误想法，饶司令亲自抓机关整顿，进行思想教育，亲自审阅地委副书记兼党报委员会主任李任之为《拂晓报》写的《整顿我们的阵营》的社论。1947 年初秋，为了粉碎敌人向淮泗地区的"扫荡"，地委决定整个机关向淮宝进发。他没有骑马和大家一道徒步行军；在敌人据点高良涧(今江苏洪泽县城)渡过张福河，天亮后进入淮宝境内。他带头不怕苦不怕累的光辉榜样，对机关干部是个极大鼓舞。有的干部说："苦不苦想想红军二万五，累不累看看饶司令这位敬爱的红军老前辈。"在最艰苦最紧张时，他以自己的模范行动稳住了干部情绪，同心同德，咬紧牙关，度过了困难阶段。

饶司令率领我们打回淮北，一年多来，我们七十七团没有辜负党、人民和首长对我们的期望，在 1948 年春淮北军区召开的庆功祝捷大会上我们一营被授予"淮北支柱营"，二连被授予"石工堤连"的光荣称号，二、三营亦在大会上受到奖励，一营二连连长陈继忠等荣立一等功，一营营长周道信、教导员郭一萍和我等同志荣立二等功，三营九连指导员李剑锋等同志荣立三等功，还有不少干部战士被评为战斗英雄模范。因而我们团得到了饶司令的赞扬说："七十七团不但善于打运动战，而且善于打攻坚战，他们在兄弟部队的配合下，先后参加了半城管镇、青阳泗城等重要战斗。在担任主攻时，完成任务很出色，可以说是无坚不摧、攻无不克。"分区赵汇川副司令员称赞："七十七团是打回淮北，坚持敌后的主力团是立了大功的。”在三营攻打江桥敌据点第一次攻击失利，部队伤亡大，营连无军事指挥员的情况下，团领导拟更换别的营攻击时，三营营连政工干部坚决表示：“三营剩下一个人，也要打下江桥！”请求获准后，政工干部替代指挥，组织再次攻击获得胜利。

坚持淮北又立功

饶司令身经百战，多次负伤，屡立战功，战斗足迹遍及十余省市，为中国人民解放事业作出重大贡献，是倍受人们敬重的老红军、老将军、老首长。在坚持淮北一年多的艰苦斗争中，又立了新功。“如给首长评功应评大功，因他的功劳比我们的功劳大。”这是1948年春淮北军区在泗宿县金锁镇附近召开的庆祝坚持淮北一年多伟大胜利的庆功祝捷大会立功获奖同志的共识，也是坚持淮北斗争一年多得到的上级的嘉勉，兄弟部队的祝贺，人民群众的颂扬，首长老部下的崇敬。如当我们打回淮北，取得初步胜利的时候，华中分局及时来电嘉勉——1947年4月11日华中分局对淮北支队今后工作中指出：“五日电悉，淮支已胜利完成了第一阶段打开局面站稳立足点的光荣任务，这对振奋民心牵制敌人，配合主力，起了极大作用，分局对淮支同志作战勇敢，行动积极，指挥灵活，甚感欣慰！”1947年4月20日华中分局给饶子健的指示电：“电悉，淮支目前较紧张，吸引了敌人八个团之多，减少了正面战场之敌，这是你们的伟大战绩。因此，你们的困难可想而知，是发展中的困难……”还有一次华中分局来电《对淮北路东地区目前工作的指示》，充分肯定了我们的斗争成绩，指出：“淮支西渡后连连取得胜利，消灭了大批‘还乡团’，牵制了大量敌人，恢复了相当大的一块‘根据地’，恢复了政权，解放了群众，开始恢复地方武装，重新树立党在淮北的斗争旗帜。淮北同志的光辉战绩，不仅振奋了淮北及整个华中敌后的人民，鼓舞了他们的斗志，也给正面战场以极其有力的配合，分局同志很欣慰！”1947年11月21日攻打泗县首创华中地方部队攻克县城的范例，受到华东军区首长的来电嘉勉。攻城时饶司令亲临前线指挥，一颗子弹击中了他的右臂，简单包扎后继续指挥作战。1947 年 12 月 31 日二纵五师首长电贺我们一年来获得的胜利。

1948 年 3 月 17 日，我军最后一次解放青阳，朱湖区小楼村有个农民编了一段快板："敌人占青阳，百姓遭灾殃。牛驴被拉去，粮食被抢光。衣破没布补，脸皮饿发黄。青阳解放后，群众见太阳。帮助牛耕种，救济又放粮(政府发放救济钱、粮)。平心说句话，多亏共产党。救命大恩情，永辈不能忘。"以表达淮北父老乡亲对我们在饶司令领导下坚持淮北斗争的颂扬。

我们不仅当时受到华中分局、华东军区的嘉勉，以及兄弟部队的电贺和父老乡亲们的颂扬，而且在 1948 年豫东战役后，我们团到涡阳北小唐集领武器时，华野副参谋长、我们华九纵队原司令兼政委张震到我们团时，还勉励我们争取更大的胜利！1983 年在北京一些老同志参加的一次党史座谈会上，刘瑞龙同志谈起淮北路东地区坚持、撤退与恢复淮北革命根据地时说："按照华中分局决定重新组织了淮北路东党政军委员会(简称工委，以饶子健同志为书记，工委领导支队)依靠广大人民群众，在极端困难条件下进行了艰苦卓绝的斗争，胜利地恢复了淮北路东根据地，以后在淮海战役中，发挥了重大作用，这是应该好好予以颂扬的。"

在饶司令领导下工作战斗了十多年的魏启民同志在 1986 年 12 月 30 日的信函中写道："一、重返淮北进行坚持的意义很大。七分区撤退，丢掉了整个淮北(只剩下个洪泽湖)。淮北地区处于严重的白色恐怖之中，人民急盼我军重返，解民于倒悬，洪泽湖孤悬敌后，面临极大的危险与困难。在淮北人民和处于极大困难境地的革命者引颈相望，盼眼欲穿时'挺支'打回来了，一路过关斩将，所向披靡，不仅恢复了淮北，而且发展壮大了淮北革命政权和武装力量，这给灾难深重的淮北人民是多么大的振奋和鼓舞啊！当然还有牵制敌人这一重大作用。二、重返淮北坚持胜利的事迹很值得歌颂，'重返'表现了大无畏的英雄气概。当时的淮北，已沦为国民党反动派的黑暗统治之下，敌人气焰很高。七分区几千人的部队(加上各县地方武装，数量还要多)都无法立足，不得不撤退运东，而'挺支'仅有两个团的兵力，竟敢逆流而上，毫无畏惧地大胆插入淮北敌人的心脏，把敌人打得落花流水。这支部队，堪称英雄部队！我作为坚持洪泽湖的一员，作为一个下级确有这一看法，而且这样的看法是一点也不过分的。在这支英雄部队领导成员中，'挺支'的司令兼政委的饶司令的表现是很杰出的。他受命于危难之中，受领任务后，二话没说，坚决迅速地执行了这一任务。仅愉快受领任务，坚决执行'明知山有虎，偏向虎山行'这一点，就可看出他的胆略，他的气魄，他的共产党党性，是大大超出一般的。"我在饶副司令领导下工作，战斗了十多年，坚持淮北斗争这一段，他给我留下很深的印象。在这段时间中，充分表现出他对党的无限忠诚，对同志对人民的极端热爱。他思想敏锐，善于应变，能够适时地制定切合实际的斗争方针和策略，有很高的指挥艺术。他虽出身工农，但很内秀，善于讲道理做思想工作，平易近人，善于团结同志，在我年轻的心灵中，副司令员就成了我的崇拜者之一。泗五灵凤县委书记孟亦奇在 1990 年出版的《重返淮北》党史资料丛书中这样写道："1947 年 1 月饶子健率领淮北挺进支队重返淮北，打击敌人，逐步收复地区。经过艰苦卓绝的斗争，最后取得了胜利。正如陈毅元帅在《让两淮》一诗中所预言的那样：'诱敌何妨让两淮，蒋军到此好堆埋。运河不是鸿沟界，会见狂潮卷地来。'"

（作者：原七十七团政治处保卫股长、三营教导员、团政治处副主任，1997 年 12 月于杭州，离休前任金华军分区政委）

八、难忘的一次重要会议

柏瑞秀　张焕营

以饶子健司令员为首组成的淮北挺进支队奉上级指示，于1947年元月1日西渡运河，与洪泽湖被围的地方武装和地方干部会师，以洪泽湖作依托，恢复与重建淮北根据地，直接威胁敌人的津浦、陇海两大交通动脉，配合正面战场主力作战，为大反攻创造有利条件。

当时，这支部队和地方工作的最高领导机构是党政军委员会，饶子健同志任党政军委员会书记、支队司令员兼政委。重返淮北的部队只有两个团、一个骑兵大队、一个干部大队，总人数三千三百多人，深入敌后，在敌后重重包围、长期反复"围剿"的情况下，斗争是相当艰苦而残酷的，既要对付敌人的重兵"扫荡"和"围剿"，又要摧毁敌人的地方政权，在这一场惊心动魄的斗争中饶子健司令员发挥了杰出的领导作用，在关键时刻，显示了超人的毅力和无穷的智慧。

1947年2月底3月初，司令部根据当时斗争形势决定：横扫泗南顽敌，开辟泗南根据地，或者将泗南变成游击区，由饶子健司令员亲自指挥，部队集中行动，采取"攻坚打援"办法。对半城之敌围而不打；先打坚固据点崔集，以断半城敌人逃路；打击泗县、青阳敌之增援部队，力求全歼。

崔集、半城两处顽敌被我军全歼后，饶司令员根据泗县援敌情况，果断作出决定：靠近敌人的打援部队，想尽一切办法咬住敌人原来打半城和崔集的部队，跑步前进从两侧包围敌人，将泗县援敌一个团在高圩就地歼灭。战事的发展完全掌握在饶司令员预料之中，取得了彻底的胜利。这一仗，打出了军威，震慑了敌人，鼓舞了群众。这次主动出击，说明“避广打土”的方针是正确的，在有利形势下，实行集中优势兵力，消灭敌人一部分有生力量也是完全可能的。

这一歼灭战胜利，受到了华中局来电嘉奖。

崔集、半城、高圩战斗结束后，部队稍加休整，党政军委员会在泗阳香城子召开扩大会议，除党政军委员会委员外，各县、团的主要负责人也参加了会议。会议由饶子健书记主持。这次会议全面分析了重返淮北后两个月来的斗争形势，初步总结了斗争经验，明确了今后的斗争任务。王学武、赵汇川、王烽午等领导同志分别作了专题报告，经过认真热烈的讨论，统一了思想认识。饶子健书记作了全面的总结，充分肯定了两个月来所取得的成绩；我们粉碎了敌人多次尾追、堵截、“围剿”，消灭敌人两千多人，恢复了淮泗、泗阳、泗南三个县十多个区六十七个乡的民主政权，局面已经初步打开，这是淮北党政军民共同奋斗的结果，确实来之不易。饶司令员接着分析了当前仍是敌强我弱的形势，我们虽然已经站住了脚，但尚未完全站稳脚，我们的周围还有数倍于我们的敌人，它一定要疯狂反扑，今后可能出现四种情况：第一种可能就是敌人在重新调整部署后对我们再次进行全面的“扫荡”、“围剿”，艰苦、紧张、残酷的斗争尚在后边。饶司令员说：我们坚持淮北的方针，应该是以洪泽湖作为依托，稳步前进，有阵地的发展，在军事上继续坚持“避广打土”，避实击虚，敌进我退，必要时敌进我进。敌军打到我们根据地来，我们就打到敌占区去，逼其撤出根据地区，在可能情况下，集中力量消灭敌人一部分有生力量。饶司令员最后要求大家，思想上不能有丝毫麻痹和松懈，务必要戒骄戒躁，要准备吃大苦耐大劳，要继续坚持艰苦奋斗，英勇牺牲的精神，要团结战斗，坚持战斗，夺取新的胜利。

从香城子会议以后，直到青纱帐起来之前这三个月的斗争实践来看，完全证明了饶司令在香城子会议上的论断是正确的、高瞻远瞩的。这一段时间，敌人经常以数倍于我军的兵力，最多时以十个团对我长期不断的追击、堵击。“围剿”、“扫荡”，部队天天都要打仗，天天都要行军，吃不上饭、睡不成觉，身上虱子成把抓，伤病员得不到有效治疗，部队减员经常不断。这一段时间斗争虽然艰苦、残酷，但大家都有一个坚定的信念：最终必胜。这些统统都在饶司令预料之中，这些是黎明前的黑暗，曙光就要到来，最后胜利是属于我们的。

（作者：柏瑞秀，泗宿县委书记；张焕营，泗宿县委干部）

九、英勇善战，料事如神

徐成宝

我是一名新四军老战士。抗战胜利后，国民党蒋介石撕毁了停战协定，发动了全面内战，向解放区大举进攻。原新四军主力部队北撤，实行战略转移，七地委分区撤退到运东，洪泽湖周围的解放区被敌人占领，地方领导和地方武装被迫转移到湖上坚持斗争，历时五十八天。我亲身经历了这一阶段，数次参加了由饶子健司令员指挥的战斗，耳闻目睹饶司令员非凡的领导才能，至今记忆犹新。当时饶子健同志任淮北挺进支队司令员。

一、亲率部队打管镇

1947年9月13日上午，饶司令员率主力部队一个营和洪泽湖大队乘钢板划子集结在小河南，分住在附近几个村庄。下午，部队集合在伏湖村一个大操场上，饶司令做战前动员，他那浓重的湖南口音，开始很多战士听不懂，我也是第一次听湖南话，我觉得音韵很美很好听。记得有这么几段话。他首先讲了7月份以来军事斗争的形势，他说："七月份，刘邓大军挥师南下，强渡黄河，歼灭了敌人三个半旅，现正向中原挺进之中。"接着，他又讲了淮北地区的形势："自部队重返淮北之后，大部分村庄得到了恢复并建立了地方各级政权，当然，还有一些大的镇和县城控制在敌人手里，例如，我们今天要打的管镇，它是包管地区的一个钉子,我们必须拔掉它! 这个地区是鱼米之乡啊! 是洪泽湖岸边的一个好地方,打掉它的意义非常重大。"我记得饶司令员最后还问我们:"有没有信心?"我们齐声响亮地回答:"有!"

饶司令员动员后,各个连队回去又作了一些具体补充动员和战前准备,战士都表了决心:一定要打好这一仗。我们洪泽湖大队是第一次登陆配合主力打攻坚战。对我们每个人也是一次考验。当时,由于工作做得细,战士们的情绪都很高昂。那天晚饭吃得非常好,大米饭,肉烧豆角,算是一次战前会餐。晚上,我们一、二连在大队长钱玉良的带领下,带上第二天吃的干粮就向预定目标出发了。后半夜,我们各个连队按照饶司令的部署,进入阵地,悄悄地把管镇包围起来。

我们洪泽湖大队的任务是攻击管镇外边的小刘围子,大队部设在管镇东南方的小于庄。拂晓,我们一连在连长周世广和指导员姜炳堂的带领下,隐蔽在距离小刘围子大约有一百多米的一片坟地里和田埂下。记得当时老百姓种的稻子还没有收。天亮时,敌人发现了我们并向我们射击,我们仍然未动。到了中午,饶司令员亲自指挥外围的部队向管镇的敌人进攻,猛烈的火力把敌人打得乱窜,少数敌人向小刘围子方向突围,被我们连迎头开火痛击,打了回去。以后,敌人又几次想突围,都被我们英勇击退。最后,管镇的敌人被我军打得蜷缩在大堂寺里。一个姓高的保安大队长正在给他的士兵打气时,饶司令员指挥部队发起了总攻,我们的迫击炮弹正落在大堂寺的院子里,敌人害怕死了,再也沉不住气,想突围逃跑,在离开大堂寺途中被我们拦截,缴了械。小刘围子的敌人也四处逃窜;大多被我们歼灭。躲在稻田里被打伤的几个保安队员和土顽绝望地呼喊:"新四军老爷,快救救我! 快救救我们!"置我们于死地的人称我们"老爷",说明他们走投无路、求生欲望强。卫生员给他们包扎了伤口。战后,经过清理,除了一名姓高的大队长只身逃跑以外,三百余人的保安队员和土顽全部被我们歼灭,还缴获了大批的武器装备,彻底拔掉了管镇这个钉子。这是我们洪泽湖大队在饶司令员的指挥下第一次登陆作战,取得了这样大的胜利,既积累了陆地作战的经验,更增加了信心。以后,我们洪泽湖大队配合主力部队作战,解放了双沟,恢复了泗县以东,五河以北,青阳以南的大部分地区，并建立了地方各级政权。

二、关心爱护我们新四军洪泽湖老战士

在坚持湖上斗争的日子里，我们一直盼望着突破敌人包围。是饶司令员率领淮北挺进支队解了洪泽湖之围，结束了长达五十八天的艰苦斗争。饶司令员对我们洪泽湖大队的官兵非常关心，让我们及时进行休整，给每个人发了毛巾、牙刷、牙粉等日用品。更让我难以忘怀的是，饶司令员在政治上对我们更加关心爱护，他曾多次指示："坚持洪泽湖斗争的干部战士，都经历了艰苦恶劣的环境和斗争的考验，在政治上是可靠的，是可以重用的。"我们坚持洪泽湖五十八天斗争的官兵都被评了功，陆续有一些战士进了教导队，有的被直接提拔当上了干部，其余大部分战士作为战斗骨干充实到各个部队。现在，我们新四军洪泽湖老战士分散在全国各地，这与饶司令员对我们的关心爱护是分不开的。

（作者：新四军洪泽湖老战士）

十、严于律己　廉洁奉公

姚晓程

（一）

1955年9月饶子健同志到六十军任军长。我当时是一七九师新任师长。他对我的言传身教，影响我最深。

他到六十军时，正遇上六十军从朝鲜战场上胜利回国，进行总结教育时，正是1955年军委高干会议精神传达贯彻学习时，也正是军委提出加强军队正规化建设，加强统一指挥，统一制度、统一编制、统一纪律、统一训练，加强组织性、计划性、准确性、纪律性时，也正是部队在正规化进程中要自己建设营房。六十军在蚌埠、滁州、浦镇、南京东郊建四个师的营房，于1955年完工，共建七十六万八千一百四十六点六平方米（一八一师营房于1955年12月完工）。这时的部队进行改装、整编、轮训干部，军轮训连营干部，师轮训排级干部，军区抽训师、团干部，实行了义务兵役制、军衔制、军官薪金制；部队调配了干部，许多经院校毕业的同志，调部队工作，原部队工作的干部一部分调军事院校学习，一部分学文化，同时进行审干工作，建立了正规的干部工作制度。

饶军长到任后，全军开始了正规化训练，训练开始没有经验，南京军区许世友司令一个师、一个师地检查六十军的部队，饶军长也跟随许司令检查部队。许司令带工作组考核一七九师连以上干部轻武器射击，仅有两人优秀，多数不及格，对此结果，饶军长非常着急。1956年2月，训练预备期，他亲自任大队长，集训全军连以上干部轻武器射击，每个师编一个中队，师长为队长，政委为政指，对五种武器(步骑枪、冲锋枪、轻机枪、重机枪、手枪)经一个月的摸爬滚打的实际锻炼和操作，所有学员在五种武器实弹射击上都达到了良好水平，相当多的同志还获评优秀。

1956年春，饶军长根据预定的作战任务，带我们师职干部及各兵种主任到南通、启东、如东沿海进行海岸防卫作业。他做过舰队司令，海上水上作战经验丰富，而对我们常在北方，而陆地作战又多年的部队来说是个新问题。他根据现实的海防地形设想敌人登陆的形式，一个地段一个地段地考察并研究了纵深战斗的具体方案，这对我们的教育很直观很现实，学习效果相当好。后来又带我们在南京东郊进行了进攻战斗的战术作业。这样就为以后团、师战术合练以及五三五团、一八〇师、一七九师的实弹进攻战术演习打下理论基础。

(二)

1957年夏，整风"反右"，1958年2月师团机关进行"双反"学习，反保守主义，反对"官、暮、骄、娇"四气，5月中共中央八大二次会议提出："鼓舞干劲，力争上游，多快好省地建设社会主义总路线。"这一段时间，除了继续抓军事训练外，他是军党委书记，很注意抓政治学习、政治运动，他非常尊重政委刘瑄的意见。这段时间的运动，六十军是健康的、稳当的，如一七九师"反右"时仅有一人被划为"中右"送北大荒学习，同时这些运动带动了全军开展合理化建议，掀起训练的高潮。一七九师仿制各种训练器材共一万二千五百八十三件。饶军长讲平等、民主，有事同党委成员共同商量，绝不居高临下，自作武断。他斗争历史长，年龄也高，又是中将，我们在师工作的委员多为上校，但我们有情况有问题找他请示报告，完全没有上下级的隔阂，非常融洽。

1958年6月，他同政委刘瑄带姚晓程、宋佩璋、丁公量前往参加军委扩大会议，主要是反教条主义。他根据部队几年训练中存在的问题，批判教条主义的危害，在反个人主义时，他严于剖析自己，也用实际事例，谈到某些人的个人主义，对党的工作造成的危害，这些经验教训对我们教育很大。接着，他响应毛主席的号召，又同王诚汉副军长到五三七团三连当兵一个月,同战士们“五同”。在深秋时节,每天同战士们一起下海游泳,为解放金门等地做准备,1958 年 9 月为准备解放金门、马祖等沿海岛屿,南京军区命令六十军分批赴宁波市、柴桥、穿山、白峰地区进行渡海登陆训练,首先由一七九师而后一八一师进行登陆训练。此时,饶军长下连队当兵,亲自体会指导以后的训练。

(三)

为了克服国家的暂时困难,1959 年,饶军长号召全军进行养猪、种菜等农副业生产,他自己也在住宅的小院种瓜、种菜。一年来据一七九师、一八一师统计共生产蔬菜六百一十六万斤,油料作物二十一点四万斤,杂粮等作物九十八点八万斤,养猪六千零七十三头,养鱼二十四万尾,大大改善了战士的生活,缓和了市场供应的矛盾。这一年,还组织一八〇师、一七九师在安徽滁州山区三界进行加强师实弹战术演习。同时还派出五三六、五三八、五四三 3 个简编团于农闲时进行基干民兵训练,一八一师于芜湖地区训练技术民兵,仅一七九师、一八〇师就派出汽车支援地方运输一百四十九点五万公里,运输物资九百余吨。

1955 年至 1959 年我在饶军长的直接领导下,感受教育最深的有如下三个方面:

一、饶军长执行上级指示命令非常坚决、自觉。他对军区领导很尊重,如军区领导到部队检查工作,他都陪同,并再三指示我们如何执行军区首长的指示,事后还多次检查,如 1955 年部队刚由战争环境转入正规训练,一时还不适应,在军区许世友司令开训不久,饶军长就到各师检查,发现了不少问题,如干部战士军容不整,不懂礼节,节假日上街人数多,训练场地杂乱,训练质量不高,有的干部来源不纯等,他除当即指令我们要改正外,对有些重大问题,在以后会议上个别交谈中反复检查落实情况。他在部队建设“争上游”的精神很强,1958 年大跃进,他鼓励我们要把工作做好,做出成绩来,甚至鼓励我们向兄弟部队提出比赛条件等。

二、团结同志、平易近人。饶军长在军里工作时,年龄最大,斗争历史最长,职务最高,又是军长兼党委书记,但他很尊重军政委刘瑄。

每当在党委会上作总结发言时，他总要征得刘瑄的意见。在平时工作时，也总是多听取下级意见后才作结论。1958年，在北京开军委扩大会议时，空暇外出访友或上街购物时总是同我们一起乘公共汽车，平时议论问题也无拘无束，我们有话愿同他谈，他从不发脾气，更没盛气凌人的架势。他是一位循循善诱、平等待人的好将军，我们习惯叫他"老军长"。

三、以身作则、生活俭朴。他近五十岁时，还带领我们翻山越岭，过河涉水，进行指挥员现地作业。他下连当兵同战士们在一起摸爬滚打。为了解决轻武器射击训练，他亲自任大队长，同我们在一起不分昼夜地学习研究。他生活上艰苦朴素，没有一点特殊的表现，1957年、1958年机关大批判时，有人以"缺腿诗"的形式刻薄讽刺某些领导的"特殊化"，我们各师的领导正在军部开会，看了大字报后就抱不平，饶军长见此没有加以指责，他对其他领导说："有则改之，无则加勉，不要去考虑过火不过火。"他还说："以身作则，以自己的实际行动来表现，是最好的说明。"饶军长每次由营房返回南京时，总是乘坐公共汽车到浦口渡口。有一次被浦口公安局长发现了，认为一位中将军长，坐公共汽车，也没人护送，很不安全。这位公安局长还专事向军政治部提出意见。我知道后，深为感动。他日常生活衣食住宿等都很简朴，在家中都是自己动手，到部队他同我们在机关食堂同桌吃饭，同在广场看电影，我们也从未专门招待过他，也没专门到车站迎送过他。他是一位以平等态度待人的老军长、好军长。

（作者：原六十军一七九师师长，离休前任上海警备区副司令）

十一、正规化训练的卓越组织者

彭　勃　温　勇　赵双选　万潮勇

饶子健同志是1955年9月到六十军任军长的。当时部队刚从朝鲜回国不久，在新形势下面临着两个重大转变：一是由战争环境转入和平环境，如何保持我军艰苦奋斗的优良传统，防止和克服"贪图享受"的思想；二是在军事训练上，由过去"现炒现卖"、想起什么抓什么的训练方法，转入有计划的正规化训练。饶军长作为军领导班子主要成员，紧紧团结党委一班人，坚决贯彻落实中共中央七届四中全会精神，以及全国军事系统党的高级干部会议精神，带领广大指战员顺利实现了两个转变，为部队的革命化、正规化建设作出了卓越的贡献，受到全军上下的信赖和敬仰。

正规化训练的卓越组织者

1955年4月，六十军各单位的营建任务基本结束，全军开始进行有计划的军事训练，从而揭开了正规化训练的序幕。同年9月饶军长到职以后，立即全身心地投入军事训练。他以干部为重点，采取营房训练和野营训练相结合，一般训练和技术训练相结合，全面提高部队的素质，使正规化训练搞得扎扎实实又有声有色。饶军长一直把培训干部放在突出位置。他认为，要建设一支现代化、正规化的革命军队，首先要有一支素质高的干部队伍。在六十军任职期间，他除了把一批最优秀的干部选送到各军事院校深造外，还组建集训队分期分批地轮训干部。当他到职以后，就发现各分队的射击成绩普遍不理想。当即同分营训练的谭友夫副军长商量研究决定：组建射击集训队，从军作训处和各师各抽调一名经过南京“总高”学习培养的参谋，组成教学班子，轮训排以上干部。每期三个月。

“心领神会”是学习掌握步兵分队的各种火器，包括步枪、冲锋枪、机关枪、六〇炮等必先具有的条件，每个课题都是先学理论，然后进行个人练习和实弹射击。每次开学，他只要在家都会亲自参加动员，他还风趣地对大家说：“你们不但要学好理论，还要打得准，我们仓库里的子弹有的是，谁打不好就别想回去。”由于他和谭副军长亲自抓，到了1956年底，全军的排以上军事干部和机关参谋人员基本上普遍轮训了一遍。有了这批骨干，部队的射击训练成绩很快就上去了，饶军长非常高兴，亲自为负责教学的作训处参谋熊寿岗请功。他说：“熊寿岗是大功臣，应该为他请功。”在他的提议下，军里给熊寿岗记了二等功，这对抓训练的同志是一个极大的鼓舞。

饶军长十分重视野营训练。有一次，他到一七九师调查情况，师政治部主任彭勃向他汇报时，谈到部队进驻营房以后，离群众远了，滋生了享乐思想，对部队的建设很不利，建议每年是不是搞点野外训练。饶军长认为这个建议好，决定由各师先进行试点，然后推广。1957年夏，各师把部分步兵营、炮兵营拉出营房，进行了为期两个月的野外训练，通过实践，普遍体会到，野营训练不仅仅是一种好的训练方法，也是培养部队吃苦耐劳精神，密切联系群众的有效途径，应该坚持下去。从此以后，每年的冬、夏两季，各师就轮流把部队拉出营房，进行野外训练(包括长途拉练)，做到“冬练三九，夏练三伏”。1958年，军专门设立了炮兵野营指挥部，把各炮兵团集中在安徽的三界、珠龙桥地区进行长期野营训练，从此野营训练就成为炮兵完成连以上训练的主要形式。后来，一七九师、一八一师也先后在老加山、磨盘山、沙河集等地区建立了长期固定的野外训练营地。实践证明，野营训练是锻炼部队、提高部队战斗力的一种好形式。

为了检验部队军事训练的效果，提高部队的实战能力，饶军长还用大量的心血组织部队进行各种演习。从1955年9月到1960年11月他任军长这段时间里,全军进行的团以上大规模的军事演习就有十几次,而且多数是由军里直接组织实施的。如1956年8月,一七九师各团在淮河下游进行的强渡江河演习,同年10月在滁县进行的“步兵师行军遭遇战斗”,师、团两级首长、司令部演习,1959年一八〇师进行的步兵师山地进攻实弹战术演习,以及针对未来战争特点所进行的原子条件下作战、渡海登陆作战演习等等。通过演习,锻炼了部队,提高了合成作战的组织指挥能力。在这些众多的演习中,饶军长不仅是主要决策人,而且常常是直接参与者。如1956年一七九师进行的强渡江河演习,他不顾天气炎热,年高体胖,同大家一起勘察地形,研究编写教材和战斗条令,还亲自抓干部培训,经常是晴天一身汗,雨天一身泥,有时累得连气也喘不过来,而他成天总是乐呵呵的。老军长的这种模范作用,给广大指战员以极大的鼓舞和教育。加强部队正规化建设,其中一个重要内容,就是贯彻落实三大条令(内务条令、队列条令、纪律条令),严格执行各种规章制度。但开始时很多人不习惯,想不通。因为在战争年代,特别是在朝鲜战场上,部队驻地分散,而且大部分时间是在坑道、防空洞里度过的,军事训练现炒现卖,内务生活制度不规范,队列生活的随意性更大。现在搞正规化,训练的时间、比例事先都安排好了,不准随意调整,就连作息时间、擦拭武器、保养车辆乃至星期天外出请假的比例也有统一的规定,有些人当然就很不习惯了,因而或多或少地产生了一些抵触情绪,但饶军长从几十年实践的经验中体会到,作风和纪律是军队战斗力的重要因素,是正规化训练的重要内容,必须抓紧抓好,通过日常养成和训练演习,把三大条令落到实处,使广大指战员养成良好的作风,严格遵守纪律,自觉执行各种规章制度。他除了自己以身作则外,还要求各级领导和机关带头执行,为部队作出表率。

饶子健在六十军任军长的五年,是我军向革命化、正规化迈进的五年,在这期间虽然有过批判教条主义过火的错误倾向,但部队的军事训练没有受到太大的干扰,因而在短短几年时间里,全军的素质有显著的提高,受到总部和军区首长的好评。1960年4月,一八一师五四一团由中央军委确定为迎外部队,同年12月,一七九师又被指定为第一批战备值班师。一个军同时有两个师获此殊荣，这同饶军长的领导是分不开的。

实践也证明，部队这段时间的军事训练、政治教育是过硬的。如1962年，为了粉碎蒋介石军队窜犯沿海地区的阴谋，一七九师奉命入闽。接到命令后，该师一声令下，立即行动，在二十四小时之内，全部集结完毕，由安徽乘火车编组出发，到达江西上饶后，又以徒步行军和汽车输送相结合，向福建进发，在一周之内行程两千多公里，安全顺利地到达指定地区。到达目的地以后，又以临战姿态迅速做好各项战备准备。总参作战部和闽北指挥部对入闽的几个部队调查以后，对一七九师作出了高度评价，认为战备观念强，军事素质好，作风过硬，符合“开得动，打得准，联得上”的要求，并在该师开了现场会。

艰苦奋斗作风的模范带头人

部队从朝鲜回国以后，特别是营房建起来以后，享乐思想在部分人员中开始滋长，认为战争年代南征北战，东奔西跑，现在条件好了，应该享受享受了。新中国建立初期入伍的同志，有很大一部分是生长在城市的学生，更向往进城过舒服的生活。在这种思想的支配下，有的同志开始追求物质享受；有的嫌原来的老婆“太土气”，想进行“改组”；驻在南京、蚌埠郊区的部队，有些干部特别是机关干部，一到周末就进城跳舞，有的则夜不归营；个别干部还有违法乱纪的现象。

饶军长到职以后，针对部队中存在的这些不良倾向，在军党委的领导下，着重抓发扬我军艰苦奋斗的优良作风，反对骄傲自满、贪图享受的教育。1956年4月，军召开首届党代表大会，这次会议的主要议程，就是高举毛泽东思想伟大红旗，为把我军建设成现代化的革命军队而奋斗。在大会期间，饶子健到各代表团参加讨论，听取意见，并反复强调一定要抓好两件大事：一是要把工作重心转移到以军事训练为中心的轨道上来，切实抓好军事训练；二是抓好反腐蚀教育，发扬艰苦奋斗的优良传统。他还不点名地批评了这方面的一些不良倾向，对代表产生了极大的震动。大会后,各单位认真传达会议精神,联系实际抓“反腐蚀”教育,接着又结合整风和“双反”(反对保守主义,反对官、暮、骄、娇四气)抓了几次,收到了明显的效果。

在艰苦奋斗方面,老军长处处以身作则,为人表率。在六十军领导班子中,他资历最深,军衔最高(中将),年龄最大,但他严格自律,廉洁奉公,从来不搞特殊化,凡是要求大家做到的,他首先做到。就拿周末回家与家人团聚来说吧!当时由于条件的限制,军机关干部每次回家都是乘公共汽车。他是中将军长,老红军,而且年龄已高,无论是从安全的角度,还是从老同志的健康角度来说,他乘坐军用吉普车回家是一点不算过分的,群众也绝对不会有意见的。但饶军长在这个问题上坚持同大家一样,每次回家,先在花旗营乘公共汽车,到浦口下车后,换乘轮渡过江(当时还没有南京长江大桥),上岸后再乘公共汽车回家,每次都要折腾一两个小时。几经寒暑,几度春秋,老军长就是这样,夏天冒着烈日酷暑,冬天顶着风雪严寒,同年轻的机关干部们一起等车候船,回家过周末。

在六十军,还流传着一个“打破常规过春节”的故事。1957 年春节前夕,饶军长提议,为了过一个革命化的春节,大年初一那天不搞团拜,也不互相拜年,而到驻地附近去帮助群众兴修水利,支援祖国的社会主义建设。这个倡议得到机关干部的热烈响应。正月初一、初二两天,他和其他军领导干部一起,带领机关干部到江浦县一个村庄去修圩堤。在工地上,他同大家一起劳动,又是挖,又是抬,搞得热火朝天。附近的群众听说部队大年初一帮他们兴修水利,还有几个老将军,纷纷跑来围观,开始只是看热闹,后来有些群众自动投入劳动,出现了军民共同劳动,欢度新春佳节的动人场面,机关干部普遍反映:过了一个有意义的春节。

党委一班人的好班长

凡是接触过饶军长的人,都异口同声地说,老军长平易近人,没有一点架子，是一位德高望重的忠厚长者。

饶子健同志当时既是军长，又是党委书记，在党委一班人中威信最高。他谦虚谨慎，民主作风好，从不居功自傲。他经常讲，群众路线是我党的根本路线，他初来乍到，对六十军的情况不熟悉，主要依靠大家的智慧和力量。凡是有关部队建设的重大问题，他总是先调查研究，广泛听取大家的意见，按照党的民主集中制的原则，经党委集体讨论决定，个人不擅自决断。他善于团结人，并及时协调处理各方面的矛盾，使领导班子和机关之间能够心情舒畅地一道工作。比如，当时比较突出而又经常发生的一个问题，是上上下下为军政训练争时间，如果处理不好，就会影响团结。饶军长虽然是军事干部，但对政治工作很重视，他认为，军事工作也好，政治工作也好，都是党的工作，都得做好，不能因为强调正规化训练而忽视和削弱部队的思想政治工作。所以对部队的政治教育、文化学习，他都很支持，要求按照训练大纲的规定，在时间上给予保证，全面加强部队建设。

在党委一班人的团结上，他同政治委员刘瑄同志的关系堪称典范。他们两人虽然都是军政第一把手，但反差很大：一个是红军时期的，一个是抗日时期的；一个是中将，一个是大校；1949 年新中国成立以后，他就是军长，而刘瑄同志到 1957 年才由军副政委提升为政委。这就是说，他们两人在军衔、级别、年龄以及任现职的时间等资历上，都有很大的反差。但是，饶军长对自己的搭档却非常尊重和支持，处处维护刘瑄同志的威信，使之放手大胆地、心情舒畅地工作。由于有他的支持，几位副职虽然是红军时期的将军，对刘瑄同志也很尊重，党委一班人关系密切，所以这个时期军党委内部的团结状况一直是好的，工作很协调。

为了维护刘瑄同志的威信，他还同一些不合理的规定抗争过。如当时传达文件或听报告，有时不是按职务，而是按军衔。这样就带来一个问题：如果只传达到少将以上，军里的几个副军长可以去听，而政委刘瑄同志反而不能去听，这显然是不合理的。有一次又接到南京军区这样一个通知，他坚持要刘政委一道去，到了大礼堂门口以后，门卫硬是不让进。饶军长生气了，说："这是我们政委，你去报告许司令，就说是我带来的，为什么不让进？副职可以听的，正职反而不能听，哪有这个道理！”在他的坚持下，破例地让刘瑄同志进去了。从此以后，凡是传达到少将以上的，军区就特别关照叫刘瑄政委一起参加。

在民主作风上，饶军长还十分重视发扬军事民主。他认为，搞正规化、现代化训练，对未来战争，大家都没有经验，更应该发扬我军“官教兵，兵教官，官兵互教”的优良传统，充分调动广大指战员练兵的积极性。1955 年军射击集训队成立以后，他亲自去动员，去听课，要求大家认真向教员学习。同时，他也告诫教学组的同志们，不要认为自己是经过南京“总高”培养过的，就以专家自居，而要注意走群众路线，虚心向来自训练第一线的同志们学习。集训队根据他的指示，大力改进教学方法，运用墙报、评比、竞赛、诸葛亮会等各种形式，广泛征集群众意见，集中群众的智慧，做到“边教、边学、边评比、边改进”，还开展小教练员和互帮互学活动，因而射击集训队显得生机勃勃，有声有色，一期比一期办得好。参加集训的同志普遍反映：“不但学到了理论，学到了技术，还学到了训练教学的方法。”

（作者：彭勃，原六十军一七九师政治部主任，离休前任江苏省军区政委；温勇，原六十军高炮司令部处长；赵双选，原六十军政治部组织处长；万潮勇，原六十军秘书处秘书）

十二、“大事讲原则，小事讲风格”

吴　浩

饶子健同志是我的老首长。1955 年 9 月他继张祖谅军长之后任六十军军长，当时我是军司令部作训处参谋。饶军长在六十军先后共五年时间，虽不算太长，但建树甚多，他的高尚品德和优良作风给全军指战员留下了深刻的印象，大家都赞誉他是一位德高望重和群众心连心的老将军。他任军长期间的办公室和我们作训处仅一门之隔，加之我又经常随从他外出工作，在他身边耳闻目睹甚多，所受教育更深，时间虽已过去近四十年，很多事仍历历在目，他那崇高的形象仍牢牢铭刻我心中。现就记忆最深的几点记述如下。

胸怀全局，善于抓大事

饶子健军长是一位身经百战的老将军，他从自己丰富的战斗经历中深刻地认识到，部队要打胜仗，必须在平时抓好军政训练，全面提高部队的战斗力，因此，他到任之后十分重视训练工作，不仅亲自动手，而且调动一切积极因素全力以赴。六十军是 1953 年从抗美援朝前线凯旋回国的。离开朝鲜之前，部队把所有武器装备就地留给了朝鲜人民军。回国后部队又连续两年执行营建任务，基本上没有进行军事训练，所以，1955 年下半年部队重新接装之后，对于新的武器装备很不熟悉，很多连队实弹射击成绩不尽如人意，为了扭转这一局面，军首长决心首先大抓干部的射击训练，以此为突破口，推动整个部队训练。1955年秋季军成立了干部集训大队，饶子健军长亲任大队长兼政委，谭友夫副军长任副大队长，各师师长、政委任中队长、政治指导员。抽调全军十二名经过总高级步校严格训练过的尖子参谋当教员，先将全军所有作战处、科、股长和参谋集训一遍，尔后又分两批对全军排以上军事干部进行轮训。经过半年努力，全军军事干部的射击理论、技术和教学法得到了全面和明显的提高，绝大多数干部达到了能讲、能做、能打的要求。由于干部有了本钱，所以，1956年军事训练全面展开以后，部队的射击训练大面积丰收，多数连队实弹射击都达到优秀成绩。这不仅从根本上扭转了全军技术训练落后的面貌，同时还涌现出了一大批有理论、技术精的骨干，鼓舞了部队搞好训练的信心，为六十军的正规化、现代化训练开了一个好头，并奠定了基础。在部队基础训练局面打开之后，饶军长又将主要精力转向干部的战术训练，据我回忆，1956年至1959年，每年军部要进行一次军师两级指挥员、司令部训练，先理论学习，再现地作业。每年军还要进行一次军、师两级或军、师、团三级首长、司令部机关带通信工具和部分部队的现地演习，每次集训或演习，饶军长都亲临现场，亲自组织实施，规模大，效果好，使指挥员、司令部组织指挥战役和战斗的能力得到了迅速提高。饶军长还非常重视和扶持训练工作中的新事物、新创造。1958年谭友夫副军长带领工作组在一八〇师五四〇团蹲点，组织部队进行野营训练试点，这种训练形式，是在部队营区内完成基础训练之后，以一个或数个战术课题为轴线，穿插配上各种战斗勤务课目，将部队拉出营房到野外练“走、打、吃、住”，全面提高部队的野战能力。饶军长认为这是一个具有创造性，又能有效地提高部队的战斗力的新事物，对此十分支持，为了能大面积推广这一训练成果，他还派谭副军长率机关有关人员先后到合肥、蚌埠，找省、地委协商，把安徽滁县珠龙桥以北，明光县三界镇以西近二百平方公里荒野丘陵地作为六十军的野营训练场地，每年都组织各步兵、炮兵、坦克团轮流进行野营训练以至合练。这一举措首创全解放军的野营训练形式，得到了军区和总部的肯定，《解放军报》为此作了大篇幅的报道，并在全解放军作了推广。饶子健军长抓训练勇于负责，敢顶逆风。1959年军内刮起一阵

“反教条”的歪风，搞得很多负责抓训练的干部和部门思想上压力很大。饶军长挺身而出，几次在干部大会上明确表态，部队是要打仗的，不抓训练，怎么行？条令条例是国防部长明令颁布的，谁都得执行；如果说在执行中有缺点错误，我当军长的负责，有意见给我提，不要把矛头指向训练部门和军事干部，这样硬是顶住了歪风，保护了广大干部的积极性，使训练工作得以顺利发展。应该说，那段时间，六十军训练工作搞得轰轰烈烈，部队军政素质提高很快，不少军事训练课目成绩在军区范围内名列前茅，这是与饶子健军长和其他军的领导共同努力分不开的。

作风民主，善于团结人

饶军长参加过二万五千里长征、抗日战争，解放战争转战江淮，战功卓著。1955 年他被授予中将军衔，军长授中将军衔在当时是少见的。他虽功高位显，但从不自居，作风十分民主，平易近人，他很尊重同级领导，团结大家一起工作。1955 年授衔比较重资历，抗日战争入伍的一般不授将衔，解放战争入伍的一般不授校级军衔。当时军政委刘瑄同志是一位年轻优秀的领导，但他是 1938 年入伍的，只授了大校军衔。饶军长不以自己衔高而自居，对政委十分尊重，重大事情都事先和政委商量后才作决定，每次开会结束，他都要征求政委的意见，请政委作指示。每次外出工作，他都要交待随从人员安排好政委的用车和住宿。在军领导班子中还有两位少将副军长和一位少将参谋长，其中一位副军长是 1929 年入伍的，他们各人脾气都不一样，饶军长对大家都很尊重，大事讲原则，小事讲风格，从不闹无原则纠纷。他还善于坚持党委集体领导下的首长分工负责制，大胆支持副职工作，领导班子中关系十分融洽，大家拧成一股绳，齐心协力抓工作。领导班子的团结不仅加强了部队建设，而且也给机关作风建设作出了表率，使司、政、后机关出现了讲团结，比干劲，相互协作，兢兢业业，埋头苦干的好风气。饶军长在军事要求上也很有民主作风。每次集训时，对于不同意见，他从不搞“一言堂”，作简单的肯定或否定，而是谆谆善诱，让大家摆事实、讲道理，通过充分的讨论再得出一致的看法。下部队检查工作，发现问题，也不轻易地批评下级，而是细微耐心地帮助他们找原因，研究改进措施，以理服人。有一件事我的记忆很深，1957 年春季我随从他下部队检查训练工作，路过一个射击场，见一个营长正领着十多个连排干部在打轻机枪练习。这个练习是轻机枪对三百米距离上的隐显全身靶实施短点射，在规定时间内打出三个点射，全中三个靶子为优秀，两个为良好，一个为及格。我陪军长站在射手后方观察，只见一连打了几个"光头"，干部都怨武器有问题，营长见大家打得不好非常生气，把大家训了一通。到底是什么问题？自己也未讲清楚，所以被批评的干部很不服气。饶军长见此，并没有批评大家，而是叫我去帮助他们寻找原因，解决存在的问题。我看几个射手的弹着点都比较密集，但统统偏右，在环顾靶场两侧的树叶被风微微吹动，有自左向右的横吹风。据此，我当即判断武器精度和射手操枪的基本要领是没有问题的，主要问题是射弹受到风吹影响而偏向右侧。射手不善于把握风向，及时因风力而修正瞄准点。于是我给大家讲上述看法，尔后装了九发子弹，卧倒后，根据计算瞄准点向目标左侧移动了一个"人体"目标，打了三个点射，全部命中目标。打完后，军长问大家搞清楚没有，大家异口同声回答："清楚了。"接着，军长又叫营长和大家重打一遍，结果都打了优秀、良好，大家高兴地说："军长笑眯眯地把问题解决了，我们口服心服。"饶军长讲团结的另一个重要方面就是使用干部坚持"任人唯贤"，不搞"任人唯亲"。不论干部来自何方，与自己亲疏与否，都一视同仁，统一衡量，大胆使用。有的干部因种种历史原因有这样那样问题，他坚持"三看"原则，重在表现。从而使用和团结了一大批德才兼备的干部，对于圆满完成各项任务起到了良好的作用。

严于律己　宽以待人
艰苦朴素　关心部下

饶子健军长身为我军高级将领，处处严于律己，宽以待人，他生活艰苦朴素,对部下关怀体贴。这方面动人的事例很多。有些事在许多年之后,机关、部队还在流传。传为佳话最多的:一是军长因私不乘坐公车。当时军部驻浦口东北的筛王桥又称花旗工地,他家住南京,节假日回家经常是和大家一起乘公共汽车到浦口公园,步行到码头换乘轮渡过江,再搭公共汽车或乘三轮车回家。有几次我随从他去蚌埠、滁县驻军检查工作,回来也是坐火车到浦口下车再换轮渡过江,坐三轮车回家。出于安全的考虑,机关给他提过不少意见,军区保卫部也给军里提过建议,要军部派车送到江边,由军区军用码头轮渡接送过江,尔后由军区派车送他回家,对于这些规定,他认为"特殊了",一直没有这样做。后来,军区专门为他配了一辆新的伏尔加小车,他也很少用。但参谋人员为公事,他却非常关心,经常交代管理处派车接送。二是和群众同甘苦。1956 年夏季我随他去江苏启东县沿海地区组织军师两级指挥员的海岸防御现地作业,当时启东县城至海边,只有一条通至海头镇的"晴通雨阻"的土公路,其他均靠步行,饶军长时已四十八岁,身体比较胖,身上起了不少水泡,仍坚持和大家一起"顶烈日、冒酷暑",步行往返现地勘察、作业。中午,我们在海头镇作简短午休,考虑军长年纪大,身体又不太好,想通过当地政府为他找个安静地方休息一下,但他为了减少麻烦,不让我们去找,自己找了两条长凳并在一起,躺在上面合眼而已。二十天的现地作业,大家很辛苦,返回部队路过上海时,他特地规定让大家在上海休息三天,住在位于南京东路外滩的和平饭店,他坚持和大家一起按标准就餐。南京军区为他配备一辆专车外出使用,他除了用过一次车去医院看望老战友外,再也没有用过。三是他对部下关怀入微,和群众心连心。他经常到机关各处和大家谈心,问寒问暖,对部下的实际困难一经发现及时解决。有一次,他在司令部值班室和参谋谈心,发现值班室的卧具、餐具比较破烂,而且值班室在楼上,公务员在楼下,空气有污染,他立即找管理处长给值班室换了新的卧具和餐具,并为值班室安装了电铃。有一次,他了解到参谋王丕文同志病了没有吃上"病号饭",他批评了管理处,还亲自带领管理处长和卫生所长到宿舍看望王丕文,交代管理处做好"病号饭",交代卫生所长为病号配备痰盂等卫生器皿。那时南京市区到军部营区交通十分不便,每年春节军长都要到军部看望大家。1960 年春节前夕，我和章月琴结婚，年初一那天，他一早就回营房看望大家，并特地到我们住宿的房间祝贺新婚，使我们深受感动。1969 年我已调一七八师工作，负责带领五万民工修复城西湖军垦农场围堤，六月份完成任务后因公去上海，因半年施工任务繁重过度疲劳，又突患病毒性心肌炎，病情较重，住进八五医院救治。当时饶军长已是南京军区副司令员，也因公在上海，他得知后，立即请上海心血管方面专家进行会诊、抢救，在他的关怀下，经过一段治疗后重返工作岗位，这件事使我终生难以忘怀。

（作者：原六十军司令部作训处参谋）

十三、好军长　好将军

武占魁　庞克昌

记得饶军长是1955年9月到六十军任军长。那时,我们这些师团干部和军首长见面的机会不是太多,但有几位首长留给我们的记忆是深刻而美好的,饶军长就是其中之一。

一、饶军长从实战出发狠抓部队战备训练,着眼提高部队战斗力。军每年初召开一次年度军事工作会议,团以上领导参加,当布置完计划后,饶军长总是要给我们讲落实和完成计划的意义及重要性,并如何落实。他特别强调要注意和处理在军事工作中出现的各种各样的问题和情况。他讲得很实在,很具体。记得他曾这样对我们说:我们搞战备训练,不能只在纸上谈兵、不能满足在办公室里作业。各级领导,特别是各级军事干部,要深入部队直至班排组和战士们摸、爬、滚、打在一起,把训练的科目内容落实到每个单兵身上,并在训练中学会怎样指挥作战。切莫搞“花架子”、形式主义。否则,仗真打起来,我们是要打败仗的。他还对我们说,在训练射击、投弹、爆破、战术动作时,一定要严格要求,认认真真,连、排干部五大军事技能要达到良好以上。只有这样训、这样练,才是我们对指战员的真正爱护,使他们战时少流血,少牺牲甚至不牺牲就能消灭敌人。……我们觉得每次聆听饶军长的讲话,总感获益匪浅。

二、饶军长无论在工作还是在训练中,非常注重讲政治,立场坚定,始终坚持人民军队的宗旨。有一次,我们一七九师外出野营拉练,饶军长一行来检查,来到五三七团的训练场,他听完汇报后,没有讲什么,直接到在进行训练中的战士中间。战士们的举手投足,他都看得非常细致，还特意检查了几名同志的装具并向他们询问情况，提出问题要他们回答。他看到一个战士在附近练射击，就要来一个检查镜，装在那个战士枪上，趴下身子，通过检查镜，不断地提醒战士纠正动作。我们几位师团干部站在他身后，心底油然升起一股热流，敬佩之情至今难以忘怀。在团指挥所，饶军长又语重心长地对我们讲：要在战备训练中，发挥政治工作优势，明确训练目的，调动指战员们的练兵热情。要培养和树立典型、尖子，以点带面，由面推广。同时要在野营拉练中，尊干爱兵，不违反群众纪律，三大纪律、八项注意时刻不能忘记！

三、将军下连当兵，留下了优秀品德和作风。直至今天，谈起此事，我们还啧啧称道。1959 年 9 月，五三七团奉命在浙江宁波以南搞渡海登陆作战演练，一天团部接到师里通知：军区首长和军首长要到五三七团当兵，要我们安排好，确保各位首长的安全。并布置军区首长到六连，军首长到三连。几个团干部听到后，都感到是"大姑娘上花轿，头一遭"，既惊喜，又不知所措。就在团里急急忙忙准备时，各位首长陆续都来了。饶军长来三连时，团长在三连等候。只见军长戴了一顶船形帽，身穿布制战士服，肩扛一等兵的军衔，把团长都给看呆了。还未等团长说话，饶军长上前一步，向团长敬礼，说：报告团长，列兵饶子健前来报到！团长赶紧还礼，上前去接他手中的网兜(内有脸盆、盥洗用具)，他摆摆手。说："请团长同志分配我们到班里吧。"几位首长安置下来后，随他们来的机关同志给团里提了几点要求，其中有几点我们现在还能记起来：要和普通一兵一样同吃、同住、同训练、同劳动、同学习，不搞任何特殊。从此，首长们在一个月的时间里和战士们一起出操、训练，一起站岗放哨，一起排队吃饭。军长对自己的要求很严，他站岗时，白天遇到团干部查哨，向团干部敬礼，晚上遇到就认真地对答口令。他还当连队的小值日(打饭)，干得非常认真和细致。碰到训练小憩，战士们都喜欢围到他身边，听他讲传统，讲战斗故事。一个月的时间很短暂，首长们同战士已结下了深深的友情。当将军要离开时，指战员们依依不舍，纷纷请首长签字，拍照留念。

饶子健同志是一个好军长、好将军。

(作者：武占魁，原六十军一八一师师长，离休前任空四军政委；
庞克昌，原六十军一七九师五三七团团长，
离休前任安徽省徽州军分区司令员)

十四、为警备区部队的建设打下坚实的基础

贾德发　贾继平　罗玉棋　刘仁福　王经文
孙廷祯　姚　潮　王致冰　申元亭　李再林
王顺泉　孙志伟　陈　松　卫伯钧　马　瑛
李桂亭

饶子健司令员在上海工作期间(1960 年 12 月至 1965 年 8 月),正是我国遭受自然灾害等原因造成的困难时期,当时,台湾国民党集团同美帝国主义相勾结,狂妄叫嚷“反攻大陆”。饶司令员带领上海警备区部队,忠实地执行我党的路线方针政策,严格按照总部、军区和中共上海市委的指示精神,克服各种困难,围绕战备训练、国防施工、农副业生产等各个方面,全面抓好部队的建设,提高了部队的战斗力,为警备区部队的长远建设打下了坚实的基础。饶司令员有着坚定的政治立场,艰苦奋斗的革命精神,正直高尚的道德品质和细致踏实的工作作风,为人谦虚,诚恳热情。每当我们这些曾在饶司令员领导下工作过的同志回忆起往事,饶司令员那睿智的目光、威严的神态、慈祥的笑容、亲切的话语,就会浮现在我们的面前。

(一)

20 世纪 60 年代初,美国肯尼迪政府上台,扶植西德、日本,同时侵略越南等,蒋介石在美国等一些西方国家的怂恿和支持下,叫嚣“反攻

大陆”，经常派遣小股武装偷渡登陆，进行骚扰破坏。根据紧张的国际国内形势，中央军委于 1961 年初，专门在广州召开会议，确定备战工作，以 1963 年为一条线全面抓好落实。上海作为全国的中心城市，祖国的东大门，南京地区主要的战役方向之一，军委和军区领导对上海的备战工作非常重视。指示要动员一切力量，保证能坚守上海万无一失。

作为上海警备区的军事主管，饶司令员深感责任重大。为了切实弄清上海地区整个防御部署情况，他决定亲自对全防区进行战役勘察。经过周密准备，从 1961 年 3 月上旬开始，他带领司、政、后机关主要领导，各师首长和参谋人员，分阶段、分地区先后实施了六次战役勘察，时间长达两个多月。每到一处，他与其他领导和参谋人员一起，对所有防御工事的坚固程度、火力配系、兵力编成等情况进行仔细检查，发现问题都让参谋人员及时记下，并研究解决的具体办法。

长江口自古以来就是兵家重地，是上海地区防御的主要方向，饶司令员带着官兵在这里有重点地进行了多次反复勘察。在周密勘察的基础上，与大家一起分地区探讨了设防工作中的战斗部署、兵力编成、火力配系、阵地编成、工事构筑和扩编等一系列问题。现地勘察任务一完成，他及时召集警备区党委成员进行讨论研究，通过综合分析上海地区的历史和地理条件以及敌我双方军事力量对比，修订出新的作战计划。进一步明确长江口是敌军进攻的主要方向，确定了“严防袭击，保存力量；死守岛屿，捍卫大陆；划区死守，寸土必争；加强前沿，一兵多用；纵深配置，重点设防；全民皆兵，保卫上海”等六条基本的作战指导思想。把死守上海的重点放在佘山、崇明、横沙等处。作战指导思想是：死守岛屿和海岸及外围阵地，大量杀伤消耗敌人，拖住敌人，决不让敌人上岛上岸，一旦敌人登陆着陆，就坚决予以歼灭。

随着主要防御方向的明确，防御力量比较薄弱的情况进一步凸显。长江口虽然已经过多年筑城，但已修的坑道工程还不配套，指挥所的观察、通信设施、囤兵坑道及必要的作战工事和附属工程尚未修起来，一些师的指挥所、战备物资仓库等尚未修筑。针对这些情况，饶司令员指示必须投入主要力量，集中主要精力和物资器材加紧建设。作为应急措施，及时地改装了远程火炮，选派了海岸守备值班分队。经过一年的努力，长江口地区的筑城进度很快，应付突然事件有了初步的依托。

岛屿设防事关上海防御的全局，饶司令员组织人员对海岛实施了全面勘查，虽然海岛防御具备一定的基础，但有的工事构筑按新的作战计划显然已不符合基本的战术要求，为了有效对付突然情况，饶司令员指示要加速建设岛上的指挥所、炮工事等主要工程。在很短时间内，各守岛部队普遍地筑挖坑道，加固工事，同时还加紧建设海底电缆，以解决通讯指挥等问题。

1962年春节，刘伯承元帅到上海，饶司令员陪同他检查了部队战备情况。刘帅一边检查一边询问，饶司令员汇报了警备区党委总的作战部署和备战工作，刘帅对把长江口作为主要防御方向表示赞同。当饶司令员汇报到海岛设防时，刘帅满意地点头说："好，好！"刘帅关心着战时海岛淡水供应的问题，饶司令员向他汇报，守岛部队官兵自己动手，普遍建起了人工蓄水池，用于蓄积雨水，有的部队还在岛上敷设了地下水管，将水直接输送到前沿工事，战时生活用水不会有问题。刘帅又问，通讯联络怎么解决，饶司令员告诉首长，海底电缆很快就要铺设到位了，到时可以与大陆直通电话。刘帅听后很高兴，称赞警备区这几年国防工程建设抓得紧、抓得好。刘帅问：上海警备区首长机关备战的决心如何，饶司令员代表警备区党委坚定地表示：上海军民已做好充分准备，随时打击来犯之敌，死打硬拼，决不后退，人在阵地在，誓与上海共存亡。

1962年6月10日，中共中央发出紧急战备的指示，要求全党全军全国人民提高警惕，从各方面做好准备，坚决粉碎国民党反动派准备窜犯我东南沿海的图谋。为贯彻执行中央指示，在饶司令员的主持下，警备区紧急召开常委会进行部署。一方面加强值班，领导、机关、部队层层都实行二十四小时轮流值班制度，保证一发现情况，有人指挥、有兵力可调。另一方面，及时调整防御部署，在主要防御方向增调兵力，增设火炮。迅速组建了一个野战医院、一个兵站、一个警卫连，抽调党员骨干，并建立一个炮兵团待命参战。快速建立健全军民联防组织。全区部队行动很快，6月底，就基本上完成了各项准备工作，处于高度的戒备状态。形成了军民联防的警戒部署，民兵在一百六十多公里海岸线配合军队巡逻警戒。对警备区部队是一次实际的战备检验，很好地锻炼和提高了部队的战备能为。

为了随时能应付突发事件，饶司令员与司令部作战部门一起，精心拟制了“小打”的四防方案（防空袭、防破坏、防暴乱、防空降），以后又逐步完善了“反偷渡、防破坏、防反空投战备”措施，要求各师（区）、团和沿海的营、连也都相应地研究制定打击可能来犯小股敌人的措施。在完善方案的基础上，饶司令员要求各级对照方案反复演练。为锻炼和提高首长机关实战条件下组织指挥的能力，饶司令员指示各部队凡是建好指挥所坑道的都要派机关人员进驻坑道值班。警备区机关专门成立了由作战、通信、机要、管理等部门的十几名同志参加和一个由有线、无线电连组成的联合通信指挥所，负责与各部队进行正常的通信联络。1963 年 4 月至 8 月对上对下进行了四次三个部门的合练，有效地提高了机关的通信保障水平。

饶司令员还经常深入连队具体指导。一次他到一个连队时，营正在组织部队紧急集合，假设武装敌特登陆，上级命令该连以最快的速度赶往某堤岸一线组织围歼。在检查战士们的携装时，他发现普遍携带量过大，严重影响作战行动。他随即向旁边的作战参谋交代：对战士携装要进行认真研究。不久，司令部发了一份按战备等级携装的规定，从而规范了部队的携装，使之更科学更符合实战的需要。

在检查岛屿及沿海担任战备值班部队的战备时，饶司令员发现炮兵连队只有使用火炮的方案，如果遇到小股武装匪徒，将很难有效应付。他指示炮兵连不仅要能用炮，各炮连都要组织起打击敌小股匪特窜扰的机动班，并结合方案反复演习，炮兵连队的机动作战能力得到了明显增强。崇明岸炮五八连，在崇明守备区组织战备演习时，听到第一声枪响后，机动班一分钟内就拉得出来，五十秒钟就跑到三百米远的枪响地点，全连一分半钟占领阵地，完成射击准备。为贯彻落实军委岛屿会议精神，加强岛屿的战备建设，军区于 1963 年 5 月 7 日至 18 日在舟嵊要塞区召开了岛屿工作会议，上海警备区司令员参加了会议，具体研究了岛屿战备建设中的主要问题，明确了战备建设的指导思想。为贯彻海岛会议精神，警备区确定要加速海岛部队配套成龙建设，尽快解决岛屿的运输、通讯、给养补充等问题。他亲自带队到洋山、崇明、横沙三岛为家,以苦为乐,切实树立“长期驻守,独立作战”的思想。在了解洋山守备区部队干部随军家属住房困难,连队文体活动器材缺乏等情况时,他指示后勤部、政治部要及时帮助解决。为解决岛屿部队严重缺编的问题,他提出精干机关,充实连队。经军区批准,将原来两个岛屿守备区整编为两个守备团,精减下来的人员充实到基层,使守备连队人员员额从原来的四十至六十人,一下充实为一百至一百二十四人,炮兵连也达到了七十人。

为使上海地区后方配置更趋合理,1963 年 9 月饶司令员亲自带着后勤部部长和兵种处长等,到昆山、吴江、苏州、太仓等十多个地区实地勘察。9 月下旬,一行人在吴江太湖边考察,虽然已到了秋天,但“秋老虎”余威不减,天气异常闷热,同行的同志劝他:首长,外面这么热,你就留在招待所休息吧,我们到时向你详细汇报考察情况。饶司令员说:“不到现场那还叫什么勘察!”他还是一起坐着车出去了,当行驶到距离考察点约两里多路时,前面路太窄,车子开不过去,饶司令员坚持与大家一起步行。望着司令员汗水涔涔的样子,同志们心里都很感动。前后考察三个多月,他没有比同志们少查一个点,少走一步路。饶司令员对勘察十分在行,什么地方配置弹药仓库,什么地方建个油料仓库,运输船队放在哪里,他心里都很有数。饶司令员高超的军事才能和认真细致的工作作风给同志们留下了很深的印象。

军事训练是和平时期提高部队战斗力的重要途径。由于部队近几年施工筑城等任务重,部队正常的训练相对较少,训练素质与野战部队有一定的差距。1962 年 3 月,军区发出通知,要求在部队中广泛宣传,积极推广郭兴福教学法。郭兴福教学法是我军训练改革的一大成果,是我军传统练兵的继承和发扬,它比较集中而全面地贯彻了军委提出的训练方针、原则,对传统教学方法作了重大革新。饶司令员感到这是推动部队训练的大好时机。他亲自主持召开了警备区军事训练会议,对深入学习推广郭兴福教学法进行了具体研究部署。确定首先抓好一个团、一个连,在此基础上总结经验向全区部队推广。六十九团和该团五连被确定为训练先行单位,饶司令员从训练机关派出专人进行重点指导,并多次亲自检查训练开展情况。以后又以六十九团五连为典型,召开现场会议向全区部队推广。饶司令员在会上动员部队广泛开展学习郭兴福教学法活动,他特别强调一定要苦练、巧练、反复练,干部要能带头。很快在全区部队掀起了学习郭兴福教学法的热潮。郭兴福教学法的普遍应用,大大激发了广大官兵的训练热情,有力地推动了全区部队训练成绩的提高,仅 1963 年一年,警备区部队就涌现了九十九名"特等射手",七十九名"一级神枪手",一百一十六名"二级神枪手",六百四十三名各种"技术能手",炮兵进行了海上目标一百一十二次实弹射击,成绩都在良好以上。为了更好地推广学习郭兴福教学法,警备区同时加强了教导队、训练部门的建设,效果十分明显。各教导队、训练队在年底前百分之四十以上的教员都成为"四会"教练员。在提高教员教学能力的基础上,警备区每年另组织三至四次干部骨干的培训,各师、团也相应地组织培训,全区组织的军事比武中,警备区部队都是榜上有名。

饶司令员很注意虚心听取部队对训练的意见。有一次,饶司令员到部队检查训练情况,各团都向他反映,由于各团任务不一样,地形不一样,原来训练的基础不一样,警备区统一制定的训练计划,有些不大适合部队的实际需要。有些团必需训练的课目,上级计划里却没有。于是,建议上级制定不要统一过死,最好是警备区提出总的要求,具体课目由各团自己定。饶司令员听后认为,一切从实际出发,同意了各团的意见,并专门指示训练部门,今后制订训练计划要注意征求基层的意见,采取师团为主,警备区司令部协助上下结合,共同制定。同时又强调各部队安排训练一定要认真贯彻上级训练方针,注意与各部队的战备任务紧密结合,不能脱离实际搞华而不实的训练。

饶司令员十分关心专业技术部队的建设。罗玉棋调任防化兵任主任后,饶司令员专门把他叫来关照:防化兵是一个新建兵种,也是全军大比武项目,一定要组织训练好。同时,具体地提出自己的建议,先可以搞一个好的样板,再在部队全面展开,争取在全军大比武中取得名次。还特别指出,要注意研究驻大城市部队以及水网地区的特点,有针对性地组织好部队训练。例如火焰喷射器怎样实施对高层楼房窗口喷射，水网地区如何防止毒气，敌军使用原子弹又该如何进行防护、洗消，等等。罗玉棋从饶司令员那里一回到处里，就组织人员进行认真研究，最后确定把警备团防化喷火连十一班作为尖子班，特别加以培养。在连长钱福根、排长司家和带领下，全班同志讲究科学，训练刻苦，坚持从基础的战术、技术动作练起，逐渐练习喷射高层楼房窗口、地堡、隐蔽工事枪眼等动作。“功夫不负有心人”，十一班通过了南京军区的比武选拔，在沈阳召开的全军防化兵比武中，获得两个一等奖、两个二等奖的好成绩，并被选向叶剑英元帅等总部首长作汇报表演，成了全军闻名的模范班。

（二）

为适应战备形势需要，加速上海地区的战场准备，需要大规模地进行国防筑城。警备区仅在 1962 年度就为此投入一个守备区、五个守备团的兵力。

由于施工部队人数多、居住条件差、吃水吃菜困难等，曾一度影响了大家的施工积极性。对此，饶司令员和其他警备区领导都十分强调加强国防工程建设的重要性，每到一个施工工地，他都要召集工地及作业队的干部，告诫大家说，国防施工维系国家安全，责任重大。使施工部队从领导到战士普遍都有一种强烈的光荣感和责任感。一一三团在横沙二号道工事打筑中，正值炎夏季节，气温常在摄氏三十度以上，闷在密不透风的坑道里，战士们都是汗流如雨。但大家牢记司令员的话，仍是积极苦干，工程质量一点没受到影响。一些连队为了抢时间、赶进度，组织突击施工，有时每天只睡三、四个小时。

某炮阵地工程构筑，对上海整个防御体系的形成具有重要的战略意义。由于各部队施工全面展开，备料任务显得格外紧张。工程指挥所将情况报告首长，饶司令员当即拍板，在使用兵力上一定要形成拳头，宁可其他工程受点影响，也要确保重点工程的需要。他下令将一五师负责天马山碎石加工的部队紧急调至横沙备料，集中所有的海船（一千二百吨的三条、二百五十吨的两条），突击运输，并组成运输组，专门调度船只，掌握运输情况。为了做到按任务需要及时无误地运送各种材料，每条大船由运输、工程处各派一名干部，随时押运和办理交接手续。由于船队和押运人员的努力，在二十四天中，运送了四千吨器材，打破了六级风不能出航的纪录。“282”舰在二十天中，在上海到大敢山一百二十五公里的航程间共走了九个航次。长江号在执行石子运输任务中冲破气候、潮汐的障碍，最多一天跑了两个来回。他命令洋山守备区沈家湾、薄刀嘴的掘进部队抽到大敢山担任掘进和打筑前的附属工程施工，他还令一一三团选派作业骨干去大敢山担任钢筋编扎、模型安装的打筑工事。十一、十五师在施工中起到了骨干作用。

工程质量是施工中的核心问题，饶司令员对施工质量非常重视，要求各施工部队对每一项工程做到质量当先，自觉维护。各级领导组织施工时，都要有预先提出保证质量的计划，对工程主要环节要有具体把关措施。为了帮助官兵们提高施工技术，他指令工兵处的领导带领工作组到工地进行现场指导。坑道掘进是工程很关键的一个环节，施工部队在机关同志的指导下，坚持贯彻“三定、三查、三修、三评制”（三定即要求三桩标定，五炮固定，眼孔位置由民主选定；三查是交接班时查方向幅员是否合格，穿孔中查坡度大小是否准确，孔穿后角度是否合格，使爆破后达到上有横顶、下有棱角的要求；三修是作业班小修，作业队中修，每周评比后进行一次大修，基本达到一次打成不欠质量账、不走回头路；三评是作业班每天评，作业队每周评，工地指挥所每周综合评）。保证了工程质量，同时也加快了进度。

大力提倡勤俭施工。一段时间，施工部队普遍反映前阶段工程量很大，施工工具损耗严重，要求增配工具。有的部队申请增拨水泥等建筑材料。饶司令员带着工程处的同志到部队检查，发现有的部队浪费现象严重，许多铁锹上沾着厚厚的水泥浆已凝固起来，变形的铁土箕东丢一个、西丢一个，缺了抓耳的箩筐被用作烧火柴，一些在建的工事边上，砂石垫板盖厕所、做小板凳。回去后，他指示司令部，召开一个全区施工器材会议，各部队主要负责同志参加。饶司令员在会上讲话，指示各部队要认真开展勤俭施工的教育活动，要求各部队在施工中，做到计划、施工、设计工作紧密配合，要在“省”字上下功夫。对所有施工工具要进行一次全面检查、普遍修理。会后，各师都认真核对器材“超支”数字,并查找“超支”原因。在清仓查库的同时大抓修补工作,从团到连普遍组织修理工、保养员,随时随地进行修理。守备十五师一个月自修工具三百二十件次,收缴旧铁钉二百五十公斤。六十八、七十九团利用稻草修复土箕两千五百八十二只,修箩筐五百零三只。一一三团一营有的箩筐修理达二十七次,土箕二十六次之多,大大降低了消耗定额。以往,由于坑道施工白天晚上都需要亮灯作业,灯泡消耗很大,为了延长使用寿命,大家想出一个办法,一个灯头几个灯泡轮换着用,保证灯泡有一定的冷却时间,收效十分明显。

重视安全施工。施工中一旦造成伤亡事故,不但会给国家造成经济损失,也会造成不良的政治影响。饶司令员对安全施工特别重视,每到一个部队他都反复告诫:务必做到安全第一,克服麻痹思想,切实按操作规程施工,绝不可盲目蛮干。六十八团二连战士不按操作规定进行作业,结果敲响了哑炮的雷管,使战士受了伤。对此,饶司令员紧抓不放,他要求各部队针对这件事情普遍开展一次安全教育,同时要求各施工单位对照险情订出具体制度。对于危险性最大的安装火药这道工序,提出了“三不装药二禁止”,即风钻不停不装,无干部在场不装,雷管不接好不装,禁止装药时抽烟,禁止非装药人员在场等,这一规定,在此后的工程中收到了很好的效果。

修筑某弹药库时,施工部队碰到了困难,他们在坑道掘进过程中,突然遇到了罕见的疏松岩层。饶司令员得知这一情况后,第二天一早赶到施工现场,冒着塌方的危险,仔细查看险情,和我们一起研究讨论,提出能不能边支撑边干,施工一段就被覆一段。最后对我们说:“宁愿慢一点,多加一点班,也不能赶速度、搞蛮干,人命关天啊!安全第一,千万马虎不得。这是命令!”由于重视安全施工,全区部队工伤事故明显下降,1962 年出现了五十五个没有工伤事故的连队,占施工连队人数的百分之七十四,1963 年这一数字上升到七十四个,占百分之八十一。

(三)

饶司令员对部队的思想作风建设非常重视。他经常告诫大家,在上海这个特殊的环境下，部队思想作风建设千万不能放松，一定要克服单纯军事观点，发挥好政治工作的服务保障作用，打牢官兵的思想基础，只有这样，无论完成什么任务，才有可靠的保证。

饶司令员认为，要抓好部队的思想作风建设，必须从自身做起，从党委和机关抓起。作为一名从硝烟中走过来的红军老战士，他对党忠心耿耿，有着坚定的政治信念。平时他学习毛主席著作和其他政治理论书籍，认真做笔记，写体会。除了自身学习抓得紧，抓党委班子和机关干部的学习也一点都不马虎。他反复强调学习的重要性，常讲党委首长应该学在机关前头，机关应该学在部队前头，干部应该学在战士前头，只有通过不断的学习，政策和理论水平才会不断提高，才能更好地指导部队，指导战士学习。

在平时生活中，饶司令员对自己要求很严格，从不搞特殊化。那时，他的夫人王树芝在上海交通大学工作，两个人的工资加起来，每月也不超过四百元，家里有五个孩子，外加一个保姆，一家八口人吃饭，开销很大，粮食也不够吃。平时上级来人较多，加上南来北往的一些老首长、老战友，经过上海时，饶司令员少不了要招待一顿，家里每月这方面的开支少不了二百元。司令部办公室的同志跟饶司令员讲，首长是因公招待客人，部里可以给报销一部分。可饶司令员不答应，说这都是以我个人名义招待的客人，理所当然由我个人掏腰包。平时，饶司令员外事活动很多，有许多场合上级规定需要夫人陪同，穿着要求比较高，夫人买了些必要的服装，家里开支就更大了，饶司令员也从没让公家给报销过一次。

饶司令员每到一个部队，都能注意虚心听取部队官兵对党委和机关的意见。当时，有很多同志反映，现在的领导机关，一般号召部署多，检查、总结、帮助、指导少；原则指示多，具体措施少；机关架子大，办事拖拉等。他感到部队对机关的意见，看起来主要是集中在工作方法上，但实质上是由思想不够艰苦，作风不够扎实引起的。分析原因主要是，一些机关干部工作飘浮，对上级指示和党委意图，缺乏认真研究，领会不深，贯彻起来不够有力，对于下情的了解，往往是一般化，浮在表面上，没有实事求是地提出要求、措施和办法。一些机关干部不善于调查研究,不肯下力气踏踏实实地下到部队抓实际的问题。领导机关工作作风的飘浮,对部队建设极为不利。

在饶司令员提议下,警备区党委经过研究决定对警备区机关进行一次小整风。饶司令员亲自动员,他要求机关干部要从为基层服务的思想,遵守机关的制度规定,工作态度,民主作风等几个方面对本部门及本人进行全面认真的反思,切实地找出工作中的不足之处,订出下一步努力的方向。

在对照检查阶段,饶司令员参加了司令部所在小组,一起参加讨论并发言,他说,我们党委过去对机关思想、作风讲得不多,强调不够,机关出现的问题责任主要在我们领导。又语重心长地对大家说,机关越大,我们机关干部越是要严格要求自己,谦虚谨慎,搞好同各方面的团结。如果机关大,架子大,为了简单化、图省事、怕麻烦,甚至对基层的同志态度冷淡,有老大作风,群众当然对我们会有意见,久而久之,机关就会没有威信的。因此,大家一定要做到"严于责己,宽以待人",耐心地帮助解决部队的困难。

在饶司令员的带领下,机关的同志纷纷主动解剖自己,有的自我检查在执行制度中不严格,对上级指示没有很好地研究,执行也不够坚决,该请示的不请示,该报告的不报告,有的主动承认自己到工厂蹲点搞民兵工作,常常往家里跑,影响了抓工作的精力。

机关小整风前后进行了半个月,结束时,饶司令员又亲自作总结。他充分肯定了半月小整风的成果,虽然时间不长,但机关干部敢于揭短亮丑、触及思想,小整风收到了明显的效果,达到了预期目的。他对机关如何改进工作作风又提出了四条意见:一是要养成快、细、实的作风。提倡雷厉风行,准确细致,扎扎实实,讲求实效。二是养成严格的作风,不强调客观,不强调困难,不粗枝大叶,不出差错,跟上党委,当好助手。三是要有谦逊热情、诚恳待人的态度,把困难留给自己,把方便让给别人。四是加强团结、加强协作。部门之间要主动联系,密切配合,谁有了困难,大家来帮助,提倡多找工作做,做好工作的精神,反对踢皮球、推卸责任。对如何搞好调查研究,他提出了自己的意见:调查目的一定要明确,人数不宜过多,问题不要太大,三、四个人一组,蹲下来,专心调查一个连队，结合研究几个问题，同时一定要抱着“甘当小学生”的态度，虚心向群众学习，尊重基层干部的意见。机关干部普遍反映，通过这次机关小整风，收获很大，思想认识提高了，工作方法对路了。

饶司令员对部队开展的“四好连队”、“五好战士”评比活动非常重视，把它作为促进全面建设的一项重要的工作来抓。通过“四好连队”的评比，全区部队争先创优的气氛十分浓厚，但在评比中也发现有的部队盲目追求数量，不注意质量，有的片面强调保先进，使一些原本相对后进的连队连续几年都与“四好”无缘，挫伤了连队积极性。针对这种情况，饶司令员在警备区团以上军政干部会议上慎重提出，“四好连队”评比一定要从“打基础、抓落实、求质量”上着眼，掌握评比标准，不能盲目追求数量。提出了“四好连队”要与“南京路上好八连”比思想、与“硬骨头六连”比军事。从 1963 年开始，警备区每年还从“四好连队”中择优评选“好八连式的四好连队”。规定每年在已经是“四好连队”的连队中间，巩固百分之七十至八十；在坚持“高标准，严要求”的原则下，每年度争取在从未评比上的“四好连队”的连队中，评比其中的三分之一到二分之一为“四好连队”。为了保证这一目标的实现，他要求各级都要学会用典型指导工作，广泛开展比、学、赶、帮。各级都应该培养各级的典型，各级都应该树立各级的标兵。师、团领导要亲自到部队了解情况，对哪些连队要巩固、哪些连队要提高，必须做到心中有数。通过首长分工和结合机关帮助的方法，定人、定时、定要求，一抓到底，真正使要巩固的能巩固，要提高的有提高，要“赶队”的能赶上队。

对部队的思想教育和经常性思想工作，饶司令员也很关注。平时上级有重要文件及重要会议精神传达，他都要亲自到部队宣讲，还经常对部队进行形势任务和战备教育。他要求部队的政工干部切切实实地把工作的重点放在抓思想工作上，对每个战士的姓名、籍贯、家庭成员、经济、社会关系有什么特点、经常在想什么，有什么样的要求，对领导有什么意见，都必须随时弄清，了如指掌，正确解决。

“四好连队”评比活动，有力地推动了警备区部队的建设，警备区总的形势很好。但在长期的和平环境下，部队建设也暴露出一些问题，如少数干部滋长了腐化堕落的苗头，有的干部留恋大城市，不愿到艰苦的地方工作。有的还表示“一不去北方,二不到边疆,三不下农村,四不回家乡”。一些部队由于长期担负国防施工任务,作风涣散、管理不正规的现象比较突出。个别连队集合站队、走路都不像军人样,带有严重的“民工”习气。一些单位施工中工伤事故比较多。尤为严重的是,八十团打炮发生严重事故,造成群众伤亡。总长罗瑞卿和军区许司令员在了解了警备区部队的一些情况后,很生气,批评一些连队时说:“兵不像兵,官不像官。”

对此,饶司令员指示在全区部队深入开展思想作风纪律大整顿,彻底纠治部队“骄、逸、浮、松”的问题。整个整顿部署分为两个阶段,第一阶段主要是整顿团以上机关的领导姿态和领导作风,第二阶段是进行全区部队思想、组织、作风的全面整顿。针对一些党委班子不够团结的问题,他严肃地指出,党委领导是集体的领导,一个不讲团结、涣散的集体,必然没有战斗力。各级党委尤其是党委书记都要做团结班子的工作,其他党委成员也要能自觉维护。在整顿中,他严厉批评了一些同志没有党委观念,站在集体之上,不在集体之中;只能在人之上,不能在人之下,个人英雄,搞个人说了算等严重不利于党委团结,削弱党委领导力量的不良行为。他提倡在党委内部要有原则空气、政治空气,提倡谦虚谨慎,实事求是,提倡正确地开展批评与自我批评,提倡互相谅解,互相支持。

饶司令员认为干部的思想状况如何,对部队工作的发展和进步,有着决定性的影响,整顿中他要求把干部作为重点。强调要认真实施对干部按级负责,层层抓紧的管理制度,做到一级抓一级,一级帮一级,经常检查干部的思想、工作、学习情况,大胆正确地实施管理,要培养干部的服从意识,坚决克服“老虎屁股摸不得”,只听表扬不能批评的现象。

整顿全面铺开后,他深入查山、大团、川沙等一些基层部队检查指导。每到一处,他都认真地听取各单位领导介绍部队建设,特别是思想和作风建设的现状,找一些干部谈话,实际考查部队。他了解到一个连队军民关系上存在着一些问题,向群众强借东西,损坏东西不赔偿;一个连队组织野外演习,战士钻到玉米地里摘玉米,回到连队煮着吃。饶司令员感到虽然问题出在个别连队少数战士身上,但反映了部队队伍建设问题。部队队伍建设不好会严重地破坏军民关系，损害解放军的形象。他责令所在团党委详细调查事情经过、严肃处理此事，给群众造成的损失，一分钱也不能少，要如数赔偿。针对此事，他要求部队结合整顿认真检查军民关系存在的问题，发现问题，都要及时纠正。此次整顿，时间长，声势大，对警备区官兵的触动也很大，军区工作组的同志对此给予了充分肯定。

（四）

我国国民经济在1960年前后发生了暂时的严重困难。这个困难反映在驻大城市的警备区部队，就是经费短缺、官兵伙食较差，吃饭分食限量。

初来乍到的饶司令员和他的战友们，为共渡难关，带头艰苦奋斗，以身作则。警备区部门以上领导节衣缩食，同机关干部一样，按基本定量在机关食堂就餐，每人每月仅供应一斤猪肉。那时警备区首长们，大多有三至五个子女，都又处在生长发育时期，饮食需求量大，可定量都很低。饶司令家和其他首长家与我们部队官兵一样，也很少吃到鱼肉。

为了共渡难关，饶司令员根据上级指示，通过警备区党委先后制定了《贯彻“中共中央和国务院关于厉行节约的紧急规定”的意见》和《贯彻执行“厉行节约、精兵简政”的具体措施》。《意见》和《措施》要求警备区所属各部队深入思想发动，对全体干部、战士、职工、家属广泛进行厉行节约教育的同时，还采取了坚决压缩集团购买力，严格财务管理，节省一切经费开支；清仓查库，盘活库存物资；实行精兵简政，压缩城镇人口，爱护武器装备，节约器材、油料，大抓生产，节约粮食等六个方面三十六条措施。警备区成立了以副司令员廖政国、副司令兼参谋长张宜爱、副政委兼政治部主任曾传芳、后勤部部长黄志远、司令部副参谋长柯邦坤组成的领导小组，下设“节约清仓”和“精兵简政”两个办公室，由司、政、后机关抽调人员参加。全区各团以上部队也相应地成立了领导小组。饶司令员和秦化龙政委每到一个部队检查工作，都要听取汇报作出指示。

为了节约，个别部队采取了一些偏激的做法，基层官兵的定量一减再减,限量分食制造成了很多官兵吃不饱,群众意见很大,影响了训练和施工积极性。饶司令员发现这个问题后,立即采取了措施,他要求部队设法采集和制作代用食品,取消限量分食制,少花钱,多办事,在现有标准基础上,尽可能保证官兵吃饱。对一些劳动强度比较大、体力消耗比较多的施工部队,他责成职能部门在警备区和师团控制的节余粮食中给予适当补助。他每到一地,首先检查的是伙房,他对连队干部和炊事班人员说:"采用分饭吃的办法,是消极的办法,应当彻底改变。过去战争年代,粮食比现在还紧,连队还要想尽办法让战士们吃饱。现在条件比过去不知道好多少倍,更应该让战士们的肚子不闹意见,训练和施工起来就有了干劲。现在的问题,首先是取消分食制,不管是好的孬的,应让战士们吃饱。在此基础上,再动脑筋,想办法,搞好伙食调剂,力争使大家吃好。"

司令部直属体工队的官兵粮食不够吃。消息传到饶司令员的耳朵里,他马上找来分管体工队的司令部训练处副处长李再林,反复交代说,体工队的同志个个人高体大,运动量大,不吃饱饭怎么能出好成绩呢?你们应该派人去蹲一个星期的点,好好地了解一下,到底能吃多少,然后再想办法解决这个问题。李副处长一周后给饶司令员汇报说,战士们一般只能吃七分饱,有的人一顿可以吃一斤米饭。饶司令员一方面打电话给后勤部长黄志远让他救济一点粮票给体工队。一方面对李再林说,体工队的伙食一定要搞好,米饭、馒头可以定量供应,还要多煮点烂面条、冬瓜、南瓜等食物,让大家放开肚子吃,还可以把体工队拉到比较富裕的浙江、江苏等地方作一些表演,既可以锻炼队伍,还可以解决吃饭的问题。总之,你们要多动脑筋,不能再让战士们饿着肚子去搞训练了。

从此,体工队的同志在饶司令员的关怀下,吃不饱饭的问题得到了较好的解决。训练处还遵照司令的指示,把体工队拉到江浙一带进行了一段时间的巡回表演,到哪里吃哪里,就节约了一些粮食。

随着伙食的改善,战士们的训练热情普遍高涨,训练质量也明显提高。体工队所属的网球队、篮球队、排球队、田径队一百多名官兵,在历次参加南京军区组织的各种比赛中,都取得了较好的成绩。在上海的声望也日益扩大。篮球队升格为上海二队，有时还可以打败上海一队。许多地方单位纷纷邀请体工队到地方进行体育比赛和体育表演。

为了共渡难关，上海警备区部队深入贯彻南京军区“大量种粮，大量养猪”的指示精神，抓住1961年的春耕季节，抓紧时间，组织力量，平整土地，备好种子和肥料，采购苗猪，修建猪棚，开展了大规模的生产运动。为了实现警备区对全区部队的农副业生产的管理和指导，经南京军区批准于1961年2月6日警备区在后勤部增设了农副业生产处，师设科，团设股，分别编制十、八、四名干部。

1961年2月9日，警备区又召开后勤会议。饶司令员作了重要讲话。他指出：“当前后勤工作的重点是抓生产、生活。中央军委把生活管理好列为‘四好’内容之一，可见其有多么重要。当前在国家经济生活暂时有困难的情况下，我们要发扬南泥湾的精神，搞好生产，搞好生活。俗话说：‘养兵千日用兵一时’。要把部队养得‘棒棒’的，爬山走路都比敌人强，这就要搞好生产生活。要自己动手解决副食品，不能光伸手要。过去我们靠打土豪，自己动手开荒自给。现在国家有困难，人民有困难，也要‘自力更生’，才能‘丰衣足食’。这才是人民的军队，人民的子弟。后勤的同志要根据党委和首长的意图，集中主要精力，把生产抓好。团以上的农场要搞好，不仅要完成任务，而且要超额。非生产部队除完成训练任务外，要搞好业余生产。战备值班部队生产任务要求不能太高，但也要适当搞一些，要解决自身吃菜和部分猪饲料的自给。各单位还要养好猪，要求全区部队每人每年吃到十四至十八斤猪肉，这也是一个硬指标。”

饶司令员指出：“搞好生产是搞好生活的前提，但生产好不等于生活好，这里有一个‘管’的问题，要合理分配农副产品，防止贪污浪费，一定要加强规章制度的管理，把生产出来的物资真正落到实处，落实到改善部队的生活上来。”

最后，饶司令员还要求全区后勤干部，做后勤战线的无名英雄，提高思想觉悟，树立坚定的、牢固的事业观，艰苦朴素，以身作则，廉洁奉公，清白一世，为部队的后勤建设贡献力量。

在“寸土寸金”的大上海，要发展生产有其特殊困难，人多地少，是摆在人们眼前的一个实际问题。怎么办？向大海要良田，向海滩要粮食。五个月以后，饶司令员带着机关有关部门、基层部队的干部们，经过一个星期的现地勘察和常委会议论证，并征得上海市政府同意，一个大胆的设想付诸具体的行动。

"调遣部队，创建农场"，一道道命令下达到警备区所属总队，围海造田部队领导小组迅速组建了起来。从1961年7月5日起，守备十一师步兵营、警备团炮兵营、崇明守备区大部，以及7月10日后增加的守备十一师炮兵团、警直通讯营三个连队，陆续开赴崇明县垦荒地区。在崇明岛东起马桥公社，西至富民镇，全长两千五百米，纵深一千米的地域之内，安营扎寨，一场声势浩大的围海造田战役打响了。饶司令员和机关干部同期到达施工现场。他一上码头，就一边走一边问。饶司令员来到战士们住的工棚前，看到搭工棚用的是又粗又壮的大木料时，问身边的营房处副处长申云亭："你搞园林懂不懂？长那么大一棵树，要多少年？现在我们的木料很紧张，搭工棚应该多用点毛竹，省下来的木材将来可以盖营房用。"随后，饶司令员还分别同施工部队的领导谈话，问他们还有什么困难，指示部队要把士气鼓起来，把开垦和生活都安排好，还要处理好与当地人民群众的关系。

先期到达施工地点的崇明守备区和警备团官兵，割芦苇、清场地、修道路、搬物资，很快完成了前期准备工作。崇明守备区部队还以三个作业队进行了施工试点。

7月10日，开垦指挥部召开第一次党委会，会上认真传达了警备区党委、首长的指示精神，着重讨论了对施工任务的思想认识，完成任务的指导思想和有利条件及其困难，明确了各部队开垦任务，研究了解决问题的具体办法和措施。

7、8月份正是炎夏和台风季节，超期服役的士兵已风闻夏季将有一批战士要复员，大陆上岛的部队不适应海岛生活，交通运输和副食品供应困难，施工工具不足。

针对上述情况，施工部队和各级党委、支部分别召开党员大会、干部大会和军人大会，作了进一步的思想动员，调动积极因素。同时从实际出发，重视抓好后勤保障工作，各部队分工的领导负责生活，要求全体官兵吃饱饭、喝足水、睡好觉，还每周安排两次电影，以提高士气。

自7月10日以后，整个围垦部队，全部投入筑堤任务，全体官兵干劲足，情绪高，工效逐渐提高，工程进展迅速，廖政国副司令员受警备区饶司令员、秦政委的委派，带领工作组亲临工地看望慰问，还及时地召开了施工现场会，推广了崇明守备区的筑堤经验，号召全区部队学崇明、赶崇明，超崇明，广泛开展劳动竞赛活动。前十天的施工，共完成土方四万六千七百一十一立方米，占筑堤工程的百分之五十九点三五，平均每人每天完成三点零九立方米。

7月26日，围垦部队党委遵照警备区首长"总结经验，以利再战"的指示，召开党委全会，小结了前一阶段的工作，分析了形势，统一了认识，明确了任务，向全体围垦部队发出了"大鼓干劲，大干十天，开展高速优质安全施工"红旗运动，力争8月6日基本完成围海筑堤任务，庆祝八一建军节的号召。努力争取在大潮汛到来之前，完成围海造田和第一期工程。

广大围垦部队指标明确，口号响亮；干劲足，进度快；团结协作，互相支援；干部上阵，官兵同干。工地上捷报频传，记录一再被刷新，大干十天期间，工效比以前提高了一倍，至8月5日，共完成土方九万九千三百六十六点七立方米，第一期工程基本完成。动作快的如崇明守备区通信连、化学连、步二连、炮团团直属指挥连、六十九团炮营等单位在7月31日前完成了筑堤和第二期的建堤挖河工程。

从8月28日大潮汛过后，围垦指挥部再次召开施工现场会动员及经验交流大会，传达了警备区党委的决心，崇明守备区高炮营政教薛孔传同志介绍了部队施工过程中的经验体会。第二期围垦挖河工程又拉开了帷幕。有了第一期的经验，官兵们的劲头更足，速度更快。至9月7日二期工程全部告捷。部队进入了开垦海滩的第三期工程。9月26日，饶司令员召开了围垦部队全体干部大会，他要求大家再接再厉，一鼓作气全面完成任务。

1961年11月7日至9日，饶司令员带领工作组再次亲临农场视察，对施工部队提出的问题，饶司令员都一一作了答复。他指示农场开垦工作必须搞好，最迟不能超过明年1月15日完成。有的同志反映，有些地方有水，增加了施工中的困难。饶司令员指出，应先组织排水，把水排干了再施工，不要让部队在水中作业。关于机械保障问题，饶司令员说，要加强对拖拉机工作人员的管理教育，很好地发挥他们的积极性。教育他们努力提高技术水平。机械修理组要迅速建立起来，以加强对施工机械的物质技术保障。饶司令员还指出，农场建设要贯彻勤俭建场的方针，不要乱花钱。土地使用要精打细算，非生产性的东西不要占地太多。对现有土地要下些功夫，搞得细一点，争取多收。关于官兵住房，饶司令员指出，一个房间不够用，可以增加一间，作为储藏室。每个房子要装四个门，可以不装后门，但门上要装上玻璃。

11 月 11 日，饶司令员再上崇明岛，召集崇明守备区的负责同志开会，听取汇报后，就有关部队的总结、生产、营房修建、训练和施工部队吃粮、文化生活等问题，作了许多详细的指示。11 月建成加工一条龙，拥有十三个经营实体的综合性集中型生产基地。近十年中，农场共上交税收达两千万元。没有出现明显的违法问题经济纠纷。1986 年以来，农场先后被评为军区后勤建设先进单位标兵、全军先进农场、全军科技兴农先进单位和上海市精神文明先进单位，荣立集体三等功和二等功，涌现出以全军劳动模范高荣华为代表的一大批先进人物。

(五)

上海的民兵工作有着光荣传统。在上海解放前夕，中共上海市委领导上海的工人、民兵，开展护厂、护店、护校活动，配合人民解放军使上海这座大城市完整地回到人民怀抱。新中国成立初期，上海市各级党政领导又把民兵这支生产突击队、国防建设的预备队、社会治安的维护队的建设，提高到了一个新的高度。饶司令任上海警备区司令员后，他把加强民兵队伍建设当作警备区的重点工作来抓。他常说，作为警备区的首长机关来说，应该一手抓好部队，一手抓好民兵。民兵工作和部队建设同等重要，忽视了哪一头，都是失职。

为了推进上海市的民兵队伍建设，饶司令员紧紧依靠上海市委、上海市人民政府，不断加强党管武装工作的力度。他作为上海市委分管军事工作的常委，定期和不定期向市委、市政府领导汇报军事工作。

1961年初，饶司令员以传达和贯彻中央军委扩大会议、军委第三次办公会议和军委民兵工作会议精神为契机，先在5月7日召开的警备区党委扩大会议上统一思想认识，确定警备区司政后机关百分之五十左右的力量抓民兵工作。司令部动员处得到加强，下设组织动员、军事训练、征集退伍三个科和一个办公室。政治部原群工部改为民兵政治部，设组织、保卫、宣传、干部、资料五个科，后勤部成立了民兵器材管理处，由十三名干部组成。与此同时，饶司令员还向市委作了专题报告，通过市委发文，要求全市各级党政组织，进一步加强对民兵工作的领导，把民兵工作列入党委、政府的议事日程，至少每季抓一次，主要抓方针政策的贯彻落实，抓计划工作的安排，抓检查总结。同年9月30日，根据中央要求，市委成立了人民武装委员会，饶司令员担任副主任，区县和各单位原有的民兵工作组也相应地改为人民武装委员会，在党委中设武装委员，以加强对民兵工作的领导。

1962年8月9日至16日，饶司令员主持召开了上海市民兵工作会议。会议着重研究了如何贯彻毛主席关于民兵工作要做到组织落实、政治落实、军事落实指示的具体措施。会后第三天，饶司令员又通过警备区党委，向上海市委提出了报告。报告在充分肯定了前一阶段民兵工作的成绩和当前存在的一些问题后指出，为了进一步贯彻毛主席关于民兵工作"三落实"的指示精神，要进一步加强党委对民兵工作的领导，各级人民武装委员会应按照人民武装委员会的工作任务进行工作，定期开会研究，经常组织协作。各级基层党支部要认真学习民兵工作的有关文件、政策和指示，教育党团员积极参加民兵活动，保证民兵组织健全，队伍纯洁。要广泛组织宣传、青年、工会、体委、妇女等组织同民兵组织搞好协作并积极工作。广泛宣传和贯彻民兵工作条例，务求人人皆知，个个知晓，动员更多的人民群众积极参加民兵工作。

1964年12月28日饶司令员在各区县委、直属局党委负责同志参加的全市民兵工作会议上的讲话指出，今天请在座的书记们开一次民兵工作会议，主要是进一步研究贯彻毛主席关于民兵工作"三落实"的指示，动员全市民兵立即掀起冬季训练热潮，积极迎接明年4月南京军区组织民兵比武大会的问题。他要求各级都要加强领导，要把上海党政军各方面的力量都动员起来，书记亲自挂帅，统一协调，抓好工作。要充分发动群众，造成声势，发掘潜力，夺取好的成绩。要明确"练为战"思想，纠正"练为看"、"练为比"的错误认识。要以迎接比武为契机，大力提高训练质量。要抓一点带一片，通过此次活动把整个民兵工作都带动起来，将毛主席提出的民兵工作"三落实"，真正落到实处。

在依靠地方各级党委，加强对民兵工作领导的同时，饶司令员注重抓好区、县人武部和部队分管民兵工作的干部队伍的思想作风和业务技术的建设。他通过会议、文件和下基层检查的多种时机，反复强调区、县人民武装部作为民兵工作的一线指挥部，要加强自身的思想和组织建设。要经常组织干部学习毛泽东思想，学习党的路线、方针、政策和上级的指示，学习民兵工作的实践经验，以提高干部的政治觉悟、思想水平和工作能力。要发扬我党我军的优良传统和作风，扎实工作，勤奋工作。要主动向地方党委请示报告工作，当好参谋，搞好同有关部门的协作。人武部党委要贯彻民主集中制的原则，实行党委领导下的首长分工负责制，同心同德，团结一致，加强对民兵工作的管理和领导。全体做民兵工作的干部要认真研究和平时期民兵工作的方法，大力改进工作作风。各级人武部门和部队做民兵工作的干部要坚持工作队的工作形式，在地方党委的统一领导之下，经常有重点地深入基层，认真进行调查、研究、实践，鼓足干劲，实事求是，把执行上级指示与工作中的群众路线结合起来，把重点建设与一般建设结合起来，把经常工作与突击工作结合起来，做到看得清、抓得准、方法对、效果好，使各项工作落到实处，取得明显的成效。

为了加强对民兵工作的领导，从1961年底起，警备区要求各师(区)和各团及有关部队，把民兵工作列为自己的一项经常性任务。由十一师负责分管闵行、徐汇、松江、上海、奉贤、金山，十五师负责吴淞、宝山、崇明、南汇、川沙，警备团负责长宁、静安、普陀、黄浦、杨浦、卢湾、虹口、南市，其他部队则在预定作战地区补兵单位负责指导协助民兵工作。组织了一批比较固定的力量，在部队和地方党委的领导下，协助有关人武部完成分管地区内每一时期的民兵工作任务。分工负责民兵工作的干部，与人武部门建立密切的联系，经常有重点地深入生产第一线了解情况，做好工作。各师、守备区，既指导分管地区人武部门的民兵工作，又组织力量接受地方党委的领导，在人武部门的统一规划下，完成人武部门每一时期所预定的工作要求。区、县民兵训练的步兵课目，原则上由原区、县人武部负责，部队主要负责地区民兵骨干和技术兵的训练。

在军地双方各级党委、领导和全区人武、专武干部的共同努力下，从 1962 年起上海市民兵工作出现了一个崭新的局面。

民兵队伍不断扩大。1963 年初，全市十二个区，市郊十个县，总人口一千零五十七万人，民兵达二百三十七万人，其中基干民兵一百零一万人。通过整组和社会主义教育运动，民兵组织进一步巩固和纯洁。经饶司令员和机关职能部门的多次研究和组织，较好地建立了战时动员机制。为满足南京军区战时从上海外调民兵的要求，警备区拟制了战时动员民兵补充部队的方案。

民兵训练质量提高。经饶司令员的调查研究，机关的具体指导，人武部门总结推广，逐步形成了小型、分散、就地的训练方法，做到训练不离队、食宿不离家，充分利用生产空隙，在不妨碍生产，不减少民兵收入的前提下，坚持流水不断线，不断巩固和提高训练成果。城市以培训技术兵（炮、工、通、化、装、卫、跳伞、空、海等专业）为主，农村以训练一般兵种为主，坚持以民兵干部的男性基干民兵，尤以民兵排、连干部，基干武装和参加重点设防地区的民兵为重点。使一大批民兵干部和基干民兵，掌握了步兵轻火器的射击技术，以及适应城市防卫作战特点的战术动作，民兵的军事技术水平和战斗能力有了明显提高。

加强民兵战备工作。根据上级一系列关于“要时刻保持警惕，把一切工作立足于战备，随时粉碎敌人的任何挑衅和侵略”的指示精神，饶司令员组织有关部门，对民兵的战备执勤问题作了多次研究。紧密围绕上海地区作战部署，制定了重点目标的“四定”（定力量、定任务、定措施、定指标）措施。特别是 1963 年 7 月，在上海市召开军民联防会议以后，沿海岛屿和区、县，较普遍地建立了军民联防组织，并组织民兵参加海防巡逻放哨，有的还组织了演习。从部队抽调的二百五十余名干部组成的四十个民兵工作组，深入未设防的金山卫、东门港、芦潮港、北界河、三甲港、刘河口等重点地区，指导民兵搞好战备值勤，设立了固定哨所和巡逻哨，由民兵担任执勤，先后共形成了对敌斗争的骨干力量。同时，警备区还在市民中广泛开展对敌斗争教育，把渔民和以捕捞为副业的广大群众也组织了起来，加强对近海和滩头的监视，形成了军队和民兵以及人民群众相结合，前沿滩头和纵深腹地相结合，重点目标和一般地区相结合的战备执勤网络。

民兵声誉日益扩大。为了提高民兵的社会地位，扩大民兵威信，增强民兵的光荣感和责任感，饶司令员多次指出，民兵民兵，首先是民，然后是兵。民兵的基本目标是搞生产，要劳武结合。他还说，我们搞民兵工作，首先必须善于经常地组织发挥民兵在生产以及中心工作中的骨干作用。他号召民兵要在开展技术革新，掀起生产高潮，攻克生产难关，突击抗旱、积肥、夺高产以及学雷锋、学八连，发扬"三八"作风和提高战斗意志上起突击和模范带头作用。在此基础上，饶司令员还组织了多次全市性、大规模和有重大影响的民兵活动。

1961 年国庆，上海警备区组织了由六千九百七十名民兵参加的国庆阅兵式。参加阅兵游行的民兵，打着"上海民兵师"的旗号，每五百八十个民兵组成一个方队，共有通讯兵、工程兵、防化兵、卫生兵、步兵、炮兵、机关枪、冲锋枪、重机枪等十二个方队，在人民广场阅兵式后，还环绕西藏路、南京路、黄陂路、延安路举行了游行活动。

1962 年春，上海组织了首次民兵运动会。同年 7 月，又举行了民兵军事体育运动会，参加比赛的民兵达一千八百七十二人。当年，还有三十二万人次民兵参加了军事夏令营活动，三点九万余人次民兵进行了护厂、护校和维护社会治安活动，还举行大型民兵文艺晚会和图片展览。

1963 年，在突出民兵战备执勤工作的同时，民兵也参加其他军事活动和国防俱乐部活动。广大民兵纷纷走进军营，学习解放军的思想、作风、军事技能，体验军队生活。据资料统计，1963 年至 1964 年上半年，共有六十二万四千七百六十四人参加了军事夏令营，二十万民兵加入国防俱乐部，四十万民众参观了雷锋事迹展览，近十万民兵和群众听了"好八连"事迹报告。仅 1963 年 10 月 1 日国庆节这一天，就有十四点六万余民兵参加了各项军事活动。

1964 年 12 月 28 日，饶司令员亲自主持召开“立即掀起民兵训练热潮，积极迎接民兵比武”大会，动员和要求全市各级党政军领导、广大民兵，立即行动起来，积极投身群众性的冬训热潮中去，以全（就是技术、战术、思想、作风、单位、项目要全），广（就是广泛性、群众性、学校和农村的县都应有代表参加），高（就是标准高、水平高、要求高），精（就是少而精、要精彩、有尖子、有特色）的比武总要求，迎接 1965 年 4 月南京军区在上海举行的华东三省一市民兵比武大会。饶司令员还就组织领导、发动群众、比出成绩等方面，提出了具体要求。

1965 年 4 月，三省一市民兵比武大会结束后，警备区很快转入了组织上海民兵举行反美示威游行活动。6 月 28 日下午 3 时，有四十八个方队，二点七万余民兵参加的“上海民兵反对美帝国主义侵占台湾十五周年示威大会”在上海人民广场隆重举行。鉴于当时美蒋反动集团反华和反对祖国大陆形势，饶司令员和他的战友们精心策划，严密组织。为防止敌人的空袭、爆炸等破坏大会，饶司令员和司令部的同志研究部署防空、反爆破以及紧急疏散等方案。示威大会开始后，民兵们进行了十余个课目的军事表演。声势、规模之大，影响作用之广，是新中国成立以来所没有的。

上述各项活动，不仅锻炼和培养了民兵的组织纪律观念、军事技术水平，而且还增强了民兵的爱国主义意识和保家卫国的责任感，增强了人民群众对民兵地位作用的认识和对国家安全的信心。

（六）

饶司令员在沪工作期间的外事活动，分为两个阶段。从 1960 年至 1962 年为第一阶段。这一阶段，国内经济遭受严重困难，国外帝国主义集团加紧反华、封锁，我国政府和军队对外交往只局限于少数社会主义国家。从 1963 年至 1965 年为另一个阶段。随着我国成功地消除了三年自然灾害带来的消极后果，经济逐步走向繁荣，国家影响日益扩大，外事活动急剧增多，除社会主义国家外，一些资本主义的军事代表团也开始来华访问。上海作为我国最大的工业城市，成了外国代表团参观访问的重要城市之一。根据当时国务院和中央军委的指示,凡外国军事代表团参观访沪,无论什么兵种,均由上海警备区会同上海市负责接待。身为上海警备区司令员的饶子健坚决贯彻党中央有关外事工作的方针政策,加强对外事工作人员的管理教育,严格外事纪律,出色地完成了上级赋予上海警备区的外事接待任务,为增进与外军的交流合作,扩大我国的影响,作出了较大的贡献,多次受到总部、军区首长的充分肯定。

饶司令员常说,国与国之间的联系和交往,不发展到一定程度,是绝不会发生军事交往的。两国之间发生军事交流,看起来只是军人与军人的交往,但实质上也是两个国家和两国人民的交往。在交往过程中,我们一言一行,一举一动,关系到国家的声誉,关系到国家和人民的利益。所以说,外事工作无小事,接待外宾工作,分两种接待:一是政治接待,要根据党和军队的方针政策,针对不同国家、不同社会制度、不同政治面貌的外宾的实际情况开展工作。要善于掌握外宾的政治情况、来访目的和要求,在参观项目的安排上突出重点,使接待工作具有明确的目的性和思想性,一切工作都要围绕着中心目的进行,都纳入明确的指导思想之下。特别对来访外宾的政治立场、身份、战争经历、来访要求以及个性、特征等各个方面,摸清底细,然后针对外宾情况,有的放矢地解决一两个问题,这样才能主动应付而不是被动应付地做好接待工作,唯此才能出成果。还要把国内问题的宣传同国际问题的宣传结合起来,以提高宣传工作的思想性和针对性。由于来访外宾的情况不同,在宣传上要掌握动用多种方式说话,要自然、妥帖,恰如其分,不给外宾以强加于人的感觉。要细致、周密地进行组织工作,使各项工作紧紧围绕我们的宣传目的服务。参观项目的安排,要根据时间的长短有节奏、有起伏,逐步形成高潮,谨防前紧后松,使外宾对每个参观项目有兴趣、有收益。要做好被参观基层单位的工作,事先把外宾的情况、参观要求,以及安排参加的目的交代清楚,帮助进行准备工作。对参观现场要检查,对参观路线要熟悉,对参观单位的情况要了解,以便陪同人员利用在车上交谈的机会,进行事先的介绍和事后的补课。在参观过程中,要让外宾见物又见人,要主动安排他们与群众接触、交谈,使外宾口服心服，以期达到参观目的。二是生活接待。安排好外宾的生活也是整个接待工作至关重要的一个方面。在生活接待上，既要执行上级的接待标准，又要根据接待外宾的生活特性，合理地安排好他们的生活。我们国家还很穷，该花的钱还要花，不该花的钱一分也不能花。陪同首长和负责接待的同志要有区别。对外宾要在标准范围内热情大方、照顾周到，尽量让他们吃好、睡好、玩好。对自己人，尽管政策允许我们可以享受一定的待遇，但要从严掌握，能省则省。对此，饶司令员身体力行。按理说，陪同外宾的首长可以同外宾一起就餐，但饶司令员却除了正规场合的宴请活动以外，从不参加陪餐，有时活动结束很晚，他也是同外宾握别，尔后回家吃饭。外宾赠送给他个人的礼品，他都一一交公。具体工作的同志，见首长这样严格要求自己，也都纷纷自觉地严格要求，使接待工作的经费开支减少到最低限度。

为了使外事工作做得更好，当时尽管还有一名副政委分管此项工作，但饶司令员还是要一一过问接待工作的具体细节。对一些规格比较高的外军代表团，饶司令员还同接待办的同志一起研究接待计划、方案，有时还在事前进行实地考查，堵塞漏洞，以防差错。由于随着来沪访问的外军代表团增多，社会制度、意识形态、来访目的的不同，接待工作的情况越来越复杂。一些兄弟党、兄弟国家的代表团，由于信仰、理想相同，接待工作还比较好做。但一些资本主义国家军事代表团，常常是戴着有色眼镜来访，有的还带有挑衅的言行，饶司令员都能从容应答，对一些不友好的言行，当即明确表示态度，但不予以纠缠。对涉及保密和一些难以回答的问题，主动把话题引开，并与之巧妙周旋，避免出现尴尬和造成不应有的后果。

1963 年 10 月 13 日至 30 日，以本·杰迪德·沙德利少校为首的阿尔及利亚军事代表团来沪访问。考虑到这是阿尔及利亚独立后派来我国访问的第一个代表团，在礼遇规格上安排比较高。正在南京参加会议的饶司令员事前几次通过电话对搞好接待工作作了具体指示。阿军代表团到沪后，他还专程赶来上海迎接并设宴招待。宴会上，饶司令员发表了热情洋溢的欢迎词，会后又分别同他们进行了亲切的交谈，使阿军代表团非常感动。他们认为，饶司令员特地从外地赶来上海接见他们,是对他们的尊重和关怀,是中阿两军和两国人民友谊的具体体现。他们通过在上海的参观访问,同市、警备区领导和上海人民的交往,通过一些工厂、学校、商店以及部队营房的参观,使他们感受到了社会主义大家庭的温暖。在上海期间,阿军代表团成员情绪活跃,气氛热烈。阿空军大尉阿兹比·切接在参观控江新村时,小学生和幼儿园的小朋友们争着喊:“阿尔及利亚叔叔好!”并举着小手要外宾抱,使代表团成员感动得眼圈都湿润了。他们说:“在没有来中国前,我们对阿中友谊是深信不疑的,这次又亲身感受到了这种友谊的伟大,我们一定要将这种伟大的友谊,回国后详细向我国人民和军队传达。”又说:“我在斯大林时期到过苏联,在马林科夫时期到过苏联,在赫鲁晓夫上台后亦到过苏联,但不论在哪一个时期,真正的友谊还是在中国。”这次参观访问,使他们真实地感到了中国人民在共产党的领导下所取得的伟大成就,有力地揭露了帝国主义、反动派对中国经济建设和人民生活的造谣和污蔑。阿军代表团团长说:“过去是从报纸新闻中,知道了一些中国社会主义建设的情况,现在实际地感到了中国人民的伟大成就,感到非常的高兴。中国的建设成就和经验,对阿尔及利亚是一个巨大的鼓舞,我们这次到中国来,就是为了学习你们成功的经验。”阿军代表团在参观了工人文化宫后,高兴地说:“你们的教育非常普及,这是值得我们学习的。这不仅可以提高群众的科学文化水平,更重要的是可以提高爱国主义和国际主义的思想水平。”饶司令员还陪同阿军代表团参观了东海舰队,他们深有感触地说:“海军对于国防建设来说是非常重要的。中国过去受帝国主义的侵略来自海上,我们受法国殖民帝国主义的侵略也是来自海上,我们的命运是共同的。为了防御帝国主义的侵略,必须建设一支强大的海军力量。”参观了“好八连”后,他们又说:“好八连强有力的政治思想工作,使你们经受了战争与和平的各种环境考验,并把革命的香风在上海南京路上广为传播,发扬了艰苦奋斗的光荣传统,这是值得我们学习的。我们一定把在中国学习到和体会到的经验贯彻到今后军队建设中去,加强政治思想工作。”有的成员还即席赋诗作词歌颂“好八连”战士:“好比朵朵鲜艳的荷花,叶清花艳蕊黄,出于污泥而不染。”

进入 1964 年,我国的国际交往越来越多。外宾来沪访问也随之增加。为了适应新形势的要求，国务院、中央军委决定：由上海警备区迅速组建一支仪仗队，担负迎送由上海出入境的外国元首的礼宾任务，以解决位于首都的国家仪仗队因接待任务繁重而难以南调的困难。任务下达后，饶司令员和王六生政委立即指示，由直属警备区的警备团选调优质兵员在三个月内高质量地完成这支仪仗队的组建和训练。

这是一个非常紧急而又艰巨的任务。警备团的领导机关很快行动起来。没几天，饶司令员就去该团检查，找团长郑永乐、政委姚潮了解落实情况。对警备团提出以队列训练较好的四连为基础，在全团范围内调配干部、挑选队员的方案表示肯定。并指示该团速派员北上到国家仪仗队学习取经。他还再三向团长、政委交代："仪仗队是代表国家和三军执行任务，一举一动影响国威军威，这件事非常重要。"最后，他还关照：仪仗队员的政治标准、身材高度、身体和队列素质都有特定要求，要百里挑一、好中选好。如警备团本身不够，可以扩大到整个警备区任你们挑选。预编员额要有机动数，万一有情况，可以迅速递补。

仪仗队的训练教育是艰苦的。训练刚开始就遇上大热天，队员们除在课堂上接受必要的形势政策、外事纪律方面的教育外，大量的时间在练兵场上。训练标准非常高，要求"站如铁塔"、"动如疾风"、"坐如铁桩"，"前后左右一条线"，从单兵到合成，从队列到操枪，都要采取突击的形势以强化训练。训练仅个把月，从队长到队员，个个晒脱了几层皮。饶司令员多次通过机关了解训练进度，当他获悉个别队员因训练强度太大出现体质下降的情况后，他指示警备团要采取措施，改善生活和训练条件，保护队员身体，提高训练质量。

9 月的一天，仪仗队从驻地被拉到了机场，进入合成训练。部队一到达，饶司令员就来到队员们中间。他看了一会训练后，就兴致勃勃地站到了场中央，替下队长任永贵同志，亲自喊起了操。战士们从未见过中将带兵喊操的，时年五十五岁的饶司令，他那恢宏而又清晰的口令，稳重又规范的动作，着实让大家吃了一惊。少顷，反应过来的仪仗队员个个精神振奋，步伐稳健，喊声震天。队员的行动，也深深感动着饶司令员。只见身躯已经微微发胖，跑起来感觉有点吃力的饶司令员，一遍又一遍地带领队员们进行操练，队员们士气更加高昂。他们一边听着司令员的口令，一边看着司令员淌满汗珠的脸庞，个个都露出了发自内心的微笑。练兵场上，将军和士兵，只有一个共同的心愿，练出水平、练出精神、练出国威、练出军威、不辜负国务院、中央军委的重托。

检验的时刻到来了。1964 年 11 月 4 日，印度尼西亚共和国总统苏加诺，应国务院总理周恩来的邀请，在访问朝鲜民主主义人民共和国后返回印度尼西亚途中，到达上海作短暂停留，并从上海出境。前来上海迎接的有周恩来总理、罗瑞卿总参谋长等领导人。仪仗队员们早早地来到虹桥机场，以迎接这一神圣时刻的到来。然而，由于气候变化，上海市接待办突然接到北京的电话，苏加诺总统拟改乘火车到达上海。为此，市接待办要求上海警备区迅速组织力量，协助有关部门对苏加诺从火车站到住所的路线进行了重新布置。这边准备工作尚未做完，北京又来电话告知，因天气看好，苏加诺总统依然乘飞机抵沪。经过来回折腾的欢迎群众和仪仗队员们，依然精神饱满，意气焕发。

当苏加诺总统乘坐的飞机徐徐降落在虹桥机场停机坪时，队员们的心都提到了嗓子眼。这毕竟是仪仗队当着那么多领导人的面第一次公开亮相啊！是否能够顺利地完成首次礼宾任务，饶司令员也有点担心。可当军号吹起，着陆海空三军礼服的队员们以严整的军容，划一的动作，良好的素质，崭新的风貌，展现在人们面前时，赢来的是“啧啧”赞扬声。欢迎活动结束后，警备区领导向仪仗队员们传达了罗瑞卿总参谋长对他们的高度评价：“你们很好地完成了任务。时间那么短，搞得却那么好，真不简单啊！”从组建和训练仪仗队以及接待苏加诺总统的过程中，我们看到了饶司令员对外事工作的重视和熟练程度。仅 1964 年，饶司令员组织接待和陪同外宾二十九批五百九十五人次，次次都顺利完成，为增进中外友谊，促进了解，宣传我国的外交政策和政治经济形势，扩大我国革命影响，作出了应有的贡献。

（七）

上海警备区警备团三营八连，是 1963 年 4 月国防部命名为“南京路上好八连”的模范连队。党的三代中央领导核心毛泽东、邓小平、江泽民以及老一辈无产阶级革命家都为连队题过词。八连的成长、进步既是一代一代八连官兵自身努力的结果，也是各级党委、首长精心培育的结果，这里也包含了饶司令员所付出的心血。

饶司令员刚调任上海工作时，八连已早有名气。连队官兵从炮火纷飞的战场来到十里洋场的南京路，牢记毛泽东同志告诫全党的“两个务必”，无数次粉碎敌人“糖衣炮弹”的进攻，以“拒腐蚀、永不沾”的英雄气概荡涤着旧社会遗留下来的污泥浊水，以艰苦奋斗的高尚品行维护了革命战士的尊严，以“为人民、几十年”的铮铮铁骨保卫祖国大上海的安全，博得了人民群众的信赖和爱戴。从 1958 年 3 月 23 日的《解放日报》和 1959 年 7 月 2 日的《解放军报》发表通讯起，“南京路上好八连”的名字在军内外得到了广泛的传播。

1960 年，饶司令员来上海警备区工作。从此便和“好八连”官兵结下了不解之缘。

他时时关心“好八连”连队的全面建设，培育教育连队保持谦虚谨慎、戒骄戒躁，争取好上加好。

他关心“好八连”的军事训练。1964 年 2 月向军区提出报告，将连队拉出营区，进行为期一年的强化训练。经军区批准，同年 3 月 20 日八连从上海来到安徽深山沟训练。经过一年的艰苦强化训练，全连军事素质大大提高。手榴弹的投掷从原来平均三十一米上升到四十七米，投弹能手达百分之三十，各种轻武器射击一至三练习成绩优良，优秀射击手和特等射击手达百分之五十，连长、副连长、排长都成了“四会教练员”。八连参加军区在湖州举行的连建制连队比武取得了较好成绩。

饶司令员利用春节和休息日深入“好八连”，关心战士的学习、生活。他宣传党的方针、政策，使指战员们加深了对党的政策的理解，体谅国家和人民的困难，当好党的宣传员；他经常来到战士们中间，讲述战争年代的先烈们抛头颅洒热血的感人故事，使年轻战士思想觉悟不断提高，更加珍惜今天。

饶司令员用自己多年的带兵经验，言传身教，他对八连的干部说：“有令就行，有禁就止，在这方面首先要抓干部。作为基层干部光喊不行，说千句，道万句，还不如干部做出一个工作来，更能说服人、影响人、带动人。严人首先要严自己，干部带了头，战士就会跟着来。”“要把连队生活管好，等于做好了半个指导员的工作。在战争年代，哪个连队生活搞得好，哪个连队战斗力就强，就能打胜仗。"饶司令员常对我们干部讲，要战士"信你、服你、尊重你，主要有三条：一是处处带好头；二是要有一支骨干队伍；三是要密切联系群众，同战士打成一片。过去靠这三条打胜仗，现在要靠这三条克服困难，去争取更大光荣。"

（八）

饶司令员到任时的上海警备区是兵团级编制。警备区四名副职领导，都是从军长或军政委岗位上调来担任的，个个都是骁勇善战、屡建功勋的战斗英雄，资历老、个性强，各有各的一套思维方式和工作方法。如何发挥他们各自的特点，扬长避短，形成合力，建设坚强的党委集体，是司令员和政治委员的共同责任。作为警备区党委第三书记的饶司令员到任后积极配合任第二书记的政治委员，一方面找副职谈心沟通思想，并根据党委首长的分工，放手大胆工作。另一方面关心他们的生活，及时帮助消除工作和思想上的各种隔阂。开始，机关有一些同志对新任司令员能否团结这些副职领导一道工作有些担心。然而，随着时间的推移，人们认识到他们的担心是多余的。军政主官以及正副职领导之间关系密切，步调一致，是一个互相尊重、互相帮助、团结协调、齐心协力的领导集体。

在决定重大问题上，警备区党委内部和首长之间有时也常常出现某些意见分歧，每当此时，饶司令员和秦化龙政委或 1964 年初到任的王六生政委往往是广泛听取意见，反复进行论证，不匆忙作出决定。有时一次会议解决不了的，分两次或三次开，使大家把上级的精神政策理解清楚，把话说完，把理挑明，尽量达成共识，作出正确的决定。一次，在首长办公会上，大家对当前阶段的国防施工方法、进度等发生了争议，司令部提出的方案被分管首长否定，而分管首长提出的意见又引起与会人员的非议。与会者各抒已见，争论不休。对此，饶司令员没有当场拍板。会后他和分管首长带领工作组下部队查勘现场，召开座谈会，把几种方案交给群众讨论，集思广益，最后得出结论，使上下左右形成了一致意见。

饶司令员对领导干部工作上支持，生活上关心，对存在的问题不迁就照顾，及时给予严肃批评。他经常对其他领导同志说，一个领导干部只要出于公心，方法对头，认准了的事就大胆去试，大胆去干，有了问题再及时纠正，是不会出大问题的。但如果一个党员，离开了党和组织，即使本事再大，也将是一事无成。红四方面军的张国焘另立中央，结果还不是身败名裂，遭到可耻下场吗！对个别常委在抓工作过程中有轻易改变党委决定的倾向，饶司令员严肃地指出，党是有铁的纪律的，个人服从组织，少数服从多数。对集体的决策在执行过程中有不同意见，要及时向组织提出，但不能犯自由主义，另搞一套。我们的党员在成绩面前要看到缺点，看到问题，在困难面前要看到希望，看到胜利，不骄傲，不气馁，只有这样，才能使自己不断进步，不断提高，也才能紧紧地依靠组织、依靠集体，把每个事情办好，把我们的事业不断推向前进。

1961 年前后，国家正处在困难时期。警备区机关食堂的伙食很差，大家一般都吃不饱，连自己生产的豆腐渣，补助给有困难的家属也要经支委会讨论研究，补助的量也少得可怜。个别首长利用星期天休息时间，到警备区塘桥农场的养鱼塘去钓一些鱼，以改善生活，有时垂钓一个上午，也未见有一条鱼上钩，于是就撒上一网，拎几斤鱼带回去。此事，经塘桥农场的战士报告，并经过管理处反映到政治部组织部分管纪检工作的王致冰副部长那里。王副部长马上意识到，此事当然不能说大，但也不能说小，这涉及领导干部的形象问题。饶司令员多次强调，在当前的困难时期，领导干部更应与普通战士一样同甘共苦，共渡难关。可首长讲的是一回事，有些首长做的又是另一回事，群众会怎么看，怎么想？强烈的政治责任心，使王副部长的胆子也大了起来。据此，他以民政部的名义写了一份报告给警备区党委。

三天后，警备区党委办公室的同志电召王副部长到十四号楼党委会议室，说是饶司令员找他。王致冰一跨入会议室，见到警备区常委们都在，气氛很严肃。他下意识地感到可能正与自己写的那个材料有关，不然，怎么会叫自己过来？想到这里，王致冰有点紧张起来。见王致冰进门，饶司令员就招呼：“王致冰同志，请坐！你写的那份报告很好，这是对我们这些老家伙的爱护，我们感谢你，不会有人对你报复。”王致冰吊着的心终于放了下来。后来又听到饶司令员对常委们说:“目前是困难时期,干部要和战士同甘共苦,领导干部更要带好头。”然后,他点名到塘桥农场钓鱼的领导,要求他们把拎回家的鱼一律折算成钱,交到管理处,让管理处改善伙食,并指示管理处要把处理结果向农场的同志传达。农场的官兵听到后非常鼓舞,大家的干劲更大了,此后,再也没有发现领导干部去养鱼塘钓鱼的事件。

此事处理完了,但饶司令员的工作并没有完。他通过了解,发现这几位领导家庭的吃粮确有困难。有一位首长的几个儿子都处在生长发育期,爱人又没有工作,他就嘱咐司令部的领导和管理处的同志开一个支委会,对确有其难的领导要给予适当的救济,特别是对这几位领导,更要适当照顾一下。他说:“这几个领导都是战斗英雄,长期的战斗生活使他们的身子骨都不怎么壮实,孩子多,收入少,作为机关支部要关心他们的生活,关心他们的健康。”有一段时间,警备区有一位副司令员由于夫妇俩闹矛盾,这位副司令员便不回家,晚上睡在自己的办公室里。饶司令员和秦政委认为,这件事看起来是这位副司令员一段时间发生的家庭小事,但长此以往,势必会加深对这位副司令员夫妻的感情不和,甚至会影响这位副司令员的工作。于是,他俩就同这位副司令员谈心聊天,以兄长的身份做工作,及时地帮助他们弥合了感情裂痕。

1964 年初,警备区机关开展整风活动,群众反映后勤部有个别领导私自撇开营房处,让工程大队为其住房进行粉刷和做一些简单的装修,又反映司令部有个别领导,生活上有搞特殊化的苗头。饶司令员经过调查核实后,在会上作了点名批评,还责令这几位领导在军人大会上作了检查,饶司令员说:“身为领导干部,在生活上搞特殊化,群众会怎么看,战士们会怎么想?这和党对我们的要求是格格不入的。作为一名共产党员、领导干部只有勤勤恳恳做好工作的义务,没有在生活上搞特殊化的权利。类似的问题,以后不管发生在谁身上一定要发现一起,查处一起,决不姑息迁就。只有这样,才能正我们的党风。党风正了,民心才会齐,我们的部队才会有凝聚力,才能出战斗力。”

政委王六生到警备区工作后,一时没有合适的居所,饶司令员就找一位早些年就调任海岛工作的警备区原领导商量,这位领导顾全大局,主动提出搬出复兴路的住所，饶司令员却考虑到这位领导过去打过仗，身体留有残疾，需经常来沪治疗，且其爱人和子女都在上海，就设法安排了一小套房子，派人对这套房子作了简单的修缮，安装了取暖设备，使这位领导非常感动。

根据南京军区指示，从1962年起，上海延安饭店由上海警备区代管，并规定以后凡在延安饭店住宿的人一律要收取费用。军区许世友司令员带头执行，几次来上海视察，都按规定交了住宿费。可不久，兄弟大军区的一位首长来沪办私事，只在延安饭店住了一个晚上，饭店的同志找他收费，他便找到了饶司令员，说："我是因私来沪，你收我的钱，我往哪里报？这样吧，你这次免收我一天的住宿费，下次你到我那里，我免收你一年的住宿费。"饶司令员还是没有答应，他说："照规收费是军区的规定，我没有这个免费权，下次我到你那里，该怎么收费还怎么收，我们都遵守规定。"

又有一次，一位总部首长带领工作组来沪视察工作，住在上海锦江饭店。临离沪前，饶司令员约海空军的负责人去为总部首长送行，这位首长单独交代饶司令员，这次来沪住在锦江饭店，食宿费共三千多元，请警备区负责处理一下。饶司令员回答道："首长，这笔钱我们无法开支，还是请总部处理吧。"弄得这位首长十分尴尬。

饶司令员就是这样的"硬脾气"，不媚上，对领导干部不袒护，在原则面前敢于拉开面子，但对机关干部，特别是一般干部，除工作上比较严格外，其他方面他都比较随和，不摆架子，不随意训人、批人。在工作上，他对机关干部的要求是：埋头苦干、一丝不苟、多出主意、当好参谋。对基层请示的问题，件件要着落，事事有回音。大家也都了解首长的性格，凡是跟随司令下基层，都要事先了解掌握基层的有关情况，清楚和熟悉上级的有关政策和指示精神，司令随时都有可能提问，以便他回答和解决基层提出问题时作参考。在平时，他广泛同机关干部谈心聊天、谈思想、谈工作、谈生活，对大家的喜怒哀乐，他都能耐心倾听，机关的政治和业务学习及支部活动他都能参加，并把它作为了解、掌握干部思想和工作状态的主要渠道。机关调整一些处长们的职务时，他大多要同他们谈一次心。如李桂亭从训练处副处长调任军务处处长时，便是饶司令员找他谈心,且一谈就是一个多小时。从组织上考虑调整的原因和希望到新岗位后,怎样尽快熟悉情况,迅速开展工作,再到这一部门工作时要注意的问题等等,饶司令员都作了一一交代。对机关干部在生活上的困难,他尽可能帮助解决。他常对司政后的领导说,有的同志生活上有困难,他们自己不好意思开口,如果我们当领导的也不去过问,会伤大家的心,当领导既要管他们的工作,更要关心他们的生活。

1964 年春节过后,饶司令员带领工作组去一师蹲点,他发现师参谋长孙志伟因突患腰痛病,躺在办公室的床上起不来。他便当即责令师医院的医生派车急送上海华东医院治疗。孙志伟经治疗,病情稍有好转即出院了。当饶司令员获悉后,又到孙家里去看望,当问清孙的病情尚未完全恢复,却急于参加工作的心情后,饶司令员知道在部队工作要整天奔跑颠簸,担心孙吃不消,就对孙说:"你的病没好,这种病要完全恢复,需要一段较长的时间,你现在去部队工作有困难,就先在机关工作吧。目前,司令部办公室正缺主任,你先去干着,待身体利索,再回部队干。"饶司令员既关心孙的病情,又考虑孙的工作,使孙志伟十分感动。

对一些群众反映有问题的干部,饶司令员不偏听偏信,注重调查研究,弄清事实真相。他常说,群众能积极向组织上反映问题,都是好的,积极的,要加以保护。但也不能听到风就是雨,有些可能是真实的,有些可能是片面的,有的甚至是错误的,要调查清楚,区别对待。有一次,饶司令员在炮团蹲点时,听到有人反映该团的一位领导"油头粉面二郎腿,一张报纸一杯水",说这个干部工作不细、作风不实,在生活上搞特殊、图享受。饶司令员同众多的干部谈话后了解到,这个干部事业心、责任心还是比较强的,工作基本上是扎实的,问题是这个干部文化层次相对来说比较高一点,一有空,常常练练书法,写写毛笔字,平常还比较注意修饰,讲究穿戴,其实没有多大问题。饶司令员并没有批评他,只是给这个干部提醒了几句话就了事。

饶司令员对同志充满着爱心,对自己却很严格,有时甚至到了苛求的程度。1964 年春季,警备区机关开展小整风。饶司令员带头检查自己的问题,还要求大家给他提意见。就在饶司令员主持召开整风动员会的当天,后勤部营房处申元亭副处长接到了司令部办公室邱大余的电话。申元亭被告知让他星期天带一辆大卡车到饶司令员住的淮海路宿舍拉家具。申去过司令家，他知道司令家里除了王必成司令员调离时留下来的一点家具外，只添过两只木柜，没有更多的东西，还拉什么呢？邱大余回答，首长让你拉，你就拉，按首长的意见办。申把情况向处长和领导作了汇报后，大家觉得先让申到司令家去看一看再说。

星期天，申骑自行车到了司令员家，饶司令员见申没带车来，劈头就问："叫你带车，为什么不带？"接着，司令员开出了清单，说除了留下一套开会用的沙发、一只写字台、一张吃饭桌、八条凳子和在用的几张床铺外，其他所有家具统统拉走，送到仓库去，留着分配给需要家具的干部。

由于申曾在饶司令员所在的新四军四师工作过，他和司令员本来就比较熟悉，故说话也比较随便。申说："首长，你家里人口多，你又要在家里办公、接客，只留下这么一点家具是不够用的，再说，这些家具大多是老司令员留下来的，老司令员能用，你也能用。还是不要拉走吧。"饶司令员说："那不行，缺家具的同志还很多，我这里够用就行。"结果，饶司令员家里除了一些生活上必备的家具外，其余一大四小沙发，两只方台，七把椅子，三只柜子等物件都被拉到了位于同心路一号的警备区工程大队仓库。待事情办完后，申副处长将结果向后勤部领导汇报和给同志们叙说，大家都非常感动，深受教育。

不少同志议论说，饶司令员能这样严于律己，我们更应该清正廉洁、艰苦朴素。又有一次，后勤部机关大院内一棵樟树枯死，营房处的同志把它晾干后做了几只箱子，也给饶司令员送去了一只。当晚，饶司令员回到家里发现了这只箱子。开始饶司令员要机关的同志退回去，后来问清情况后，饶司令员让秘书把五十元钱交到了后勤部。当时在市场上仅需三十元一只的樟木箱，司令员却付了五十元。还有一次，饶司令员回家后发现多了一台冰箱，就问家人是怎么回事。家人告诉他是管理处派人送来的。饶司令员就说："咱们家不要冰箱，菜现买现吃，还能图个新鲜呢。"第二天，他关照人把冰箱退了回去，还吩咐有关部门给身体有病的一位副司令员留一台，说："对身体有病的老同志要给予特殊照顾。"

1965 年 10 月，饶司令员接到了调任军区副司令员的命令。他一面与新任司令员交接工作，一面与妻子商量着手搬家的准备。

饶司令员和夫人王树芝在结婚时，曾有过一个默契：各人干各人的事业，互相理解、互相支持。饶司令员一向遵守自己的诺言，从不因自己的工作调动，要求夫人随迁，也不因自己工作繁忙，而要求夫人多承担家庭责任，他们总是互相鼓励，互相帮助。当初，饶司令员一人来上海，夫人却留在了南京工作，后因饶司令员身体有病，长期吃住在招待所，身边缺少人照顾，在一些领导同志劝说下，夫人才调来上海工作的。可这回王树芝同志倒也同意随丈夫调往南京，但丈夫说走就要走，可是王树芝同志却不行，她说："我在交通大学干部部任副部长，总得让我把工作交完再走吧。"饶司令员说："你可以晚点离沪，我得先走。人走家搬，是部队的规矩，我也得遵守。"最后，他们商定，立即搬出淮海路的住所，王树芝同志临时住进了招待所。

说是搬家，其实很简单。饶司令员把全部家当整理整理，只装了半卡车，就按规定时间到了新的岗位工作。十多天后，王树芝同志也调往南京。

饶司令员是警备区部队上下公认的好领导、好党员、好师长，在家里也是一个好丈夫、好父亲、好老师。他体贴关心妻子，支持妻子工作。当初，孩子尚小，妻子工作也很忙，饶司令员在家里也经常做家务活，偶尔有个完整的休息日，他就买菜、做饭，给家人改善伙食。他经常同孩子们谈心、聊天，给孩子们讲战争年代的故事，关心孩子们的思想、学习和生活。教育孩子们不能因为爸爸是当司令的，就高人一头。要与普通干部和工人的子女一样，平等相待，打成一片，共同进步。在孩子们的心目中，饶司令员是慈祥的父亲、严厉的导师，更是一个知心的朋友，亲密无间的伙伴。饶司令员的子女，也都给他争气，凭着自己的努力，表现都较好，在各自的岗位上为军队建设和地方建设努力工作，贡献自己的一切。

（程晓顺、丁惠荣、徐玉彬整理）

十五、谦虚学习　一心为人

贾继平

我在南京军区防化团、上海警备区守备十一师六十八团担任团长期间，曾因事与饶子健司令员有过三次接触，他给我的印象特别深刻，他那平易近人、体贴下情、关心部属的品格，令我至今难忘。

第一次接触，那是 1959 年在南京板桥的军区干部速成中学。那时，我已担任由六十军代管的军区防化团团长。由于我文化程度比较低，组织上把我送进了军区师团干部速成中学读书。正巧，我被分在当时已任六十军军长的饶子健同志那个班。后来，我们才听说是饶军长给军区打报告，要求来补习文化的。他的理由是文化基础差。作为一个指挥官，不能计算时间、距离、方位角不行，这怎么指挥？他要求补习数学、物理等。现代战争兵种的增加，化学兵、工兵、雷达兵等的出现，也需要补习化学、物理；批阅文件、审查报告、学习理论，需要补习语文等等。军区作为特例批准了他的请求，在我们师团干部文化补习学校里，他是唯一的一名正军级干部，而且还是中将。开始，我们对他有点心存敬畏，不敢随意接近。但渐渐地我们都打消了这个顾虑，不仅把他看成是同学，而且还把他当作朋友和兄长，与他接触也就无拘无束起来。在学习期间，我们经常组织生产劳动，饶军长也都一次不拉地参加了。他以普通一兵的身份同我们一样，担水、浇粪、锄地。我同他一起抬大粪，趁他不注意的时候，悄悄将粪桶往我这边拉一点，饶军长感觉到后，非要把粪桶的位置拉回去不可，他说这才公平。种菜时，饶军长身体胖，蹲不下去，他就去担水。大家感到首长那么大年纪了，怕他闪了腰,就去夺他的扁担,他不肯。有时硬被其他同志夺走了,他马上就拿起粪勺去浇水。我们看到他汗流浃背、气喘吁吁的样子,就劝他休息一下,可他总是不同意,我们干什么,他也干什么。上课时,他听得特别认真,记的笔记也比别人的多。空闲下来,他就同大家一道散步、聊天。有时走着走着,他会突然停下来,拿一块小石头在泥地上比划比划,问这个字怎么写,那个词怎么解释。感到稍微难一点的计算题,他总是虚心向大家请教,同大家一起讨论。他那种认真、执著的学习精神,对我们鼓励很大。大家认为,那么大的首长学习还那么刻苦,我们就更要珍惜这段宝贵的学习时间。由于当时我们的国家正处在困难时期,速中的生活条件就更差了,整天吃的是一些蔬菜和粗粮,很少能尝到鱼肉,一部分同志对伙食有意见。饶军长听到后,就找我们谈心做思想工作。他说,速中的伙食离我们的愿望当然差一些,但与当年红军过草地和战争年代比,不知强了多少倍。我们的国家目前还有困难,我们的人民还不富,作为革命军人就要替国分忧,为民造福。现在组织上把我们脱产集中起来学习,就要把文化知识学到手,为将来更好地工作,更多地为国家和人民作出贡献打下基础。我们不是来享受的,饭能吃饱就行,主要还应该把学习搞好。饶军长的话,给大家教育很大。有的同志说,饶军长吃的是同我们一样的伙食,他都没有想法,我们还闹啥子意见呢。以后就再也没有同志因吃不到荤菜和细粮发牢骚了。

第二次接触是在速中学习回部队的第二年,我们防化团的几位领导合计一下后,在团里办起了军人小卖部。小卖部开张不久,后勤的同志到地方百货批发部弄到了一部分自行车和缝纫机。自行车、缝纫机、手表这三种商品,当时是被人们称为"三大件",十分紧俏。军里有一位领导获悉后,给我们团里领导打招呼,说要让我们让出十五辆自行车和十五台缝纫机供应军部。我们感到很为难,这两件商品总共数量就不多,要按这位领导要求的数量给军部,那小卖部就掏空了。我们正在犯难时,正巧,饶军长来团里检查工作。我们把这个情况向饶军长作了汇报。饶军长听后给我们说,既然这位领导已经开了口,而且他也不是自己派用场,你们一点不给也不好。当然,让你们都交给军部,那你们的小卖部也就没有了吸引力。这样吧,你们就各交两台(辆),回头我给这位领导打个招呼。你们要把小卖部管好、经营好,切实为部队官兵和驻地群众提供方便。饶军长的答复,使我们顿感轻松许多。我们还遵照饶军长的指示,精心开辟货源,搞好优质服务,小卖部搞得很兴旺,既方便了大家,又为团队创造了一定的收益。

第三次接触是我和饶司令员都在上海警备区工作。那一年,我所在的六十八团担负了修筑某弹药库和坑道施工任务。当我们热火朝天,加快施工进度过程中,突然遇到了罕见的疏松岩层。我们的风钻一开动,时不时地就有大片碎石滚落,有的地方还出现严重渗水现象,极有可能发生大规模的塌方,造成人员伤亡。我们感到情况危急,向负责施工的工兵处作了汇报。工兵处的同志经一位分管领导请示后答复下来:"想办法自己解决,继续施工,不能影响进度。"我一时感到很为难,不停止施工,一旦发生意外,后果不堪设想,而上级又有要求,工期一天也耽误不起。我决定将情况直接向饶司令员汇报。那一天是星期六,晚上 9 点多,我打电话到饶司令员家,警卫员告诉我,首长刚参加完一个外事活动回来,还没吃晚饭。我说,我有很要紧的事要马上向司令员汇报。饶司令员从警卫员手里接过电话,在听了我的汇报后,当即指示:"今晚停止施工,明天一早我去工地看了再定。"第二天一早刚 8 点,饶司令员就来到了施工现场,顺手拿过一顶安全帽就准备往坑道里钻,被我一把拉住。恰在此时,坑道顶部"哗啦啦"掉下一大片碎石头,大家忍不住说出声来:"好险啊!"我对饶司令员说:"首长,这里太危险,你千万不能进去!"饶司令员问:"那还有没有其他的洞口可以进?"我回答:"有是有,但都有一定的危险,你还是不要进去为好。"饶司令员瞪了我一眼:"你们不是天天都在里面施工吗,为什么我就不能进去?"我只好带着饶司令员从另一个洞口进了坑道。看了作业现场后,饶司令员问:"能不能边干边支撑,施工一段就被复一段,这样人不就安全了吗?"我回答说:"这样虽然保证了安全,但要造成一定的浪费,施工速度也会减慢,可能会延误工期。"饶司令员说:"宁愿慢一点,也不能赶速度、搞蛮干。虽然会有点浪费,但花小钱买安全,也值得。总比伤了人、死了人要好。"有了司令员的明确指示,我们施工起来就有了具体的操作方法。

最后,经全团官兵的共同努力,我们不仅没有发生大的工伤事故,也没有延误工期,保质保量地完成了上级交给我们的任务。

(作者:原南京军区防化团团长,离休时任上海警备区副司令;丁惠荣整理)

十六、处处做模范　事事带好头

贾德发

好领班　好书记

饶司令员不论在党委会还是在办公会议中，讨论、研究重大决策问题时，非常善于听取其他党委成员的见解，并善于归纳和集中各位领导成员的智慧，形成正确结论，更加尊重各位分管首长的意见。如：在国防施工和围海造田期间更善于集中归纳正确而可行的建议。尽管有些会议上，与会者各抒己见，争论不休，但饶司令员很欣赏大家热烈争论的场面。他常说，话不说不明，理不争不透，争论越多，办法越多。从争论中既可看清问题的实质，又能悟出解决问题的具体办法，为正确的决策奠定了基础，创造了有利于下决心的条件。

在贯彻落实战备措施，讨论研究国防施工中，首长不仅和施工人员切磋不休，而且首长和首长之间也研讨不止，有时甚至争论得很激烈，致使会议不能按时散会，误了吃饭和休息，真可谓"废寝忘食"。饶司令员在决策时有一条基本原则，那就是既尊重分管首长熊应堂副司令员的主见，又将其他领导同志切实可行的意见，加以提炼和补充，谁的办法好，就依谁的建议办。若无十分把握，就先组织试行，如果在实践中能够符合客观实际，那就坚持下去；如果发现还有缺点和不足之处，那就及时改进和补充调整。在施工中，就是以熊应堂副司令员的建议先试行的。

崇明岛围海造田，也是按照廖政国副司令员的建议先起步，然后逐渐试行成功的。

饶司令员在实践经验中深深体会到，做任何工作，办任何事情，最重要的是以调查研究弄清客观实际为前提；再去深入细致地发动群众，而首长要发动分管首长这位带头人，只要分管首长发动起来了，他就可以带动一大片群众；而且分管首长最能理解会议精神和上级领导的意图，更能定出切实可行的奋斗目标。如果分管首长发动不起来，又不能按自己选择的方式去执行上级的指示，而只是"随波逐流"照他人的意志去办，那执行者就没有压力。一则心情不舒畅，执行起来不得力；二则不理解他人的企图、消化不了，不利于提高工作效率和总结经验。此外，在贯彻过程中也要留有余地，万一决策不符合实际还可修改和补充。实践证明这是一个成功经验，更是走群众路线的典范。

好首长 好领导

饶司令员是一位既身经百战又具有丰富领导工作经验的老领导、老革命。他深知打仗要自身过得硬，教人要先交心，做事、下命令要使执行者口服心服，下级干部战士才能全心全意，有自觉性，实实在在地做好本职工作。饶司令员对用兵、打仗，冲锋陷阵，也有一条基本原则，那就是单位、集体工作要过硬，首先做好本级领导班子中的思想工作，再去做好本级机关中层干部的思想政治工作。在本级班子内，只要各位领导，心情愉快，齐心协力，团结一致，步调统一，工作就会有起色，工作就出成效。本级机关也十分重要，必须将处长们发动起来，积极工作，共同奋进；全面理解和贯彻警备区首长、党委的决策和指示精神，首长、机关拧成一股绳，上下一致，紧密配合，才能形成巨大的物质力量和精神力量，做到工作成绩显著，完成任务突出。如：崇明和南汇两个农场的围海造田，虽然任务艰巨，困难重重，但各个部队比进度、比贡献，团结一致，又有突击精神，效果就特别明显，为以后上海警备区部队的建设创下了雄厚的物质财富。又如:某副司令发生家庭矛盾,本身又没有处理好,在一气之下离家搬进办公室住宿,饶司令员得知后,特邀秦化龙政委一起以兄长之心、友谊之情和该副司令交心谈心,劝导、启发、帮助,并主动送其回家,以示安慰,接着又做其妻子的思想工作,解开疙瘩,疏通关系,很快达到互相谅解,各自做了自我批评;同时也尽到了领导同志应尽的义务。饶、秦两位首长,虽废寝忘食、苦口婆心,累得不轻,但看到他俩团结和好,高兴地忘记了疲劳。某副司令员的家庭负担减轻了,自然就可以集中精力做好工作了。

根据首长、党委的分工,饶司令员是联系和帮助司令部工作。他不论对谁,都是坚持原则、开诚布公,有优点就表扬,有缺点就批评,因此,很受干部们的欢迎。记得饶司令员到司令部后曾找到一位副参谋长谈心、交心,耐心地帮助教育,并启发其做自我批评,自我教育放下包袱,轻装前进。然后他又深入机关,找司令部中层干部和处长们促膝谈心、交心,了解情况,并分别和处长陈敬毅、贾德发、李桂亭、武鸣亭等同志亲切交谈,个别启发教育,起到了积极的促进作用。在与我谈话中,首长开门见山指出,你工作积极肯干、勇于挑重担,能团结、帮助人。你的艰苦奋斗精神强,但要防止主观片面,做事研究问题应该发扬民主精神,再谦虚谨慎一些。这一番热情诚恳的教育,使我心中热乎乎的,深深感到首长的关心和体贴。饶司令员还告诉我,你的工作需要变动一下,下到师里去做领导工作,下去以后多联系群众,在各方面发扬优点、克服不足之处。

通过多日在司令部的交心、谈心和具体的帮助教育后,首长和机关的思想沟通了,工作关系也更加协调,上下团结一致,和睦相处,关系融洽,齐心进步,这就为共同克服困难,走向胜利,奠定了巩固的基础。

好带头人　好党员

饶司令员是经过红军五次反"围剿"、长征、八年抗战、三年解放战争的老革命、老首长。他战斗阅历丰富,实际工作经验雄厚,且深知带好兵、打胜仗、管理好部队、建设好连队和机关,首长要身先士卒,起到模范带头的作用,首长在实际工作中,要严格履行"身教重于言教"的格言,时刻以无声的命令做好典型示范。在机关和部队中,他首先遵纪守法,处处做模范、事事带好头。他说:"嘴说十遍不如做出一个好样子,带头做就是最有说服力的。"如:1960年前后在我国发生的三年自然灾害中,他和机关、部队干部战士同甘苦、共患难,同吃一锅饭,共受饥饿苦,开荒耕田,种地生产,亲自动手,丰衣足食,渡过了最困难的时期,深得机关干部的好评。再如司令部管理处为关心首长,保证领导精力充沛,身体健康,有时送上一点副食品,以示关心和照顾领导,但饶司令员想到的是刘飞和廖政国副司令员等老战友,有时将送给他的副食品转让给刘飞副司令。他总是想尽一切办法,增加收入来改善机关和基层部队生活,他多次派人去北大荒打黄羊,供应部队部分肉食。司令部塘桥农场有人反映,某首长钓鱼时网捞鱼塘的鱼带回家,饶司令员得知后耐心地劝告战友们。他说:我们这些老同志都要珍惜自己的荣誉,在国家困难时期,一定要与机关干部同甘共苦,渡过难关,这是我们领导同志的职责,更是我们红军的本色。使他们自觉地改正缺点,纠正错误。

在机关,饶司令员是我尊敬的首长之一。他在统揽全局,日理万机的情况下,主动关心机关工作,行使着自己的神圣职责,并力求具体地参与管理部队,因此,大家对他十分尊敬。干部、战士们也都听从他的管理,各项工作都取得了显著成效。饶司令员是党委书记,但在党小组内则是一位普通党员,既服从党小组长的领导,又认真地完成党小组长分配的各项具体任务,严谨地过着党的组织生活。他处处严格要求自己,按时缴纳党费,适时积极地参加党内各种会议,并主动向组长汇报自己的工作、学习及思想情况。由此可见,他是一位有高度政治觉悟、党性修养很强、全心全意为人民服务的老战士、老干部、老党员、好党员、好领导的楷模。

在日常生活中,他平易近人,关心同志,常常伸出温暖的手,热心帮助有困难的党员,解决他们的实际问题。其他领导同志有困难时,他也主动建议党小组、党支部,适时给一些力所能及的补助,以解决他们的燃眉之急,来表示党支部的关心。

他在家庭中是一位好家长。在处理好部队工作的前提下，他尽量抽出时间积极协助老伴王树芝管好家务，教育子女健康成长。子女们也很自觉，不仅主动照顾和关心爸爸妈妈，并处处严格要求自己。司令员还经常给家庭成员和身边工作人员讲艰苦奋斗的故事，并告诫子女们：要勤俭持家，艰苦创业，处处艰苦朴素，切忌铺张浪费；要努力学习，力争优良；要团结同学、善于帮助别人，养成良好习惯，真正成为国家的栋梁之才。

他在妻子面前又是一位好丈夫，他时刻关心和爱护妻子的身体健康，积极参加繁重的家务劳动，尽量减轻王树芝的家庭负担，使妻子当好妈妈和做好本职工作。他在节假日，下厨房做菜，改善生活，同时培养子女们养成爱劳动的好习惯，早日成才。他以自己的实际行动在促进家庭团结、和睦相处气氛的同时也贯彻了精神文明的要求。

（作者：原上海警备区司令部训练处处长，
离休前任上海警备区副司令）

十七、饶司令员关心咱们连队建设

刘仁福　王经文　王传友

我们仨是上海警备区警备团三营八连被国防部命名为“南京路上好八连”前后的指导员。那时，饶子健同志正任我们上海警备区的司令员(1960 年 12 月至 1965 年 8 月)。他对连队的成长进步倾注了大量的心血。他培养和帮助我们抓好连队的党团组织和思想作风建设，以及提高军事训练水平等方面的往事，我们至今历历在目。

1961 年春节，是饶司令员到任后的第一个春节，那天上午 8 时许，饶司令员便驱车来到我们连队驻地。他看到军队官兵正在集中上课，就悄悄地进了连队伙房。

正在忙碌的炊事班战士，见一位中将走进来，便纷纷起立。饶司令员一边一个个地握着战士们因摘菜洗菜而湿淋淋的手，一边连说“同志们辛苦了，同志们辛苦”了。待大家情绪稳定下来，饶司令员便问：“这些菜是从街上买来的?”炊事班长王志高急忙上前回答：“报告首长，是我们自己生产的。”饶司令员说：“那就好，那就好。”接着又问：“连队战士能不能吃饱饭?”大家回答：“能吃饱”，“是分饭(限量)吃吗?”“我们连队不分饭(不限量)吃。”“不分饭好，大家都可以吃饱饭。不分饭很能体现大家的风格。战士们吃饱了饭，做什么就有了精神。”

接下来，饶司令员给炊事班的战士们讲了长征的故事。他说，长征时他所在的连队一次只剩下一袋青稞，大家都舍不得吃，你传过来，我传过去，最后，让给伤病员吃。讲到这里，他突然问：“反映抗美援朝的电影《上甘岭》看过吗?”大家回答：“看过。”他说，那时，坑道里只有一只苹果，大家只是闻闻味道，都舍不得吃掉，这反映的是一种什么样的精神？这在革命的队伍里才有的啊！我们现在条件好了，但更要做好工作，让战友们吃饱吃好。

听说首长到了连队，我们几位连队干部都迎了过去。饶司令员便说，要把连队的生活管好，首先要养好猪、种好菜。生产好了，伙食就能改善。抓好了伙食，等于做好了半个指导员的工作。战争年代，哪个连队的伙食好，那个连队战斗力就强，就能打胜仗。和平时期也是如此，连伙食都搞不好的连队，其他工作也很难搞上去。只有使战士们吃饱了饭，才能使战士们干好工作、搞好训练，也才能使连队出成绩、上台阶。

连队正好都在集中上课，我们就请饶司令员给大家作指示。饶司令员说："我今天不是作指示来的。过年了，先来给大家拜个年。你们身居闹市，一尘不染，很了不起啊！祝大家新年取得新成绩！"在大家热烈的掌声下，饶司令员转而给大家提出了要求。他说："当前，国家有困难，人民有困难，我们就要体谅国家和人民的困难，用艰苦奋斗的精神克服和战胜困难。要提高警惕，忠于职守，确保警卫目标的绝对安全。过去，连队靠自己的努力取得了成绩，取得荣誉。现在，更要靠自己的努力，争取好上加好。"

1961 年，中共中央制定的《农业六十条修正方案》和《工业七十条》文件出台后，饶司令员带领秘书卫伯钧、宣传干事王荣如到连队进行宣讲。他们向连队官兵原原本本宣讲文件精神，组织参观了虹桥公社几个生产队开展农副业生产建设的情况，同社员进行了座谈，回到连队后又广泛组织了讨论，对大家在讨论中提出的疑难问题进行解答，最后，饶司令员作了小结。他在充分肯定连队学习成绩的基础上，对下一步如何贯彻文件精神，又提出了六条具体要求。他说，目前，国家是处在暂时困难时期，但不能因为有暂时困难，就影响了对社会主义制度优越性的认识，要坚定社会主义的信念；要相信党中央的领导，前些年，有一些地区确实存在"浮夸风"的问题，但是我们党已认识到这个问题的危害性，已采取有效措施，及时制止了；要向广大农村、自己的家庭宣传中央文件，做好党的宣传员，努力使更多的人民群众自觉遵守党在农村中的各项政策措施，要发扬艰苦奋斗精神，正确对待我们目前所面临的暂时困难，振作精神，共渡难关；要大力发展连队的业余生产，养好猪，种好菜，减轻人民负担，保障连队生活；要把贯彻文件精神同履行职责结合起来，加强责任心，认真完成执勤任务，确保警卫目标安全。当时，连队官兵百分之三十以上来自安徽贫穷的农村，不少战士家庭的亲人中有患浮肿病的，也有饿死的。但通过学习教育，战士们都能正确对待，自觉体谅国家的暂时困难。一面写信给家人，搞好宣传，做好劝说；一方面又安心服役，积极工作。不久，安徽发生水灾，我们发动募捐活动，结果全连募集的衣被就有三百多件。

1963 年 4 月 25 日，国防部为八连命名。8 月 1 日毛主席亲笔写下了《八连颂》，其他党和国家领导人也纷纷为八连题了词。八连怎么办？我们连队官兵在思考，饶司令员也在思考。9 月的一天，听说连队要召开支委会，饶司令员就兴致勃勃地赶来了。在支委会上，饶司令员认真地听取了委员们的发言后，对党支部的建设、对连队的全面建设作了讲话。他指出，八连要前进，要发展，不能满足于现在的水平。毛主席在《八连颂》中写的内容既是对连队的肯定，又是对连队全面建设提出的目标和要求。其中“五个好”、“八个不怕”，包括总政帮助连队总结推广的“八条经验”，都是对连队建设提出的更高要求。我们不能骄傲自满、头脑发热飘飘然。我们取得的成绩是有多方面因素决定的，有党的培养、机关的帮助、兄弟连队以及人民群众的大力支持。党给我们最高荣誉，这是对我们的勉励和鞭策，不是终点而是起点。创荣誉要奋斗，发展荣誉更要奋斗。共产党人就要前进不止，奋斗不息。针对支委会上大家所表现出来的有压力的思想，饶司令员说，有压力是积极进取的表现，我们都要把压力变成新的动力，认认真真续传统，扎扎实实学先进。要向雷锋学习，向所有的英模人物和先进单位学习，把他们的长处学过来，补自己的弱点。大家说到连队长期驻扎在市区，分别担任执勤警卫任务，军事训练的水平上不去，感到很着急。对此，饶司令员说，连队军事训练上弱一点，有客观因素，但要发展全面建设，这个弱点非改变不可。最近，我们正在研究解决这个问题，连队的军事训练一定要上去。

1964 年 2 月，在饶司令员的提议下，警备区党委向军区党委作出报告，建议把八连暂时拉出市区到饶司令员曾经工作过的六十军进行为期一年的强化训练。很快，军区批准了警备区的意见。3 月 20 日，我们连队就从上海的南京路驻地来到了安徽的深山沟。隶属于一七九师五三七团二营，即全军著名的临汾旅运城英雄营。

连队由大城市一下子来到了深山沟，环境变了，任务变了，装备变了，领导关系变了，这一系列的变化，使干部战士一时有点不适应。而六十军的官兵正在进行一系列的比武活动，周围山头到处都可以听到“哒哒哒”的机关枪声，“轰隆隆”的大炮和榴弹炮声，初来乍到的连队官兵看得眼花缭乱。加上美帝国主义在北部湾挑起事端，战争气氛一下子浓了起来。形势逼人成了全连官兵的共同心态。

同年 4 月 25 日，正逢连队命名一周年纪念日，南京军区许世友司令员、杜平政委、六十军的首长、警备区的一大批领导同志到连队参加了纪念活动。纪念活动结束后，饶司令员留下来会同一七九师的师、团领导，深入班排看望了战士。随后，同我们连队干部进行了交谈。他首先对一七九师姚师长、五三七团郑团长说，我们都是老战友了，这次我把八连交给你们，拜托你们，感谢你们。你们要像对自己的连队一样，严格管理，严格要求，严格训练。姚师长和郑团长说，老首长把八连交给我们代管、代训，是老首长对我们的信任。我们一定不辜负老首长的厚望，尽心尽力带好、训好，请老首长放心。再说，八连来我们师、团训练，也是我们师、团广大干部战士的企盼和愿望，是向好八连学习的好机会。饶司令员讲，我们都是一家人，客气话就不多说了。接着，他就对我们发扬艰苦奋斗的传统提出要求，虚心向临汾旅的部队官兵学习，向运城英雄营学习，向训练典型、尖子班、尖子连学习，要尊重军、师、团、营的各级领导，虚心接受军、师、团各级机关的指导帮助，苦练精兵，按军区首长要求那样，苦练杀敌本领。一旦需要，你们要准备打头阵、当尖兵。你们要把部队带好、管好，确保安全。带多少人来，带多少人回去。要一个不少，一个不伤。

连队官兵按照饶司令员的指示，热火朝天地开展了训练活动。一七九师的师、团领导和机关派工作组驻连队搞好“传帮带”，手把手地教，缺什么，补什么，关系十分融洽。在驻训的一年时间里，饶司令员除了自己再次前去检查以外，还多次派警备区副司令员、司令部、政治部的领导去关心慰问连队，派警备区的文工团前去演出文艺节目，一方面慰问连队，另一方面也以此感谢六十军对我们连队的帮助、训练。八连官兵没有辜负各级党委、首长的厚望，通过短短一年时间的强化训练，军事素质大大提高。手榴弹的投掷从原来平均三十一米上升到四十七米，投弹能手达百分之三十；各种轻武器射击一至三练习成绩优良，优秀射手和特等射手占百分之五十；班长"四会"达到百分之五十，连长、副连长、排长都成了"四会"教练员；有了自己的训练尖子和训练典型，并参加军区在湖州举行的建制连队比武取得了较好的成绩，党支部在会上介绍了经验，受到了军区首长的赞扬。连队的全面建设又上了一个新台阶。

饶司令员经常到连队同营连干部谈心，作指示，还以自己的亲身体会给我们讲怎么当好连队干部。饶司令员有个特点：不管你说什么话题，他总能耐心地听完，然后再和风细雨地给你讲道理。所以说，大家感到同司令员谈话是最无拘无束的。他曾多次找我们几位谈话。他说，八连的执勤点分散，警卫任务重，管理难度就大，要努力培养部队有高度的自觉性，使他们做到有令就行，有禁就止。在这方面首先要抓干部，作为基层干部光喊不行，说千句，道万句，还不如干部作出一个动作来，更能说服人、影响人、带动人。严人首先要严己，干部带了头，战士就会跟着来。当干部的还要有爱心和责任心，没有爱心和责任心，是带不好兵的。作为干部就要时时处处把战士放在心上，要知道战士们在想什么、干什么，工作起来，就会有针对性，就不会放"空炮"，就会作出成绩。对于分散执勤的连队，作风纪律建设要放到突出位置，处理好军民关系也非常重要，要搞好同驻地周围的关系以及同被警卫单位的关系。"三大纪律，八项注意"，是胜利的保证，也是处理军政关系的准则，要教育战士努力做到。

1963 年春的一个星期六下午，饶司令员又到连队。他走了一圈，听了一些情况后，同我们谈了很长的一段话。他说，他年轻时，当过连队干部，但没有文化，上课讲不出多少道理来。然而，威信却很高，战士们都听话。连队干部叫冲就冲，叫停就停，叫撤就撤，从不讲一个"不"

字。威信高,能听话,靠什么呢?信你、服你、尊重你,主要有三条:一是事事处处带好头。打起仗来,你把驳壳枪举起来,喊:“跟我来,跟我冲!”战士们没有一个不跟、不冲上来的。行军路上,连队干部身上不是有两支枪,便是两只背包。自己带的一壶水也往往是让给战士们喝的。开饭时让战士们先吃,宿营时让战士们先休息。战士生病、负伤的时候,连队干部要多关心,有困难的时候要多帮助。久而久之,战士们就自然会信服你、敬佩你,把你当作兄长,当作老师。二是要有一支骨干队伍。当干部就不能唱“独角戏”,跳“独脚舞”。要紧紧依靠党员、班长这支骨干队伍。有了骨干队伍,当干部的就耳聪目明,战士们有思想问题或各种各样的困难时,他们会向连队干部报告,会替你做工作。任务交代下去后,会有人带头去落实。要攻碉堡,会有人带领战士去当突击队。早先党员的身份还是秘密的,开会只能拉拉袖子,扯扯衣角。但我们还常开会、常碰头、常在一起研究各种问题,就是靠他们给连队干部出谋献策提供情况,靠他们去带领全连同志完成各种任务。三是要密切联系群众,同战士们打成一片。行军一休息,就要和战士们拉拉呱,宿营下来后,要和战士们聊聊天。一有空,就要同战士们一道说说笑话、掰掰手腕。到老百姓家去筹粮,要和战士们抬一根扁担。帮群众做好事,要同战士们一道挑水、扫地。连队干部既是领导,又是战友。既是干部又是群众,要与战士共患难,同甘苦。过去靠这三条打了胜仗,现在要靠这三条克服困难,去争取更大的光荣。

饶司令员的一席话,使我们深受教育和启发。在以后的工作中,我们照着司令员讲的去实践、去体会,果然很灵,连队上下团结一心,共同努力,年年有提高,年年有进步。这三条,作为连队干部带兵的传统,我连的干部都一代代地继承了下来。

饶司令员在与我连干部的谈话中,还善于发现、总结、推广经验。进入 1961 年以后,连队一方面为了教育官兵正确对待国家遇到的暂时困难,另一方面为了针对蒋介石“反攻大陆”叫嚷,做好随时战斗准备。支部根据上级的部署,开展了“两忆三查”的教育。经一段时间的集中教育后,如何巩固教育成果,使“两忆三查”的教育活动,成为经常性的教育,党支部采取了一些办法,先是由大家原原本本学“毛著”,然后由干部一篇篇地讲解;接着组织好班里的讨论;最后是抓好落实。其间,再配合一些小演讲,由苦大仇深的安徽枞阳籍战士陶友清,讲小时候母亲带他要饭,拎的是破篮子,盖的是盖了三代的破被子。由战士王神虎讲新中国成立前一次到地主老财家去要饭,不仅没有要到饭,还被地主家的恶少爷放出狗来咬伤了他的右腿等等的悲惨往事。连队要去江湾靶场、龙华生产点搞生产,来回要经过宝山路四一二大屠杀旧址和龙华烈士陵园,他们就讲国民党叛变革命和讲先烈被敌人逮捕英勇就义的故事,还组织到黄浦公园讲中华民族的屈辱史等,使全连官兵牢记这血泪深仇,激发了大家爱军报国的巨大热情。这一做法,被饶司令员概括为"一学两忆三对照四行动"的经验,当即派政治部副主任何振声带领组织处、宣传处的同志来我连进行调查总结。调查报告出来后,先在全区部队进行推广。饶司令员在一次会议上号召全区部队要向我连那样,扎扎实实地抓好教育,激发大家的练兵热情,以坚定的政治信念,过硬的军事本领,克服暂时的困难,打击胆敢来犯的蒋介石集团。不久,这个调查报告被军区《人民前线》第一版以一个整版的篇幅作了刊登,得到了军区首长的肯定。

(作者:原"南京路上好八连"前后三任指导员)

十八、抓好“好八连” 推进部队建设

卫伯钧

饶子健同志于1961年至1965年期间，任上海警备区司令员。

他是一位身经百战的将军，爬雪山，三过草地，跟随毛主席长征，是我军一位优秀的指挥员。

他是一位爱兵爱民的好领导，廉洁奉公，平易近人，用毕生精力建设人民军队，是我党一位忠诚的战士。

饶子健同志从野战军军长来到上海担任警备区司令。上海警备区司令地位特殊，上海警备区的任务，错综复杂。他肩负重任，团结警备区一级领导班子，带领各师、团领导班子，依靠全区官兵的共同努力，无论在战备训练、城市警卫、海边防建设、国防施工、民兵工作、军工生产等方面，都作出了重要贡献，取得了很大的成绩。在尊重市委领导，军政、军民团结等方面，也为机关和部队作出了榜样。

饶子健同志来上海后，以军队革命化建设来带动各项工作：

首先，饶子健同志十分重视和平环境下驻大城市部队建设的典范。饶司令员来后，就亲自带人到好八连蹲点，总结和推广好八连的经验。在此基础上，他又组织政治部认真总结城市部队思想政治工作的经验，受到总政重视。总政治部主任谭政亲自来上海召开座谈会。在全军政工会议上，方中铎副政委代表上海警备区作专题介绍。

饶司令员十分重视部队的作风建设。1964年，总参谋长罗瑞卿发出整顿军队的六条指示。饶司令员认为，罗总长的指示，完全符合警备区部队的实际，也是加强警备区部队作风建设，改变个别连队“官不像官，兵不像兵”现象的大好良机。因此，他不仅亲自组织警备区领导班子以及警备区机关学习、贯彻罗总长指示，率先进行整顿，并用一周时间，深入守备六十八团(查山)，六十九团(大团)，七十八团(川沙)宣传贯彻罗总长的指示。他每到一个团，总是先听取团领导介绍部队建设，特别是思想建设和作风建设的现状，找一些干部谈话，实地考查部队作风情况，然后召开全团干部大会，联系实际，有针对性地贯彻罗总长整顿军队的指示，收到了良好的效果。

警备区各项工作，如战备训练，海边防建设、国防施工、民兵工作等等，都有副职分管，并落实到各职能部门。但作为司令员，他不仅经常听取工作汇报，并且不失时机地抓住重点，或跑面，或抓点，或抓住一个有影响的活动，来推进各项工作。

例如军事训练，日常工作由司令部参谋长及司令部作训处实施。在南京军区推出郭兴福教学法后，他认为这是提高警备区部队训练素质，使警备区部队训练素质接近野战军的有利时机。因此，亲自主持召开军训会议，部署推广郭兴福教学法。同时，又联系警备区实际，重点抓住一个团(六十九团)、一个连(六十九团五连)作为重点，以后，又召开现场会议，以六十九团五连为蓝本，在全区深入开展郭兴福教学法。从而使警备区部队的训练素质提高到一个新的水平。

又如海边防建设，是警备区军事工作的重点，具有重大战略意义。饶子健同志来上海工作后，一直十分关心海岛建设，把崇明、洋山守备团升格为崇明、洋山守备区。1963 年，南京军区许司令带领南京军区司政后机关负责干部，在舟嵊要塞区召开海岛建设会议，饶司令亲自参加会议，会后又亲自带队到洋山、崇明、横沙三岛部队抓落实。对海岛的战略工作，包括部队思想建设、岛屿设防、军民联防以及海岛部队迫切需要解决的问题，如洋山守备区部队干部随军家属住房困难，连队文体活动器材缺乏等等，他都分别指示后勤部、政治部一一给予解决。他作风平易近人，从不武断，从不轻易表态。对下面提出要求上级解决的问题，总是首先找主管部门的负责同志商量后解决。我了解他的脾气、性格。所以下部队前，我先要摸清该部队要求首长解决的问题，先与职能部门联系，提出解决方案，包括资金来源、时间等等，协助首长到部队后，对部队领导提出的问题，便于及时当场拍板。即使是对一时不能解决的问题，也会有个明确的答复，不使下级领导失望。

又如民兵工作。饶司令员也是抓两头，一头是经常向上海市委请示汇报，以求得市委的支持。陈丕显、曹荻秋主持上海市委、市政府工作期间，曾数次亲自听取警备区对民兵工作的专题汇报，并召开全市区委书记、区长、县委书记、县长及各局主要领导干部的民兵工作会议，使上海民兵工作落实从海防、边防到大中小型企业，到学校都有一定的声势，"全民皆兵"思想深入人心。另一头抓区县人民武装部的建设。他亲自到川沙、南汇、奉贤、金山、青浦等县指导检查人武部工作。

军队抓生产，作为司令员，饶子健同志深知这是我军建设的一大特点，具有伟大战略意义。驻沪部队面对人多、地少的特点，扩大生产相当困难。但他亲自组织部队围海造田，开辟了上海富民农场和东海农场。警备区司令部参谋长、后勤部长都成为他策划、筹建农场的得力助手。富民农场粗具规模后，国防部副部长粟裕大将到上海视察工作，他亲自陪同粟裕同志视察了富民农场。

饶子健同志保持、发扬了我党我军艰苦朴素的优良传统。1961 年至 1965 年期间，刚刚渡过了三年自然灾害，国民经济处于恢复、调整阶段，国防军费很紧。饶司令员主持上警全局工作，把有限的钱用于海岛建设、国防施工、民兵工作等方面，从来没有批过一项经费用于上层服务；连机关多次提出建造游泳池一项，他也按先基层后机关的原则，暂缓实施。他家庭生活也是十分节俭。他下部队坚持"四菜一汤"原则，从不喝酒。他从不组织舞会或其他寻欢作乐一类的事。从他身上，显示了一名老红军、老干部的英雄本色。

（作者：饶子健将军原秘书）

十九、仪仗队体现了国威和军威

姚　潮

1964年，我国已经成功地消除了三年自然灾害带来的消极影响，经济繁荣，国际影响极大，外事活动急剧增多。在新形势下，国务院、中央军委决定：由上海警备区迅速筹建一支仪仗队，担负迎送由上海出入境的外国元首的礼宾任务，以解决位于首都的国家仪仗队因接待任务重，难以南调的困难。于是，把这一任务交给上海警备区所属的上海警备团，要警备团在三个月内高质量地搞好这支仪仗队的组建和训练。

这是一个非常紧急而繁重的任务，警备团的领导和有关部门很快行动起来。这时，作为上海警备区司令员的饶子健中将来到了我们团，找了团长和我，关切地询问组建预案的落实情况，再三问我们还有什么困难。对我们提出以队列训练较好的四连为组建基础调配干部、遴选队员的方案表示肯定，并同意我们立即派人北上去国家仪仗队学习取经的意见。他和蔼而又庄重地向团长和我交代，仪仗队代表国家和三军执行任务，一举一动都影响国威、军威，团长政委在这段时间内要用主要精力抓好这件事，只能搞好，不能出半点差错。最后，他还关照：仪仗队员的政治标准、身材高度、身体素质等都有特定的要求，要百里挑一、好中选好，警备团本身不够，可以扩大到整个警备区，预编名额也要有机动数，万一有情况，可以迅速替补。

仪仗队的训练条件是艰苦的。训练刚开始就遇上了大热天。队员除在课堂接受必要的形势政策、外事纪律等教育外，大量的时间是在练兵场上；训练的标准又高，要求“站如铁塔，动如疾风”。“前后左右一条线”；从单兵到合成，从队列到操枪，都要采取突击的形式以强化训练，真是“夏练三伏”，刚练了个把月，从队长到队员，个个晒脱了几层皮；有的队员还出现了体质下降。饶司令员得知后多次通过机关干部了解队员的生活、思想状况，指示我们采取改善措施。9月的一天，仪仗队从驻地拉到机场，现地进行合练。刚刚开始，饶司令员就赶到机场，走到我们中间。他一边看训练，一边很随和地向我们询问情况，看了一回，他又兴致勃勃地站到场地中央，代替队长为仪仗队喊操。这时的司令员已经五十五岁了，但还是“宝刀不老”，他的口令恢宏而又清晰，动作规范而又稳重，尽管身躯微微发胖，跑起步来有点吃力，但他仍带着部队走了一圈又一圈，队员知道司令员为他们喊操，精神更加振奋。他们一边听着司令员的口令，一边看着司令员淌满汗珠的脸庞，个个都发出内心的尊重和微笑。练兵场上官兵情绪融洽，一片沸腾，队伍的士气更高昂了。

检验的时刻已经来到，1964年11月4日，印尼共和国总统苏加诺应周恩来总理的邀请，在访问朝鲜人民共和国后返回印尼途中，到达上海作短时停留，前往上海虹桥机场迎接贵宾的有周恩来总理、罗瑞卿总参谋长和上海市的领导人。仪仗队身着三军队服，第一次公开亮相。这是仪仗队成立后首次执行的礼宾任务。他们以整齐的军容、划一的动作、良好的素质、崭新的风貌，赢得了在场中外人士的赞誉和好评。迎宾之后，警备区领导及时传达了总参谋长罗瑞卿大将对年轻的仪仗队高度评价：“你们很好地完成了任务，时间那么短，搞得那么好，不简单啊！”这是对仪仗队，也是对整个部队的鼓励。

时光流逝，往事如烟，但这件事仍历历在目，特别是虹桥机场上老将军亲自操练部队时挂在双鬓上的滴滴汗水，更使我们难以忘怀，回想起仪仗队的成长，固然要靠自身的努力，但它的成长更离不开一代又一代各级领导人的心血和关怀。

（作者：原上海警备团政委，离休前任浙江省军区副政委）

二十、服从分配就是胜利的保证

罗玉棋

饶司令员是我们的好领导,到警备区短短几年中,为把部队建设好,他奋力开拓、运筹帷幄、呕心沥血,位高不自居,名重不自恃,平易近人,始终都以普通者的身份出现。大家都喜欢跟他出差工作。他的高尚品德永远值得我学习敬仰。

组织上调我到警备区任化学兵主任。饶司令员叫我去。

他问:"你是从十二军调到警备区来的?"

我说:"是的。"

他说:"这是一个新建兵种,你要把它搞好,特别是我们住在大上海,又是水网地区,部队要开始大比武训练,要搞一个好样板。就要根据大城市和水网地区特点进行训练,化学兵有化学兵的训练法,如火焰喷射器,能否喷到高层楼窗口?水网地区如何防止毒气?敌人使用原子弹,如何进行防护、洗消?这些都是新的课目,你们要很好研究搞出一个样子来。"

我们根据司令员指示,经研究,确定训练一个尖子班,警备团化学连喷火排史家和班为尖子班,作为培养对象。从战术、技术动作到喷射三层楼房窗口、地堡、枪眼,从白天到夜晚进行反复训练喷射,到全军比武时,史家和班得了第一名,模范班,全军闻名。这也是在饶司令的关怀和指导下,才得到了如此好的成绩。

社教运动时,组织上派我去,当时,我不想去。饶司令员找我谈话:"听说,你不太愿意去搞社教运动。"接着说:"你还是去好,军队干部到地方去搞社教运动，是中央提出来的，是对军队干部一个很好的锻炼机会，也是培养干部多面手的一个办法。毛主席指出：军队既是战斗队又是工作队。你不去不行，不然毛主席指示落空了，你一定要听党的话！要服从组织分配，服从组织分配是胜利的保证！”在饶司令的教导下，我愉快地服从了调动。

临走时，他还对我提出几点要求：“一、尊重地方干部意见，不要自以为是，自作主张。要向地方干部学习，向群众学习。二、坚决贯彻、宣讲中央二十三条，不要变形走样，要按中央的政策方针办事，按照社教工作团指示决定办事。这是一场艰苦的政治思想工作，要经得起考验。不能瞎指挥，样样要请示报告。三、对地方干部有错误缺点，一定要发动群众，采取说服教育，摆事实讲道理，以理服人，不能采取压服的办法，我们无产阶级的本性，就是说服教育，不能打、不能骂，只有这样才能达到治病救人。”

饶司令员的这些指示，我及时地向工作队军政干部传达，要求每个人认真遵照执行。因此，在社教工作中没有犯错误，社教结束之后也没有产生“后遗症”。

（作者：原上海警备区化学兵主任，离休前任上海警备区顾问）

二十一、深入部队，真抓实干

孙志伟

1963 年春，组织上调我到上海警备区守备一师任参谋长。当时警备区司令是饶子健同志。从此，我有机会在他领导之下，受到他的指导、教育和关怀。即便 1965 年底他调离上海警备区，到南京军区任职以后，还分管和关心上海警备区的事情，我也多次与老首长接触。他的举止言行，都给我留下深刻的印象。我最难忘的是：饶司令员在工作上深入部队，真抓实干；对下级，他关心体贴，平易近人；对干部，他讲党性原则，作风正派。

1963 年，一师师部驻吴淞，于当年秋迁到周浦。1963 年夏至 1964 年春，在这不长的时间内，他两三次来师部蹲点检查了解部队工作。他召开会议，听取汇报，与人谈话，了解情况，针对部队中出现问题，及时采取了一系列正确的解决办法。部队在金山卫，举行野外训练(学习郭兴福教学法)，他亲自督阵，冒着风雨严寒，一连数天，对参练部队人员的思想情绪给予很大的鼓励。

他任南京军区副司令时，还分管南京地区国防工办的工作。1968 年至 1972 年间，他对上海的国防工业的生产以及上海在皖南地区的“小三线”建设，常抓不懈(当时我任上海国工办副主任)。除在军区多次召开国防工业会议外，他多次亲自来上海到有关的工厂企业单位检查了解军工科研与生产情况，要求各单位保质保量地完成任务，他工作作风的深入和扎实，为我们下级树立了榜样。

饶司令员平易近人，对下级对同志关心体贴。1964 年春，他来一师师部蹲点时，我突患腰疼病，睡在办公室床上起不来，他知道后亲自来看我，并叫医生马上送我去华东医院医治。我在医院经一个月时间的治疗，病仍然没有转好，而自己不愿久住医院，要求早日恢复工作，于是，就出院回了家。这时，饶司令员又亲自到我家来探望，我把病情向他报告后，他说："你病没全好，现去部队工作有困难，那就先到机关工作吧，现司令部办公室还没主任，就留在司令部办公室当主任，等你身体好了，再回去！"首长亲自来看我，关心我的身体又考虑到我的工作安排，让我非常感动。我表示遵照首长的意见，听从组织分配。

我到司令部办公室工作不久，饶司令员就去南京军区工作了。在他领导下时间虽不长，但我对首长的印象是很深刻的。此外，在抗日战争与解放战争年代，虽没直接在他领导下工作，但对他的事迹也多少有些所见所闻。如1940年，他带一批干部由延安来敌后豫皖苏地区，率部经常与日、伪军作战。1941年1月皖南事变后国民党军以数倍于我的兵力向我新四军四师部队大举进攻，他率一个旅的部队（十二旅），苦战数月，多次给敌人以很大的杀伤之后，顺利地转移到路东。抗日战争胜利后，部队整编，他任华中军区第九纵队副司令。解放战争开始，宿北战役后，野战部队转入山东作战，他奉命率二至三个团进入淮北地区（原七分区）坚持斗争，牵制敌人配合正面主力部队作战。地区狭小，生活困难，经常受到敌军以优势兵力的进攻与围剿，斗争极为艰苦和艰难。他一直坚持到淮海战役，迎来了胜利的局面。

饶子健司令员是一位参加过红军长征、抗日战争与解放战争的老同志，身经百战，是一员战将。他经历了漫长的艰苦岁月，对革命战争的胜利与军队的建设都付出了很大心血，对党对人民的革命事业作出了很多的贡献，值得歌颂和敬仰！

（作者：原上海警备区守备一师参谋长）

二十二、临危受命　砥柱中流

满必鸿

从1966年5月16日开始的“文化大革命”，发展到1967年1月的所谓“一月风暴”，全国各地“造反派”纷纷夺取了各省、市委(包括中共中央华东局)的领导权，党政机关陷于瘫痪，共产党员的组织生活被迫终止，合理的规章制度被污蔑为“管、卡、压”，无政府主义严重泛滥，打、砸、抢横行无阻，武斗规模步步升级，很多工矿企业处于停产、半停产状态。中国大地上空乌云密布，大有“黑云压城城欲摧”之势。而华东地区是全国重要的工业基地、经济中心，华东地区的经济能否稳定住，对全国形势有着举足轻重的作用。在这危急时刻，周恩来总理于1967年底命令南京军区成立南京军区生产办公室，任务是把江苏、浙江、安徽省和上海市的工农业生产以及铁路、水路、公路交通管起来，行使原中共中央华东局的职权。根据周总理指示，军区党委研究决定由饶子健副司令员担当此重任，组建军区生产办公室。生产办公室下设工业组、农业组、交通组、秘书组。我当时在南京军区司令部军事交通部任参谋。

饶副司令员指示，要从军事交通部抽调一名熟悉铁路、水路、公路交通业务，有独立工作能力的干部到交通组工作。根据饶副司令员指示，我们部长就挑选我到军区生产办公室工作。我于1968年1月到军区生产办公室报到，分配在交通组工作。当时的办公地点在南京市北京西路原军区第一招待所(现华东饭店)B楼。当时，我们各组的组长都由原华东局各部委抽调来的领导同志担任。例如：交通组组长是原华东局交通局局长吴志敏同志，工业组组长是原华东局计委主任黄宇霁同志，农业组组长是原华东局农业局局长王铮同志，同时还从华东局抽来一批工作人员。他们大多是土地革命战争、抗日战争、解放战争时期参加革命的老同志，和他们在一起工作，对我们这些部队干部业务的提高有着极大的帮助。几十年过去了，往事历历在目。现在我将饶副司令员留给我印象最深刻的几件事回忆如下：

身先士卒　大将风度

军区生产办公室成立后不久，有一天，南京市的"造反派"几百人，头戴柳条帽，手持铁棍、长矛等，把军区生产办公室包围得水泄不通，高呼口号要把"走资派"揪出来，他们说我们生产办公室躲藏了"走资派"，要我们把"走资派"交出来批斗。当时，华东局调来的有些同志思想比较紧张。饶副司令员临危不乱，立即召集大家开会研究对策，他首先肯定我们生产办公室是根据中央指示成立的军事机关，冲击军事机关是违背中央军委关于"文化大革命"八条规定的，因而是错误的。饶副司令员对我们办公室的同志们说：对"造反派"要理直气壮地讲道理，不要怕他们。要求我们各司其职、坚守岗位，并派秘书组的同志到现场对"造反派"宣传党中央的各项政策，耐心细致地做思想政治工作。晚上，饶副司令员和我们大家一起坚守岗位，住在办公室。虽然他的家离办公室很近，但也没有回去，直到"造反派"撤走。由于饶副司令员的模范带头作用和遇事不乱、镇定自若的大将风度，稳定了大家不安的思想情绪，从而更加积极地投入紧张的工作，没有使生产办公室的工作受到影响。

平易近人　诲人不倦

由于林彪、"四人帮"反革命集团的挑唆、操纵，一些地区陆续发生破坏铁路、袭击列车、抢劫运输物资等严重事件，如徐州、蚌埠地区的铁路，由于两派搞武斗，造成南京、浦口间铁路轮渡停航，使国家南北大动脉濒临中断，形势比较严峻。饶副司令员指示我要把最近一段时间华东地区的交通状况拟份电报，上报国务院。我接受这个任务后很胆怯，因为我从来没有给中央这么高的领导机关写过电报，他好像看出了我的心思，就一面教我从哪几个方面去写，写几个什么问题，一面鼓励我不要怕、不会就学、慢慢就会学会的。他还以亲身的经历教育我，他参加红军以前是一个农民，也不会打仗，后来不断参加大小战斗，从战争中学会战争，打了不少胜仗。在饶副司令员的直接教导和鼓励下，我用了一天时间才起草了这份电报的草稿，经过反复推敲修改后，才壮着胆子送给饶副司令员审阅，饶副司令员又亲自帮我修改了几处，我拿回去重新整理誊写一遍，再送给饶副司令员审阅签名后发出。大约过了一个星期，饶副司令员对我说，许世友司令员对他讲，周总理看到了我们上报的交通状况的电报，所反映的情况对中央下决心整顿铁路、水路交通现状很有帮助。我听了后，心里感到像吃了蜜一样的甜。中央首长能看到自己写的材料，心里觉得是很光荣。这也使我进一步认识到参谋工作平凡具体，但是非常重要；虽然没有什么惊天动地的英雄事迹，但是在中国革命这部大机器上，也算是一个不可缺少的螺丝钉。这对我坚定革命人生观，全心全意为人民服务，做一个永不生锈的螺丝钉产生了重要影响。我当时是一个只有三十岁的年轻人，能够在饶副司令员这样一位平易近人、循循善诱的高级首长身边工作，是我一生中最大的幸福，也是我永远铭志难忘的。

急人民所急　帮人民所需

“文化大革命”前，上海市的工业用煤和人民生活用煤始终保持着三个月的储备量。“文化大革命”后，由于全国动乱，煤矿生产下降，铁路线经常堵塞，运输受阻，上海的煤炭不能正常运到。到了 1968 年初，上海市的煤炭库存只剩下三天的用量。如果不能把各地生产的煤炭及时运到上海，电厂将面临停电，自来水厂将面临停水，煤气厂将面临停气的危险。到那时，老百姓将无法生活下去，后果是非常严重的。上海市向南京军区生产办公室紧急求援，饶副司令员召集工业组、交通组的同志研究解决办法，确定两条根本方针，第一条是把华东地区煤矿的生产抓上去，第二条是确保交通畅通无阻。同时采取了几项应急措施：一是命令上海铁路局军管会抓紧疏通铁路堵塞区段，把所有停留在津浦铁路线、沪宁铁路线各火车站所有的煤炭车皮，不管货主是哪一家的，都一律紧急挂运到上海，以解燃眉之急。二是采取水、陆路联合运输，齐头并进的方法。命令蚌埠铁路分局军管会组织运煤专用列车循环输送，把淮南煤矿的煤炭经淮南铁路线运到裕溪口火车站换装长江航运局的轮船直发上海。三是向国务院报告，请铁道部增拨火车皮，将山西省及东北地区的煤炭用火车运送至大连和秦皇岛码头，由上海海运局组织海船，沿渤海、黄海、东海水域运到上海。四是解决矿区短途运力不足问题。由上海市抽调交通运输局几百台运输卡车，组成几个车队，开赴山西省大同煤矿，将落地煤炭由坑口倒运至火车站装车。五是工业组派干部协同安徽省、江苏省军管会生产指挥部奔赴淮南、淮北、徐州、贾汪等重点产煤矿区，发动工人搞好煤炭生产。同时，由上海市抽调上海歌剧舞剧院的同志组织文艺演出小分队到煤矿配合宣传慰问工人，促进煤炭持续增产。文艺小分队到达南京时，饶副司令员亲自接见并讲了话。由于采取了以上各项有力措施，上海的煤炭库存量从1968年下半年以后又逐步地多起来，从而保证了上海这座全国最大的工业城市没有发生断煤、停电、停水、停煤气等问题，保证了工业生产和人民生活的需要。

生活在今天的上海人是非常幸福的。特别是今天的年轻人不可能想象到四十几年前的上海面临的那种断煤的危急情景和千万人为了保煤、保交通而进行的紧张战斗。饶副司令员领导的南京军区生产办公室虽然时间不长，但是在那个特殊的历史年代作出的特殊贡献，将永远记载在史册上。

（作者：原南京军区司令部军事交通部参谋，
退休前任南京军区上海铁路军代处主任）

二十三、鞠躬尽瘁　为党为民

胡仁路

饶子健同志是我党、我军的高级干部、优秀的高级将领，在半个多世纪的革命生涯中，为民族的解放、为新中国的建设作出了巨大的贡献，在党和人民中享有崇高的威望。我有幸在饶子健同志身边工作多年，他的高贵品质，对党对人民的无限忠心、无私无畏的工作精神，都给我留下了难以磨灭的印象。现将我在他身边经历的终生难忘的几件事叙述如下：

对党无限忠心。饶子健将军自参加革命就一心为党。他常对我们讲：人应该有信念、有理想、有追求。一个人参加了革命，就应该为党为人民奋斗终生。在艰难困苦情况下不能动摇，在和平环境下更要经受住考验。他是这样说的，也是这样实践的。为了党和人民的利益他可以放弃一切、可以不顾一切。20 世纪 60 年代中期到 70 年代初，已年逾花甲的他，虽然身体患有多种疾病，又面对动乱的年代，他不顾自己的身体，按照军区党委的安排，肩负起了协调、组织三省一市工农业生产的工作。虽然环境极端恶劣，工作困难重重，他还是夜以继日地工作，在力所能及的范围内，很好地解决了当时沪、宁、杭广大地区人民的生产、生活问题。给我们印象最深的是在 1966 年的冬末春初，由于“四人帮”的干扰破坏，到处武斗不止，沪宁地区铁路中断，不少大中城市日常生活用品供应发生困难。因为交通不便，上海市的煤炭储存量有时只能维持三日之需，万一供应不上将会造成停电、停水非常可怕的后果。面对如此严重的形势，各地的告急电话、电报成天不断。此时，周恩来总理、李先念副总理也亲自打来电话说：目前地方党、政机关已基本瘫痪，只有以军队名义想办法解决这些难题了。他接到总理的指示后，火速召集有关人员研究，通宵达旦制订多种方案，并立即亲自出面与各方协商，最后报请军区党委审定后，组织了大批军车运输。经过多方努力终于很快解决了这个极为困难的难题。在当时，抓生产就是不突出"政治"，就意味着不抓"革命"，他随时都面临着"挨批"、"挨整"，搞不好还会被戴上"唯生产论"的帽子；但他能不计个人得失，不怕"四人帮"扣帽子以及"造反派"揪斗。他迎着困难上，毫不畏惧，他说："党和人民的利益高于一切，挨批又算得了什么？"在党和国家出现危难的时候挺身而出，这就是饶副司令员的性格。他坚决按照周总理和军区党委的指示，长时间地坚持完成生产任务，保证了近亿人民的生活安定。

对工作尽心尽职。饶副司令员对工作有着强烈的责任心和高度的责任感。凡事都身体力行、事必躬亲、一抓到底，不达目的誓不罢休。20世纪60年代中期，党中央为了应对突发事件，决定兴建"大小三线"。南京军区也规划了不少的"三线"建设项目。根据军区党委的分工，由饶副司令员具体分管这项工作。他在接受任务后，面对时间紧、工作重、要求高、关系错综复杂的局面，克服重重困难，深入基层调查研究。他经常抱病进山勘察地形、选择厂址，组织技术人员进行工程设计，调遣工程队伍进行施工安装。在短短的三年时间内，建成并投产了近百所军工厂，形成了能够生产陆军步兵团以下全部武器弹药配套齐全的军工企业。一千多个日日夜夜，从东海之滨到大别山脉，从繁华都市到偏僻乡村都洒下了他辛勤的汗水。特别是60年代末，为了使我军装备能够适应新形势的需要，立足自力更生，打破超级大国的封锁。党中央确定了研制生产新式防空武器的决定，并将其中研制开发八五式高炮和五七式高炮的任务交给了南京军区完成。周恩来总理亲自找饶子健同志谈话，要他具体负责组织落实。当时，周总理问饶子健同志："你知道这些武器的性能吗？"

饶副司令员回答说："整天同武器打交道，应该知道，不知道就学习嘛！"

周总理又问："接受这项任务有困难吗？"

饶副司令员信心十足地说:“有困难就想办法去克服!”

周总理很高兴地说:“有你这两句话,我就放心了!”

在接受任务后,饶副司令员亲赴上海等地与各级领导及有关人员协商研究落实方案。他从大政方针到具体实施步骤都仔细思考,多方听取意见,特别对不同意见更是重视。他不仅听意见,更重视实地调研和解决问题。为搞好某型高炮生产厂址的选择,他数次深入皖南山区,对方圆五百多平方公里地形进行勘察,不管是烈日炎炎的夏天,还是冰雪严寒的冬季,在皖南山区的各个角落都留下了他的足迹,洒下了他的汗水。就是在他的有力组织指挥下,从炼钢、炮管生产、雷达配件、武器配件组装及运载等共三十多个工厂,在短短的两年多时间内相继建成,并很快投入试生产,四百多天的时间内就生产出了样炮,并在奉贤靶场进行了试验。在当时情况下,将几十家工厂很快建成,并将十多万名工程技术人员组织进入山区实在不是一件易事,如果没有认真负责的工作态度,没有坚强的意志,没有“一不怕苦,二不怕死”的精神,是不可能在短期内完成如此艰巨任务的。只要接触过他的人,都会对饶副司令员这种舍生忘死的工作精神所倾倒、所佩服。正是他这种事必躬亲、身先士卒的工作精神,培养和造就了成千上万忠于党、忠于人民的优秀的革命接班人。

关心群众甚过关心自己。饶副司令员在半个世纪的革命生涯中,磨练出了一种高尚风格:那就是群众的利益高于一切,关心群众甚过关心自己。在暴风骤雨的战争年代,他爱兵如子,时时处处关心部下的各个方面,深受广大干部战士的好评。在和平年代,他对部下严格要求,一丝不苟;当属下有了缺点错误,又总是耐心细致,苦口婆心地说服教育。跟随首长,有什么心事,遇到什么难题,都愿向首长倾诉。使我感受最深的是:他心中时时装着群众的疾苦,装着群众的冷暖和生活。在“三线”建设中,他把广大“三线”职工的吃喝冷暖时刻挂在心上。他常教导我们:广大职工从城市到山区来就不容易了,来了之后,他们的吃、住、行以及治病等问题一定要安排好。在20世纪70年代初,当时受条件限制,物资十分匮乏,生活必须品极端缺少,为了解决数万职工吃、住、行及治病等问题,成了他当时思考最多的事。他经常深入职工家庭问寒问暖,每当得知老职工生病,他都叮嘱厂领导要及时安排治疗。

1971年冬天,安徽大别山区下了一场大雪,道路不通,交通中断,上万名职工吃饭发生困难,饶副司令员说:“人以吃为天,不能耽误一天。”他亲自到安徽,与当地党军领导一道研究解决方案,并随即组织拖拉机、牵引车送粮、送煤。途中有的道路实在不能走,就采取人抬、肩挑。他当时讲:“纵有天大的困难,也要想办法克服,绝不能让一个职工饿着、冻着!”正是由于他的关心和正确指挥,在大雪封山近二十天的日子里,上万名职工顺利地渡过了难关。他还经常对我们讲:“我们参加革命就是来为人民服务的,所以群众的温饱、冷暖应该时刻挂在心上。”他还说:“群众生活中的事没有大小,小事也应当作大事办。”由于处处关心群众的疾苦,他成了广大职工的贴心人,也是职工心目中最信任的人。所以他不论到哪个“三线”厂,职工都自发出来欢迎他,想听他作指示。广大职工深情地爱戴着他。

饶副司令员一生忠勇,对党一片忠心;为人刚直不阿,一身正气,一身清廉。他对人对事,既有原则性又有灵活性。他常说:“人,要正直真诚,假话是说不得的。说假话是要自食其果的。林彪怎么样,历史给他作了公正的结论。”他识才、爱才,对有真才实学的人不计前嫌,给予重任。所以,我们在他身边工作的人都深深地体会到:真是俗眼识才、慧眼识才、仁眼识德。他用革命家的眼光看世界看得既深刻又透彻!

跟随饶副司令员时间不长,感受颇多,首长的一言一行,都是永生难忘,首长的每一句教诲,都激励着我们一生。首长的高尚品德是我们党的宝贵财富,也是值得我们永远学习的榜样。

（作者:原南京军区国防工办常规兵器科科长,
离休前任安徽省军区司令部副参谋长）

二十四、不顾个人安危 全为民众谋利

余广彤

（一）

1966年3月，我在六十军炮兵一六七团三营担任教导员，正在安徽定远农村搞“社教”。忽接通知，说是工作调动，要我立即回去。回到营房，才知道是到南京军区司令部给饶子健副司令员当秘书。饶副司令员曾在六十军当军长多年，是我熟悉、敬爱的老首长，我很快移交了工作，前去报到。

饶副司令员当时刚由上海警备区到军区工作，与林维先副司令员一起分管民兵工作。那时，上面规定部队干部都要参加一次地方上的社会主义教育运动。3月下旬，饶副司令员带军区机关和前线歌舞团十几位同志到江浦县大桥公社搞“社教”。饶副司令员和我们几个人住陶庄生产队。六十军朱启祥军长在邻近的另一个队。同去的部队同志分散在各生产队。陶庄地处津浦路北丘陵地区，各项工作处在“中游”状态。陶庄生产队长姓刘，为人老实，但能力不强，副队长姓晋，外号“冒冲”，作风比较粗暴，常训人骂人，得罪人多，但没有严重“四不清”问题。饶副司令员找他们谈话，耐心教育，帮助提高认识，改进工作。同时指示我们组织社员学习毛主席著作，发动群众，把生产搞上去。这年夏天干旱无雨，陶庄的稻田都要抽水浇灌。饶副司令员帮助生产队从上海买了两台柴油机，解决了抗旱困难，使秋季获得了丰收。他还指示军区司令部动员部参谋曹厚基对这个大队的民兵组织进行了整顿，开展了军事训练，举行了实弹射击。运动结束，饶副司令员和朱军长联名写了一份报告，上报军区党委和江苏省委。江苏省委的“社教”简报上曾予以登载。饶副司令员和陶庄干群建立了深厚的感情。后来社员们几次派代表到南京看望他。

“社教”后期，“文化大革命”的序幕已经在全国拉开，党内发生了一系列大事。空四军驻盐城的三十一师和场站在传达中央文件时干部中出现思想混乱。叶剑英元帅指示南京军区协助空军处理，要保证不能发生问题。饶副司令员于7月中旬前往盐城：到达盐城空军机场时，南空王绍渊副政委和潘启琦部长带的政治部工作组已先期到达。饶副司令员听取了他们的汇报，参加了师、场站党委扩大会议，并在会议最后讲了话，要求领导干部在统一思想的基础上，做好下属干部、士兵的思想工作，搞好战备训练。

饶副司令员从盐城乘飞机到上海参加了军区党委扩大会议，回到南京，又去北京参加了总参召开的动员工作会议，于9月下旬带领工作组到浙江检查民兵工作。从南京出发后，先到宜兴二十军五十八师驻地，了解了驻军做民兵工作的情况，随后又到杭州，检查了几个厂矿、农村的民兵工作，此后在省军区人员陪同下到绍兴、宁波军分区检查民兵工作。记得在镇海的郭巨、三山公社，组织了民兵紧急集合演习。工作组要在夜里三、四点钟起床，赶赴现场。饶副司令员不顾年高，都提前起床，亲临现场，检查指导。当曙光在海面上升起的时候，他看见在海滩上排列整齐的武装民兵队伍，兴奋不已，几次走到队列前讲话，对民兵们进行鼓励。本来按原计划还要去沿海岛屿视察，但军区民兵领导小组的意见要抓一下组建民兵团的经验，经与各方研究，决定在慈溪县人武部，省军区何以祥副司令员、宁波分区赵副司令员带人参加试点。经过半个月的工作，基本上完成了民兵团的组建工作，并进行了总结。只是当时“文化大革命”形势变化快，地方上十分混乱，这个经验未能得以介绍推广。

（二）

1966年底到1967年初，发生了所谓“一月风暴”，演出了“夺权”的闹剧。地方上“造反”声势一浪高过一浪。地方政府由于受冲击，工作处于瘫痪状态。在此期间，军区领导机关也受到冲击。饶副司令员根据军区党委常委的安排，多次出面接见群众组织代表，也曾数次受到围攻。他总是既坚持原则，又耐心细致地进行说服工作。

1967年1月下旬，中共中央、中央军委向解放军发出了“三支两军”工作的指示，军区党委常委决定饶副司令员抓支工支农生产工作。军区在华东饭店成立了生产办公室，除军区机关抽调人员外，并从华东局抽调一批干部来参加工作。成立后，很快召开了全区生产会议，饶副司令员在会上对全区生产作了部署，对部队支工支农提出了要求。

由于社会秩序混乱，交通运输和厂矿生产很不正常，以致上海的煤炭十分紧张。引起了国务院领导的高度关注。3月初，饶副司令员带领工作组到上海和上海警备区分管生产的领导和市革委会的负责人进行研究，工作组同志分头到铁路局、航运处了解情况，帮助工作。饶副司令员也亲自到上海南站、浦东储煤码头和一些工厂视察。记得有一天他到上海柴油机厂视察，这个有近万工人的大厂已分为对立的两派，争斗激烈。上午他听取了驻厂军代表的汇报后，召集工人代表座谈，原想下午到车间看看，中午工人们听说有上级首长来了，纷纷拥到办公楼前，我们活动已很困难，只好通过夹道的人群把汽车开出厂门。经过一个多月的工作，上海的煤炭供应得到缓和，饶副司令员从上海向周总理和军区党委发电报作了汇报。

回到南京未住几天，饶副司令员又带工作组经合肥到淮南抓煤炭生产。就在我们抵达淮南的前几天，淮南矿务局所在地洞山刚发生过一场大规模武斗，一派组织攻下了另一派据守的一座大楼，死伤多人，因而群众中对立情绪严重，局面紧张。我们在矿务局交际处宾馆住下，便有群众找上门来。第二天，饶副司令员到大通煤矿视察，很快被工人包围起来。一些派性强烈的头头逼迫他表态，想得到部队领导支持。他只好临时发表讲话，要大家在毛主席革命路线指引下，实行大联合，不要武斗，要把生产搞好。他的讲话虽然为少数“造反派”头头所不满，却得到多数群众的欢迎。当地人武部干部和部队支左干部思想也比较混乱，饶副司令员除与几位领导同志谈过话外，又向全体同志讲了话，要他们加强学习，安定情绪，克服困难，做好工作。饶副司令员离开后，军区生产办公室工作组还在淮南工作了一段时间。

这年夏季，南京地区武斗不断发生，交通运输数次中断。饶副司令员和军区生产办公室曾多次召集在铁路、航运部门执行军管任务的同志开会研究，并到现场视察，以疏通运输通道，减少工农业生产的损失。

“文化大革命”是我党我国历史上的非常时期。在当时这个特殊的环境下进行工作，面对各种复杂情况不断发生，军区生产办公室对指导全区地方工农业生产发挥了积极作用。饶副司令员胸怀忧国忧民之心，不顾个人安危，全为民众利益，认真负责、艰苦工作的精神，确实为大家所钦佩和敬重！

（三）

回想起1954年夏末，六十军机关驻安徽宿县南关外一所小学里。一天傍晚，我到西边司令部院里去，看见一位矮矮胖胖的首长手摇蒲扇坐在院子里乘凉，下穿黄军裤，上穿白汗衫，神态安详。一位参谋告诉我，他是从南京新来的军长。这是我对饶副司令员的最初印象。后来我由宣传干事调任党委秘书，和军首长的接触更多了，也直接受到首长的关怀教育。1957年总政举办建军三十周年征文，要求老同志写回忆文章，我听过饶副司令员讲述长征中“爬雪山、三过草地”及西路军的战斗历程，以及抗日战争、解放战争中在淮北敌后坚持斗争的经过。他谈到许多战友牺牲时充满感情，眼眶里闪动着泪花。我知道他几十年来从士兵到将军一步步走过来是不容易的，尤其是西路军惨败后到新疆的那段经历，真是历尽磨难、绝境逢生啊！这更增加了对首长的敬仰。

饶副司令员在六十军工作期间威信很高，受到干部、战士的爱戴。他对上级指示执行很坚决。他有个小本子，常叫我把中央文件和上级的重要指示给他抄在上面，以便反复学习，认真贯彻。他能大胆放手地支持其他领导干部去干工作，其他同志也很尊重他。党委一班人很团结。在机关干部面前，他既是威严的首长，又是温和慈祥的长者。即使在大鸣大放的时候，没有听到有人对他的思想作风有非议，也没出现过一张针对他的大字报。

饶副司令员严于律已宽以待人，对干部既能严格要求，又很关怀爱护。1956年六十军召开第一次党代表大会，在发扬党内民主时，有些同志提出了某些人的历史问题，机关有的处长发言态度偏激，更助长了一些人的不满情绪，加剧了矛盾。不久，在大会秘书处总结工作时，饶副司令员严肃地进行了批评。1958年10月在参加军区党委扩大会议期间，有一位外单位调来的团长在小组会上，当着饶副司令员的面大发牢骚，说了许多过头话。当时党内"左"的错误已很严重。饶副司令员仍然能冷静对待，指示师领导找他谈话进行教育，但没有借"反教条主义"的机会，无限上纲地去整他。

饶副司令员始终保持了老红军艰苦奋斗的本色，生活俭朴，平易近人，能和群众打成一片。在陶庄搞"社教"时，他和工作组一起住在大队一座公房里，和大家吃一样的饭菜。到浙江检查民兵工作时，在镇海、慈溪都住在县人武部内，吃在人武部食堂。他对工作抓得很紧。我回忆跟随他外出没有到一处风景名胜地游览过。记得在宜兴五十八师，师首长对他说，附近有著名的善卷洞，已去人作了安排，劝他在工作余暇去游玩，也被他谢绝了。他说："工作归工作，怎能恋玩呢，要玩待退休再去玩！"据说，退休后他也没有去过。

（作者：饶子健将军原秘书）

二十五、患难见真情

石　斌

1966年5月“文化大革命”在全国各地迅速开展起来，上海的“文革”急剧升温。8月5日毛泽东写的《炮打司令部——我的一张大字报》很快传到上海，接着北京红卫兵三次南下，开始在全国大串联。当时上海市委陈丕显书记有病，在休养中，由市委书记兼市长曹荻秋同志主持工作。

8月30日，曹荻秋同志代表上海市委对北京红卫兵的到来表示热烈欢迎，向他们介绍上海“文革”的一般情况，解答他们一些共同关心的问题，建议他们派代表在大会以后开座谈会听取他们对市委工作的揭发批评、广泛地交换意见。

随着“文化大革命”浪潮的深入，运动开始波及我家。当时，荻秋同志要不分昼夜地接待和处理狂风暴雨般的一些问题。他不得不离开家，每天工作在哪里就住宿在哪里，而我每日必须要到机关去参加“文化大革命”运动。两个大孩子，一个在哈尔滨，一个在张家口读大学。家中留下六个小孩，在读中学和小学，最大的十六岁、最小的才十岁，因学校都停课闹革命，于是他们六个孩子也背上被子到四川、重庆去串联了。孩子们从未离开过父母，也没有自己独立生活的经验，她们要坐上火车几天几夜奔波在成渝铁路线上。长途旅程使她们疲劳不堪，有的孩子下了火车，一点路也走不动，就想睡在马路边。但他们非常团结，互相帮助。为了不连累亲友们，他们去找重庆红卫兵接待站。住下后，拿了我写给老战友廖苏华同志(市委书记处书记)的信，到市委去，受到廖苏华热情接待和关照。

当时，重庆市的“文化大革命”也正在开展，廖苏华同志也受到冲击，白天被拉去批斗，晚上她还把孩子们找去，请她们吃饭，并委托王秘书安排他们去温泉参观游览。临行时又送她们点心，在纸盒中放一些零用钱。这使孩子们久久不能忘记对自己的关怀。后来孩子们又去探望了婶婶、姐姐，到他们家作客。很多老战友也请他们去吃饭。她们在众多亲友们的照顾下度过了串联的那些愉快日子。她们正准备去成都串联，探望她们的伯父母，中央通知停止串联，要学生回校闹革命。荻秋同志立即要我将孩子们找回上海。于是孩子们就没有去成都，立即返回上海。

那时“文化大革命”浪潮正逐步升级，“造反派”冲击市委机关及我家的住宿地。我们都已无法回家，借住在一个部队的招待所里。我们孩子多，且都年幼天真，他们不能理解“文革”中的种种做法和现象。她们也不怕“造反派”的，敢与他们争论。我担心，如果闹出事来不好处理。为此，我和荻秋同志商量，是否先让这群孩子离开上海，到外面去躲避一下。于是，我给南京军区饶子健副司令员打了长途电话。接通电话后，他毫不思索满口答应，欢迎我家一群六个孩子去。说：“孩子们来我家，没问题，请放心。”当时，我们非常激动，无限地感谢。我想，在我们最困难的时刻，能得到老战友的无私援助，如此慷慨，在政治上和经济上大大增加他的负担和压力。这样的帮助真使我们永远不能忘怀，也使我们真正体会到无产阶级情谊的伟大。

就这样，我匆匆为孩子们准备了简单的行装直奔南京饶子健副司令员家，他们家也有五个孩子，据孩子们说，在他们家还有安徽省委李任之书记的两个孩子以及饶守坤的孩子，不断还有其他战友的孩子要去住。吃饭时，两个大圆桌也坐不下来。这么多人吃饭，买菜也成问题，为了不让外人知道家中有那么多孩子吃饭。饶司令员的夫人王树芝派她的女儿也上街去买菜，却要我们的孩子不要外出。在家中，饶司令员和孩子们谈心，教育孩子们不要轻信外面的揪斗照片和大字报，反复劝说：“要相信党，相信你们的父亲不是坏人，问题一定会搞清楚的。你们安心住在这里。”他的那些谆谆教导，深深地铭刻在孩子们的心中。

他们生活在这么一个特殊的大家庭中如同住在自己的家中，心情无比愉快。可是好景不长，这场“文化大革命”的烈火逐步深入，部队也开始受冲击。

每当我回忆起这段历史非常心酸，更增加我对饶司令员一家人的无限崇敬和无限感谢。

饶司令员从红军时代就长期在部队战斗，非常爱护士兵，宽厚待人，尤其可贵的在我们患难之时，给予无私的帮助，教育我们的后代在复杂的斗争中认清形势、分辨是非，使他们迅速成长为共产主义的接班人，这些高贵的品德是我们的学习榜样，他的优良作风将永远载入史册。

（作者：曹荻秋同志的夫人，离休前任上海市第九届人大常委会委员兼财经委员会委员）

二十六、"兵贵神速，救急就得快"

徐敏勇

指挥交通

1966 年秋的那段时间，南京的天气是阴沉沉的，闷得人们很不舒服。天气越是不好，沪宁铁路线越是出事。浦口、南京火车站，黑压压的一片，全是被迫中途下车的人群。常州火车站、无锡火车站，也是人满为患。坐无座位，睡没有睡处，吃饭也发生了困难。这是怎么回事呢？话要从头说起。

在史无前例的"文化大革命"中，从南京到常州的铁路沿线，成了"造反派"争斗的阵地，谁都标榜自己一派是"响当当"的革命派。在江青"文攻武卫"理论武装下，派与派之间的武斗不断升级，发展到真枪实弹，打火车、断通信，大动干戈。沪宁铁路线在你争我夺中，被迫中断。不仅旅客被阻于南京、无锡等地，许多物资也都停运。就规矩而论，指挥交通是国务院铁道部的事，可是，当时全国的生产指挥系统都不灵了，铁道部反而难以指挥当地的"造反派"。

周总理根据当时全国的生产情况，曾对军队作过若干指示。军区根据总理的指示，在国防工业生产办公室的基础上，又增设了工业组、交通组。沪宁铁路中断交通、旅客阻留的情况，很快报告到了管这项工作的饶子健副司令员处。他高度重视此事，认为这是事关人民生命财产安全的大事，立即召集交通组的同志开会研究。会议认为，派部队到铁路沿线去做"造反派"的工作,时间将会连续很长,会给阻留的旅客带来更多的困难,而且阻留的列车越来越多。较为实际,也较为有把握的办法就是我们军区自己派汽车,把南京、无锡两地的旅客,对向输送,再换乘火车继续北上或南下,饶副司令员根据对以上情况的分析,说:"这种办法好,现在就是要快,兵贵神速!"他当机立断,指示军区后勤部和二十七军,各派出四十辆解放牌汽车,安全迅速地对向输送阻留的旅客。于是,浩浩荡荡的汽车接运火车旅客的运送方式,在南京、无锡之间展开,经过半个月的突击运送,终于将阻留两地的旅客,安全地输送完毕。此举,深得群众的拥护和国务院的赞赏。

维护交通

1966 年 12 月的一个晚上,饶子健副司令员把我叫到他的办公室,问我近期各铁路线的通行情况。尔后,他说,二十七军负责沪宁铁路的安全秩序,是军区定的。怎么空军硕放机场又派小分队到苏州站活动去了?军区和空军没有给他们这种任务嘛!他们派去的小分队一到苏州站,苏州站的两派(指造反派)之间又紧张起来了,这样下去,不是又要影响交通了吗!然后,饶副司令员斩钉截铁地说:"谁也不能再影响交通了!"

根据二十七军的报告,饶副司令员指示我,当场拨通了二十七军尤太忠军长的电话,由我传达了饶副司令员的如下指示:"请二十七军立即派人前往苏州站,责成空军硕放机场的小分队立即撤回部队。今后,没有上级指示,不得自行向铁路派出小分队。"

从那以后,苏州一带的铁路线,再未出现"危机",沪宁铁路全线交通得以顺畅。

支援上海

1967 年冬,上海市政府不断向军区电报求援,上海市工业用煤的保有量,只有三日。这一消息预示着上海的发电、煤气、工厂生产和人民生活,受到严重威胁。一旦断煤,上海将是死城一座。形势决定着行动不容疑迟。军区生产办公室根据饶子健副司令员的指示,首先把到达南京的煤,拨出二千吨运往上海。而后,确定以交通组为主,协同各方面的力量组成工作组,立即去蚌埠铁路分局和淮南煤矿作动员工作,请他们迅速供煤,迅速发运。为此,还让十二军派出毛泽东思想文艺宣传队配合,下煤矿慰问演出。

工作组出发前,饶副司令员对工作组作了指示,要求时时处处按党的政策办事,宣传保上海工业生产用煤的重要性,积极做好工人的思想发动工作,绝不介入当地的派别之争。每到一处,每项工作的进展情况要及时报告。

大家听了饶副司令员的指示后,觉得这项工作的重要性非同小可,保证对上海的正常供煤,影响面积大,大家决心完成好这项政策性极强的光荣任务。

这年冬天,阴雨连绵,寒风呼号,茫茫淮南煤矿,一反往常的热闹景象。除了飘落的大字报外,就是耸立的高大井架,宁静的气氛,使人心里发愣。工作组同志在各方面的配合下,兵分两路,一路直往蚌埠铁路分局,深入各部门与各方面人员谈话,召开座谈会,动员大会,晓明大义,请他们迅速组织运煤列车。另一路前往淮南煤矿,分别与各部门人员交谈,召开座谈会,到矿区慰问演出,采取各种形式,广泛动员,请他们立即恢复生产,以解大上海的燃眉之急。

工作组遵照饶副司令员的指示,顺利地打开了局面。煤矿开始恢复生产,蚌埠铁路也按时配送车辆:发往上海的煤炭列车,沿着津浦、沪宁铁路滚滚向前,大家高兴地说:还是工人阶级伟大啊!这里还有饶副司令员的智慧!

(作者:原南京军区生产办公室交通组参谋,
离休前任南京军区上海铁路军代处主任)

二十七、忍辱负重，呕心沥血

陈　辉

我长期在军区后勤机关工作，当时和军区首长很少有工作上的直接联系，对饶副司令员从一般的了解到较深的认识，是在我调军区生产办公室开始的。在那个非常时期，我在饶副司令员直接领导下，通过自己的工作体会和耳闻目睹，深深感受到首长不畏艰难、勇挑重担、高度负责、刻苦工作的精神，和平易近人、和蔼可亲、艰苦朴素、保持劳动人民本色的品质。

勇挑重担，坚守在工作第一线

1967年，"文化大革命"已从"扫四旧"进入"大夺权"，正像两报一刊元旦社论《把无产阶级文化大革命进行到底》中宣布的那样："一九六七年将是全国全面展开阶级斗争的一年"，也可以说，是以"全面夺权"为特征的"文化大革命"高潮的一年。东海之滨上海的"一月风暴"，席卷黄河两岸、天山南北，无时不在争斗，无处不在夺权，地无净土，天无宁日，全国各地处在混乱之中。当时，各级领导被揪斗，大批干部被批判，地方政府处于瘫痪状态，根本无法履行中央关于"抓革命促生产"的指示。在这样的紧急形势下，遵照周总理的指示，南京军区成立了生产办公室，负责指挥、协调华东三省一市的工农业生产和交通运输工作。军区党委分工饶子健副司令员挑起这副十分艰巨而又沉重的担子。我就是在这时和军区司政后机关的同志一起被抽调到军区生产办公室的。军区考虑到部队同志对地方工作不熟悉，又商请从华东局机关抽调了部分干部，合署办公。饶副司令员首先从端正思想入手，高标准，严要求。人员一集中，就组织学习中央方针政策和军区党委指示，以中央的方针政策统一思想，使大家认识到工作的重要性、艰巨性和复杂性，怀着对党对人民高度负责的精神投入工作。饶副司令员还十分明确地提出：不带派性、不带观点，并针对办公室人员由军队和地方干部组成的情况，要求大家务必搞好内部团结，不要把原单位在运动中的问题带到新单位。对生产办公室如何开展工作，饶副司令员指示也很明确：主要是深入基层，宣传中央"抓革命促生产"的各项方针政策，做好两派群众工作，促进联合，促进生产。这些思想认识和要求，对生产办公室的工作人员在当时十分动荡的情况下，较好地开展工作奠定了坚实基础，为大家能兢兢业业去完成任务，起到了很重要的作用。军区生产办公室在运动中没有一人卷入造反的乱军之中，始终坚守在抓生产的一线岗位上。

在最混乱的这段时间，饶副司令员身先士卒，坚守岗位，吃住都在办公室，如同当年指挥战斗一样，没有离开过一线的指挥位置。我们工作人员，一般每周能回家一次，最紧张的时候，也能轮流回去看看，处理一下家务，然而，饶副司令员一天也没有离开过，直到国庆节前形势有所好转，才离开 AB 大楼东楼 201 办公室。记得 8 月的一天，江浦一大批"造反派"到南京找省军区军管会和军区首长解决问题，也进驻 AB 大楼，院内到处是"造反派"，我们很担心首长的安全，劝他设法离开，他说："你们不怕，难道我怕吗！"他从容不迫，照常看文件处理事务。事后我们才知道，在最紧张的时候，曾通知首长们进指挥所，但饶副司令员没去，始终坚持在第一线指挥工作。饶副司令员一心为着党和国家的事业，忧国忧民，坚守岗位，奋斗不懈，这种精神对我们做好工作、完成好任务有着很大的激励。

不畏艰难，尽力抓好工作

这年夏季，全国"天下大乱"。各地两派造反组织在江青"文攻武卫”口号下，以“文攻”之名，大行武斗之实，造成工厂停工停产，交通中断，国民经济处在崩溃的边缘。特别是国家大型重点企业形势更加严峻。安徽马鞍山钢铁联合公司工厂集中，工人众多，造反组织林立，五花八门，但都分别归属“好派”、“屁派”，两派组织多次发生武斗，且愈演愈烈，以致造成双方都有人员伤亡，工厂大多停产，炼焦厂也岌岌可危。马鞍山告急！饶副司令员员接到报告后非常焦虑，立即召开紧急会议，研究解决办法。他深知炼焦炉完好与损毁，对生产至关重要，因此，保炉生产是当时十分紧迫的任务。另一方面他也清楚马鞍山地区的武斗不断升级，和芜湖市成为安徽的重点地区，派人去既有一定的危险性又难以保证奏效，但又不能束手不管。饶副司令员不畏艰难，决定组织一个工作班子，深入群众，做好保炉工作。由江苏省军区原政委曾如清带领工作组，我也随同前往，星夜起程赶到现场。工作组分别找两派头头做思想工作，宣传中央“抓革命、促联合、促生产”的方针政策，鼓励他们要做“抓革命促生产”的促进派。工作组大部分成员深入车间，和老工人谈心，讲保炉生产的重要性和毁炉造成影响全局生产的严重后果的危害性，动员他们坚守生产岗位。经过几天的艰苦工作，在各级军管会共同努力和配合下，竭力保住了炼焦炉，炼出了焦炭，为尔后全面恢复生产起到了重要作用。饶副司令员为工作组甘冒危险作出的成绩予以赞扬。

这期间经常遇到些十分棘手而又十分危险的事情。在南京西南江苏与安徽交界处有一石臼湖，湖东是江苏高淳县，湖西是安徽当涂县。两地群众历来为争湖上利益而经常聚众械斗，时有伤亡，结怨甚深。“文化大革命”中派性和结怨交织在一起，双方纠纷不断，争斗不休，为平息这一地区的矛盾，饶副司令员曾交待军区生产办公室农业组特别注意石臼湖地区。并两次派出由原炮九师郑副政委带领工作组深入该地区做两派群众工作，平息事态。当时两派武斗互有伤亡，混入群众组织中极个别坏人，煽风点火，极力挑唆，双方聚集上百人，武斗大有一触即发之势，如不能及时制止，后果将不堪设想。饶副司令员再次派郑副政委带领工作组，冒着被关、被打以至生命危险，深入两地，广泛开展群众工作，让他们相信解放军，相信军区会公正处理这次纠纷，要大家务必保持冷静,避免流血,不要上坏人之当。经过他们艰苦紧张的工作,终于平息了纠纷,制止了一场大规模的武斗。饶副司令员始终为工作组担心,几乎每天都要询问工作组的情况,直到工作组人员从人武部安全返回,他才放心。

饶副司令员工作认真负责,不管有什么困难总是尽力去完成。1968年3月国务院召开全国棉花工作会议,各大军区、各省市领导参加会议,我随饶副司令员也出席了这次会议。棉花是关系国计民生和国防军工的战略物资,周总理对棉花工作十分重视,会议安排有周总理讲话,由于总理太忙,委托李先念副总理讲话,要求各大军区抓紧棉花工作。饶副司令员像当年西路军接受李先念政委交给的战斗任务一样,会后认真贯彻,及时了解各省市贯彻执行情况,并组织工作组分赴各地检查落实。我当时带工作组到南通一带了解情况。南通是产棉地区,作为重点来抓。南通也很重视,按照会议要求作了部署。我们小组还到了重点产棉区启东县农村了解情况,见到田里的棉花、麦苗等长势都较好,没有发现撂荒地,农民生活有序,生产基本正常,也有人抓,总的看当时农业生产情况还是比较好的。饶副司令员根据各组汇报的情况,指示军区生产办公室向国务院写了贯彻全国棉花工作会议落实情况的报告。饶副司令员对工作高度负责、一丝不苟,总是有头有尾、善始善终。

平易近人,保持艰苦朴素本色

我在饶副司令员直接领导下工作虽只有一年多,却使我受益匪浅。他平易近人,和蔼可亲,平时上班经常到各办公室走走看看,谈谈工作,问问生活,没有丝毫的官气和首长架子,我们这些在他领导下的不管是部、处长还是参谋、助理员,没有什么畏惧之感,感觉他十分随和。特别是他艰苦朴素,保持劳动人民本色的品质,给我的印象尤深。有一次,我随饶副司令员参加国务院召开的一个会议,同住北京饭店。一天晚上,我去首长住处请示工作,房内无人,只有卫生间开着,亮着灯,我走到门口，对眼前的情景为之一惊！首长洗过澡后，正在洗衣服。我急忙上前动手帮他洗，首长说什么也不肯，边洗边说："这点小事，自己动动手是个锻炼，对身体也有好处嘛！"他还把我向外推。首长当时已是年过花甲，且有冠心病，在艰难的"文革"期间，担负着繁重的任务，倍加操劳，仍然是身体力行。首长弯着腰，脸上挂着汗珠，动作缓慢而吃力，眼前仿佛不是一位曾经南征北战指挥千军万马的老将军，而是一位普普通通的劳动人民中勤劳质朴的长者。时隔三十多年的今天，那个场景仍历历在目。这种精神是我党我军的光荣传统，在战争年代使我们战胜了困难，战胜了敌人，在历史进入社会主义市场经济的今天，这种精神更为珍贵，更加需要发扬光大。

（作者：原南京军区生产办公室农业组组长，
离休前任南京军区后勤部部长）

二十八、始终坚持在第一线抓生产

胡建民

我有幸在饶子健副司令员身边工作。那几年我从部队基层调到军区机关跟随首长工作,这是一个转折,也是我人生经历中的重要一段。虽然时间过去了三十多年,但饶副司令员的精神面貌和人格魅力时时感染着我,鼓励着我。他坦荡的胸怀、忠厚的为人、埋头苦干的精神、平易近人的作风,深深刻印在我的心中。他是我在几十年的部队生涯中十分尊敬的一位首长和长辈。

(一)

南京素有“火炉”之称。1967 年夏天,南京闷热得像只大蒸笼,使人喘不过气。马路上的柏油被晒得冒油,走在路上鞋子都会被粘住。在这样的时刻,我来到了饶副司令员身边工作。

这一年,可以说是“文化大革命”的“夺权年”。从“东北的曙光”到“西南的春雷”,从东海之滨的“一月风暴”到扬子江畔的“好派”“屁派”之争,夺权的风浪此起彼伏,神州大地弥漫在混乱之中。学生停课去“造反”,工人停产闹“革命”。工厂不冒烟,火车不鸣笛,机器不转动,矿井不出煤。但全国亿万人民要吃饭,要生活。有多少人对这种局面为之忧虑,为之担心。

中央发出了“抓革命促生产”的号召。地方各级政府被“造反派”夺权,处于瘫痪状态。领导和大批机关干部被揪斗、被批判,根本无法担起“抓革命促生产”的重任。这时,军区遵照周恩来总理的指示,成立

“南京军区生产办公室”，负责南京地区三省一市的工农业生产和交通运输。军区党委分工由饶子健副司令员挑起这副关系国计民生又十分艰难的担子。

饶副司令员一接任务，便全身心地投入工作。他迅速从军区机关抽调力量，组成精干的工作班子，立即开展工作。为了更快地熟悉情况，又从华东局机关抽调了部分干部，与军队官兵共同工作，人员集中后，首先组织学习中央的方针政策和军区党委的指示，统一思想，统一认识。他要求全体工作人员，不带观点，不带派性，促联合，促生产。对如何开展工作，他明确提出：主要是深入基层，宣传中央的方针政策，做好两派群众工作，促进联合，落实生产。这些思想认识和要求对生产办公室工作的开展，运动中没有出现什么问题，有着重要的作用。他还要求大家吃住在办公室，每周回家一次，但必须随叫随到。饶副司令员身先士卒，不仅吃住在办公室，星期天、节假日也坚守岗位。8 月，江浦“造反派”到省军管会请愿住进了省委机关，也住进了与省委一路之隔的 AB 大楼。军区和军管会领导都被通知住进了指挥所。饶副司令员始终住在 AB 大楼东楼二〇一房间，坚持在第一线。当时，“造反派”四处寻找领导解决问题。我们为他的安全担心，建议离开，他却坦然处之。这期间，他的夫人王树芝同志在江苏省建设厅任人事副处长，运动中是首当其冲的角色，多次被通知参加学习班，接受批判。饶副司令员对她顾及不上，竟未能去看一看。多少年后，王树芝谈起此事，很动情地说：“饶副司令员当时抓生产办公室的工作已经达到了‘丢女忘妻’的境地，但我没有怨言，因为大局为重，没有生产，何来生活！”这充分表现了他们在那艰难的年代里相互谅解、相互支持。饶副司令员一直住到 9 月底，我们几个工作人员始终陪着他，把“二〇一”当成了“家”。

他为上海的事情十分操心。上海是中国最大的工业城市，在国民经济中有着举足轻重的作用，上海一千万人民的衣食住行是一刻也不能掉以轻心的。他担任过上海警备区司令员，对上海有着更深的了解和认识：上海稳住了，中国就稳住了（指经济形势）。他要办公室人员和上海保持密切的联系，及时了解和掌握上海的生产和供应情况，以便采取紧急措施。有一天夜里，上海市一位负责人电话求援：煤炭供应紧张，电厂储煤不够一个星期使用。上海告急！饶副司令员马上组织工作组，亲自带队去安徽淮南。淮南是煤城，然而两派对立，无人生产。矿井不出煤，地上的煤运不出去，有煤又用不上。这种局面令人心焦，让人着急。饶副司令员见状，随即紧急会见军管会的同志，又召集“造反派”的头头开会，宣讲中央“抓革命促生产”的政策，提出“大联合抓生产”的要求，接着又深入基层，深入矿井做群众工作。经过多方面的努力。部分矿井的工人下井了。军区又调动几十辆大卡车，在部队大力支援下，煤炭源源不断运往上海，及时解决了上海工厂的燃“煤”之急，对稳定上海的经济起了重要作用。

当时，最敏感而影响又最大的是交通问题。南京是南北交通的要冲，火车汽车都要靠轮渡过江。轮渡成了咽喉。多少年来，南京人民渴望着在这里架起一座南北通衢的大桥，1958 年就讨论通过了建桥方案，国务院批准成立了南京长江大桥建设委员会，1960 年 1 月，大桥正式开工，直到 1967 年还没实现“一桥飞架南北，天堑变通途”的宏愿。这时，大桥工地的两派各据一方，天天打派仗。揪斗“走资派”是他们的“革命行动”，“好派”批过“屁派”批，“屁派”批过“好派”批，没完没了，无休无止。他们只顾“抓革命”，谁还去促生产。大桥工地冷冷清清，一片沉寂。

长江轮渡成了南北交通运输关键的关键。火车运载着南北急需的生产资料和生活必需品，还有南来北往的旅客以及大批赴全国各地大串连的红卫兵，统统在这里过江。由此，可想而知南京压力之大。当时轮渡每天只有 4 对列车渡运过江，其余客车只能在江边折返。轮渡只要一停，马上就会波及沪宁线东头的上海，以至影响全国。往往是下关的情况还没有报上来，上海方面电话就先到了。对运输工作，饶副司令员要求交通组“全天候”，二十四小时值班，及时掌握情况，随时报告。有时一晚上报告几次。军交参谋不忍心叫醒他。待第二天报告时，首长语重心长地告诫他们：“现在是非常时期，觉可以少睡或不睡，但是情况一定要及时报告，及时处理，人命关天啊！千万不能误事！”他忧国忧民的心情溢于言表。

火车运行极不正常，晚点是家常便饭，停停开开，开开停停，尽管如此，还能流动。最怕的是轮渡停摆。屋漏偏遇风雨狂，怕什么就来什么。8月的一天，交通组苏参谋报告：上海铁路局军代表报告说，下关轮渡停航，上海停发北方列车，北站旅客拥挤不堪，广场上人山人海。当时，上海每天的客流量是几十万人，这对上海是多大的压力。上海有关部门也电话不断，请求尽快疏通。饶副司令员深知一条轮渡船分量之重、影响之大。他立即指示军区司令部军交通部渠维瑛部长组织南京站全体军代表，深入基层做群众工作，坚守工作岗位，尽快开航。要南京铁路局军管会全力以赴做好两派工作，以大局为重，先开航，后谈条件。又请六十军姚晓程副军长对南京站给予支持(铁路军管会人员是由六十军派出的)。经过一天的工作，收效不大。上海的旅客越聚越多，不断告急。沪宁线苏州、无锡、常州各站也是人满为患。南京下关广场人多得无插足之地。饶副司令员十分焦急，不断了解各方面开展工作的情况。晚上9点多，天气异常闷热，树叶纹丝不动。突然，饶副司令员提出到南京站(现在的西站)。在南京铁路分局办公大楼，从军管会、分局办公室到调度室，要求他们一方面坚守岗位，一方面做好两派工作。对职工群众他强调指出：你们既是"革命派"，就要促生产，就要开航。轮船不摆渡，火车开不了，旅客过不了江，谁负责任。两派却相互指责对方不开航。"造反派"都是自封为一贯正确的"革命派"。孰不知，他们对经济起着多大的破坏作用呀！

第二天，召开紧急会议，参加会议的有六十军姚副军长、军交部渠部长、南京铁路分局军管会申主任及分局干部、军事代表、两派头头，共二十余人。会上两派争论很厉害，谁也不承认先停航的责任，谁都表示愿意开航，做"抓革命促生产"的促进派。饶副司令员听了两派的表示，认为态度好、有基础，便因势利导，当即表示："你们既然都要做抓革命促生产的促进派，首先要表现在开航上，你们要各自做好本派的工作，只要开航就是革命'促进派'，否则，就是口头'革命派'。"

在各方面的艰苦努力工作下，停了两天的轮渡又冒烟起锚了。南北大动脉的"血液"流动了。南京缓解了，上海的交通也就松动了。此时，饶副司令员也才松了口气，露出笑容。

当时，国民经济处在崩溃的边缘，工厂普遍停工停产，国家大型重点企业的形势尤其严峻。安徽马鞍山地区原是政企合一,两块牌子(即马鞍山政府和马鞍山钢铁联合公司)一套班子。这里工厂集中,工人众多,“造反派”组织林林总总,多如牛毛,两派组织多次发生武斗,愈演愈烈,武斗不断升级,和芜湖成为安徽的重点地区。工厂大多停产,炼焦厂有被毁的危险!情况十分紧急。饶副司令员接到报告立即开会研究,明确指出:保炉生产是首要任务,炼焦炉的完好与毁坏对于生产至关重要。马钢是国家大型联合企业,一定设法加以保护,务求将损失降低到最低。他立即组织人员,指示工作组连夜出发,赶到现场,做好两派工作,动员工人坚守生产岗位。工作组不顾武斗的危险,深入群众,宣传中央“抓革命促生产”的方针政策,找两派头头做思想工作,经过几天的艰苦工作,在各级军管会的共同努力下,保住了焦炉,炼出了焦炭,为日后全面恢复生产起到重要作用。使马鞍山这家国家大型企业虽然不能正常生产却避免了被毁的局面。

在“文革”中的1967年,饶副司令员主持军区生产办公室,负责南京地区的工农业生产和交通运输工作,受命于危难之时,既不能挽狂澜于既倒,又不能像正常情况下开展工作。在今天看来很容易的工作,但在那“是非不分,黑白颠倒”的年代,做起来都十分困难。今天领导可以下命令发指示,那时候却无人听,无人动。在当时的非常情况下,饶副司令员始终站在第一线,为减少“文革”带来的损失,呕心沥血,竭尽全力。

(二)

1967年7、8、9三个月形势大乱。王(力)关(锋)戚(本禹)制造“七二〇”事件后,全国各地大揪“军内一小撮”的浪潮一浪高过一浪。北京清华“井冈山”造反派等组织大举南下,军内的“大”“小”“三军”和各地五花八门的造反派,云集南京,在军区司令部围墙外安营扎寨,公然喊出“打倒许世友”的口号,声言在9月2日召开批斗大会,明目张胆把矛头指向军区,搞乱军队。在南京三十八九度的高温天气又加了一把火。大有“黑云压城城欲摧”之势。形势紧急!人们焦急!军区广大指战员更是急上加急!饶副司令员本来不苟言笑。这时期,他更加严肃，默默地工作。有时坐在办公室一支接一支不停地吸烟，静静地思考着什么。

有一次，开会汇报时，有同志顺便谈了军区司令部大门外被“造反派”团团包围的情况后，饶副司令员立即下令：“军区生产办公室全体人员坚守岗位，不准上街，不准去现场，不准看大字报，坚决执行军委‘八条命令’。”他还反复强调：军队的稳定是关系党和国家命运的大事。“造反派”反“许”乱军，企图搞乱军队是完全错误的。最后又明确指出：“许司令是毛主席信赖的将军，为共和国立下了战功，许司令是打不倒的！”

“许司令是打不倒的！”这句话铿锵有力，至今仍响耳际。我当时就想，饶副司令员不愧是经过中国几十年革命战争的洗礼，敢于逆当时形势而直抒胸怀，是多么难能可贵！这些话语也表明他对许司令员的无比信赖和革命友情。

饶副司令员也为许司令员的境况忧虑和担心。在运动中，军区生产办公室没有一人卷入造反的乱军之中，始终坚守在抓生产的一线岗位，发挥着他们的作用。后来，军区机关有的支部通知生产办公室人员参加机关“平反”大会，饶副司令员听了汇报后，明确指示：凡是这种会，一律不准参加。当他发现参加军区生产办公室的原华东局机关工作人员中，少数人和地方“造反派”有来往意欲“造反”时，果断决定：华东局机关人员全部撤走，回原单位。保持了军区生产办公室正常工作秩序。几年后，有的同志谈起“文革”这段经历，深有感触地说：多亏饶副司令员要求严格，态度明确，抓住了大方向。不然，会有不少人犯错误的。现在他们切切实实体会到了饶副司令员在政治上对他们的关心。

中央批转军区党委关于“犯了资反路线”错误的文件后，军内“造反派”蠢蠢欲动，要求平反。军区五局少数“造反派”从大别山跑到南京，要求军区首长接见，给予平反。五局是机要单位，担负着繁重的战备任务，按照我军传统，机要部门是由政治委员主管的。由于杜政委兼任省军管会主任，无暇顾及，委托饶副司令员接待处理。饶副司令员有着严格的组织纪律观念，凡军区党委、许杜首长交待的任务，他都是无条件接受，尽力完成。在当时，对“造反派”都是尽可能避免接触，就像烫手的山芋,都怕粘住。由于不了解五局的前后情况,又怕“造反派”围攻批斗,建议他辞掉接待五局“造反派”的任务。饶副司令员全然不顾,挺身而出说:“怕什么,我不做?谁做!无非是做做工作。杜政委、张副司令他们对军管会的事都忙不过来,我分担一点,也给他们减轻一点。”饶副司令员这种顾全大局、厚重实在的精神一直影响着我,教育着我。

接见五局“造反派”的事有两三次。每次接见都在AB大楼东二楼进行。五局“造反派”逼该局李副政委带队,但是他没有发言权。一开始,“造反派”读毛主席语录,接下来就是所谓“控诉”军区对他们的迫害,接着就是喊口号,逼饶副司令员承认军区犯了方向路线错误,要饶副司令员站在他们造反派一边,揭发批判军区党委和许司令的问题。饶副司令员苦口婆心做他们的工作,他说,五局是军区机要战备部队,在“文化大革命”中属于开展正面教育的单位,不准许搞“大鸣大放大字报大辩论”。当时受军内外“造反派”的影响?少数人起来“造反”,对违反纪律的按照军委“八条命令”进行了处理,何谈“迫害”。饶副司令员动员他们马上回到部队,贯彻落实中央和军委的“抓革命、促生产、促工作、促战备”的要求。要他们执行中央赴南京工作组传达的中央指示,许司令对中国革命是有大功的,“打倒许司令”是错误的。可是“造反派”的少数人依然我行我素,执迷不悟。在那“黑白颠倒”的年月,很简单的道理,很清楚的事实,对那些头脑狂热的人,简直是对牛弹琴。在谈话中,他们不时打断饶副司令员的讲话。

“造反派”少数人说:“你在许司令身边,最了解他,你要站出来揭发许司令反党反毛主席言行。”

饶副司令员回答很干脆:“没有!”

“造反派”少数人说:“你们在一起工作几十年,一次也没有反对过?”

饶副司令员回答简单有力:“一次也没有!”

“造反派”少数人说:“你们是一丘之貉!”

此时,“造反派”就整饶副司令员态度。说什么“抗拒从严,坦白从宽”,“不老实就一道完蛋”等等。饶副司令员一言不发,不停吸烟。整过态度之后,再让他揭发,饶副司令员还是说“没有”。

“醉翁之意不在酒”。“造反派”少数人的目的就是要寻找打倒许司令的黑材料，就这样，一次次接待，一次次批判。饶副司令员态度十分明确坚定。他们看看从饶副司令员这里既没有打开突破口，也没有捞到什么“打倒许司令”的一根稻草，纠缠过两三次后，就再也没有来。

有一天，饶副司令员下班回到家。军区保卫部有两位干部迎上来向首长报告：公务员×××是“五一六”，必须马上调走。饶副司令员告诉他们，他是在学习时，参加了一个名称叫“五一六造反兵团”的组织，不是所要清查的“五一六”分子。他本人表现不错。饶副司令员讲情也未能留下，又提出让他吃过午饭，下午再走，也未被允许，当即打好背包被来人带走了。公务员被带到什么地方，怎么处理，在那时是不该问的问题。当时，饶副司令员目送他们走出大门，很无奈地说了句：“哪有那么多五一六哟！”这个公务员在首长身边时间不长，名字也被忘记，但他工作踏实，为人也老老实实，是被冤屈为“埋在首长身边的定时炸弹”。

在那场史无前例的“文化大革命”中，每个人都经受着考验和锻炼。饶副司令员认为这批干部是经军区干部部从全区各单位选调来的，各方面条件比较好，可以信赖。对反映的原则问题，饶副司令员则要求实事求是，搞清真相。当时，有人反映国防工办某参谋在部队时曾甩军帽“造反”，拟调离机关。饶副司令员没有简单地肯定或否定，而是指示有关领导务必调查清楚。后经对原防化团有关人员了解，事情原委是：在团司令部开会前，大家七嘴八舌谈论“造反派”到处冲击机关、冲击部队。当时，某参谋把军帽摘下放在桌子上，说：他们是“造反派”，我们也是“造反派”，怕什么。他是出于对所谓“造反派”的义愤，本意并非“造反”。事后谁也没有作为一个问题看待。对此，饶副司令员表示不影响对某参谋的使用，并告诫工办领导，对“文化大革命”中的问题要全面地历史地对待，不要轻易上纲上线。可是，时隔不久，在工办提升使用的人员中不仅没有某参谋，反而以支援“三线”厂工作需要，将其调出机关，放在江苏省国防工办系统皖南地区的电线电缆厂工作。饶副司令员知道后，说某参谋是个不错的同志。在以后的十几年中，某参谋一直在基层工作，所在单位一致反映很好，最后在镇江无线电厂军代表室总代表的职位上，响应中央军委提出的干部年轻化的要求，主动让贤，退居二线，对新干部“扶上马送一程”，受到领导和同志们的高度赞扬。

饶副司令员和身边人员除了工作上事情外，平时很少谈及其他。有一次，饶副司令员像是自言自语，又像是有感而发，说他三次过草地，在西路军是李先念直接领导下经历千辛万苦打到新疆，一天也没有脱离过部队。现在为什么又提起这段十分清楚而有了结论的历史往事呢？曾记得“文革”初期，军内一个造反组织通过饶副司令员调查军委炮兵一位首长在西路军的这段经历。饶副司令员详细介绍了西路军的成立，从漫漫西征路到惨败风雪祁连山。他们在李先念等首长直接领导下艰苦奋战在一起，直到新疆。并坚定地告诉造反派：凡是能到新疆的就没有人被俘过。后来，凡调查西路军这段历史的，他都理直气壮地一个一个做了证明。

1968 年 3 月，饶副司令员去北京参加全国棉花工作会议。在国务院小会议室遇见了李先念副总理。真是久别重逢，格外亲切。

李副总理握着饶副司令员的手说：“饶子健你当年那样年轻精干，现在成了老头了。”

饶副司令员说：“你李政委那时也很英俊，现在也满头白发了。”

说着说着，两人会心地笑了。这笑声是对饶副司令员西路军这段历史的证明，这笑声也充满着他们经过艰苦转战胜利后的喜悦和生死不忘的战斗情谊。以后风言风语听说由于他夫人王树芝同志的家庭问题，列入机关被斗重点，饶副司令员的历史也被怀疑。在当时“怀疑一切”是无罪的，甚至有人还飞黄腾达、不可一世，但历史是无情的，他们最终一个个被历史所抛去。

1973 年 7 月，总部组织全军师以上干部赴新疆参观见学原子弹爆炸条件下技术装备演练。军区四十多人编为一队，由饶副司令员带队。9 日晚从北京出发。经过两天行程，火车跨过黄河，爬上乌鞘岭，进入狭长的河西走廊。饶副司令员面对着皑皑白雪的祁连山脉，述说着当年在这里战斗的日日夜夜。随着火车轮子的转动，把我们带回到昔日一个个硝烟弥漫的战场。当时在山丹，红五军与马家军展开了拉锯式的战斗，整整持续一个多星期，战斗十分残酷，虽然给敌人以重大杀伤，红五军也付出了惨重的代价，战斗力受到很大削弱，面对眼前的情景，部队仍然是西进。

火车经过临泽、高台时，饶副司令员心情很沉重地讲述了红五军广大指战员在这里英勇战斗、壮烈牺牲的可歌可泣的战绩，深深怀念着英勇牺牲后又被惨无人道的马家军割下头颅的董振堂军长。至此，红五军悲惨地解体了。正如后来，饶副司令员在《从战士到将军的征程》一书中写道：这支英雄的部队，“为中国革命战争作出了卓越的贡献。”“虽然在西征途中失败了，然而它在河西走廊写下了不朽的英雄史诗和‘惊天地、泣鬼神’的大无畏精神，像祁连山巍然屹立、黄河水浩荡长流，与山河永存。”

火车进入甘肃新疆交界的星星峡，饶副司令员很兴奋。当年，他和杨秀坤、周纯麟等人第一批到达，在这里等待失散的同志，寻找和迎接李卓然、李先念等首长，听取陈云同志代表党中央的慰问讲话。这支历经千难万险、九死一生仅剩四百二十多人的队伍，终于迎来了光明。

在基地参观后到了乌鲁木齐。他旧地重游，感慨万千，青山依旧，人事已非，“新兵营”这段日子，对他来说仍历历在目。“新兵营”是吃尽千辛万苦到达新疆的红军指战员新组成的对外名称。饶副司令员当时担任“新兵营”营长，下设炮兵队、骑兵队、汽车队、无线电队，还有航空队等。“新兵营”经过两年的训练，为人民解放军培育了一批宝贵人才，许多同志走上了各级领导岗位。他还参观了八路军办事处，瞻仰了革命烈士陵园。他久久站在陈潭秋烈士像前，深深怀念和十分敬仰这位曾领导过“新兵营”的党的创始人之一。

1973 年全军经过深入揭批林彪反革命罪行，批判极“左”思潮，肃清其流毒及影响，各条战线出现了新气象新形势。在新疆参观见学这段日子，饶副司令员心情特别好。他一路上谈笑自若，时而沉浸在往事的回忆之中，时而陶醉在千里戈壁的天地之间。“兴废由人事，山川空地形。”饶副司令员对如烟往事、眼前现实，对别人、对自己，坦坦荡荡，虚怀若谷，豁达大度，从不计较。正所谓：“心底无私天地宽。”

（三）

“三线”建设，曾经让人感到神秘莫测。

“三线”建设是毛泽东有关战略的构想。他把全国划分为前线、中间地带和后方三类地区，简称一线、二线和三线。其中三线地区为京广铁路以西、乌鞘岭以东、雁门关以南、韶关以北的广大地区。这一地区位于我国的腹地，作为国家的战略后方。1965年中央工作会议同意“三五”计划基本方针为：“以国防建设第一，加速三线建设，逐步改变工业布局”。为了落实这一指示，下定决心搞好三线建设。同时，要求各省市也要有自己的后方基地。南京地区处东南沿海，把皖南、浙南和大别山区分别作为上海及苏浙皖三省的三线建设基地，被称为“小三线”。随着中国的改革开放和市场经济的发展，1984年拉开了调整三线的序幕，撩开了三线的神秘面纱。

南京地区经过几年建设，已建成了一百二十多座工厂，具备了生产团以下武器装备的能力，每个省市后方都有一套生产步兵轻武器及弹药的工厂。全区还有生产某型高炮及雷达指挥仪和配套的钢厂、电厂等项目。还建了一批生产通讯器材的电子企业及研究所。门类齐全，配套成龙，基本达到了一个战略区在战争条件装备团以下武器的保障能力。饶副司令员为小三线建设倾注了全力，在这些工厂留下了串串脚印，洒下了滴滴汗水。

1968年国务院召开“八一五”会议。会议安排南京地区“三线”建设一套五七高炮及配套项目，共计十七个工厂。为加速“三线”建设，保证这一项目的完成，还确定了军区、省军区建立国防工业组织机构的编制。军区军务部原来负责这项工作的只有四个人的一科。会后，组建了有十七人的国防工业办公室。由张林元为主任，张治成为副主任，下设计划和生产两个科。以后，随着任务的加重，编成六个科：计划科、常规兵器科、电子工业科、航空造船科、特种工业科和政工科。人数增加到四十多人。“三线”建设是件大事，涉及地方上人财物，需要方方面面以及上上下下的支持。

当时，饶副司令员提出经军区党委同意，成立南京地区国防工业领导小组，并决定由饶副司令员为组长。除了军区有关部门、省军区领导参加外，省市革委会负责人：上海的马天水、江苏的彭冲、安徽的李任之、浙江的谢正浩都是领导成员。上海的马天水没有参加军区的会议，多是上海工办主任高宗智代为参加。饶副司令员虚心听取省市领导的意见，对“三线”建设的规划、布点、建设都是在分别征求他们意见的基础上，再开领导小组会议讨论决定。省市领导小组成员，也很尊重军区的意见。彭冲、李任之总是表示听从军区决定，军队和地方的关系十分融洽。

为了尽快落实“八一五”会议确定的项目，1969 年初春，饶副司令员带领工作组深入皖南山区，勘察选定厂址。我们一进入皖南山区，蜿蜒的溪水，碧绿的田野中点缀着片片金黄的油菜和错落山边的村舍，真是如诗如画，使人心旷神怡。面对着山区农村的美丽景色，饶副司令员在心中思忖着、描绘着皖南山区另一幅蓝图。

在皖南山区，饶副司令员反复强调：进了山，不能分散了，不要像兔子一样往山沟里深钻。当时，“三线”建设强调“靠山分散隐蔽”的原则和林彪提出的“山、散、洞”的三字方针。在实际工作中怎样理解和执行就大不一样了。有的片面强调越散越好，钻山越深越隐蔽。饶副司令员认为从上海搬到皖南已经分散了，靠近公路既节约资金，又便于原材料进来军工产品出去。这就是他提出问题的出发点。饶副司令员把某型高炮五个厂址，向山沟外作了不同程度的迁移。相对集中，一条道路把五个厂连在一起。生产某型高炮炮弹的四个工厂，分布在绩溪以东的公路一侧，相距不过四五公里。这批项目的选址，为国家节约了大批经费，也为工厂的生产和职工生活减少了一些麻烦。但是在全民备战的历史条件下，兴建的“三线”企业造成的交通不便、信息不灵、远离市场的跛足现象，也只能从历史角度来看待了。

南京地区轰轰烈烈的“三线”建设，从 1969 年初开始。这年 3 月，苏联军队入侵中国领土珍宝岛地区，造成严重流血事件。中国立即作出了强烈的反应。《人民日报》发表题为“打倒新沙皇”的社论。紧接着毛泽东提出了“要准备打仗”。4 月，中共九大政治报告中指出：“我们决不可因为胜利，放松自己的警惕性，决不可以忽视美帝、苏修发动大规模侵略战争的危险性。我们要作充分准备，准备他们大打，准备他们早打，准备他们打常规战争，也准备他们打核大战。”于是，各省市迅速组成了强有力的工作班子，带领广大职工，浩浩荡荡开进山区，在昔日荒无人烟的山沟沟安营扎寨，开山填沟创建工厂。

为了抢时间早日建成“三线”，“三线”工厂都由老企业包建，从干部、技术人员到工人，从基建、设备安装到出产品，一包到底，前方企业以争到承包“三线”工厂为光荣，工人以参加支援“三线”建设为荣耀。各企业提出了“好人好马上三线”，工人喊出了“为了三线献青春”的口号。经过千万职工的辛勤建设，一座座工厂拔地而起，这就是那些藏在深山人未识的“三线”工厂。

这期间，不论是严寒的隆冬，还是酷热的炎夏，饶副司令员踏遍了南京地区的山山水水，每年总有四个月以上的时间奔波于各个工厂之间。7 月，皖南山区的屯溪，骄阳似火，四周山山相连，恰似一个火盆。在上海后方基地建设指挥部的会议室，两台风扇不停地转动，人们仍然是汗流浃背。饶副司令员耐心地听着汇报，不时插话、提问，毫无酷热难挨之感。会后冒着三十八度的高温，深入建设工地，察看建厂进度。工人情绪高昂，干劲很足，克服了生活和建设上的种种困难，工地上热火朝天。他们为抢工期，想方设法就地取材，经过多次实验，搞了“石砌块”，用鹅卵石、沙、水泥等制成大方块，既提高了功效，加快了进度，又解决了材料不足和运输困难的问题。饶副司令员对此大加赞赏，每到一地，都介绍他们就地取材加快建设的经验，在皖南工地很快推广开来，大大缩短了工厂的建设周期。

大别山，这块红色革命老区，为中国革命建立了丰功伟绩，从这里走出了成千上万的优秀儿女，他们在中国革命的历史上占有辉煌的一页。在新的历史条件下，大山怀抱中隐藏着二十几个生产武器弹药的工厂，在未来的反侵略战争中，仍然是坚强的后方基地。可是，今天战争的警报一旦解除，就失去了预想的地位和作用。饶副司令员深入一个个工厂，一个个车间，鼓励职工发扬革命的传统，用大别山精神建设工厂。要求职工树立周总理提出的“产品质量是企业生命线”的观念，为部队生产出高质量的武器装备。同时，饶副司令员也用大别山精神教育着我们。他已是年过花甲，早几年被戴上“冠心病”的帽子，长年离不开药物。每次出发，王树芝同志总要关照我们注意他身体。这也是我们随行人员责无旁贷的责任。出发前，向他汇报打算跑的厂点、行动路线、时间安排，他都表示同意，军医提出的要求他也点头答应。一旦上路离开南京一切都变了。在家他听我们的安排，在外完全得听他指挥。进入“三线”地区，他要求驾驶员不得减速，正常行驶。因为当时盛行打猎，不管是领导干部还是机关干部，都设法搞支猎枪玩玩。饶副司令员每次出发也带猎枪。只是顺便在路边发现了野鸡，放两枪。决不停车遍地寻觅或离开公路“纵深出击”，车速也不放慢。所以，大部分时间带枪只是个样子，经常是枪不出套。跟随他出发的参谋常常报怨：跟随饶副司令员出发不能打猎。一到工厂，不是先听汇报，就是先深入车间，经常是察看过后回到会议室才能喘口气、喝口水。一天下午出发去某县一个工厂。路途不远，因随行汽年抛锚，耽误了时间，到达工厂已是晚上了。深秋的山区，秋风呼呼，寒意浓浓，半天的折腾，顿觉疲劳。晚饭后，工厂领导建议改为明天汇报，准备安排饶副司令员休息。他执意不肯，坚持晚上听汇报，明天按计划行动。大家无可奈何，这时，郭军医趁隙测量血压，劝说道：“今天累了，休息吧，明天再听汇报。”他一听火了，说你们都要我休息，没有人说要工作，他说：“在这里是听我指挥，要休息你们休息好了。”说着就去了会议室。我们立即通知厂领导，马上开始了汇报。这一天直到十点多钟才休息。10 点钟，今天看来，现代城市的夜生活才刚开始，然而，二十多年前人烟稀少的山沟沟里已是万籁俱寂、浸透寒气的深夜了。

4、5 月是美好的季节。黄山，在现代人的心目中是旅游休闲的好去处。曾有“黄山归来不看岳”的说法，可见黄山之奇之美。那时人们没有这种雅兴。但对祖国的大好河山，名川大山也十分仰慕。一天从贵池到屯溪，途经黄山脚下汤口时，已近傍晚。山区天黑得早，又是崎岖山路，赶到目的地已不可能。决定临时借宿黄山。我们出发十多天，一直是钻一条条山沟，爬一道道山梁。一听说上黄山，大家心里暗暗高兴。我们都是初到黄山。一来可以洗洗温泉澡，洗掉多日的疲劳，二来也可目睹黄山美景，饱饱眼福。谁知“上黄山”的建议一提出，饶副司令员立马顶了回来，说：“我们出来是工作的，不是来游山玩水。”为了打消大家的幻想，停了一下又宣布：明天一早下山。我们第一次就这样和黄山匆匆擦肩而过。

两年后的7月,召开"三线"基建工作会议。"八一五"会议安排的某型高炮项目主要分布在上海后方即皖南这一块。会议确定在上海后方召开,具体地点在哪里?经过多次磋商,最后拟定在黄山。饶副司令员知道后不大赞成,认为有游山玩水之嫌;若安排在屯溪召开,皖南人都知道那是个小火炉。饶副司令员想在工厂开,可是上海后方建设指挥部没有一个工厂具备安排几十号人吃住的条件。最后只好选择在黄山召开。此时,饶副司令员明确指示军区国防工办张林元主任,要他亲自抓好准备工作,会议安排要紧凑,会期尽量要短。根据上海各厂的情况,军区工办发出了7月29日报到,30日开会,时间三天的会议通知。不知是偶然的巧合,还是会议筹备者有意安排,三天中有一个八一节。八一节对军人来说有着特殊的意义。会议前两天主要是各工厂汇报和交流情况。会议开得很热烈,情绪高涨,各项工作进展迅速,实现早建好早投产,比较有把握。饶副司令员对会议也很满意。"八一"这天,与会者要求放假,主要是想爬黄山。这次可能是众口一词,群情难违,饶副司令员答应放假一天。大家心满意足。不少人兴致勃勃爬了黄山,匆匆忙忙中领略黄山的奇松美景,有的未能走完全程,半道而返,不曾目睹黄山的真面目,甚感遗憾。

浙东南山区。初冬时节,天气骤变,山风阵阵,寒气袭人。从南京出发时气候温和怡人。一个月来,经皖南到浙西,沿新安江水库,由遂昌进入浙东南山区,已是12月初了。山涧阴云低绕,蒙蒙细雨不断,道路泥泞,山高路险。每走一段路,都提心吊胆。分布在这一带山区的工厂,是前三年建的老厂子,生产比较正常。随来的军械部朱副部长等人对厂里情况也比较了解,建议首长重点看一两个厂,尽快返回南京,以防身体不适。军医也为此担心。他毫不介意,说来一次不容易,人没有那么娇贵。坚持处处必到,厂厂必看,深入车间班组,详细询问了解情况。云和枪厂生产半自动步枪,生产形势稳定,外界干扰很少。军代表王贵和详细汇报了军代表和工厂技术人员如何研制、生产全自动步枪,如何把好产品检验关。饶副司令员对军代表给予热情的赞扬,对厂领导的工作表示满意。在"三线"检查生产时,多次强调向这位军代表学习的要求。由于驻该厂军代表室工作成绩突出,后来被军区后勤部批准荣立三等功。

在深入“三线”工厂中，什么情况都会遇到。饶副司令员把什么也不当回事，心里只有工作。一年初夏，察看安排在安徽某县山区的几个炸药厂厂址。下午到该县时，还是晴空万里。傍晚，四周山头黑云翻滚，转眼间便大雨滂沱。第二天住地一片汪洋，招待所被洪水包围。楼下已经进水，无法出门。幸好，天亮雨停了。山水来得猛、去得也快。饶副司令员还没有等洪水退尽，就叫人支起木板，乘车上工地。沿路还有路面被洪水淹没，驾驶员开车小心翼翼，万一哪段路面损坏了，后果将不堪设想。工厂职工没有想到雨刚停，首长冒险赶到了。饶副司令员这种行动，是无声的命令，鼓舞着他们大干快上，广大职工表示要以最快的速度，最好的质量建好工厂，不辜负军区首长的期望。

苏北洪泽湖畔，是江苏后方基地的一部分。饶副司令员对这块土地一往情深。1947 年 1 月，他带领淮北挺进支队三千多名指战员，打回洪泽湖畔，从此重新踏上了淮北大地。经过艰苦卓绝的斗争，重建了淮北根据地。这块洒遍了烈士鲜血的每一块土地，每一片水湾，他都了如指掌，倍感亲切。对工厂领导不仅要求他们把工厂建设好，生产好，还要充分利用水面，搞好养殖。他特别强调湖畔的几个炸药厂，务必搞好污水处理。污水处理一天不搞好，一天不能投产，不能贻害人民。洪泽湖溶入了革命烈士的鲜血，要保持湖水清澈纯净，以慰先烈英灵。

饶副司令员在察看工厂时，不仅了解生产和建设，也十分关心职工的生活。每到一个工厂，深入职工食堂。看看他们的伙食，询问职工的粮油、蔬菜等供应情况，当了解到职工没有澡堂洗澡时，即同厂领导商量解决，还要亲自看看澡堂才放心。当时职工的生活是突出问题。“三线”建设本着“先生产后生活”和“边设计、边建设、边安装、边生产”进行的，生活设施跟不上，不配套。他走到哪里，都对工厂领导说，工人支援“三线”建设不容易，从城市到山区是个大转变，要尽力安排好他们的生活，解除他们的后顾之忧。既要抓生产，也要抓好生活。工厂远离城镇和居民点，一切供应均需从山外运进，尤其蔬菜要经长途运输，损耗严重。饶副司令员知道后,便积极倡导职工开荒种菜,争取蔬菜自给或大部分自给。要求工厂适当划分土地给职工,也可以在取得地方生产队同意,鼓励职工开垦荒地。经过一段时间努力,工厂蔬菜供应基本解决。有一次在车间察看时,发现两个儿童在玩耍。因为双职工都在上班,厂里没有幼儿园,孩子问题无法解决。他当即向陪同的厂领导交待,要研究解决,不解决工人的后顾之忧,怎么能安心生产,要为他们提供基本的生活条件。饶副司令员由此还想到一系列事情:学校、医院、商店、粮站等等,都应配套解决。他指示军区国防工办进行专题调查,提出了"配套成龙"的设想,以后在五机部十一月规划会议上,建议国务院有关部门,对"三线"建设应统盘规划,生产生活配套安排。会后,对在建项目增加了经费,补充了必要的配套项目,逐步完善了生活设施,稳定了职工队伍。

岁月进入了20世纪80年代,当战争的阴霾散去,走向市场经济的时候,怎样看待"三线"企业的建设。在当时全国"要准备打仗"的特定形势下,经济建设的中心从解决"吃穿用"转变为"备战",人们也只能在这条道路上,遵从上级的旨意照直前进,而无法左右自己。我们每个人都在一定的历史进程中担负一定的使命,只有尽力去完成它。饶副司令员对"三线"建设付出了许多许多,无愧于天,无愧于地,得也失也,是也非也,都属往事。

斗转星移,时光流逝。在记忆的长河中,有的已经褪色,有的模糊不清,有的则随风飘去,而有的却更加明亮,更加感人。饶副司令员从战士到将军,身居高位。他平易近人、平平常常、普普通通,没有丝毫的官气,始终保持着劳动人民的本色。记得1972年初冬的一个夜晚,饶副司令员在某子弹厂忙碌了一天,听说国防工办周礼富家住在本地,老父尚在,要上门探望。周礼富感到过意不去,以首长劳累一天为由劝其休息。我们对他一个大区首长去看望一位素不相识的农民感到突然。他说,我为什么不能去?晚上,在周礼富陪同下到了他家。老人家一听说首长来看他,激动地连忙握住饶副司令员的手,不停地说:"谢谢、谢谢!"周家屋内陈设简单,屋中一张老式的旧方桌、墙上贴一张发黄的年画,一些农用杂物堆在屋角,灯光较为昏暗。在一间普通的农舍，两位老人面对面坐在桌子两边，一个祖籍湖南；一个世居浙江，一个是我军的高级将领，一个是普通的农民，交谈中时不时由周礼富插话解释，如同两位农民兄弟在拉家常，谈得那样亲热，那样投入。多年后，周礼富忆起当年这段往事，无不充满着对饶副司令员的深深感激和敬仰之情，一种力量，净化着人们的心灵。在改革开放的年代，在市场经济大潮的今天，它显得更加珍贵，它将伴随我走完人生的旅程。

（作者：饶子健将军原秘书，退休前任
南京军区工厂管理局政治部主任）

二十九、“国事民事大如天”

谭定隆

1967年的初春，正当“文化大革命”全面展开，各地两派群众互斗，地方政府处于瘫痪状态，无法行使正常职能，交通和社会秩序十分紊乱。这时，周总理给军区许世友司令员打电话，要南京军区把国防工业管起来，“小三线”建设不能停。紧接着国务院又决定把原在上海的华东局国防工办迁至南京，与军区国防工办合署办公，由军区直接领导。

饶副司令员就是在这样十分困难的情况下，于危难之中，受军区党委的委托，分管苏、浙、皖和上海三省一市的国防工业的，具体负责军区国防工业办公室的工作直至1974年军区国防工办撤销。饶副司令员这位身经百战的老红军、老将军在六七年的时间里带领我们走南闯北，无论是钻山沟、进城市，也无论是思想品德和生活作风等各个方面都永远值得我们学习。令我印象最深的，莫过于他那对工作认真负责的精神和实事求是的思想作风以及强烈的群众观念。

一、对工作认真负责，一丝不苟

饶副司令员对任何工作都认真细致，对上级领导交给的任务不讲任何条件，坚决完成。有三件事，我现在仍记忆犹新。

第一件事：1968年在全国军工企业参加的“八一五”会议期间，周总理在人民大会堂召开了一个雷达工作小型座谈会，周总理说：“饶子健同志，你们南京的研究所搞的那个雷达，一定要尽快搞出来，因为它对战备工作太重要了。”当时，饶副司令员立即站起来回答说：“是，一定搞上去，坚决完成任务。”座谈会结束后，在北京就连夜找有关领导和科技人员开会，传达周总理指示，研究措施，确定完成时限。回到南京后，又亲自率工作组到该研究所了解情况，和科技人员一道，从生产车间到测试场，研究发现问题，现场协调解决问题，直至按时提供样机送国家靶场测试。

第二件事：也是在“八一五”会议期间，当时担任国防工业军管领导小组组长的粟裕同志给饶副司令员交代任务说：“你们江苏的电子工业占了全国半壁江山，一定要把生产搞上去。”没等会议结束，饶副司令员就在北京召集华东地区的电子工业企业负责人开会，研究部署抓生产的措施，并要求把会议精神迅速传回各自所在单位，立即行动起来。回到南京后，又组织工作组分别到原第四机械工业部所属单位，一个一个检查落实，直至完成了当年的主要生产指标，他才稍微放心一点。

第三件事：抓生产质量，一抓不让。当时华东地区有国防工业企业和军工科研院所一百多家，分属当时的第二至第七机械工业部。产品的门类从通讯器材、常规兵器到船舶、舰艇以及尖端武器都有。加之国家计委下达的军工动员产品，光整机就有三百多种，如果算上为军工产品配套的品种就更多了。由于当时的社会秩序比较混乱，所谓的“旧机器”被砸烂之后，新的规章制度尚未建立，特别是各级产品检验机构和检验制度被取消之后，致使产品质量严重下降。在这种情况下，饶副司令员报经军区党委同意，确定召开狠抓产品质量大型会议。饶副司令员通过剖析一些典型单位的经验教训。提出了抓质量“三要、三必须”的要求（即抓质量要一着不让，必须有个狠劲；抓质量要从元器件抓起，必须把好基础关；抓质量要从班组抓起，必须按规章制度办）。紧接着又狠抓了两次质量会议精神的贯彻。从而，全区军工产品质量下降的趋势得以扭转，各种规章制度和整个生产形势逐步趋于正常。

二、实事求是的作风，贯彻始终

饶副司令员经常教育我们，党的思想路线，就是实事求是。必须坚决贯穿于我们工作的全过程。这在当时“小三线”建设中的几个问题上体现得比较明显。

1. 关于选点问题。在“小三线”建设的选点过程中，按照当时所谓的“山、散、洞”要求，似乎是山沟越深越好，越分散越好，最好是全部进洞。但是，饶副司令员当时就坚持了实事求是的原则，按国务院和华东局划定的片区，根据工厂的性质分类和生产工艺流程需要以及当地的水源电力等实际情况，适当相对集中，合理布局。为使生产设备不致锈蚀和节约投资，采取了基本不进洞或少进洞。实践证明，这样做，既不违背原则，也是符合基本建设客观规律的。

2. 关于“先生产后生活”问题。当时所谓“先生产后生活”，指“小三线”建设中，先把生产设施建起来再建生活设施。饶副司令员当时就很感慨地说：“这怎么行呢？工人没有地方住，生产设施建起来了，工人能安心生产吗？”于是，他仍坚持实事求是的原则，在建生产设施的同时，建一部分生活设施。然后根据建设进度和工厂搬迁的展开情况逐步分期分批解决。这样，既解决了工人进山有地方住，又解决了住下有地方干活。全区按这个办法实施的结果，既缩短了工厂建设周期，又加快了整个“小三线”建设的进度，基本上全区都按时或提前完成了任务。

3. 关于“三边”精神问题。所谓“三边”，指当时在“小三线”建设中，要贯彻“边设计、边施工、边生产”。大家知道，建设任何一个工厂，首先是方案论证，其次是扩初设计，再经过批准后，才能正式委托设计部门设计，待全部图纸出齐方可施工。工厂未建成哪能谈得上生产呢？但是，由于当时那种特定的条件，还非要贯彻执行。可是，饶副司令员说：“我们还是按实事求是的原则办。”在选点确定之后，先搞“三通一平”（即通水、通电、通路和平整场地），同时抓紧设计。为了保证质量，一定要按程序办。至于生产问题，采取后方厂（即准备从城市搬迁出来的厂）先按产品图或样机试制，待“三线”工厂基本建成后，即搬入新厂进行小批量试生产。这样既不违背基本建设的客观规律，同时又提高了建设的进度不受影响。

三、强烈的群众观念，永世不丢

饶副司令员在分管国防工业期间，经常给我们讲，在战争年代，我们就是宣传群众，组织群众去战胜敌人。现在和平时期搞建设，还是离不开群众，群众是真正的英雄。群众路线是我们党战胜敌人的三大法宝之一，这是永远不能丢的。

1. 坚持做好两派群众的工作。时处“文革”两派群众斗争比较激烈的时候，饶副司令员不顾战争年代枪伤的疼痛和年高体弱以及随时有被“造反派”围攻的可能，经常深入两派群众，做耐心细致的思想工作，给他们讲革命传统。找两派群众组织的负责人个别谈话，采取互相交心，开展批评和自我批评的方法，使他们消除误会，促进了早日联合。因为军工厂都是当地比较大的企业，这些工厂的工作做好了，也随之带动了一批小企业。对当时尽快恢复生产，使整个地区形势恢复正常作出了积极贡献。

2. 时时想着群众的利益。在“小三线”建设中，大多是些原在城市的工厂一分为二或几个厂抽组班底，集体搬迁至“小三线”地区组建新厂。由于时间紧，任务重，加之所去地区与城市之间的差别大，因而出现了一些搬迁人员不愿去，或搬迁去了不安心工作的情况。饶副司令员经过深入调查研究，认为这实际上是个群众利益问题。因为工人从城市迁至山区，按当地工资标准减少了收入。加之生活设施不完善，夫妻分居，子女入托入学等一系列问题不能解决，要想工人安心搞好生产是不可能的。他经与有关省市领导和部门研究协商，采取了搬迁人员仍享受原地区和原单位同类人员的同等待遇。同时加快完善生活设施的建设，有条件的地方，经与当地政府联系，尽量解决工人子女入学和副食品供应等问题。从而使整个“小三线”工厂工人的情绪很快稳定下来，较好地投入建设和生产。

3. 随时关注和关心身边工作人员。身边工作人员来自四面八方，既有军队的同志也有地方的同志，既有懂技术的，也有懂专长的，专业分类比较多，情况比较复杂，他首先关注的就是搞好团结，狠抓自身建设，特别强调不能卷入地方派性斗争中去，要求全体工作人员，要按我们党的宗旨，全心全意为人民服务，多为群众，为基层办实事，办好事，按党的政策办事，从政治上关心大家。其次，在生活上，他也是体贴入微，关心备至。大到工作人员的福利待遇，小到生活起居，穿衣吃饭，都亲自一一加以过问。如有的同志随他出差，他总是要到工作人员住处问寒问暖，直到大家休息后他才自己休息。到基层单位出差，他从不个人单独就餐，总是和工作人员一起吃饭。他说："这也是同吃同住，从中也是向大家学习！虽然不能同劳动，这实质上也是一个群众观念问题。"饶副司令员就是如此严格要求自己，随时随地向身边同志学习。

（作者：原南京军区国防工业组织计划科副科长，
退休前任南京军区司令部军务部部长）

三十、“一心为民”的好将军

高宗智

饶子健同志是位受人尊敬的老首长。早在1968年,我就认识了他。当时,我任上海经委副主任兼国防工办副主任,负责上海的军工生产。饶子健同志任南京军区副司令员,也分管这项工作。几年的交往,留给我印象很深。他为人厚道,作风正派,工作负责,党性和组织纪律观念都很强,平时善于联系群众,虚心听取不同意见。

20世纪60年代后期,国际国内形势都十分紧张,苏联集结重兵在我边境地区,台湾国民党当局在美国等西方国家的支持下不断发出“反攻大陆”的叫嚣。中央向全国发出号召:要立足于大打、早打、打核战争。抓紧做好战争准备,国防军工生产被摆到十分重要的位置。中央指示各大军区、各军兵种以及各省区市都要成立国防工办,编制统一列入军队序列,具体领导国防军工生产。南京军区党委分工副司令员饶子健负责此项工作,军区副参谋长钟发生具体协助他。上海的国防工办由军地人员共同组成。我被任命为上海国防工办的副主任。

1968年3月,国务院国防工办召开“小三线”会议,也称“六八三”会议,各大军区和各省区市负责国防军工生产的主要领导参加了会议。会议主要任务是明确和部署国防军工生产任务。南京军区派曹宗英同志参加,上海是我去的。会议期间,粟裕大将参加了我们华东地区代表的座谈会。在讨论会上,他指出,现在要准备打仗,而且要准备早打、大打,目前部队装备很差,特别缺少性能良好的高炮,而这又是未来海空战必不可少的。苏联早在第二次世界大战列宁格勒和斯大林格勒保卫战时就有四万门高炮，而我们目前数量还十分有限，如果我们有七千门高炮，那对付人家就有一套了。大上海、小上海(指无锡)都在你们华东地区，你们应该承担起生产某型高炮的任务，如果你们都有困难，那其他地方就更困难了。我因有急事，会议还没结束就回到了上海。饶副司令员在会议后期也赶去参加会议，周总理在这期间接见了饶子健同志，对他说："你们上海工业生产有优势，国防军工生产需要你们多出力，高炮生产任务就由你们来承担，动员一线、小三线要一起上，力争早上马、多生产。"

饶子健同志开会回来后，及时地召集我们传达了会议精神和周总理的指示。经过多方努力，上海机床公司和重型机械公司承建起六条某型高炮生产线，上海的高炮生产达到了相当的规模。为了尽早让某型高炮在"小三线"地区投入生产，饶子健同志亲自带着军区国防工办以及上海的一些同志进行选点。当时饶子健同志已六十多岁了，天气炎热，但饶子健同志全然不顾，与年轻同志一样翻山越岭，同行的同志都为他的行动所感动。最后，选定在安徽某地生产某型高炮。

饶子健同志对上海的军工生产特别关心，每年都要亲自来上海检查好几次。每次检查，除了听汇报，还亲自到生产现场去看。他对生产武器的质量非常关心，经常告诫我们：武器质量是人命关天的事，可千万马虎不得，要注意关心一线职工的生活。其他同志到上海来，他也忘不了要关照人家，替我看看上海的军工生产情况怎样。

为了确保军工生产任务完成，饶子健同志主持召开过一次军工生产会议，江苏、安徽、浙江和上海负责军工生产的同志参加了会议，军区司令员许世友等军区领导对这次会议十分重视，多次看望与会代表，还与代表们一起合影留念。记得我在这次会上就产品质量问题还发了言。

上海的动员线以及"小三线"为军工生产作出了突出的贡献。前后共生产了四千五百多门高炮，同时，还生产了多种口径的炮弹、手榴弹以及火箭筒等反坦克火器。

1976 年，某基地发射卫星，卫星是由上海生产的，因为技术原因，发射未获成功。事后，我从北京回到南京，得知饶子健同志因突发心脏病住进了医院。我前去探望，见他还带着心脏起搏器。饶子健同志见到我一时激动得流下了眼泪，连声说，感谢上海同志的关心。我们谈起卫星发射未获成功，他鼓励我："别泄气，一次不成功不要紧，只要继续努力，将来一定能成功。"

周纯麟同志病故，饶子健同志来上海参加遗体告别，我们又见面。当时正在批判"四人帮"横行时期，一些同志受到不应有的批判，搞军工生产被说成是为王洪文在上海的反动武装提供武器。饶子健同志听说后十分气愤，主动站出来说明真相："军工生产是国务院和中央军委的决定，是周总理亲自安排的。"及时澄清了事实真相，上海的同志很受感动。

岁月流逝，我只能回忆出这几个片断，仅此也足以说明饶子健同志为国防军工生产作出了很大的贡献。

（作者：原中共上海市工业生产委员会副主任、
上海市国防工业办公室副主任、国家尖端武器
领导小组成员，徐玉彬整理）

三十一、一切为了国防建设

张治成

跟随军区饶副司令员抓国防工业工作，虽然只有近五年的时间，但给我的印象很深。饶副司令员没有架子，平易近人，宽容大度，生活上不讲究，关心体贴部属。不论在他的办公室或他的住处汇报请示工作以及随首长出差外地，没有拘束的感觉。对我们主任、科长参谋们有什么就说什么，好的表扬，不够的地方及时提醒就完了，他从来没有以粗声大气的口吻批评过人。到工办来也随便，有时到各科来转转谈谈，或者到工办的会议室看看电报和文件，有时也给我们讲传统、讲学习、讲工作方法。国防工办的五十多名干部的姓名，他都能叫得出来。到安徽山区视察工作，多是吃住在分区，或是武装部和工地。吃饭在食堂，睡在临时搭建的床铺，在工棚里的临时简易淋浴室洗澡，一切都很随便、简约。池州军分区的会议室，宁国、旌德武装部的办公室，“八五”钢厂的工地，首长都住过。那时首长已患有高血压、心脏病，年龄已六十多。有一次去屯溪路过黄山，我们向首长建议到黄山休息一两天，首长说：“休息就不用了，现在工作要紧。”

饶副司令员对别人也很尊重，有一次车子要通过某坑道，因车上有跟随的司令部参谋人员，坑道管理人员说要通过，需要请示另一位副司令员，而饶副司令员也很赞同这位管理人员说：“好，请你打电话请示一下。”在和地方同志谈工作时，饶副司令员也都是以讨论、商量的口气谈工作，耐心听取和尊重对方的意见。

国防工办撤销时，从几个主任到每个参谋的去向，饶副司令员都很关心，有的亲自找其谈话，听取去向意见，由于首长的重视，原工办干部的去向安排都较好，他们在新的工作岗位上都积极工作，多数同志得到了提升使用。

可以这样说，饶副司令员对工办的同志有着深厚的革命情谊，工办绝大多数同志认为，饶副司令员是一位很受尊敬的好首长。

饶副司令员对国防工业抓得紧，考虑问题也很细。

某型高炮身管装配厂现厂址，是根据饶副司令员现地勘查指示改定的，它比原来我们选的位置浅十多公里，这里靠河，有水源，交通方便，同时不占良田，离为其配套的底盘厂、瞄具厂，只两三公里。

五型舰船的配套，某型直升机试制工厂勘查选点和建设，动员线的各种高射武器和反坦克火器协作配套，他都抓得很紧。1971年"七一"后方特钢厂出了第一炉钢；"国庆"江苏试制装配的第一架某型直升机在南京鼓楼广场上空飞过，上海后方试制的两门某型高炮，在皖南山区打响试射成功。这些均按原来的设想一一实现。

1969年3月初，饶副司令员由曹祖阴同志陪同抵达皖南某地。下午，就召集我们先到的同志汇报，给我们勘查组三天时间，要我们在某地域为某型高炮弹厂(引信、弹体弹头、装药九个厂)先选出点，尔后他来审定。为了抓紧时间，当晚我们就和上海来的董连成等同志冒雨离开宁国去该县。

在几年建设中，饶副司令员常提醒我们，建厂地址不要选山地太深处，要选靠交通方便的地方，要有水源，尽量不占良田，还要考虑职工的生活方便，建设要就地取材，注意节约，多使用本地的农民工，搞好工厂与当地农民的关系，以及施工中的安全，工程的质量等都一一做了强调。

对三线厂的配套项目，饶副司令员也很重视，常与有关省、市管工业的书记商讨。电厂、电信站、汽车运输团、三所医院、贵池香口专用码头等，都先后在皖南建设起来，饶副司令员也多次去这些工地检查督促。

饶副司令员很注意一些典型经验的推广。后方军工厂利用当地的碎石头，加少量水泥和沙子制成砌块，质量好，进度快，又经济。石砌块施工方法，木模改铁模浇铸预制件以及上海后方四工区与当地农民合作解决职工吃菜难等经验，饶副司令员都及时指示我们以组织现场会的形式交流推广，自己不能去，指示钟发生副参谋长亲自去组织实施。为提高企业管理水平，搞好军工产品质量，及时总结、推广先进经验。1972年下半年，他亲自组织军区国防工业管理工作经验交流会议，总结和推广一些单位以加强管理，提高产品质量的典型经验，这次会议人多面广，与会者普遍认为，会议内容丰富，经验先进，可操作性强，真正起到了推动作用。

（作者：南京军区国防工办副主任，
离休前任杭州军分区副司令员）

三十二、在首长身边工作的日子里

刘世国

1974年6月，因工作需要，我调到饶副司令员身边工作。开始，他在八三医院住院，病房位于医院的后山上，我们在外围警卫。后又因为他身边的警卫员生病住院，需抽调一名战士替补。因我入伍前在家乡当过三年赤脚医生，个头大又有劲，就挑选我作为首长的警卫员，负责首长的警卫和勤务工作。现在回想起在首长身边工作七年的日日夜夜，他的音容笑貌至今历历在目。特别是他分析处理事情的坚强党性原则、严于律己的工作作风、爱兵如子的可贵品质、艰苦朴素的生活作风以及与疾病作斗争的顽强精神，给我留下了非常深刻的印象，至今仍教育和激励我立身做人、勤奋工作，做一个对国家和社会有用的人。我作为一个农家孩子，成长为大上海一个星级饭店的总经理，这与我有一段在首长身边工作的宝贵经历和首长的培养教育是分不开的。

1976年5月，首长因冠心病加重，心电图中出现连续四十八个室性自主节律，医院的医护人员和家人都非常紧张，感到病情十分严重。而他自己却很镇静。经过上海的陈灏珠等专家会诊研究后，决定安装心脏起搏器。之后实施了手术。手术后，由于心跳一下由原来的每分钟四十次提高到每分钟七十二次，他感到很不舒服，时常出现血压较低情况，有一次首长不适明显时，血压竟降到60/30毫米汞柱。这时他主动提出要吃中药，总院同意了他的要求。请了南京市中医院的副院长开了两副药，一吃真灵，血压稳住了。再吃两天，血压上来了。后来我才知道这是参附汤。

同年7月,由于首长病情不稳定,被转到上海华东医院治疗、观察。9月9日,广播里传来毛主席逝世的噩耗,给首长极大的震惊。此时此刻饶副司令员根据自己多年的革命经验,想到的是党和国家的命运,"不行,我要回去!"他没有把自己的疾病放在心上,当即吩咐我整理东西,准备马上回南京,同时他对王树芝同志说:"你去延安饭店订票,无论如何明天就走。"我们考虑首长病情那么重,怎能再坐车颠簸。闻讯而来的医院领导也再三劝说,但首长仍坚决要尽快回南京。他说:"目前形势很复杂,现在毛主席去世了,局势会更严峻。作为一名共产党员、军人,此时此刻应在自己的岗位上,不能躺在病房里,要回到组织身边。自己的身体重要,但国家的前途和命运更重要!"第二天,我们和首长一道返回了南京。当他带着氧气袋出现在军区组织的悼念毛主席活动的现场时,大家都感到十分惊讶!

首长自1976年5月安装心脏起搏器,一共连安带换用过四个。在这期间多次发病、多次报病危抢救,他都在与病魔的搏斗中走过来。其中,有一次印象最深。1977年2月春节前夕,我们几个家里的公勤人员在室外晒太阳。突然,我隐隐约约听见首长好像在叫我,我赶紧跑过去,只见首长一手扶着墙,一手捂着胸,满头大汗站在那里,已讲不出话来了。此时,我也不知哪来的机灵劲,一边将首长抱上床,用被子放在他背后靠着,给他吃急救药、吸氧气、测血压、做心电图;一边让驾驶员开车到军区总医院接医生,同时又打电话给总院十五病区杨治中主任做好准备。医生接来后又接王树芝阿姨回来。由于我基础抢救工作做得及时,当医生赶到时,很快作出诊断是"急性左心衰"。因抢救及时首长转危为安。事后,杨治中主任表扬我们几位工作人员紧急处理得当,为医生抢救成功赢得了宝贵时间。

首长身居高位,对自己要求非常严格。他每逢大事,都要向组织汇报。平时的党小组活动,只要自己身体许可,他都积极认真参加。在长期受疾病的折磨中,他十分尊重医生的意见,配合治疗。遇有大的治疗方案进行更改时,他都要求报请军区批准。他常说,我们都是普通党员,是组织里的人,做什么事都要依靠组织,得到组织上的批准。

1979年初,时任国防部长的张爱萍同志来南京军区视察工作。期间，他来到饶副司令员家看望，再三询问有什么困难，有什么问题要解决。饶副司令员始终说没有问题，他说："自己身体不好，不能为党工作，更不能给组织增添麻烦。"其实，那时我已提升为干部。按照规定，首长身边当时工作人员是没有干部编制的(1984 年以后均有编制了)，提干后必须调离。由于我在首长身边工作多年，对他的情况比较熟悉，无论是感情上还是对病情或生活上照顾，他本意是不想让我离开。但组织上有规定，他不愿开这个口给组织添麻烦。最后，还是王树芝同志提出来了，张爱萍部长当即表示，让我继续留在首长身边工作，由他与军区打招呼。但饶副司令员坚决不同意留，要我按规定调走。

首长生活上艰苦朴素，从不铺张浪费。他的衣服领子、袖口破了补补再穿，鞋子袜子破了，他也舍不得扔掉。一年四季，院子里的地上都有他带领我们种的各种蔬菜和瓜果。冬天烧锅炉时未烧透的煤渣，他叫我们一块块捡出来再烧。他还从节约一滴水、一度电抓起，对我们言传身教。有时我们忘了关灯或水龙头没有拧紧，他就一个一个去关掉。

首长家庭教育非常严格。首长的车没有一个孩子敢随便用。他经常教育孩子们，凡事要靠自己努力，学会理解人、尊重人、爱劳动、爱集体。我们警卫班的同志劳动，他总是叫子女和我们一起干。在首长的教育下，五个子女都在各自的工作岗位上努力工作，自食其力。

首长为人正直，平易近人。对身边工作人员，在政治上、纪律上要求很严；在思想上、生活上又十分关心。他经常告诫我们，要加强学习，学政治、学理论，也要学文化、学做人。他经常给我们讲长征中的故事。谆谆教导我们要牢记红军的优良传统，全心全意为人民服务。我入伍前虽当过赤脚医生，但由于文化低，有些业务书籍看不懂。首长住院期间就叫我跟医生学习业务知识。他说多学一门，就多一种本事，现在在这里干，以后到别的地方也能干，可以更多地为人民服务。他经常找我们了解家庭情况、个人困难，哪家有困难，他总是资助一点；哪个同志生病了，他总是让炊事员做病号饭，催促我们去医院看病；有的同志探家，他叫我们不要多花钱，而让王树芝同志帮我们买东西带回家。每逢过年，首长及家人都和我们一起聚餐，使我们这些年轻人感到像在家过年一样。首长关心他人胜过关心自己，每当经抢救后，症状稍缓解些，他总是说我们辛苦了，催促我们去休息。他经常让家人买鱼和肉，给我们改善伙食。每当想起七年多在首长身边的日子，我的心情总是久久不能平静。我对首长和王树芝同志无不肃然起敬，他们不是父母，胜似父母。我的成长进步，是首长和王树芝同志长期关心教育和帮助的结果。在此，我由衷地感谢他们。

（作者：饶子健将军原警卫员，现任上海延安饭店总经理、中国旅游行业饭店业协会理事）

三十三、不忘艰苦卓绝的战斗友情

左　政

姚克同志生前十分崇敬饶子健司令员，常常对我谈起饶司令员的这样那样，如他的英勇果断、稳健善战、领导有方，还包括他那高尚的品格，平易近人的作风，对同志的爱心和关怀。在此略举二三事。

在解放战争中恢复淮北这段极其艰辛而辉煌的战斗历史过程中，饶司令员和姚克同志结下永生难忘的革命友情。在解放战争中，淮北路东地区的战略地位十分重要，对开辟后方战场，更好地延长战线牵制和消耗敌人兵力，以配合正面作战的主力战场作战，都迫不及待地要求收复淮北。于 1947 年 1 月间，华中局审时度势，果断作出了收复淮北路东的英明决策，并任命饶子健为淮北挺进支队司令员兼政委、任命赵汇川为副司令员兼参谋长。以饶司令员为首的淮支肩负着恢复淮北这块战略要地的重任，他们着眼全局，心中念念不忘生活在水深火热中的淮北人民、曾在抗日战争中凝结在一块的鱼水之情。还有当时七地委七分区撤退期间撤到洪泽湖上的一批地委和分区的机关干部及各级地方干部、地方武装，他们以姚克同志为首，成立了“中国共产党洪泽湖工委”，坚持在烟波浩荡的芦花丛中，高举红旗，作不息的斗争，并日夜期盼着主力的支援和解围。在如此严峻的形势面前，以饶司令员为首的淮支部队发出了钢铁誓言：“打回老家去！重返淮北，收复失地！”他们众志成城，奋不顾身，刻不容缓地向敌区挺进，一场极其艰巨复杂的殊死斗争拉开了序幕。在漫天白雪飞舞，冰天雪地中，他们顾不了地冻路滑，奋勇作战，击败了敌顽的多次围剿和增援，取得了一个又一个辉煌的胜利，真是“横扫敌顽，有如风卷残雪”。他们直向洪泽湖挺进，终于在1947年1月24日黄昏时刻在谢嘴与坚持在湖上的姚克、洪沛等领导同志会面。他们互相握手，拥抱，问长问短，热泪盈眶。此情此景，饶司令员每每思及，记忆犹新、历历在目、永远难忘。

淮支和湖上坚持斗争的同志会师之后，增强了淮支的力量，洪泽湖的战略地位更为突出，这里成为以后收复淮北，支援正面作战的可靠的后方基地和依托。饶司令员这样一位军事家的心目中是十分清楚的，特别是他亲自领导收复淮北的整个战役中，领会特别深刻，他曾经多次说过：“我们重温重返淮北的斗争历史，以史为鉴，可以知兴衰。让历史告诉未来，淮北将永远闪烁着不可磨灭的光彩。”饶司令员和赵汇川副司令员都曾大声疾呼：“坚持洪泽湖是一面红旗，这段历史要大宣特宣，要大大的宣扬！”饶司令员曾派一位秘书到我家共研如何写坚持洪泽湖斗争的一些历史事实和有关对姚克同志的怀念文章，遗憾的是我没有有效地配合，后来那位秘书又被调离了。

饶司令员闻悉姚克同志在被军管中不幸逝世的噩讯，不顾当时的客观压力和外界的舆论，在我们家最困难的时候，把我和子女们接到他下榻的稻香楼宾馆予以亲切的慰抚，这给我们极大的鼓舞。他十分关切姚克同志的死及其结论。姚克同志在军管中逝世，当时已成一个谜，很多同志不敢接近和过问这件事，而饶司令员敢于坚持正义，对强权毫不畏惧。

1969年5月24日，我爱人姚克同志在军管中不幸逝世。当时“军管会”在没有认真调查的情况下，迫不及待地宣判姚克同志“跳楼自杀”。事实上是姚克隔离审查，被他们逼得精神失常，又没有及时采取措施而发生的悲剧，很多老同志都证明了事实真相：是被迫害致死的。“四人帮”垮台后，我们的申诉在李任之和饶子健的关心下，十年沉冤终得昭雪。1978年6月30日《安徽日报》上亮出了标题为“受林彪、‘四人帮’迫害的原省委常委、副省长姚克昭雪，恢复名誉”的文章。当时，由李任之同志主持了昭雪大会。会前饶司令员曾打电话给李任之书记，说：“姚克是久经考验的好同志，对革命立了汗马之功！我们有幸活着的人要为他昭雪！”频频嘱托一定要把姚克的结论做好。王树芝同志还亲自到合肥参加昭雪大会。饶司令员是最了解姚克同志的，他坚信姚克的组织观念和党性极强，历史清白，姚克没有任何原由导致他自杀。曾有一个时候，饶司令员到合肥提出了“追认姚克为烈士”的建议。以上情况说明，饶司令员对姚克的政治评价是很高的，他们在极其艰苦卓绝的战斗中凝结的友情是很深的。

饶司令员“爱屋及乌”，一贯对我们十分关怀。一年春节，意外地收到了饶司令员和王树芝同志的贺卡，我万分激动，同时又感到惭愧和遗憾，责怪自己为什么不早些寄去祝福他老人家夫妇的贺年卡，向他们贺春问候呢！我立即去了信，发出贺卡以表感谢。每次我有事去南京或出差路过南京去探望他们，他们夫妇总是热情欢迎接待，饶司令员总是不知疲倦地向我问长问短，反复地回顾往事，还亲自设宴招待我们，十分激动人心。我十分理解饶司令员对姚克同志及坚持洪泽湖的同志们念念不忘的心情。

（作者：姚克同志的夫人，原安徽省工会副主席，省人大常委）

三十四、痛悼饶子健同志

张灿明

和风乍起夕阳坠，君逝传来痛断肠。
戎马一生战功著，全心为国奔波忙。
重返淮北尤英勇，收复故疆鱼米乡。
领导军民方略正，锄顽杀敌气高昂。
襟怀大展长者慨，和蔼待人赤子肠。
江汉平原人永念，浏阳河水波声扬。

2000年10月9日

（作者：1947年饶子健率部重返淮北时，是淮北党政军委员会委员，后任地委副书记，新中国成立后任驻外大使，离休前任中央监察部副部长）

三十五、永远怀念和学习饶司令员

王显斐

五年过去了，再也看不见您，
寻呀，找呀，再也找寻不到您，
寻呀，找呀，再也等候不到您，
您永远离开了我们，
您与世长辞了。
我只能在墙上的镜框里见到您的音容笑貌，
从小到老，有生有死，
这原是自然规律，
大家都祈望您活得更久，更久。
镜框里的遗影，
好似是用清澈的目光在默默地颔首，
紧闭着的双唇挂着一丝笑容，
似乎您仍然活着，重又回到我们中间，
激起了无限的思念之情！

翻开波澜壮阔的历史画卷，
七十八年前，您十八岁，
意气风发，斗志昂扬，
高举镰刀和斧头，
在大革命的洪流中，为真理呐喊。

白色恐怖动摇不了决心，
告别病榻上的老父亲，记住慈母的嘱托，
您戴上八角帽，成为一名红军战士，
从此踏上了从战士到将军的征程。

红米饭，南瓜汤，挖野菜，也当粮……
您追随朱毛，鏖战湘赣闽滇，
五次反"围剿"，四渡赤水河，您冲锋在前，
血战湘江，飞渡金沙江，跨越乌江，您出生入死，
翻越白雪皑皑的夹金山，肩上扛着体弱士兵的枪，
淌过烟雨茫茫的野草地，您把仅有的一把青稞面，
喂到了重伤员的嘴里。
二万五千里长征，您率部三当后卫，
为掩护毛主席和党中央，拼尽了最后一粒子弹。
在您的面颊和臂膀上，深深的弹痕讲述着：
无畏，纯真，忠心赤胆！

来不及抖落衣衫上长征尘硝，会师的欢庆锣鼓还在回响，
您又跃马横刀，杀向了漫漫西征路。
面对马匪像狼群一般的围追堵截，
您与战友们浴血奋战，气吞河山，万千悲壮，
弹药打光了，用马刀，刀砍卷了，用石头、手、牙……
从拂晓战到黄昏，从黄昏战到拂晓，
这样悲壮的战例，亘古稀有，惊天地，泣鬼神！
您老每当给我讲述这段往事，苍老眼眶挂满泪花，
您说看到了戈壁血红的沙漠，祁连山上盛开的雪莲，
我们知道，您又在想念牺牲的同志们。

靠着大无畏的革命气概和机智灵活，
您和战友们一路西进、西进，冲破黎明前的黑暗，

宝贵的红色种子终于回到了党的怀抱。
在陈云、陈潭秋的直接领导下，
您带领聚集在迪化(乌鲁木齐)的西路军将士，
学政治、学军事、学文化、学技术，
短暂的休整，您如虎添翼；宝塔山的呼唤，您日夜兼程，
抗日军政大学里，聆听毛主席、朱老总的教诲，
您心里格外敞亮、敞亮。
面对日寇、汉奸野兽般奸淫掳掠，义愤填膺，万分怒火，
为拯救民族于危亡，
您受命奔赴抗战的最前线。

东进，东进，我们是铁的新四军！
拔据点、烧炮楼，
您率领团队，打得日本鬼子叫爹喊娘，
扒铁路，炸公路，
您依靠人民群众的力量，陷敌于汪洋大海。
淮河两岸，津浦路东西，
到处都留下您与日寇、汪伪、蒋顽较量的身影。
为建立最广泛的统一战线，
广交友，纳贤言，您与国民党顽固派针锋相对，据理力争，
面对投机分子给革命造成的损失，
您满腔怒火，勇于承担责任，对党襟怀坦荡。
草舍里，油灯下，雪枫师长与您促膝夜谈，
您常说他是您的良师益友，
梦中每每同师长相见，相叙……
日本侵略者在中华民族不屈的抗争下，举起了白旗，
胜利的锣鼓声和爆竹声在江淮大地回荡激扬，
您伫立在欢乐的海洋里，心潮澎湃，万千思绪。

蒋介石撕下假和谈、真内战的面具，疯狂向解放区进逼，

您和战友们奋起还击，捍卫胜利的果实，
苏北战场上您辅佐张震带领华中九纵与敌激战，
蒋军王牌第六十九师连同师长戴之奇被你们消灭。
为配合主力运动歼敌，
您主动请缨，临危受命，率挺进支队三千勇士，
雪夜强渡运河，昼伏夜行，好似钢刀直插敌人身后，
身陷敌占区仍坚持斗争的同志们和父老乡亲，见到你们，
就像失散的儿女找到了爹娘，心里有了主心骨。
从此，以洪泽湖为中心，你们四面出击，痛击顽敌，
砸烂敌公所、处决恶霸还乡团，重建民主政权，
蒋军不禁惊呼：共军大部队又重返，淮北吃紧！
大批欲调往山东的敌军不得不掉头"围剿"你们，
我军正面压力减轻，华中局首长来电嘉贺："甚感欣慰。"
一年半，您带领"挺支"艰苦卓绝，机动灵活，敌进我进，
歼敌三万余，拖匪十万兵，
恢复和建立十一个县政权和四百余平方公里的解放区，
您和淮北人民患难与共，胸中必胜的信心和决心矢志不移。
大反攻号角吹响，您扬鞭跃马，投身埋葬蒋王朝的滚滚洪流，
大战淮海，您阻敌于碾庄之外，断敌后路，您月夜奔袭飞机场，
滔滔长江水阻挡不了您矫健的身躯，
您同战友们把红旗插遍了石头城每一个角落，
面对冉冉升起的五星红旗，您的军礼是那样庄重、洒脱，
抑制不住的热泪，徐徐流下。
新中国成立初期，百废待举、百业待兴，
为铸就社会主义的钢铁长城，您奉命组建华东海军第六舰队，
从陆地到海洋，一个全新的战场摆在您的面前，
身兼司令员和政委，您重担在肩，身先士卒，
哪怕巨浪颠簸，吐出胆汁，依然昂首挺立在炮舰的指挥台前，
老红军的榜样激励广大指战员苦练杀敌本领，
经过几代人的不懈努力，舰队已成为海上猛虎、水中蛟龙，

被誉为一只保卫祖国海洋，捍卫祖国统一的"海上铁拳"。
为适应军队正规化、现代化建设的发展，
您迈进刘伯承元帅创办的我军最高学府——南京军事学院，
年纪虽逾不惑，您像个小学生，一笔一划，逐字逐句，
结业考试，除一门四分外，其余全是五分（五分制），
没有人知道，这背后有多少不眠之夜被您悄悄送走。
从一九四九年到一九六五年，十六年间，八易工作岗位，
三十四军、南京警备司令部、三十军、华东海军第六舰队、
苏北军区、江苏军区、六十军、上海警备区，
共过事的同志无不被您的人格和才智折服，
在许世友司令面前，您欣然迎接苏联军事顾问挑战——比枪法，
发发命中的胜果，顾问佩服得向您这个中将军长直翘大拇指！
就在您担任南京军区副司令员不久，
"文化大革命"的风暴席卷而来，华夏大地动荡躁乱，
您分工主管国防工业，后又参与领导华东"三省一市"工农业生产，面对"停产闹革命"的叫嚣，心急如焚，寝食难安。
您竭尽全力稳定住了武器装备生产，得到粟裕大将称赞，
一门门高炮源源不断地输送到抗美援越前线，
上海煤电告急，全国工业中心危在旦夕，
上海市长曹荻秋求援电话未讲完，您办公桌上红色话机响起，
传来一个熟悉的声音："子健同志，你们一定要想方设法，把安徽煤炭运到上海，越快越好！"听得出是周总理，
揣上抢救心脏病的硝酸甘油，您连夜赶往淮北、淮南，
会同地方领导，深入矿区、井下，耐心说服教育不明真相群众，
对一小撮"打砸抢"分子，您怒火中烧，义正词严，
满载煤炭的火车、轮船、汽车驶向上海，燃眉之急得以解决。
京沪铁路受阻中断，您组织调集近百辆军用卡车转运旅客。
军队医院、学校遭冲击，您挺身而出，维护部队的稳定统一，
高血压、心脏病、糖尿病……正悄悄地吞噬着您的肌体，
有人竟还居心叵测，背后杜撰诬陷您的"黑材料"，

相濡以沫的妻子遭受迫害，关入猪棚不能相见，
依然昂扬斗志，忍辱负重，坚定的信念不曾动摇！
您对孩子们说："要相信我和妈妈，更要相信我们的党啊！"
一声春雷，罪孽深重的"四人帮"被铲除，共和国晴空万里，
您欢快的心情言语不能表达，年近古稀，高兴得就像个孩子，
您用戎马倥偬几十载的亲身经历和深刻体会，向同志们宣讲：
一切从实际出发，实事求是，实践是检验真理的唯一标准。
长期超负荷工作，您的身体早已透支，
心脏要靠植入胸膛的起搏器辅助，才能正常跳动，
您主动让贤，退居二线，把接力棒交给年富力强的后来人。
离职休养后，您伏案耕耘，把激情燃烧的岁月来撰写，
耄耋之年，一部宣扬革命传统，启迪和教育下一代的回忆录——
《从战士到将军的征程》，从您手中脱稿而出。
从国际风云变幻，到国内经济发展，
从祖国统一大业，到中国人民解放军壮大成长，
您无时不把天下事关注，常常向组织献出益言良策。
针对市场经济大潮涌动下，如何加强军队内部集中统一，
八十七岁的您躺在病榻上，口述一篇感人至深的文章——
《发扬光荣传统，密切官兵关系》，在《人民前线》发表。
编辑都被您的精神打动，深切感触尽在《编者按语》中。
老骥伏枥，志在千里；烈士暮年，壮心不已，
敬爱的首长，您真正做到了生命不息，战斗不止！

肝肠寸断常思念，面失欢颜泪涓涓，
逝世之日届五年，怀念仍绵绵，容貌满心田。
您对人民的爱，表现为忠诚服务，和蔼可亲，
您的谦虚朴素作风，堪为后人表率，我们深深铭记。
您永远和我们在一起，我们的脉搏一起跳动，
我们的心啊，紧紧相连！

2005年2月20日

（作者：饶子健将军原秘书，现为南京市国资委干部）

三十六、缅怀子健

王树芝

子健离开我和我们这个家已有九年了，可我恍惚觉得他仍然在我身边。

子健在世的时候，每次出发前总要告知我大概什么时候回来，或者打电话告诉我到家时间。可这一次，他走后音信全无，只留下无边寂寞和思念。四年前秋天的一个深夜，我在梦里好像听见开门声音，"是子健回来了吗？"我一下子坐起来，脱口而出："老饶，你回来了，真想你啊！"可眼一睁，房间里是黑乎乎的，只有我独自一人坐在床上，顿感悲痛万分。是的，老饶不早就不在人间了吗？可我的脑海里总是有他的影子，总感觉他没有离开我们，总想着他还会回来，看我和孩子们。其实，我心里明白，这一切都是一个人的幻觉罢了，但我却依然愿意相信它。因为任何障碍都割不断我们共同生活了半个多世纪的亲人的思念。

子健和我相依相伴了五十三个春秋。在半个多世纪中，我们经历了多次生离死别的考验，但无论环境多么凶险，条件多么恶劣，生活多么艰难，我们始终志同道合，相互信任，相互照应，相濡以沫。面对种种纷繁复杂的局面。我们始终坚定对党的信念和对生活的勇气，相伴走完一段不平凡的人生路程。特别是离职休养后，不管是国家大事还是家庭小事，我们都在一起商量，一般来说意见都是一致的，谈得很开心，活得很充实，好像谁也离不开谁。他一走，我倍感寂寞孤单，有话无处讲，有事无处聊。每当想起子健，往事就一幕幕浮现在我眼前……

子健和我是在解放战争的烽火岁月里相识、相知、相爱的。1947年1月，根据华中局和华中军区的命令，时任华中野战军第九纵队副司令员的饶子健临危受命，担任淮北党政军委员会书记、淮北挺进支队司令员兼政委，率领从九纵队抽调的第七十七，第八十一两个步兵团和骑兵团两个大队和一个地方干部大队，共三千三百余人，打过运河，进军洪泽湖，与十倍于己的国民党正规军和大批土顽进行浴血奋战，重建淮北解放区。

1947年3月底，联络站战友们从报上得知饶子健、赵汇川打回淮北的消息，大家都高兴极了，纷纷要求回解放区打游击，我也积极参加，得到批准。我是1947年7月第一个回到洪泽湖泗洪县，又在湖上生活了一个多月。之后县委调我到双沟罗岗一带搞土改，并任队长。

子健和我的婚姻，先是淮北党政军委员会(又称七地委)副书记李任之同志和组织部长陈元良同志介绍的。9月14日饶子健和赵汇川副司令员率部攻打下我的家乡泗洪县管镇，他们立即率兵向双沟方向进发，留下地委组织部长陈元良同志在管镇，而且就住我家。当日下午，我随泗洪县委回到管镇。晚上洪沛书记带我去向陈部长汇报敌区联络站情况。同时向他汇报在敌占区的同志生活各方面都很困难，都想回到解放区。要我向组织上转达他们的要求。希望组织予以批准。汇报完毕，他笑着问我："你多大了。"我答："二十一岁。"他又问："你家在哪里?"我说："这里就是我的家。"他说："你家很有钱嘛，有这么多房子。"我说："家里算是有些钱，像我这样的情况，不知能不能参加革命?"陈部长连声说："能，能，能!"就这样，我认识了陈部长。同年10月中旬，一天上午快吃午饭的时候，泗洪县县委书记洪沛同志对我说："今天下午2点钟，地委副书记李任之同志来我们县里了解土改工作情况，你向他汇报你们工作队的土改情况。"我当时感觉有点纳闷：全县有那么多土改工作队，为什么偏偏要我去汇报呢？我当时对洪书记说："向地委汇报是应该的，但我不行，汇报什么，我也没有准备。"洪书记说："你不要讲价钱了，叫你讲，你就讲。做什么讲什么，实事求是。"他说完拔腿就走，我连忙赶到门外问："洪书记，你不参加吗?"他摆摆手说："你们谈好了，我有其他事，就不参加了。"下午两点，李副书记准时来了，他骑一匹马，跟来两个警卫员。我站在门口迎接。李副书记就问："你是王树芝同志吗？"我说："是的。"进屋坐下后，李副书记说："洪沛同志告诉你了吧。请你谈谈你们工作队的土改情况。"我就向李副书记汇报了土改做法、进度和群众情绪等情况。李副书记问我还有什么问题。我说："有的！"他要我具体说，于是我讲："一，有侵犯中农利益现象。二，贫雇农有怕变天的思想，怕吃二遍苦。"李副书记说："侵犯中农利益现象，一定要纠正。这次部队打回来，不获全胜决不收兵，要教育群众安心生产，搞好生活。"李副书记谈完后马上回地委。事后，我才知道李副书记和陈部长除了了解工作情况外，还有一个想法，就是要为子健同志介绍对象。子健天南地北，东征西战，虽说已经30多岁了，但根本无暇顾及自己的终身大事。长期和子健并肩作战的李任之、陈元良等同志看在眼里，急在心里。

李任之同志回去没几天，就派骑兵给我送来一封信。信的主要内容是给我介绍一个对象。人选嘛，就是淮北党政军最高指挥员饶子健。信中说子健经过二万五千里长征，是久经考验的高级干部，对党很忠诚。他率部打回淮北，收复失地，为淮北立了功。我当时还未见过饶子健本人，也毫无思想准备，可骑兵等着我的回信。我只好再回信说，我才二十一岁，谈婚论嫁之事还为时过早，过早了会影响个人进步。不到半个月，李副书记和陈元良部长又分别给我写信，劝我不要放弃机会，我还是以同样的口气婉言谢绝了。我当时的主要想法：一是战争年代不能谈恋爱结婚。因为我看到那些结婚有孩子的女同志，孩子自己带不了，丢在老百姓家，难舍难分，真可怜；二是我还年轻，要在基层好好锻炼提高，早谈恋爱结婚会影响自己的前途；三是子健同志是久经考验的高级干部，是淮北党政军的一把手，我只是一名普通干部，和他差距太大了；四是他年龄也比我大得多，他是湖南人，我是淮北人，生活习惯也有很大不同。我出来参加革命是为自己求解放，也是为人民服务，不是想找个高级干部去享福的。就这样，信件来来往往持续了两个多月，没有结果。我想，我不同意，可能就作罢了。于是，我很快平静下来，安心工作了。

婚姻确实是一种缘分。1947年底，有一天我和在田家庵联络站工作过的老战友崔波接到通知，要到地委汇报敌占区的工作情况。向李任之副书记汇报的那天晚上，我们谈到在洪泽湖打游击到敌占区这段艰苦岁月，如今回到组织身边，感到自己好像是个孩子回到母亲怀抱一样，心情非常激动。在谈话中，我的思想沉浸在回忆中，也未注意有人进屋。当我们汇报结束时，李副书记给我们介绍说："今晚真巧，我们地委饶子健书记也来听你们的汇报。"在那盏小油灯下，子健和我们握了握手。他说："你们吃了不少苦，能有信心回到解放区，真不容易啊。"由于灯光昏暗，我当时只听见子健声音洪亮，却看不清子健是什么模样。当天夜里发现敌情，分区地委都转移，我们也跟着走了二十多里才停下休息。第二天早晨我和崔波同志即回泗洪县委。

1948 年元旦刚过，我和崔波同志调到地委轮训队学习。轮训队地点离地委分区只有一里多路。第一课便是子健做形势报告。他的报告内容丰富，可是他的湖南口音很重，有一些话大家听不懂。在轮训队期间，他也经常来看望我们，有了进一步的认识。轮训结束后，地委分配我在地委巡视团工作。子健也来问我这里的工作怎么样。他经常晚饭后散步或骑车来巡视团看望我们。我和子健接触开始多了起来，对他有了进一步的了解。有一次，他来我住处，留下一个小本子。我以为是学习资料。他走后，我把本子翻开一看，是饶子健自己家庭情况和他战斗经历。他家里很穷，没有饭吃，没有钱上学。他参加红军后，就未回过家。父母双亡，家里只有弟弟，也未通过信。淮北就是他的第二故乡。在五次反"围剿"中，多次负伤；在长征中他冲锋在前。有一次坚持七天七夜，保护了党中央和毛主席安全渡过难关。他爬雪山、三过草地，非常艰苦。他又参加西征，打得残酷，更是艰苦。以后跟着李先念政委上了祁连山，后转战到新疆。两万多人的西路军到新疆后仅剩四百余人。子健同志的经历让我产生了同情心和敬佩感。以后他经常和我谈国内的形势，讲长征的故事。我都爱听。我讲巡视团的工作情况时，他总是专心致志地听，还不时提问题。由于革命目标一致，在谈话中思想逐渐接近了。正如子健对我讲："尽管我们之间出身不同，但选择的革命道路相同，奔的是同一个目标。"经过几个月时间的接触，我发现子健这个人不仅作战勇敢，指挥有方，而且为人宽厚，性情温和，是一个可以信赖的人。

1948 年 6 月初，一场大病差点夺去我的生命，是子健把我从死亡边缘上拉回来，这就更加深化了我们之间的感情。有一天晚上，我在写材料时突然发高烧超过四十度，同志们找来地委医务室一位医生给我看病。由于当时医疗条件差，把我的病情诊断错了，说我患的是回归热。实际上我得的是大叶肺炎。由于诊断错误，病情加重。子健当时正在指挥攻打洋河的战斗(1948 年 5 月，根据华东局、华东军区决定，以淮北军区作基础成立江淮军区，饶子健当时任军区副司令员)，巡视团领导就请江淮军区参谋长赵汇川写了一张介绍信，担架人员用小凉床把我抬到了几十里的江淮军区卫生部。卫生部驻地在泗阳田集，当时卫生部部长郭光华和主要医生都随部队到前线去了。由于担架人员未交代清楚，卫生部留守的同志看到我是地方一位女同志，就把我抬到一户老百姓家，也未做任何检查治疗。又拖了好几天，病情越来越重，一点饭都不能吃，人病得变了模样。房东夫妇对我特别关心，房东大嫂不断给我水喝，问我："姑娘，你还有什么亲人吗？我去把他们找来看看你。"我胸部闷得喘不过气来，讲话也很吃力，便说没有亲人。大嫂坐在一旁边哭边说："好好一个姑娘，就这样不行了。"当时，我想最后送我走的可能就是房东大哥大嫂了，真没有想到子健就这个时候突然来到我的身边，救活了我。那是他在洋河战斗结束后，来到巡视团看我，得知我生病住在田集卫生部，就快马加鞭几十里路，赶到田集找了好多家才找到我。子健站在床前叫我的名字："树芝，我来看你了，怎么样？"我有气无力地说："不行了！"他摸摸我的额头说："烧得很厉害。我打仗前去看你，还是好好的，怎么几天就成了这个样子啊！"他很着急，我也很难过。我问子健："你真很爱我吗？"他点头说："我是真心爱你的。"我的眼泪顷刻不知不觉流了出来。他立即去找卫生部部长郭光华同志诊断病情。郭部长医术很高明，了解病情后，很快就诊断出来说，这是大叶肺炎，就是拖的时间太长了，生命有危险。子健对郭部长说："她还年轻，一定要想办法救活她。"郭部长非常认真负责，组织抢救，对症下药。当时没有什么葡萄糖盐水，子健就到小街上买来白糖冲水给我喂下。子健很细心，田集蚊虫很多，看我被叮得很厉害，又立即派人去把他的蚊帐拿来给我挂上。由于病情很重,医师难以控制,我已经高烧发得昏迷不醒了。他派警卫员向安平留下照顾我,每天向他报告病情。有一天,我的病情突然恶化,呼吸几乎停止,心脏还有跳动,就在这时得到敌人要向田集方向进犯的消息,卫生部将很多伤员都转移上船,准备向洪泽湖开进。郭部长考虑到一搬动我,可能会引发停止呼吸,怕有生命危险,立即向饶司令员汇报。子健也不同意我上船,他对郭部长交代,我在前方打仗,有敌情会派骑兵通知你。有一线希望也要争取救活。子健也做了最坏的打算,他写了一封信给泗洪县副县长朱瑞领,信中说:"王树芝同志是泗洪县人,她的病情很危险,因我随时要出去打仗照顾不了。如果救不过来,你们去把她后事料理好。"我后来去泗洪时,朱瑞领同志还拿出这封信给我看,他说收到饶副司令员这封信,真为你的病情难过担忧,同时也被饶副司令员的真情所感动,他对你真是负责到底啊!后来敌人并未向田集进犯,经过郭部长亲自抢救,我的病情开始有了好转,慢慢从昏迷中醒过来,也能认识人和说话了。警卫员向子健报告我的病情好转,他很高兴,亲自到田集卫生部来看我。子健伏在床边问我:"树芝,你认识我吗?"我点点头。他说:"我来看过你好几次,你都不认识人了,现在好了。"我心里很激动,又不由自主地流下了眼泪,子健拿过毛巾把我眼泪擦了,坐在床前安慰我说:"今晚我来为你值班。"他叫警卫员搬来一块门板,在门口搭个临时床铺给他休息。实际上,那天夜里,他也没有好好睡,一会儿问我要喝水吗,一会儿问我吃东西吗,鼓励我同疾病做斗争,他的真情和细心深深感动了我。

经过一段时间的精心治疗,我的病好了。1948 年 8 月 15 日,我从田集卫生部出院,怀着感激的心情去江淮军区司令部驻地泗洪县张塘看望子健,他见我病好了,非常高兴,当时还讲了国内革命斗争的大好形势。我听了,心里很受鼓舞。两人谈得非常愉快。到了下午四五点钟,我说要回巡视团去,子健说什么也不同意,他说:"你刚出院身体还未恢复,那里没有人照顾你,我这儿有两间房子,你住里间,我住外间。"我说:"不行,我们住在一起,这样影响不好!"他说:"怕什么,我们马上结婚!"于是,他拿出一张纸书写结婚报告,报告这样写道:"我和王树芝同志相识数月,相处很好,现在王树芝同志病好出院,我们申请结婚,请组织予以批准。”子健郑重地在报告上签了名，随后把报告递给我，我看了，心里想了好多好多，从相识到相爱，我已从内心深处把子健当作了一个相伴的亲人，于是拿起笔在报告上签了“王树芝”三个字。他立即站起来拥抱我，深情地对我说：“树芝，我们已经是一家人了，你以后不要再叫我司令了，叫我子健就行了，这样亲切一些。”开始，我想结婚申请报告起码要好几天才会批下来，谁知送到江淮军区政委曹荻秋那儿，十几分钟就批了回来，同意我们即日结婚。当时条件非常简陋，新房就是子健临时住地两间土墙茅草房，外面办公开会，里间是卧室，床铺是两条凳子搭着两块门板，一条旧草席，一床被子，上面还有一个洞，这是被敌人飞机打的，没有枕头，只有一个包袱皮。第二天，江淮军区司令部为我们办了三桌酒席。江淮军区政委曹荻秋夫妇、司令员陈庆先夫妇等都来祝贺。第三天一早，子健就率部到徐州周边清扫国民党外围部队，为淮海战役做准备。临行前，子健和我都有依依不舍之感，我们都是革命者，革命首先是献身精神，双方都能理智地控制自己的感情。子健叮嘱我在他的住处先把身体养好再回巡视团工作，我关照他在前线多打胜仗，多杀敌人，平安回来。我们深情地凝视着，彼此的心紧紧拴在一起了。

五十三载春秋寒暑，五十三载风风雨雨。子健和我相互照应，恩爱如初。结婚前，我曾向子健提出过一个要求，婚后我仍留在地方工作，干自己的事业，不做随军家属。他对我说：“我要找的对象，就是要能做工作的，我们想法一致，今后我会支持你的。”几十年匆匆过去，子健天南海北到处奔波，工作任务紧张繁忙，但无论是革命战争年代，还是和平建设时期，他始终坚持自己的诺言，我在地方工作四十五年，他一如既往地支持我。我长期在地方工作，比较忙。子健和我很多时间是两地分居，他总是尽量分担一些家务活。1949 年 10 月，大女儿江宁出生不久，他就调到驻扎上海浦东的三十军任军长(时隔不久，三十军撤销，子健又调任华东海军第六舰队司令员兼政委)，我被分配到南京市总工会任女工副科长。由于学习和工作任务繁重，晚上就住在单位。有一次，子健回南京开会，正碰到江宁生病。当他见到一岁多的女儿咳嗽，心疼不已。见我工作很忙，无法照顾孩子，他便将江宁和奶妈带去了上海,为我解除了后顾之忧,对此,我既感激又愧疚。1955 年,子健在六十军当军长时,为了让我有更多的精力投入工作,就把江宁、康宁、灵宁三个孩子带到南京江浦的花旗营军部上幼儿园,请一个保姆照顾他们的生活。有时遇到孩子吵闹,我心情不好时,他总是耐心地劝我说:"孩子带大了就好了。"

子健是一位慈父,更是一位严父。在子女教育问题上倾注了大量心血。他经常召开家庭会议,向子女提出要求。经常谈到的话题有:一、要求在部队当兵的子女听招呼,守纪律,不搞特殊化,做个好战士。二、学习要认真刻苦,多学文化,多学技术,全心全意为人民服务。三、工作要积极肯干,不怕苦,不怕累,得到全面发展锻炼。四、生活要艰苦朴素,不乱花钱。五、家里小汽车是公事用的,子女不能随便动用。六、在外边不准炫耀爸爸的职务,更不要和别人攀比。子健同志有这样的特点:凡是要家人做的事,自己先做,凡是答应过的事,言出必行。子健生活非常节俭,他出身贫寒,小时候学过裁缝,大女儿江宁出生时,他抽出时间上街买布,大到棉衣棉裤,小到衬衣背心,利用晚上时间亲手缝制。子健在上海警备区任司令员时,单位为他宿舍配了一台冰箱,他马上命工作人员将冰箱抬走。家里招待客人都是自己掏钱,不沾公家一点便宜。子健始终惦记着家乡群众的疾苦,在世时经常给失学的孩子捐钱捐物,临终前拉着我的手反复交代,要我将他的八千元存款寄给老家的孩子。子健对孩子们学习抓得很紧,对自己的学习抓得更紧。他参加革命前因为家里穷没上过学,在打仗和工作间隙刻苦钻研。1959 年,子健任六十军军长时,军区办文化速成中学,他打了报告给军区首长要求参加学习。当时一般都是年轻人去,子健一个中将和一般校官一起学习。有的同志对他说:"你都五十岁了,那儿生活条件比较差,还去学什么文化。"他说:"我过去家庭困难没钱上学,到部队打仗又没有时间学,现在确有困难,但学总比不学好。未来战争不比从前,现在是科学技术时代,不懂文化知识不行。"在子健的言传身教下,五个孩子没有辜负爸爸的希望,现在都在不同的岗位为国家勤勤恳恳地努力工作。

五十三载春秋寒暑,五十三载风风雨雨。子健和我互相信任,患难与共。在"文化大革命"期间,我被造反派整了七年之久,受到冲击批斗,子健也遭到别有用心人的诬陷而被“审查”达五年之久。对此不白之冤,子健始终坚持对共产主义事业的信念不动摇。在我最困难的时候,他对我说:“你不要怕,要坚强一些,我相信你是没有问题的,要相信组织会把问题搞清楚的,要经得起各种考验。”他在政治上信任我和支持我,在精神上鼓励我和安慰我,在生活上关心我和体贴我,大大增强了我的信心和勇气。1968 年冬,我患美尼尔氏综合征,头晕耳鸣,同时肾盂肾炎经常发作,晚上起床曾晕倒在厕所里。可造反派给我强加所谓“叛徒”的罪名,硬把我从床上拖起来,押上卡车从南京拉到金坛县去批斗。随后把我关进一个三面通风,屋顶有一个大洞的猪圈长达五十八天,过着非人的生活。我被折磨得体重从六十公斤下降到不足四十公斤,走路都摇摇晃晃,有时还晕倒在田野里。那时,我感到很委屈,有话无处说,泪往肚里流,但想到子健对我的劝导和鼓励,想到自己是一个历经磨难的共产党员,我就告诫自己,不能不明不白地垮掉,应该顽强活下去。由于受我的牵连,子女在部队入团、入党提干也受到影响。子健就写信告诉孩子:“我没有问题,你妈妈也没有问题,历史上是清白的,组织会搞清楚的,你们要努力学习。”不久,我被允许从金坛回到南京,住在华东水利学院,但不允许回家。几经周折我回到家后,见到子健,我委屈得讲不出话来,只是伤心地哭。他理解我的心情,劝慰我说:“要相信中国共产党是经过长期斗争考验的,要相信大多数群众是明辨是非的;你没有问题,要耐心等待,困难是暂时的,一定会克服,不要胡思乱想;要保重身体,有病要及时治疗。留得青山在,不怕没柴烧。”后来,审查结果证明我们都是清白的。当时,我气不过造反派对我无中生有横加罪名进行批斗和审查,子健却平静地对我说:“肚量要大些,要向前看,争取为党多做些工作。”在这场史无前例的磨难中,有多少革命同志遭受不白之冤,被安上“莫须有”的罪名。前后想想,心里也就平静下来了。

五十三载春秋寒暑,五十三载风风雨雨。子健与我相濡以沫,生死相依。战争年代,子健身上多处负伤,加上多年积劳,身体状况一直不好,五十岁时就患上严重的心脏病。但他始终工作第一,家庭第二,身体第三,以忘我的精力投入工作。“文革”期间,子健受南京军区党委委托，遵照周总理的嘱咐，先后负责指导江苏、浙江、安徽三省和上海市的工农业生产、交通运输、国防工业和“三线”建设。他在十分艰难的情况下，忍辱负重，呕心沥血，带病工作，肩负起关系到国计民生的重担。在那段时间，我真担心子健的身体。因为他患有严重的心脏病，又长期在外奔波。1972 年 12 月，已经连续在浙江山区调查了两个多月的子健到了上海，我连忙赶到上海为他送去棉衣和药物，见到子健日渐衰弱的身躯和苍老憔悴的面容，我心疼得落下泪来。子健语重心长地对我说：“我在北京参加三线建设会议时，周总理握着我的手叮嘱我，老百姓要穿衣吃饭，部队要武器装备，子健同志，你们华东地区条件好，能不能多承担一些任务。我满口答应，请总理放心！总理忧国忧民，我们应该为他分担忧愁！”听了子健一席话，我再也不好多说什么。

1974 年 3 月，子健的心脏病越来越严重，过去保健医生多次要他住院检查，他自我感觉“还顶得住”，以“工作忙，挤不出时间”为由，仍然带病坚持工作，而且常常是夜以继日，通宵达旦。这年春天，他心绞痛经常发作，有时胸闷头晕，有次晕倒在卫生间，险些丧命。保健医生马上接他到医院进行检查。心电图显示出来的情况很不好，心率只有四十跳左右。经过医生、同志们再三说服，他才同意住进八三医院休息治疗。

当时，举国上下正是“批林批孔”时期。他很关心国家的形势发展，军区党委的文件和大字报装订本“批林批孔”材料天天送给他看。子健见了大字报那些胡说八道的整人材料，非常生气地说：“搞什么鬼，现在已经是民不聊生了，再这样下去，好端端的共和国将被糟蹋成什么样子！”随后把大字报狠狠地摔在地板上，说：“不看了！”

子健虽然住在医院，可心里一直惦念着国家大事。他为国家的前途、民族的命运而忧心忡忡，由于心情不好，以致病情更加严重，心率只有三十多跳了。八三医院院长汪明高担心子健病情恶化，很快请来军区总医院杨治中主任来会诊。杨主任认真检查后，得出了与汪院长一致的看法，认为病情严重，这里的医疗条件十分有限，如果发病都来不及抢救，得马上转军区总院治疗。

8 月 15 日夜里一点多钟，子健突然心前区痛得厉害，做出来的心电图是房颤、严重心肌缺血，用药后症状未缓解。当天夜里，军区总医院发出“病危通知书”。军区数位首长偕夫人从早上5点到7点半纷纷赶往医院看望子健。钱钧副司令凌晨5点就赶到医院，刘西元副政委6点赶到医院，了解病情并研究抢救方案。

当时，我和孩子们都毫不知情，钱副司令员和刘副政委对孙副院长(具体负责抢救工作)说：“饶副司令病情这么严重，应赶快通知王树芝同志来!”可是，孙副院长没有马上通知我。7点半钟，廖副司令员和夫人汪瑜同志赶到医院看望子健。汪瑜见我不在场，她当即给我打电话说，他们正在医院看望饶副司令，饶副司令在病危中，要我赶紧来。

放下电话，我急匆匆赶到医院，见几位首长和夫人坐在会客室里商量抢救方案。我来不及和他们握手，一头冲进老饶病房，只见子健全身大汗，痛苦不堪的样子，我想，这时我无论如何要镇静，不能急，更不能流泪。子健拉着我的手说：“树芝，这次我的病总院治不了，你去上海请心脏病专家给我会诊一次，还有没有希望都告诉我，如果上海的专家说没有办法了，你也不要瞒着我，说实话，我还有事要交待呢。江宁、小潘的事你赶快替他们办了，你这次到上海替江宁买几件衣服。”子健好像向我交代后事似的，我心情极为难过。心里又很矛盾，他叫我去上海，我就得马上走，若是我离开医院，不知还能不能再见面，真是不忍心走，不放心走！他叫我去上海找专家救他，如果不去又对不起他，辜负了他的希望。去吧，又怕见不到他了。最后，我还是下定决心，救他要紧，要想尽一切办法，只要有百分之一的希望，也要做百分之百的努力。

我强忍难过，以平静的口吻对子健说：“我马上去上海，肯定会有办法的，你放心，会诊之后我马上就赶回来，你要安心休息，不要胡思乱想，我和医生都认为没有大问题。”他问我：“真的吗?”我说：“真的，我不会说假话骗你的，医生也这样认为。”经我这么一说，他的心也渐渐静了下来。走之前，我找到了杨主任，请他把子健的病历和发病心电图及有关详细资料准备好，并尽量多带一些有价值的材料。杨主任非常认真地把材料准备好，当天下午我和子健的秘书胡建民同志赶到上海，住在延安饭店。

一到上海，我们立即找到华东医院医务处主任肖文彬同志，他过去负责过子健同志的保健工作，对子健的病情了解，为人也很热心。我们请他在华东医院组织心脏病专家给子健会诊。他满口答应，说："饶副司令为上海贡献那么大，上海的医生应该会尽心尽力的。"听了这句话，我心定了许多，肖主任连夜通知了有关专家。

第二天上午 8 点，专家都到齐了，在华东医院进行会诊。经过三个多小时反复查看病历和心电图，大家的心情都很沉重，始终没找到发病的原因在哪儿。眼看快 12 点了，陈灏珠教授用手中的针划来划去，突然发现心电图波形不是室性的，是房性的，他高兴地说："有希望了。"随即把心电图送到董承琅老专家手中。董老认真细致反复研究心电图，同意陈的意见。此时，心电图被大家传来传去地看，意见都趋向一致，认为病人有希望，有救了。专家们的脸上露出了笑容。

华东医院有个规矩：凡请专家会诊到 12 点结束不了，由医院以"四菜一汤"招待专家们，于是，那天医院叫专家们去吃饭，但大家都不肯去吃，要继续研究治疗方案。见此情景，我很受感动。专家们大多数是高龄，四、五个小时没休息又没进食，怎么行呢？我请胡秘书马上去延安饭店，让他们在下午 2 点前准备两桌饭菜，要适合老年人的口味，费用我自己掏。另外，再派两辆车子前来接专家们。下午 3 点钟会诊结束，我和肖主任说："请大家到延安饭店吃饭，车子等在下边。"大家没有推辞，我也很高兴，吃饭时专家们还在餐桌上继续讨论会诊报告。我感谢专家说："谢谢大家想法抢救子健生命！"专家说："我们更要感谢饶副司令出生入死，为了共和国！为了大上海！他多次负伤流鲜血，我们误了一点时间吃饭算什么！"他们充满对子健的敬重，让我非常感激。

会诊报告由华东医院负责连夜写出，第二天早上交给我带回南京。专家还说，饶副司令如有需要，我们到南京去也行！我再三向大家表示感谢。直到下午 4 点钟才把专家们送回，当时，我没打算请专家来南京，只准备按照会诊报告进行治疗，因为请专家去南京，占用他们的宝贵时间，同时，在当时的政治环境中专家走出上海市境需要经市革会领导批准，这也太麻烦了。

第二天早上，凌晨 3 点多钟，子健的心脏病又发作了，军区是吴仕宏副司令员值班,他打电话到上海延安饭店,要我在上海把专家请到南京来。我费尽周折把董承琅教授请到南京,董老经过仔细察看病情,加大了强心药物的用量,在南京住了 17 天,终于使子健的病情转危为安。

1976 年 5 月初,子健又一次病危。我又赶到上海,在华东医院组织会诊,还是上次会诊的那些专家,这一次连董承琅这样权威的心脏病老专家都认为要救首长太难了,大家都丧失信心。多么可怕呀!我的心在悬着!嘴里不断念着"怎么办?怎么办?"同志们见我急得要发疯似的,他们都劝我:"不要急!相信医生有办法救首长!"到了中午 11 点半,陈灏珠教授提出,要救饶副司令,只有安装心脏起搏器。这次是陈教授最先提出的,他说,安装心脏起搏器正对其症状,而且发达国家已临床运用多年了,我学了一些这方面的知识,但因为我们国内没有这方面的条件,一直得不到运用,给首长安装心脏起搏器要买国外的,美国、德国的都可以。但根据他的病情,时间不能拖太长,要在一个礼拜内装上,迟了不行!

陈灏珠教授是上海中山医院心脏病研究所所长,那时,他才四十多岁,年轻有为,眼界开阔,学习接受国外的新技术、新方法比老专家要快。说到起搏器,当时很多人不了解,也就不方便发言。大家抱着不承认也不否认的态度。我认为出现这种现象也是正常的,任何一种新产品新技术试行都很难,发达国家生产出来的东西要比我国的好,技术要比我国先进,这是应该承认的。我想,只要有一线希望,也要把子健救活,执行这个方案不但要冒很大的风险,而且困难重重,但只要能把老饶救过来,即使困难再大,我也要想尽办法去争取。我看会诊进行不下去了,当机立断表示同意陈教授的意见,给子健安装起搏器。

会诊一结束,我马上乘火车返回南京。一到家,连夜写报告呈送军区党委,汇报我去上海给子健组织专家会诊,大家都想不出很好的办法,现在仅用药解决不了他的病,唯一的办法就是安装心脏起搏器,要求军区党委予以批准。

军区首长们研究后,同意我们家属的意见。军区政委廖汉生、副司令员聂凤智对子健的病非常重视和关心。聂副司令员到总医院亲自组织抢救小组,他对我说:"只要心脏起搏器能救活老饶,能想办法买到,花多少钱，我们都愿意拿。”他让卫生部长耿希辰担任抢救组组长。耿部长当时有些顾虑，他说：“起搏器到哪儿去买？”我说：“我去想办法。”又问：“买回来又请谁来安装？”我说：“我去上海请专家！”耿部长最担心的是时间紧急，他说：“从买回来到安装好只有一个礼拜时间，很难办到呀！”我说：“部长，我也知道难，要救活老饶，只有打破常规办事，我和你共同想办法。”耿部长听我决心大，也就答应说：“那好吧！”我一回到家，就连夜打电话给外贸部第一副部长柴树番。我和他讲起子健的病情急需安装心脏起搏器，请他帮忙从香港购买最好的起搏器。柴树番部长一听到我的请求，他很爽快地说：“树芝同志，我马上替你办！”于是，他立即打电话给驻香港华润公司总经理，要他亲自到市场上买最新最好的心脏起搏器。第二天就买到了，当天就派人送到广州，并打电话叫我们派人去拿。如此快的办事效率，真是难得，也让我感激万分。军区总院领导知道后即派出两位同志前往广州交易会上去拿。我们的两位同志到达广州后，很快拿到了起搏器，他们出于好奇心，拆开来查看，并提出了还要再买一台的要求。于是，他们在广州多住了一天。

心脏起搏器送到南京时已是第四天，还有两三天的时间。请谁来安装？当时南京还没有几个医院会装。总医院副院长兼外科主任吴副院长说：“上海中山医院外科主任石美鑫到日本参加过起搏器会议，学习过装起搏器这种手术，他是我的好朋友。”吴、陈两位副院长立即电话与石教授联系，要他马上来南京做安装心脏起搏器的手术，并说明需要上海带什么样的针以及器械。石教授一口答应。可是，他说了一种情况：“我现在还不能自由行动，若要离开上海得经上海市革会批准。”子健的病情发展日趋严重，危在旦夕，我心急如焚。于是，我给上海市革会打电话，他们知道我是饶子健夫人，马天水的秘书来接电话。因为我在上海工作时经常随子健外出接待外宾，彼此认识，我说：“子健同志病得很危险，要请上海中山医院石美鑫、陈灏珠两位教授来南京给老饶装起搏器，时间很急，南京马上派飞机去接医生。”子健同志在上海工作多年，他为上海人民也办了不少事，许多领导熟悉，办公厅的办事人员也认识。救死扶伤大如天。所以，很快就以组织名义出面请石、陈两教授前往南京。

我知道后，又马上向军区党办报告，请党办给上海市革会打电话，表示谢意。并请延安饭店派汽车把两位专家送到飞机场。

我立即赶到大校厂飞机场。我一到机场，军区值班飞机已起飞了。我就坐在机场候机室等候两位专家的到来。

陈、石两位教授下了飞机，立即赶到总医院察看子健的病情。他们从心电图中发现有频发的室性自主心律，即走到室外对我和军区首长说："太严重了！得马上动手术！"这时已是第五天晚上了。他们看到起搏器的原包装已被拆开了，要用，必须重新消毒，而重新消毒按常规需要二十四小时。两位专家非常着急，耿部长也很着急，他和总医院的医生想办法用一种消毒气体消毒，十二小时就够了。

第二天上午 8 点半，外科专家、一级教授石美鑫和内科专家、上海市心脏病研究所所长陈灏珠，一个台上，一个台下，互相配合，开展手术。手术前，军区政委廖汉生来到医院看望和慰问两位专家，预祝他们手术成功，并感谢他们。聂副司令亲自坐镇指挥。他工作很忙，很多人找他，他说："救人要紧！"我劝聂副司令："你忙，你走吧！"他说："老饶是老同志，老功臣，又是我的老朋友，我走，不放心，我虽不是医生，但坚守在这里可以给你壮壮胆子。"我听了这番话感动不已，说不出话来。聂副司令对同志的关心是真诚的，也是发自内心的。他虽然去世多年，我和孩子们永远怀念他。

子健装上起搏器后，生命又一次转危为安。陈灏珠教授医术高明，判断准确，他和石美鑫教授联合做的手术十分成功，我非常感谢他们以及所有关心子健的亲朋好友。从两次抢救中，我深感组织的温暖，深感同志间的真情无价。

子健离职后，伏案耕耘，撰写激情燃烧的岁月，后成一部进行革命传统教育的回忆录——《从战士到将军的征程》。还常常向组织献计献策。已是八十七岁的子健还躺在病榻上，口述一篇感人至深的文章《发扬光荣传统，密切官兵关系》，当时，有人劝他注意身体，不要太吃力，他说："我的生命是党和人民给的，没有党就没有我的一切。我要献身于党和人民，这叫知恩报恩！"

子健同志于 2000 年 9 月 25 日逝世后，我将子健生前的战友撰写的文章进行整理。《饶子健将军》编写组的同志深感饶子健的一生是不平凡的一生,是战斗的一生,事迹感人,是进行爱国主义教育的生动教材。饶子健参加了二万五千里长征、悲壮的西征、八年抗日战争、三年解放战争,参加了淮海战役、渡江战役。六十年前,1949 年 4 月 24 日率三十四军参加了解放南京、打败蒋家王朝的战斗,为新中国的成立作出了巨大的贡献。新中国成立六十周年,恰逢饶子健同志诞辰一百周年。编写组同志将饶子健生前撰写的回忆录和战友们撰写的缅怀文章结集成一册,以作纪念。我衷心感谢所有关心子健的同志,对编写组同志的辛劳,在此一并致以衷心的感谢。

2009 年 9 月 28 日

附录 有关史料、书信往来

史料一

关于修复和保护饶子健将军故居的决定

各党支部、村民委员会、各企业单位：

饶子健将军，系我乡小湘村甘冲组人，1927 年参加共产主义青年团，1929 年参加中国共产党，1930 年参加红军。土地革命战争时期，任战士、班长、排长、连长、营长、团长、师参谋长、师长。抗日战争时期，任团长、旅长。解放战争时期，任华中野战军第九纵队副司令员、淮北挺进支队司令员兼政委、淮北军区司令员、江淮军区副司令员、三十四军副军长、南京警备区司令部参谋长。新中国成立后，任三十军军长、华东军区海军第六舰队司令员兼政委、苏北军区司令员、江苏军区副司令员、六十军军长、上海警备区司令员、南京军区副司令员、第五届全国政协委员。1955 年被授予中将军衔，获一级八一勋章，一级独立自由勋章，一级解放勋章，1988 年被授予一级红星功勋荣誉章。现在南京军区，已九十高龄。他少时离家戎马一生，为了中国人民的解放事业，在长期的革命战争中出生入死，呕心沥血，从一位战士逐级成长为杰出的将军。这是我们三口人民的自豪。为了弘扬饶将军等老一辈无产阶级革命家的光荣传统，深化革命传统教育，乡党委政府研究，对饶子健将军的故居进行修复和保护，现将有关事项决定如下：

一、对饶子健将军的故居予以修复，恢复原貌，设立革命传统教育室。

二、收集和整理饶子健将军的图片、文字、实物资料，形成一套较为完整的教育素材。

三、任何个人和单位不得以任何借口在饶子健将军故居原址五十米以内建房或从事其他有损故居原址的行为。违者,以破坏革命文物论处。

四、发动群众提供素材(包括传奇故事),接受群众自愿捐资。

五、以饶子健将军的故居作为革命传统教育基地和中小学德育教育的重要基地。

中共三口乡委员会三口乡人民政府

1998年5月1日

书信二

致家乡领导的信

中共三口乡委员会、乡人大主席团、乡人民政府领导同志：

你们好，我收到你们给我的来信和中共三口乡委员会、乡人民政府《〔1998〕18号》文件《关于修复和保护饶子健将军故居的决定》和八张照片。我从信中听到家乡在党和政府领导下，经全乡人民共同努力，家乡建设越来越好，人民生活水平有了很大的提高，面貌有很大改变，我非常高兴。家乡党组织、政府和人民关心我，没有把我忘记，我非常感谢。我是一个贫农家的儿子，我参加革命是为了国家的独立和民族的解放，为了劳动人民翻身解放，建设一个民主自由的祖国。这是一个共产党员应该做的事情。我现在年老退休，身体不好，两眼失明，长期住在医院里，不能为党为国家和家乡建设作贡献，心里也很不安，但自然规律是不可抗拒的。

对你们要给我家旧居修复和保护所做的决定，一、我感谢你们的心意。二、我不同意你们这个决定。现在家乡建设除靠全乡人民共同艰苦奋斗外，还需要大量资金投入。我们的人民群众还不富裕，钱来得不容易，一分钱都要用到刀口上。我家的旧居由侄儿居住，不应该用公款和向群众捐资来修复，更不要设立展馆。这样做会增加群众和公家的负担，对三口乡建设也不利，对改善人民生活更不利！千万不能这样做，请你们尊重我的意见。如你们未动工，就不要动，已经动工，要停下来。各级领导同志的精力和资金应用在生产建设上。我在有生之年，想看到、听到家乡人民生活都富裕起来，都过着幸福美好的生活，这是我的愿望。

祝你们工作顺利、全家幸福！

饶子健

1998年5月28日

书信三

致饶子健将军的一封信

饶将军：

您好！首先请允许我们代表家乡二万多父老乡亲向您和您的家属表示深情的问候。

您少时离家戎马一生，为了中国人民的解放事业在长期的革命战争中出生入死，呕心沥血，从战士逐级成长为一位高级指挥官，一位杰出的将军，我们对您无尚崇敬，您所著的《从战士到将军的征程》一书，家乡一直作为革命传统教育的好教材和传家宝。

1952 年 6 月和 1983 年 10 月是家乡人民难忘的岁月，“饶将军回了，饶将军回了……”亲切而激动的呼喊至今在您生养的这片土地上回荡，此情此景，至今历历在目。您两次回故乡，给予了家乡的党委政府和二万多父老乡亲极大的鼓舞和鞭策。家乡人民以将军您等老一辈无产阶级革命家为政治资本、精神支柱，发奋家乡建设。现在人民生活水平逐年提高，基础设施建设日新月异。特别是改革开放以来，家乡起了翻天覆地的变化，红砖楼房一幢幢拔地而起，现代化通讯设施健全，邮电大楼坐落在郭家亭集市，五百门程控电话在家乡开通，投资三百多万元的乡中学改址新建于龙建，号称浏阳东区第一楼的五层中学教学大楼高高地耸立在三口中心地段。全乡已普及九年制义务教育，卫生院、敬老院是标准的红砖楼房，工农业生产已乘改革开放的浪潮蓬勃兴起。

家乡，地大物博，人杰地灵，环境优美，具备着得天独厚的发展优势。但是，路还是 60 年代的砂路，交通闭塞，“进得来，出不去”，郭家亭集镇比较杂乱，严重制约着三口经济的飞速发展。今年年初，在中共十五大精神鼓舞下，顺应改革潮流，我们大胆地提出了四项重点工程建设：一是古港老茶亭至斗山岭八点四公里砂改油；二是新修一条四点五公里长郭家亭至沿溪镇的四级油路，形成三口环形公路；三是郭家亭集镇修建成长八百米、宽六米的水泥路面街道；四是在郭家亭新建一个九百五十平方米十六个门面五十个摊位的农贸市场。上述四项重点建设工程已全面启动，预计投资五百零八万元。资金来源主要是家乡政府投入、干群集资、上级支持、三口籍有识之士义捐。目前干部群众积极性空前高涨，每天千余人奋战在工地。尽管家乡人民艰苦创业，奋力拼搏，节衣缩食，仍存在相当大的困难，特别是资金缺口大。我们坚信，有各级政府的支持，有二万多家乡人民作后盾，有将军您等老一辈革命家精神的熏陶，困难再大我们也能克服。

饶将军，您为中国革命事业立下了汗马功劳，为社会主义建设事业作出了卓越的贡献，也为家乡人民建设美丽的家园给予了极大的鼓舞。乡党委、政府决定，将您的故居进行修复和保护，以作为我乡中小学革命建设传统教育的重要德育基地，使您“精忠报国”的美德世世代代在家乡弘扬光大。我们诚恳地要求您提供有关资料及纪念品物品，作为您故居纪念室的陈列教材。目前，我们衷心地盼望您及您的家属再次回故乡指导工作，与家乡党委、政府和家乡的父老乡亲共商家乡的建设和发展大计。

最后祝您健康长寿，合家幸福，万事如意！

中共三口乡委员会
三口乡人大主席团
三口乡人民政府
1998 年 4 月 19 日

书信四

致浏阳市委、市政府的信

中共浏阳市委、市政府领导同志：

你们好！现转去一封我给中共三口乡党委、乡政府、乡人大的信，并向你们谈一谈我的意见。三口乡近年来在你们的领导下，经济建设、人民生活水平都有不同程度发展和提高。我听到后，非常高兴。同时也感谢家乡人民对我的关心。不过，现在家乡的经济建设刚刚起步，人民群众生活还不是很富裕，我们各级政府要把有限的经费花到发展经济，进一步提高人民群众生活水平上，而不应该搞什么“五十米之内不准任何人搞建设”的规定。革命传统教育形式很多，采取其他更有利于人民群众的形式，对青少年进行教育不更好吗？希望你们市委、市领导能根据我的意见，做好乡政府的工作。

祝你们工作顺利，全家幸福！

饶子健

1998 年 5 月 28 日

后　记

今年是子健同志诞辰一百周年。子健同志离开我们已经九年了。追忆往事,子健同志的音容笑貌历历在目,他仿佛还在我们身边。

子健同志曾在 1992 年撰写了回忆录《从战士到将军的征程》。回忆录记录了子健同志在战争年代的战斗历程。此后,子健同志又陆续撰写了一些文章,对新中国建立后为人民解放军的革命化、现代化、正规化建设所做的工作,以及在"文化大革命"十年动乱时期为了稳定局势作出的不懈努力进行了回忆。这些回忆文章和此前出版的《从战士到将军的征程》一书,完整地勾画了子健同志战斗的一生。现将这些文章融合到《从战士到将军的征程》中,形成《饶子健将军》一书,奉献给读者。

在帮助子健同志撰写、整理回忆录的过程中,我走访了子健同志曾经战斗、工作过的地方、部队,采访了许多子健同志的战友、同志、部下,他们与我一起深情回忆了与子健同志一起战斗和工作的岁月,并热情地撰写了怀念子健同志的纪念文章。对于他们的深情厚谊,我表示衷心感谢。

在子健同志诞辰一百周年之际,我把子健同志的回忆录以及战友们和同志们对他的纪念文章结集出版,以缅怀子健同志为中国人民的解放事业和社会主义建设事业作出的杰出贡献。

解放军军事科学院大百科研究室副主任王辅一同志为子健同志撰写回忆录给予了极大的帮助,在此,我深表谢意。

上海人民出版社的同志为本书的出版做了大量工作。对他们的辛勤工作我也深表感谢。

王树芝

2009 年 11 月 7 日

图书在版编目(CIP)数据

饶子健将军/《饶子健将军》编写组编. —上海：
上海人民出版社,2011
ISBN 978-7-208-10009-1

Ⅰ. ①饶… Ⅱ. ①饶… Ⅲ. ①饶子健(1909～2000)-
纪念文集 Ⅳ. ①K825.2-53

中国版本图书馆 CIP 数据核字(2011)第 101564 号

特约编辑 郭志坤
责任编辑 孙　瑜
封面设计 傅惟本

饶子健将军
《饶子健将军》编写组 编

出　　版 上海人民出版社
(200001 上海福建中路 193 号)
发　　行 上海人民出版社发行中心
印　　刷 常熟市新骅印刷有限公司
开　　本 720×1000 1/16
印　　张 28.25
插　　页 16
字　　数 400,000
版　　次 2011 年 6 月第 1 版
印　　次 2019 年 5 月第 3 次印刷
ISBN 978-7-208-10009-1/K·1778
定　　价 68.00 元